新編諸子集成

墨子校注

上

吴毓江 撰
孫啟治 點校

中華書局

修訂説明

吴毓江先生（一八九八—一九七七）墨子校注，於一九四四年由重慶獨立出版社刊行。一九九三年，中華書局出版由孫啓治先生據重慶本所做的整理本。吴毓江先生在二十世紀五十年代曾對該書做過系統的修訂。一九五九年將書稿交某出版社，後因故出版受阻，書稿也在「文革」中損失。

吴毓江先生逝世後，其親屬蒐攏零散遺稿，重新將修訂部分彙集，由其次子吴興宇先生在整理本墨子校注的基礎上予以修訂增補，並交中華書局再版。由於遺稿有潦草損缺之處，原書中的某些存疑之處，仍未能弄清，訛誤難免，敬希專家和讀者指正。

中華書局編輯部　二〇〇〇年六月

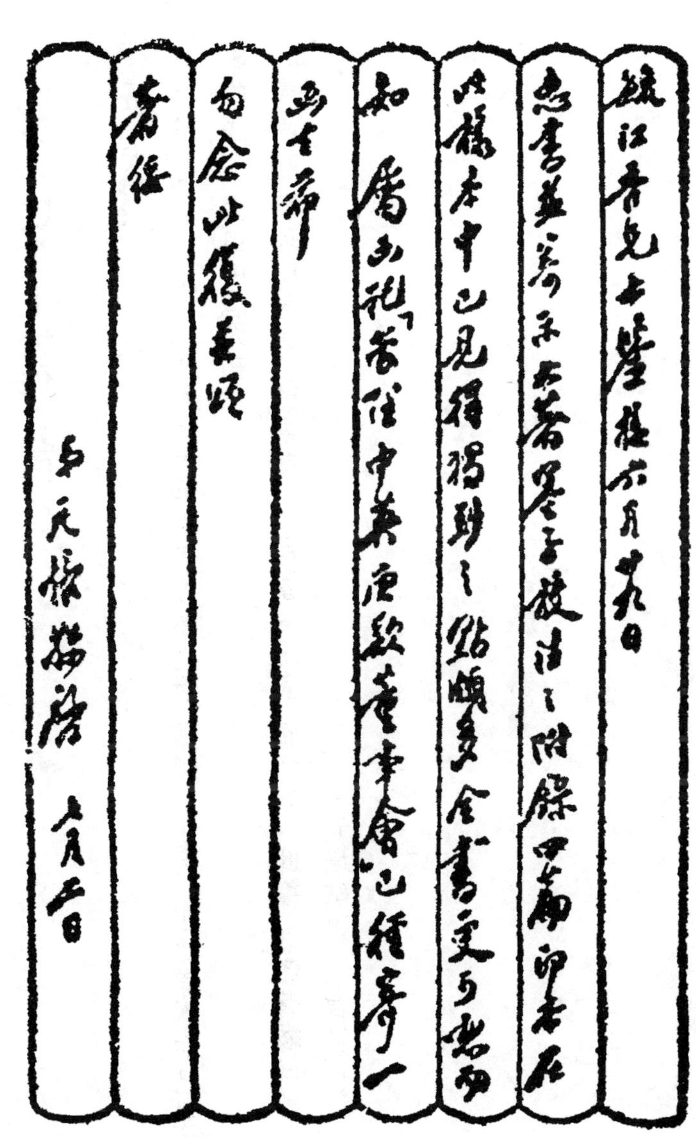

蔡子民先生致作者函

蔡孑民先生致作者函

毓江吾兄大鑒：

接六月廿九日惠書，並寄示大著墨子校注之附録四篇印本。在此樣本中已見得獨到之點頗多，全書更可想而知。

屬函託「管理中英庚款董事會」，已徑寄一函去，希勿念。此復，並頌著綏。

弟元培敬啓　七月二日

點校説明

墨子這部書，是研究先秦墨家學派及其創始人墨翟思想的重要著作，内容主要記載墨翟的言論和政治活動，還有一部分爲後期墨家著作。書中也有一些後人所附益的文章，不能作爲墨家思想對待①。

關於墨翟的國籍，史籍記載不一，一説是宋國人，一説是魯國人，疑莫能考。但從墨子所記載他的活動來看，他曾長期居住在魯國。至於他的生卒年代，史籍更無明文，大致可知他是春秋戰國之際的人，時代略後於孔丘。

墨子在先秦諸子書中號稱難讀，直至今天，書中尚有不少疑難未解。有些雖經前人作過各種解釋，但迄未定論。其原因有二：一是文字的錯譌脱衍較他書爲甚；二是書中保存下來的古字古義也較多。我們要弄清墨子書何以變成今天這個樣子，就必須了解墨翟學説由盛而衰的歷史遭遇，及其對墨子版本流傳的消極影響。

韓非子顯學篇説：「世之顯學，儒墨也。儒之所至，孔丘也。墨之所至，墨翟也。」以墨翟爲代表的墨家，在戰國時期曾是與儒家並立的兩大學派，當時視爲「顯學」。但自秦漢以降，墨學地位日益式微。不僅同取得官方正統地位的儒學不可同日而語，即同老莊之學也不能相比。這絶不是偶然的。墨翟學説的核心，可以歸結爲「兼愛」，即平等地愛一切人。由於主張兼愛，必然導致他的「非攻」思想，反對一切攻伐别國的戰争，不僅口頭反對，而且付諸行動，積極講究防禦進攻的方法②。由於主張兼愛，他又反對貴族壓榨人民以供其荒淫奢侈的生活，於是導致他的「節用」、「節葬」、「非樂」等主張。而儒家所提倡的繁文縟禮、厚葬久喪，正是耗費財力的因素之一，因而導致他的「非儒」思想③。爲了解脱人民的痛苦，實現其「兼愛」的理想，又導致了他的「尚賢」、「尚同」政治理論，主張用人唯賢，有能則使，而不論其貧富貴賤。並且自百姓、里長、鄉長直至最高統治者天子，由下而上層層服從，都要遵從同一個是非標準，即他所謂的「天志」，而這個上天的意志不是别的，正是他自己「兼相愛、交相利」思想的神格化。最後，不論是他宣揚鬼神賞善罰暴的唯心論「明鬼」思想，還是認爲國家的治亂興亡、個人的貧富榮辱都非命中所定的唯物論「非命」思想，其目的都在勸誡統治者爲善，都是爲了實現他的兼愛思想而服務的。墨翟思想客觀上反映了身處貧困與戰亂中的人民的願望，因而墨學在當時有較廣的社會基礎，成爲戰國時期一大學派。孟軻説「墨翟之言盈天下」（孟子滕文公下），當屬可信。但這種根基於「兼愛」的學説是不可能實現的。平等的愛在封建等級社會中根本不存在，把希望寄託於對統治者的勸誡，則尤屬空想。不分等級地用人、禁止攻戰侵伐、提倡節歛省用等主張，都爲統治者所不欲，也不可能做到，因之必然遭到他們反對。再從歷史發展觀點看，戰國諸侯弱肉强食的兼併戰争，儘管給人民帶來了灾難，却是由分裂走向統一的必然過程，因而從根本上説，墨家的「非攻」思想是不符合歷史發展要求的。所以，秦漢以後雖也有一些士大夫階層的人爲墨翟説過好話④，但墨學畢竟不合封建統治的需要，終於衰落下去。

墨學既不爲歷代統治者提倡，士大夫學者和一般讀書人自然不去理會墨子。自秦漢直至清代中葉，二千多年來很少有人研究這部書，幾乎没人替它作注解⑤。先秦各大學派的代表性著作，幾乎都有唐宋以上人作的舊注，唯獨墨子没有。這種情況對墨子版本的流傳造成了消極影響。因爲歷代很少有人研究這部書，所以一方面，在抄、刻流傳過程中産生的錯誤就難得到糾正的機會，特别是後人因爲没有前人舊注作參照，尤難更正了。另一方面，書中的古體字以及六朝以來抄寫流傳中出現的異體字、俗體字保存下來的就比較多，字體既難識，後人容易認錯、寫錯，結果書中還出現一些不見於字書的杜撰字。萬曆以來，明人刻書，動輒臆改，爲書林一刼，墨子更難逃厄運，這也是清乾隆以前鮮有人研治墨子的原因之一。

畢沅是第一個整理墨子全書的人。他以明道藏本爲底本，參校了幾種明後期刻本及傳注、類書的引文，校正了一些文字，並作了簡要的注釋，刊布於乾隆四十八年。畢氏的校注雖然疏漏不少，但墨子經他一番整理並加刊布，爲後人進一步研究打下基礎，他的草創之功應該肯定。自畢注本流行，清儒始注意墨子，一時名家如王念孫、引之父子及俞樾諸人，都就畢注本加以研究，頗多成績。到了晚清，著名學者孫詒讓以其覃思十年之功，考校文字，徵引文獻，兼采王、俞諸家之説，撰成墨子閒詁，初以活字印行，至宣統二年刊布定本。俞樾稱譽爲「自有墨子以來未有此書」（墨子閒詁序），洵非溢譽之辭。墨子閒詁的主要不足之處，是孫氏寫書時能看到的版本少，除以畢刻作底本外，僅根據明吴鮑菴殘抄本、道藏本、堂策檻本等作參校，而後二種本子還未見原書，衹根據顧廣圻等人寫的校記。孫氏所見版本既很有限，以致畢校本中不少文字譌誤甚至包括刻錯的字，往往爲墨子閒詁所承襲而未能糾正。此外，孫氏對文字考訂雖精當，但限於版本依據，也産生一些本可避免的主觀臆斷。以孫氏的才識，當時如能多見異本，其書的成就當更大。

如果説畢注本的問世爲清儒治墨學作一先導，那麽墨子閒詁的問世則促進了近代學者的進一步研究。他們或專研墨經，或校補孫書，或通治墨子全書。以治全書而論，則當推吴毓江的墨子校注成就最大，也最爲重要，是繼墨子閒詁後唯一可以與之媲美的近人注本。

吴毓江，一九二五年畢業于北京大學經濟系。他從大學時代開始，即着手對墨子進行研究，積二十餘年之功，撰成墨子校注十五卷，並附墨子舊本經眼録、墨子各篇真僞考、墨子姓氏生地年世考、墨學之真諦，一九四四年由重慶獨立出版社刊行。墨子校注最大的特點，就是保存了許多今天已不易獲見或竟失傳的墨子各種版本的異文，爲整理墨子集中提供了迄今爲止最詳盡的版本資料。吴氏在自敍中説：「蓋校古書以多備古本爲第一義。異本多，則給予讀者理解書意之暗示多，往往積思逾時不得其解，一經善本印證，則豁然頓悟。」因此，他花了長時間搜訪國内外各種墨子版本，爲寫校注作準備。在本書附録墨子舊本經眼録中，他列舉了自日本古抄卷子本以下十七種抄本、刻本，這還不包括明萬曆以後及清代的版本在内。吴氏所見墨子版本之多、之善，大大超過畢孫諸人所見，即以今天看，他也是搜集版本異文最多的一人。他自云「搜集廿年，漫遊萬里，墨子刊本略備於斯」，並非虚言。由於吴氏獨具多見異本的有利條件，所以考訂文字能言之有據，不僅改正了畢孫二書的譌誤達千餘處，而且有新的創獲。在注釋方面，校注比閒詁晚出三十多年，能吸收一些孫氏所不及見或未能見的清儒和近人校勘成果，而且針對前人注解中的疏漏與錯誤，吴氏自己也提出了不少頗具參考價值的新見解。這些，都是校注勝過孫書之處。

吴氏校注以畢刻爲底本，在校勘版本文字上花了很大精力。他的校記不僅記載異文，而且連字體的古今、正俗之分，甚至刻本字筆劃的殘損情況，也都記録下來。他在校記中保存的古體字、異體字，不僅對今本文字譌誤的演變由來提供了一些綫索，而且對了解版本的淵源也是有幫助的。例如，吴氏在校勘中利用了日本古抄卷子本群書治要，這個卷子抄寫於日本文應元年，相當於我國南宋理宗景定元年，似乎可以視爲宋本了。但從校注所記録的該卷子字體看，如「朔」作「玥」，「德」作「悳」，「邊」作「邉」，「寡」作「宣」，「奪」作「奪」，「强」作「旌」，「禍」作「祸」等等，多爲六朝、唐時期碑銘與寫本中常用的别體字，而「民」字又作缺筆，可以推知該卷子的底本是唐代寫本，因此它保存的墨子文字具有較高的校勘價值。如非吴氏在校記中細心保存了這些爲一般校勘者所不注意的别體字，就不易了解這古抄卷子的淵源了。但校勘的細緻不等於繁瑣，吴氏在校記中還細大不捐地把一些古書中常見的互用字也記録下來，如唯惟、無无、於于、鄰隣、睹覩之類，這就不免流於繁瑣了。

墨子校注自問世以來，頗受學術界推崇，但由於此書印刷於抗戰時代，流傳既少，印刷錯誤尤多。現予以重新整理，以便讀者。

整理這部書，我們作了如下的工作：

（一）校注以畢刻本爲底本，今重新一一覈檢，改正原印本的錯漏。吴氏對畢本有所改動，在注中已説明的，不加改動。避諱字則逕改。

（二）校注所列各本異文，以所能見到的幾種本子重校，只改正排版錯誤，其他仍舊，以保存校注原貌。主要參校本：正統道藏本，嘉靖唐堯臣刻本，緜眇閣本，堂策檻本，四庫全書文淵閣本，日本寶曆本。

（三）校注引文，大都檢覈原書，凡有改正，均出校記，列于當頁之末。

（四）所引漢魏六朝碑别字，因印刷多有變形，今查明來源，加以糾正。因不屬改字，故不出校記。

（五）原版校注是雙行小字排于正文之下，由于印刷的關係，今統一改在正文之後，并增標注文序号。

標點體例，與中華書局點校本廿四史體例大致相同。墨子書中情況特殊者，書中自成體例，讀者詳之。

點校此書，得到了中華書局陳金生同志的熱情幫助，并請張雨淼同志通讀了全稿，作了細心核對，在此特表謝意。

限於校點者水平，其中一定存在不少問題，請讀者批評指正。

一九八八年二月　孫啓治

①關於墨子各篇内容及真僞，可參看本書附録墨子各篇真僞考。

②今本墨子備城門以下各篇，雖有漢人文字摻入，但仍然保存了不少墨家守城的技術與方法。

③可參看節葬下、公孟等篇。今本非儒下篇有僞作摻入，但也保存了一些墨翟的非儒思想。

④例如唐代韓愈就認爲儒墨之道相爲用（讀墨子），宋代程頤也推崇墨翟的人品，説「墨子之德至矣」（二程全書遺書二十五）。

⑤西晉時，魯勝曾爲墨辯作注（晉書卷四十九），通志藝文略載有樂臺注墨子三卷，二人均非通注全書，且其注久佚。

墨子校注目録

上册

王敘

吴君毓江好治諸子學，其墨子之經濟思想一文，即畢業北京大學時所提出之論文也，足以補正梁任公之墨子學案者頗多。二十一年，晤毓江於成都，復見其所著墨子校注，方法謹嚴，考訂博洽，勸其付梓。毓江乃謂尚欲多集古本，以資參校。旋東遊數年，得窺中土未見之本，所增珍貴之資料又復不少。蓋墨子一書傳本甚罕，在宋元如陳直齋、王伯厚、黄東發、吴正傳諸君子所見，皆止三卷本。至於輓近，宋元舊槧已稱絶迹，即明代刻本亦難多覯。毓江竟能於古籍殘闕之際，搜集訪求至十餘種之多，對於現存古刊本墨子，殆已網羅無遺。持以從事校注，宜其有以異於清代名儒，而自成一家之言。昔時因訛奪聚訟，莫知適從者，讀此不煩言而解矣。

其中關於校訂方面，如法儀篇之「衡以水」，尚賢上篇之「今上舉義不辟遠近」，尚賢下篇之「粒食之民莫不勸譽」，尚同下篇之「百姓不刑，將毁之」，兼愛上篇之「故不慈不孝亡」，節用上篇之「去其無用」，非樂上篇之「其説將必與人」，公孟篇之「公孟子義」、「能爲禍福」、「則盗何遽無從入哉」，公輸篇之删去「臣見大王之必傷義而不得」等等；關於注釋方面，如辭過篇之「摑布絹」，尚賢中篇之「無故富貴」，節用上篇之「芉䵹」、「且不然已」，天志下篇之「入其溝境」，明鬼下篇之「立以爲蓛位」，非樂上篇之「黄言孔章」，經説下篇之「或木或石，不害其方之相台也」，大取篇之「察聲端名，因請復」，耕柱篇之「商蓋」，公孟篇之「何遽」等等；皆博攷明辯，精審絶倫。其他發明勝義、糾正舊説之處，尚可觸目見之。

此書問世，不唯讀墨子者得一善本，即墨學真面亦可緣此而大白於天下。毓江深思好學，對於子學積稿尚多，倘能續爲刊布，其貢獻於學術者，將更不可以道里計矣。三十二年夏日，秀山王兆榮。

自敍

墨子在先秦古子中號稱難讀，今傳注本以畢沅本爲最早，以孫詒讓本爲最善。畢本刊于清乾隆四十八年，其注前無所承，措手倍難。中經王、顧、蘇、俞諸家之補苴，百餘年後，孫氏始集各家之説，斷以己見，刊布其覃思十年之墨子閒詁，博洽矜慎，允推名作。俞樾敍謂「自有墨子以來未有此書」，非過譽也。

然其書待後人補正之處亦復不少，或限于版本，或偶有疏失，自一二字以至于數百字。如第一卷七患篇曰「君脩法討臣，臣懾而不敢拂」，孫云：「舊本『臣』字不重，據羣書治要補。」今徧檢舊本，「臣」字無不重者，僅畢本脱去一「臣」字。又曰「所忠不信，所信不忠」，孫于「所忠」、「所信」之下，據羣書治要補「者」字。但審諸辭氣，求之文例，無「者」字固自可通，不必輒改本書也。又曰「四穀不收謂之餽」，邵云「餽與匱通」，孫云「邵説是」，不知太平御覽引舊注「音匱」，而正德本亦正作「匱」也。又曰「人君徹鼎食五分之五」，孫云「疑當作五分之三」，不知正德本正作「五分之三」也。又曰「今歲凶民饑道餓」，「道餓」二字置于「民饑之下，頗嫌辭贅，不如正德本作「民饑道饉」（饉讀爲殣）之愜適也。又曰「爲者疾，食者衆，則歲無豐」，俞云「疾當爲寡」，孫云：「俞説未塙。此疑當作『爲者疾，食者寡，則歲無凶；爲者緩，食者衆，則歲無豐。』」較原書增多十字，不知舊本並作「爲者寡」，至畢本始誤「寡」爲「疾」也。又曰「此其離凶餓甚矣」，孫云「凶餓當作凶饑」，不知正德本、陳本並作「凶饑」也。又曰「桀無待湯之備故放，紂無待武之備故殺」，「武」下舊本並有「王」字，惟畢本脱去，孫氏未校此條。又曰「故曰以其極」云云，與上文義不相承，因有脱文四十字在辭過篇，比而觀之，其錯立見，孫氏亦未及之。又曰「厚爲棺椁，多爲衣衾」，一本「衾」作「裳」。攷墨子説葬事無曰「衣衾」者，獨此曰「衣衾」，與全書文例不合。衾不以葬，見淮南王書，至今民俗猶然，孫氏竟未一言疑之也。墨子全書以卷一文字較順，疑難較少，今其一篇之中可商酌或待補苴之處如是其多，他篇已可概見。又舊注諸家删補移易或未允當，孫氏多踵失肬謬，杳無匡正。如尚賢下篇王氏誤删「推而上之以」五字，明鬼下篇戴氏誤删「是以莫放幽閒擬乎鬼神之明」等二十餘字，非命中篇王氏誤移「必不能曰我罷不肖我爲刑政不善」等數十字，公孟篇王氏誤補「一處而不出者行爲人筮者」十餘字，畢氏誤移「先生以鬼神爲明知能爲禍福」等二百餘字，公輸篇畢氏誤補「臣見大王之必傷義而不得」十餘字，是其一斑也。

惟是昔人校書，取譬掃葉。墨學奥博，董理尤艱，疏失挂漏，勢所難免，訂正補苴，責在後學。余不揣淺陋，竊志於斯，深思旁求，忽忽廿年。致力途徑，有可言焉：

一曰搜集異本。墨子舊本中，如吴鮑菴鈔本、顧校道藏本、顧校李本、畢刻本，皆孫氏所已見，取以覆勘，疏漏時有。如卷子本、正德俞鈔三卷本、正統道藏原本、嘉靖壬子銅活字本、嘉靖癸丑本、嘉靖丁巳本、隆慶沈刻本、萬曆丁丑潛菴本、萬曆辛巳茅校本、李贄批選本、緜眇閣本、堂策檻本、一名李贄、郎兆玉評輯本。陳仁錫本、日本寶曆秋山儀校刻本、四庫全書本，皆孫氏所未見。互相校讎，異同實繁。蓋校讀古書，以多備異本爲第一義。異本多，則給予讀者理解書意之暗示多，往往有積思逾時不得其解，一經善本印證則豁然頓悟。如尚賢下篇，道藏本作「王公大人骨肉之親，躄瘖聾，暴爲桀紂，不加失也」，銅活字本作「蹷瘖聾」，一本作「慼瘖聾」。「蹷」、「慼」字通，審校文義，「蹷」、「躄」二字皆當有，本各脱一字耳。尚同中篇「察鄉長之所以治鄉者，何故之以也」文義未完，正德本「者」上有「而鄉治」三字，則完矣。又「政以爲便譬宗於父兄故舊」義不可通，正德本、寶曆本作「便嬖宗族」，則解矣。尚同下篇一本作「上以若人爲善，將毁之，若人雖使得上之賞，而辟百姓之毁」，義不可通。一本「將毁之」作「將賞之」，義雖可通，而文尚未完。正德本作「上以若人爲善，將賞之，若人雖使得上之賞，而辟百姓之毁；百姓不刑，將毁之，若人雖使得上之賞，而辟百姓之毁」，意完辭足，可證他本各脱七字。兼愛下篇一本作「然即敢問不識將惡也」，義不可通。一本作「然即敢問不識將擇之」，義亦不可通。審校文義，當作「然即敢問不識將惡擇之也」，本各脱去二字。俗本不達，妄加删節，失之遠矣。三辯篇「無乃非有血氣者之所不能至邪」與上文語氣不合，李本無「不」字，則合矣。非攻下篇「楚熊麗始討此睢山之閒」文義費解，寶曆本「討」作「封」，與下文數「邦」字一律，封、邦古通。則解矣。天志中篇「既可得留而已」文不成義，寶曆本作「既可得知而已」，「知而」雖倒，義猶可尋。非樂上篇「大人鏽然奏而獨聽之，將何樂得焉哉？其說將必與賤人」文義不協，吴鈔本無「賤」字，則解矣。耕柱篇「人不見而耶，鬼不見而富」文義難通，寶曆本「耶」作「助」，則解矣。昔人謂觀天下書未徧，不得妄下雌黄，蓋有由也。

二曰徵引善本。古今傳本句或歧出，字亦小異。許氏說文引墨子「兼、綳」二文，皆不見于今本，其經改易甚爲顯然。今于「兼」、「綳」二文之外，尚可徵諸古籍，尋出差異。如今本「無」字，卷子本治要及北宋本御覽並作「无」。今本「厲公長父」，見所染篇。卷子本治要作「竵公長父」，宋本荀子成相篇楊注引作「竵公長父」，元本作「纗公長父」，即吕氏春秋當染篇「虢公長父」之譌變。今本「伍員」，見所染篇。卷子本治要及正德本作「五員」。今本「凍餒」，見辭過篇。卷子本治要及宋本御覽作「凍餧」。段玉裁改說文之「餧」爲「餒」，惜未見此。是其一斑也。尋此久墜之緒，賴有古善之籍，故本校注徵引他書，一以善本爲主。如羣書治要用卷子本及銅活字本，北堂書鈔用明鈔本及孔本，藝文類聚用嘉靖小字校宋本，初學記用宋本，太平御覽用北宋本、古鈔本、南宋本，三史及文選皆用宋本。餘引各書，類用宋明佳槧。總十方之珍祕，會萃于校注中，非云好奇，庶幾寡過。否則樂萬加工，非樂篇「興樂萬萬人」，俗刊本御覽引作「有樂工萬人」。自若成目，耕柱篇「白若之龜」，類聚引作「自若」，剥蝕本類聚作「目若」。刑名誤而作別，魯勝墨辯注敘「以正刑名顯於世」，孫據誤本引作「別名」。蛙黽轉而爲蠅，墨子佚文「蝦蟆蛙黽，日夜而鳴」，畢、孫據誤本引作「蛙蠅」。遽加徵引，徒益紛歧。

三曰尋求例證。古代書籍歷經傳寫，文字語言遞有變遷：或衍脱錯亂，或聲轉形移，或古奥簡複。逆以今意，動多扞格。故校讀古書者，以本書文例證本書，取徑最便。其次以時代不相懸遠之書互相參證，得其恉歸。此種例證，其可恃程度有時轉在校勘版本與援據類書之上。如天志中篇「强之暴寡，詐之謀愚，貴之傲賤」，以下文「强不劫弱，衆不暴寡，詐不謀愚，貴不傲賤」、「强劫弱，衆暴寡，詐謀愚，貴傲賤」，及兼愛下篇「强之劫弱，衆之暴寡，詐之謀愚，貴之傲賤」文例證之，可知「强之暴寡」爲「强之劫弱，衆之暴寡」之殘脱。非命下篇「發而爲政乎國察萬民而觀之」，以節葬下篇「姑嘗傅而爲政乎國家萬民而觀之」文例證之，可知「察」爲「家」之字誤。非樂上篇「子墨子言曰：仁之事者，必務求興天下之利，除天下之害」，萬曆潛菴本「仁之事者」作「仁者之事」，文氣較順。但以兼愛下篇「子墨子言曰：仁人之事者，必務求興天下之利，除天下之害」文例證之，則「仁」下當脱「人」字，潛菴俗本殆以意移「者」字于「仁」字下耳。尚同中篇「他故異物」，數見于韓非子。本書小取篇有「他故」，尚賢中篇有「異物」，兼愛中篇有「難物于故」，字法皆同。兼愛下篇「以水救水」，見於莊子及淮南子。非攻下篇之「少少」，見于春秋繁露。非儒下篇之「胥車」，即韓非子之「犀車」。小取篇「殺盜非殺人」，見于莊子、荀子。耕柱篇「人不見而助，鬼不見而富」，「富」讀若「福」。與國語「皇天弗福，庶民弗助」文意相似。凡此皆古書之可互證者，其例頗多。

以上三端，皆漢學家所常用以讀古書者。非多備異本則校勘無由，非徵引善本則援據難信，非旁求例證則比類不廣。審此三者，慎而用之，則删羡補脱，訂譌移錯，庶不至漫無依據，流于空疏。至于審辭氣以正其讀，明訓詁以通其義，上溯古籀之原，旁及名物之理，奇辭奥恉，隨疑分釋，違異舊説，良非得已。於所不知，謹付闕如。海内明達，幸垂教焉。

例言

一、近世通行墨子注本，有畢沅本及孫詒讓墨子閒詁，考訂甚勤，錯譌仍多。本書廣羅異本，詳加校訂，總計删衍、補脱、正譌、移錯，訂正畢本及墨子閒詁者千有餘字。

二、本書校勘所據之重要版本如次：一、卷子本，二、明正統道藏本，三、明正德俞弁鈔本（簡稱正德本），四、明吴寬鈔本（簡稱吴鈔本），五、明嘉靖陸穩校芝城銅板活字藍印本（簡稱陸本，日本寬政田直詩翻印嘉靖銅活字本簡稱翻陸本），六、明嘉靖陸叙唐堯臣刻本（簡稱唐本，商務印書館影印唐刻本，簡稱影印唐本），七、明隆慶沈津刻百家類纂本（簡稱沈本），八、明萬曆灊菴敍子彙本（簡稱灊本），九、明萬曆茅坤校書坊刻本（簡稱茅本），十、日本寶曆七年秋山儀校刻本（簡稱寶曆本），十一、明萬曆李卓吾叢書本（簡稱李本），十二、明萬曆馮氏緜眇閣本，十三、明郎氏堂策檻本，十四、附記於顧校道藏本下闌之李本（簡稱顧校李本），十五、明陳仁錫選諸子奇賞本（簡稱陳本），十六、馬驌繹史本（簡稱繹史本），十七、清乾隆四庫全書文津閣本（簡稱四庫本），十八、清乾隆畢沅校刻本（簡稱畢本）。 此外明萬曆以後節本墨子異文，間亦采及，隨注標名，參看附録墨子舊本經眼録。

三、本書校注所稱：(一)各本，指所據各種版本。(二)舊本，指除畢本外舊有之一切版本。(三)諸本，指少於各種、多於三種以上之諸種版本。(四)古本，指明隆慶以前諸本及茅本、寶曆本。

四、本書引據各書，皆盡力搜訪善本。如道藏本墨子，孫詒讓所據者僅爲蔡匯滄轉鈔之顧校道藏本，故遺漏甚多。著者則除顧校道藏本外，並見北平白雲觀、傅氏雙鑑樓、日本宫内省道藏原本三種。又如太平御覽，畢沅所據者僅爲明萬曆以後刊本。王念孫據鈔本御覽，已訂正畢誤不少。著者則更據宋本、南宋蜀刻本(簡稱蜀本)、補宋鈔本等，詳加校訂。注中所引他書，亦多人間珍祕善本，幸讀者注意之。

五、本書爲便於采用畢注，以畢本爲底本。正文字句，於各種版本中擇善而從。有時如舊本作「于」、畢本作「於」，舊本作「吾」、畢本作「我」，在今人視之毫無分别，在古人則語言文字或不盡同。諸如此類，皆改從舊本，期其近古寡過，非名實未虧而喜怒爲用也。

六、墨子書多古文，如「天」作「兲」、「迹」作「速」、「其」作「亓」、「殺」作「敓」、「梓」作「楡」等，卷子本羣書治要與宋本太平御覽所引墨子「無」並作「无」、「禮」並作「礼」，皆古文也。今本經説下篇「人若不盈无窮」，「无」誤作「先」。公孟篇「君子必學祭礼」，「礼」誤作

「祀」，可爲墨子原文作「无」、作「礼」之證。數千年來，書體屢變，傳寫迭經，俗體别構不免參雜其閒。今無論其爲古文、爲俗體，皆仍其版本相傳之舊。輕變字形，或致錯誤；慎重古書，不得不爾。

七、校刊古書最忌改字。節本類書以及文選注等所引墨子，多經删節，閒亦文飾，有裨參稽，不盡可恃。對於俗本異文，尤當特别注意。古本之錯譌難解處，往往即爲其樸質可貴處，可以留待解人。俗本以意輒改，文從字順，真像反晦。如堂策檻本改非命中篇「而罷不肖」爲「我罷不肖」，改公孟篇「公孟子義章甫」爲「戴章甫」。潛本改非攻中篇「且一不箸何」爲「中山諸國」，移公孟篇「有游於子墨子之門者謂子墨子曰」節入於下文。畢、王、孫諸家或據以移改底本，皆致錯誤，是其例也。

八、墨子書隱晦垂千餘年，既無帝王提倡，亦鮮士夫誦習。簡帛之朽蠹殘亂，鈔胥之錯落妄注，較之他書特爲尤甚，故錯亂甚多。自一二字以至於數百字，陳振孫直齋書録解題所謂「多譌脱不相連屬」者。如今本大取等篇，蓋經多次錯亂，若僅爲一次錯簡，尚不至如是殽雜。所幸錯亂雖多，竄改甚少，悉心董理，非全無綫索可尋。王、顧、孫、曹諸家已多校移，惜未能盡歸愜適，今依據善本審校移正，用便省覽。

九、本書引他家注語，則冠以其人姓名。常引者，著其姓。如「畢云」，畢沅云也。「秋山云」，日人秋山儀云也。「王云」，王念孫云也。「蘇云」，蘇時學云也。「俞云」，俞樾云也。「曹云」，曹耀湘云也。「吴云」，吴汝綸云也。「孫云」，孫詒讓云也。餘仿此。

十、著者校注或注於正文之下，或附於舊注之後。其附於舊注之後者，則加「案」或「〇案」以别之。舊注中有愚意所未安者，亦詳爲辯正。

十一、畢、孫本舊注所引他書頗有錯誤，今依據善本隨文更正，不一一注明，以免繁瑣。

十二、著者對於本書致力既久，積稿實繁，尚有附録多種，已於數年前與本人應用書籍併留置他處。鈔寄幾經遺失，往取復感不便。時實爲之，莫可如何。俟海甸澄清，環境許可，當另印行之。

十三、著者對於本書雖用功有年，以限於學力，牵於人事，疏漏謬誤，在所難免。尚冀好學通人進而教之。不僅本書之幸，亦學術之幸也。

墨子目錄一卷

畢沅云：舊本皆無目。　孫詒讓云：道藏本及明鈔本、刻本並無目録，此畢氏所定。　○案：陸本、堂策檻本並有目，畢、孫未見耳。茅本、寶曆本亦有目，惟卷第有合并。緜眇閣本更將無目諸篇第次載出。

茲依據所見諸本列目，别爲一卷。

卷之一

親士第一

脩身第二

所染第三魏徵羣書治要引篇目同。

法儀第四治要引篇目同。

七患第五治要引篇目同。

辭過第六孫云：治要引此篇文并入七患篇，疑唐以後人所分。

三辯第七正德本以上七篇合爲上卷，題曰經。

卷之二

尚賢上第八治要引篇目同。漢書藝文志顏師古注引作上賢。

尚賢中第九

尚賢下第十正德本以上三篇合爲中卷，題曰論。

卷之三

尚同上第十一漢書顏注引作上同。

尚同中第十二

尚同下第十三正德本以上三篇合爲下卷，題曰論。

卷之四

兼愛上第十四漢書顏注引同。

兼愛中第十五

兼愛下第十六

卷之五六同卷。○案正統道藏本五六兩卷同一梵夾，故云。

非攻上第十七

非攻中第十八

非攻下第十九

卷之六

節用上第二十漢書顏注引同。

節用中第二十一

節用下第二十二闕。

節葬上第二十三闕。

節葬中第二十四闕。

節葬下第二十五

卷之七

天志上第二十六

天志中第二十七

天志下第二十八

卷之八

明鬼上第二十九闕。

明鬼中第三十闕。

明鬼下第三十一漢書顏注引作明鬼神。

大取第四十四

小取第四十五

耕柱第四十六

卷之十二畢云：舊云「十三同卷者」，梵本分帙如此。孫云：此明人編入道藏所合并，非古本也。畢謂「梵本」，亦非。○案正統道藏本裝式爲梵夾，畢説不誤。

貴義第四十七治要引篇目同。

公孟第四十八

卷之十三

魯問第四十九

公輸第五十

□□第五十一亡。

卷之十四

備城門第五十二吴寬鈔本備城門爲第五十四，備高臨爲第五十五。書末吴氏手跋云：「本書七十一篇，其五十一之五十三，五十七，五十九之六十，六十四之六十七，篇目並闕，當訪求古本攷入。」

備高臨第五十三

□□□第五十四亡。○案「第」字低格。字數及小注「亡」字並從緜眇閣本。以下無目第次並同。
□□□第五十五亡。
備梯第五十六
□□第五十七亡。
備水第五十八
□□第五十九亡。
□□第六十亡。
備突第六十一
備穴第六十二
備蛾傅第六十三

卷之十五

第六十四亡。
第六十五亡。
第六十六亡。
第六十七亡。

迎敵祠第六十八

旗幟第六十九

號令第七十

襍守第七十一

畢沅云：按舊本皆無目，隋書經籍志云「墨子十五卷，目一卷」，馬總意林云「墨子十六卷」，孫云：馬本梁庾仲容子鈔，見高似孫子略。則是古本有目也。考漢書藝文志云「墨子七十一篇」，高誘注呂氏春秋云「七十二篇」，疑當時亦以目爲一篇耳。藏本云「闕者八篇」，而有其目：節用下、節葬上、中、明鬼上、中、非樂中、下、非儒上是也，當是宋本如此。而館閣書目云「自親士至雜守爲六十一篇，亡九篇」，恐是「八」譌爲「九」。又七十一篇亡其九，原文似謂六十一篇亡九篇，「九」爲「八」之譌，則當存五十三篇，與今本合。蓋就有目諸篇合計之，爲六十一篇也。當存六十二，而云「六十一」，亦「二」之譌也。其十篇者，藏本并無目，亦當是宋時亡之。然則宋時所存，實止五十三篇耳。然詩正義引備衝篇，則尚存其目，而不知列在第幾。太平御覽引有備衝法，正在此篇，則宋初尚多存與？孫云：御覽多本古類書，不足證北宋時此書尚有完本也。南宋人所見十三篇一本，樂臺曾注之，即自親士至上同是。而潛谿諸子辯云「上卷七篇號曰經，中卷、下卷六篇號曰論，共十三篇」，正德本有宋濂敍文，蓋即由其所見之三卷十三篇本傳鈔而來。又有可疑。夫墨子自有經上下、經説上下，在十三篇之後，此所謂「經」，乃親士、修身、所染、法儀、七患、辭過、三辯七篇，與下尚賢、尚同各三篇文例不異，似無經、論之別，未知此説何据。以意求之，或以經上下、經説上下及親士、修身六篇爲經，其説或近，以無「子墨子」云云故也。畢説非，詳校注及附録。然古人亦未言之。至樂臺所注，見鄭樵通志藝文略，而焦竑國史經籍考亦載之，似至明尚存。孫云：鄭、焦二志多存虚目，不足據。卒亦不傳，何也？若錢曾云「藏會稽鈕氏世學樓本，共十五卷七十一篇，内亡節用等九篇」者，實即今五十三篇之本，内著「闕」字者八篇，錢不深核耳。

墨子校注卷之一

親士第一①

入國而不存其士，則亡國矣②；見賢而不急，則緩其君矣。非賢無急，非士無與慮國。緩賢忘士而能以其國存者，未曾有也。

昔者文公出走而正天下③，桓公去國而霸諸侯，越王句踐遇吴王之醜④，而尚攝中國⑤之賢君。三子之能達名成功於天下也⑥，皆於其國抑而大醜也⑦。太上無敗，其次敗而有以成⑧，此之謂用民。吾聞之曰：「非無安居也，我無安心也；非無足財也，我無足心也。」是故君子自難而易彼⑨，衆人自易而難彼⑩。君子進不敗其志，内究其情⑪，雖褋庸民，終無怨心⑫，彼有自信者也。

是故爲其所難言，必得其所欲焉；未聞爲其所欲，而免其所惡者也。是故偪臣傷君，諂下傷上⑬。君必有弗弗之臣⑭，上必有詻詻之下⑮。分議者延延⑯，而交苟者詻詻⑰，焉可以長生保國⑱。臣下重其爵位而不言，近臣則喑⑲，遠臣則唫⑳，怨結於民心㉑，諂諛在側，善議障塞，則國危矣㉒。桀紂不以其無天下之士邪？殺其身而喪天下。故曰：「歸國寶㉓，不若獻賢而進士。」

今有五錐㉔，此其銛㉕，銛者必先挫。有五刀，此其錯㉖，錯者必先靡㉗。是以甘井近竭，招木近伐㉘，靈龜近灼，神蛇近暴㉙。是故比干之殪，其抗也㉚；孟賁之殺，其勇也㉛；西施之沈，其美也㉜；吴起之裂，其事也㉝。故彼人者，寡不死其所長，故曰「太盛難守」也㉞。

故雖有賢君，不愛無功之臣；雖有慈父，不愛無益之子㉟。是故不勝其任而處其位，非此位之人也；不勝其爵而處其禄，非此禄之主也。良弓難張，然可以及高入深㊱；良馬難乘，然可以任重致遠；良才難令，然可以致君見尊㊲。是故江河不惡小谷之滿己也，故能大㊳。聖人者，事無辭也，物無違也，故能爲天下器。是故江河之水，非一原之流也㊴；千鎰之裘㊵，非一狐之白也㊶。夫惡有同方取不取同而已者乎㊷？蓋非兼王之道也。

是故天地不昭昭㊸，大水不潦潦㊹，大火不燎燎，王德不堯堯㊺。者乃千人之長也㊻。其直如矢，其平如砥，不足以覆萬物。是故谿陜者速涸㊼，逝淺者速竭㊽，墝埆者其地不育㊾。王者淳澤，不出宫中㊿，則不能流國矣。

①畢沅云：衆經音義云：「倉頡篇曰：親，愛也，近也。」説文解字云：「士，从一，从十。孔子曰：推十合一爲士。」玉篇云：「傳曰：通古今，辯然不，謂之士。」　汪中云：親士、修身二篇，其言淳實，與曾子立事相表裏，爲七十子後學者所述。　孫詒讓云：此篇所論，大抵尚賢篇之餘義，似不當爲第一篇。後人因其持論尚正，與儒言相近，遂舉以冠首耳。以馬總意林所引校之，則唐以前本已如是矣。

②孫云：説文子部云：「存，恤問也。」

③畢云：「正」讀如「征」。　王念孫云：爾雅：「正，長也。」晉文爲諸侯盟主，故曰「正天下」，與下「霸諸侯」對文。又廣雅：「正，君也。」尚賢篇曰「堯舜禹湯文武之所以王天下、正諸侯者」，凡墨子書言「正天下」、「正諸侯」者，非訓爲長，即訓爲君，皆非征伐之謂。　○案：「正」，匡正。論語：「管仲相桓公，霸諸侯，一匡天下。」論衡書虚篇引作「一正天下」。漢書嚴安傳：「伯者，匡正海内，以尊天子。」

④蘇時學云：醜猶恥也。　王樹枏云：秦策「皆有詬醜大誹」，注云：「醜，恥也。」國語曰「昔者夫差恥吾君于諸侯之國」，即其義。　○案：燕策「得賢士與共國，以雪先王之恥」，新序雜事三「恥」作「醜」。

⑤「尚」，正德本作「上」。　畢云：「尚」與「上」通。　孫云：「攝」當與「懾」通。韓詩外傳云

「上攝萬乘，下不敢赦乎匹夫」，此義與彼同。　○案：七患篇「臣懾而不敢拂」，正德本及卷子本治要並作「攝」，與此同。淮南子氾論訓曰「威動天地，聲懾四海」，注云：「懾，服也。」吳越春秋句踐伐吴外傳曰：「自越滅吴，中國皆畏之。」

⑥「於」，緜眇閣本作「于」。

⑦「抑」，茅本、李本、寶曆本作「仰」。「大」，正德本作「太」。　俞樾云：「抑」之言屈抑也。「抑而大醜」與「達名成功」相對，言於其國則抑而大醜，於天下則達名成功，正見其由屈抑而達，下文所謂「敗而有以成」也。

⑧正德本無「有」字。

⑨正德本無「是」字，「君」作「民」。　畢云：言自處於難，即躬自厚而薄責人之義。

⑩道藏、意林引無兩「彼」字。正德本「衆」下有「心」字。

⑪「内」下，畢本增「不」字。　畢云：舊脱此字，據上文增。「疚」、「究」同，猶云内省不疚。俞云：「内」當作「衲」，即退字也。「進不敗其志，退究其情」，正相對成文。所謂大行不加，窮居不損也。因「退」從或體作「衲」，又闕壞而作「内」，畢氏遂據上句增入「不」字，殊失其旨。○案：「不」字不當增，俞説是也。鶡冠子夜行篇曰「致信究情」，又環流篇曰「惟聖人究道之情」。

⑫畢云：言遺佚不怨。

⑬正德本無「免」字，「諂」作「謟」。　畢云：言佞人病國與傴臣同。

⑭說文曰：「弗，撟也。」即撟弗正字，經典多以拂爲之。

⑮「詻詻」，正德本作「絡絡」，下同。 畢云：禮記云「言容詻詻」，鄭君注云：「教令嚴也。」說文云：「論〔一〕訟也。」玉篇云「魚格切」。 洪頤煊云：詻詻與諤諤同。 ○案：晉書傅咸傳：「咸之爲人不能面從，自知所陳，誠頷頷觸猛獸之鬚耳。」與此「詻詻」義同。

⑯「延延」，翻陸本作「廷廷」。新序雜事五篇曰：「主明臣賢，左右多忠，主有失，皆敢分爭正諫。」此「分議」猶彼「分爭」也。延延，長也。言分議者反覆爭諫而長言也。

⑰「交」，各本作「支」，今依孫校改。 孫云：「支」當爲「交」，形近而譌。苟即敬之壞字，敬讀爲儆。交儆，謂交相儆戒也。國語楚語：「左史倚相見申公子亹，曰：『唯子老耄，故欲見以交儆子。』」韋注云：「交，夾也。」 ○案：「苟」字不必改，交苟猶交儆也。苟、亟字通，見爾雅釋詁釋文。此以交苟爲交儆，猶天志下篇以極戒爲儆戒也。說文曰：「苟，自急敕也。」又曰：「敕，誡也。」國語楚語曰：「昔衛武公箴儆於國曰：必朝夕以交戒我。」交儆、交戒、交苟，字異而義同。

⑱王云：「焉」猶乃也。

⑲畢云：當爲「瘖」。說文云：「瘖，不能言也。」玉篇云：「喑，啼極無聲也。」則作「喑」亦是。孫云：「喑」、「瘖」字同，尚賢下篇有「瘖」字。晏子諫上篇云：「近臣嘿，遠臣瘖。」又云：「朝居嚴

〔一〕「論」原誤「詻」，據畢刻本改，與說文合。

則下無言，下無言則上無聞矣。下無言則吾謂之瘖，上無聞則吾謂之聾。」說苑正諫篇「晏子云：下無言則謂之暗」，「暗」即「瘖」也。又穀梁文六年傳云「下闇則上聾」，「闇」與「暗」、「瘖」字亦通。

⑳「則唫」，正德本作「唫則」。　畢云：與「噤」音義同。史記：「蒯通曰：吟而不言。」〇案：廣韻侵部引說文曰：「唫，亦古吟字。」藝文類聚引說文曰：「吟，歎也。」說文曰：「吟，呻也。」又曰：「歎，吟也。」是古謂嗟歎爲吟也。兩義均可通。

㉑蘇時學云：「暗」、「唫」、「心」爲韻。

㉒「諂」，道藏本、正德本作「謟」。「危矣」，正德本作「矣危」。　蘇云：「側」、「塞」爲韻。

㉓畢云：「歸」讀如「齊人歸女樂」之「歸」。

㉔孫云：說文金部云：「錐，鋭也。」

㉕畢云：「銛」謂利。

㉖「挫有」，正德本作「挫其」。　畢云：言磨錯之利。

㉗正德本「靡」作「磨」。　畢云：「挫」、「靡」爲韻。　孫云：「靡」，礳之叚字，今省作磨，謂銷磨也。

㉘畢云：「招」與「喬」音相近。「竭」、「伐」爲韻。

㉙「神」，正德本作「紳」。　畢云：「灼」、「暴」爲韻。　俞云：四「近」字皆「先」字之誤。上文曰：「今有五錐，此其銛，銛者必先挫。有五刀，此其錯，錯者必先靡。」然則「甘井」四喻正承上文

而言，亦必是「先」字明矣。「先」篆書作「[illegible]」，「近」字古文作「岓」，篆書作「[illegible]」，兩形相似而誤。

孫云：俞説是也。意林引此四句，「近」正作「先」。莊子山木篇亦云：「直木先伐，甘井先竭。」暴蛇者，蓋以求雨。淮南子齊俗訓云「犧牛粹毛，宜於廟牲，其於以致雨，不若黑蜧」，許慎注云：「黑蜧，神蛇也。潛於神淵，能興雲雨。」春秋繁露求雨篇云：「春旱求雨，暴巫聚蛇。」 ○案：新論言菀篇曰：「神龜以智見灼，靈蛇以神見暴。」

㉚ 蘇云：抗猶抗直。

㉛ 孫云：孟子公孫丑篇僞孫奭疏引皇甫謐帝王世紀云：「秦武王好多力之人，齊孟賁之徒並歸焉。孟賁生拔牛角。」依世紀説，則賁在墨子後，此文蓋後人所增竄。

㉜ 蘇云：吴越春秋逸篇云：「吴亡後，越浮西施於江，令隨鴟夷以終。」其言與此合。是吴亡西施亦死也。墨子書記當時事，必有據。後世乃有五湖隨范蠡之説，誣矣。 孫云：吴越春秋逸文見楊慎丹鉛録引修文殿御覽。

㉝ 畢云：謂事功。 汪中云：墨子與楚惠王同時，吴起之裂，以楚悼王二十一年，上距惠王之卒已五十一年，非墨子之所知也。 蘇説同。 孫云：淮南子繆稱訓云：「吴起刻削而車裂。」亦見氾論訓及韓詩外傳一、吕氏春秋執一篇高注。史記本傳不云車裂，蓋文不具。

㉞ 正德本「太」作「大」。 汪中校墨子謂「親士篇錯入道家言二條」，疑即指上文「五錐」節及此「比干之殪」節言也。

㉟ 文選求自試表注引與此同。

㊱ 文選曹子建樂府白馬篇注引與此同。

㊲ 正德本「致」作「仕」。

㊳ 初學記第六、文選求通親表注引並與此同。 孫云：說文谷部云：「泉出通川爲谷。」諸本作「江河之水非一源也」，正德本「江河」作「河江」，「源」作「原」，畢本作「江河之水，非一水之源也」。 畢云：舊云「非一源也」，據初學記江引此增二字，衺引此與舊同。藝文類聚引作「非一水之源」，北堂書鈔引作「非一源之水」。古無源字，本書脩身云「原濁者流不清」，只作「原」。此類俗寫亂之，非舊文也。

㊴ 王云：此本作「江河之水，非一源之水也」，今本脱「之水」二字，而「一源」二字則不誤。北堂書鈔衣冠部三、初學記器物部引此並作「非一源之水」，初學記地部中引此作「非一源之流」，「流」字雖誤，而「一源」二字仍與今本同，畢謂初學記作「一水之源」，誤也。太平御覽服章部十一引作「江河之水非一源，千鎰之裘非一狐」，皆節去下二字，而「一源」二字亦與今本同。其藝文類聚衣冠部引作「非一水之源」者，傳寫誤耳。 ○案：明鈔本北堂書鈔一百二十九引作「河水之□非一源之水」，陳本、孔本書鈔缺處並作「大」，初學記第六引作「是故江河之水非一源之流」，又二十六引作「江河之水非一源」。據此則畢謂初學記作「一水之源」固誤，王謂初學記作「一源之水」，亦有誤。且依王校則上下文有兩「之水」字，爲各書所無，似亦難從。今據初學記第六增「之流」二字，並據正德本改「源」爲「原」。鶡冠子道端篇曰：「海

水廣大，非獨仰一川之流也。」

㊵史記平準書曰「黄金以鎰名」，漢書食貨志作「溢」，孟康曰：「二十兩爲溢也。」國語晉語韋注云：「二十四兩爲溢。」

㊶吕氏春秋用衆篇曰「天下無粹白之狐，而有粹白之裘，取之衆白也」，淮南子説山訓文略同。孫云：玉藻云：「君衣狐白裘。」

㊷畢云：「惡」讀如「烏」。　俞云：此文本云：「夫惡有同方不取，而取同己者乎？」「同方」謂同道也，「同己」謂與己意同也。聖人但取其與道同，而不必其與己意同。故曰：「夫惡有同方不取，而取同己者乎？」傳寫錯舛，遂不可讀。

㊸孫云：中庸鄭注云：「昭昭猶耿耿，小明也。」

㊹畢云：説文云：「潦，雨大皃。」然此義與明瞭同，老子云「水至清則無魚」也。

㊺畢云：説文云：「堯，高也。从垚在兀上，高遠也。」白虎通云：「堯猶嶢嶢，至高之貌。」

㊻「者」上疑有挩文。　孫云：「者」字當爲「若」，「若乃」連讀，爲更端之詞，下三語即承此言之。

㊼「陜」，陸本作「狹」。　畢云：説文云：「涸，渴也。讀若狐貈之貈。」　孫云：説文谷部云：「谿，山瀆無所通者。」自部云：「陜，隘也。」俗作「陿」、「狹」，非。

㊽王引之云：「逝」當爲「遊」。俗書「游」字作「遊」，與「逝」相似而誤。遊即流字也。曲禮注「士視得旁遊目五步之中」，釋文「遊」作「游」，云「徐音流」。漢書項籍傳「必居上游」，文穎曰：「居水之

上流也。游或作流。」「流淺」與「谿陜」對文。

㊾「埆」，沈本、寶曆本、李本、四庫本、繹史本同。道藏本、正德本、陸本、唐本、潛本、茅本、緜眇閣本、堂策檻本、陳本作「埇」，形微譌。畢云：「墝埆」當爲「磽确」，礊石也，見説文。俗寫从土。何休公羊學曰：「墝埆不生五穀。」

㊿「王」，道藏本、正德本、陸本、唐本、沈本、茅本、李本、堂策檻本作「三」。孫云：淮南子齊俗訓高注云：「淳，厚也。」

脩身第二①

君子戰雖有陳，而勇爲本焉；喪雖有禮，而哀爲本焉；士雖有學，而行爲本焉②。是故置本不安者，無務豐末③；近者不親，無務來遠；親戚不附，無務外交④；事無終始，無務多業⑤；舉物而闇，無務博聞⑥。是故先王之治天下也，必察邇來遠⑦。君子察邇，脩身也；脩身，見毁而反之身者也⑧，此以怨省而行脩矣。

譖慝之言無入之耳⑨，批扞之聲⑩無出之口⑪，殺傷人之孩⑫無存之心⑬，雖有詆訐之民，無所依矣⑭。故君子力事日彊，願欲日逾⑮，設壯日盛⑯。

君子之道也，貧則見廉，富則見義⑰，生則見愛，死則見哀。四行者，不可虛假反之身者也⑱。藏於心者無以竭愛，動於身者無以竭恭，出於口者無以竭馴⑲。暢之四支⑳，接之肌膚㉑，華髮隳顛㉒而猶弗舍者，其唯聖人乎！

志不彊者智不達，言不信者行不果。據財不能以分人者，不足與友；守道不篤，偏物不博㉓，辯是非不察者，不足與游㉔。本不固者末必幾㉕，雄而不脩者其後必惰㉖，原濁者流不清㉗，行不信者名必秏㉘。名不徒生，而譽不自長㉙，功成名遂，名譽不可虛假㉚，反之身者也。務言而緩行，雖辯必不聽；多力而伐功㉛，雖勞必不圖㉜。慧者心辯而不繁説㉝，多力而不伐功，此以名譽揚天下。言無務爲多而務爲智，無務爲文而務爲察。故彼智與察㉞在身而情，反其路者也。善無主於心者不留㉟，行莫辯於身者不立。名不可簡而成也，譽不可巧而立也，君子以身戴行者也㊱。思利尋焉，忘名忽焉，可以爲士於天下者，未嘗有也㊲。

① 畢云：脩治之字从彡；從肉者，脩脯字，經典假借多用此。○案：「脩」，陸本、堂策檻本、四庫本作「修」。

② 「而」，正德本作「所」，即「所」字。俞云：「君子」二字，衍文也。此蓋以「戰雖有陳」、「喪雖有

禮」二句起「士雖有學」一句，若冠以「君子」二字，則既言君子，不必又言士矣。馬總意林作「君子雖有學，行爲本焉；戰雖有陳，勇爲本焉；喪雖有禮，哀爲本焉」，與今本不同。然有「君子」字，即無「士」字，亦可知今本既言「君子」又言「士」之誤矣。「士雖有學」與「君子雖有學」文異而義同。　孫云：説苑建本篇載孔子語與此略同，「君子」似非衍文，亦見家語六本篇。○案：「士」讀爲公孟篇「姑學乎，吾將仕子」之「仕」。説文曰：「仕，學也。」又曰：「宦，仕也。」論語曰：「學而優則仕。」左氏宣二年傳曰「宦三年矣」，注：「宦，學也。學職事爲官也。」又襄三十一年傳曰「僑聞學而後入政」，曲禮曰「宦學事師」，皆古人入官有學之證，故曰「仕雖有學而行爲本焉」。「戰」、「喪」、「仕」三字平列，皆指事不指人。舊讀「士」爲士君子之士，失之。

③正德本無「本」字。「豊」，正德本、陸本、緜眇閣本作「豐」。　俞云：「者」衍字也，下文可證。　孫云：置與植通。方言云：「植，立也。」

④大戴記曾子疾病篇「親戚不悦，不敢外交。近者不親，不敢求遠」，文與此略同。　孫云：古多稱父母爲親戚，此則似通内外族姻言之。曲禮孔疏云：「親指族内，戚指族外。」

⑤「終始」，陸本、茅本、寶曆本、李本、堂策檻本、四庫本作「始終」。「無務」，正德本作「由務」。

⑥「博」，道藏本、陸本、唐本、茅本、李本、堂策檻本作「傳」。

⑦正德本「邇」作「爾」。

⑧以上十七字，正德本如此，惟「邇」作「爾」。諸本作「君子察邇而邇脩者也見不脩行見毀而反之身

者也」二十一字。今從正德本，並據諸本改「爾」作「邇」，與上文一律。

⑨「之耳」，畢本譌「于耳」，舊本並作「之耳」，今據正。　畢云：玉篇云：「慝，他得切，惡也。」經典多此字，古只作「匿」。　王云：「譖慝」即「讒慝」，僖二十八年左傳「間執讒慝之口」是也。「讒」與「譖」古字通，故小雅巷伯篇「取彼譖人」，禮緇衣注及後漢書馬援傳並引作「取彼讒人」。「無入之耳」，言不聽讒慝之言也。故下文曰：「雖有詆訐之民，無所依矣。」

⑩畢云：說文云：「扞，忮也。」玉篇云：「忓，擾也。」　孫云：廣雅釋詁云：「批，擊也。」易林睽之賁云：「批捍之言，我心不快。」「批扞」即「批捍」也。

⑪「之」，正德本作「諸」。

⑫「孩」字正德本闕文。　畢云：當讀如「根荄」。　孫人和云：「孩」即「趩」之借字，說文：「趩，留意也。」

⑬「無」，正德本作「𣞤」。

⑭正德本無「所」字。文選三都賦序引「民」作「人」，蓋避唐諱改。　畢云：說文云：「詆，訶也。」「訐，面相㡿罪也。」玉篇云：「詆，都禮切。」「訐，居謁切，攻人之陰私也。」

⑮「彊」，正德本、陸本、茅本、寶曆本作「疆」。「逾」，越進也，益也，遠也。「願欲日逾」，即願欲日進於遠大之意也。

⑯「設」，正德本作「投」。　畢云：「設壯」疑作「飾莊」。　王樹枏云：易繫辭傳「益長裕而不

設」，鄭注云：「設，大也。」「設壯」，大壯也。「設壯日盛」，謂君子之道大壯而日益盛也。

⑰ 畢云：字當爲「羛」，説文云：「墨翟書『義』从弗。」則漢時本如此，今書「義」字皆俗改也。　王引之云：「弗」於聲、義均有未協，「弗」當作「丯」。「丯」，古文「我」字，與「弗」相似，故譌作「弗」耳。周晉姜鼎銘「我」字作「丯」，是其明證。「羛」之从「丯」聲，與「義」之从我聲，一也。説文「我」字下重文未載古文作「丯」，故於此亦不知爲「丯」字之譌。蓋鐘鼎古篆，漢人亦不能徧識也。

⑱「哀」，正德本作「衰」。又正德本作「四者行不可虛假反身者也」。

⑲「馴」，正德本作「訓」，字通。　孫云：「馴」猶雅馴，謂出口者皆典雅之言。

⑳ 孫云：説文肉部云：「胑，體四胑也。或作肢。」「支」即「肢」之省。易坤文言云：「美在其中，而暢於四支。」孔穎達疏云：「四支猶言手足。」

㉑ 孫云：小爾雅廣詁云：「接，達也。」亦與「挾」通，儀禮鄉射禮鄭注云：「古文挾皆作接。」俗作「浹」，義並同。

㉒「隳顛」，諸本作「隳巔」，正德本作「隨顛」。　畢云：「隳」字當爲「墮」。　孫云：後漢書邊讓傳李賢注云：「華髮，白首也。」説文髟部云：「鬌，髮墮也。」頁部云：「顛，頂也。」「墮」與「鬌」通，「墮顛」即禿頂。新序雜事篇云：「齊宣王謂閭丘卬曰：士亦華髮墮顛而後可用耳。」

㉓「偏」讀爲「別」。天志下篇「天之愛百姓別矣」，王引之云：「別讀爲偏。」可與此互證。「偏物」即

「別物」，非攻下篇「別物上下」是也。偏與辯聲義亦近，「偏物」與「辯是非」相儷爲文。

㉔「游」，陸本、茅本、寶曆本、李本、堂策檻本、四庫本作「遊」。

㉕王云：爾雅：「幾，危也。」

㉖「雄」，茅本、寶曆本、李本作「碓」。「惰」，正德本、翻陸本作「隋」。老子：「知其雄，守其雌。」注云：「雄，先之屬。」是「雄」有先義，與「後」對文。

㉗「流不清」，緜眇閣本、陳本作「流必溷。」

㉘「秏」，舊本並作「耗」。　畢云：「秏」，舊从耒，非。玉篇云：「秏，呼到切，減也，敗也。」又云：「耗，正作秏。」詩云：「秏斁下土〔一〕。」

㉙「譽」下，緜眇閣本空一格，似衍字被削除者。

㉚「名譽」，「名」字正德本無。

㉛緜眇閣本、陳本並無「功」字，下同。

㉜「圖」，正德本作「徒」。　蘇云：圖，謀也。春秋傳云：「勞之不圖，報於何有。」

㉝「繁」，正德本作「繫」。

㉞「故」下茅本、寶曆本、李本、堂策檻本、四庫本並有「以」字。「與」，諸本作「無」，今從正德本作

〔一〕「土」原誤「士」，據畢刻本改，與詩大雅雲漢合。

「與」。

㉟「主」，正德本作「生」。

㊱「戴」，正德本作「載」，字通。孫云：釋名釋姿容云：「戴，載也。」

㊲「天」，正德本作「兲」，古文「天」字，見玉篇。

所染第三①

子墨子言見染絲者而歎②，曰：染於蒼則蒼，染於黄則黄③，所入者變，其色亦變。五入必，而已則爲五色矣④。故染不可不慎也⑤。

非獨染絲然也，國亦有染⑥。舜染於許由、伯陽⑦，禹染於皋陶、伯益，湯染於伊尹、仲虺⑧，武王染於太公、周公。此四王者所染當，故王天下，立爲天子，功名蔽天地⑨。舉天下之仁義顯人，必稱此四王者。夏桀染於干辛⑩、推哆⑪，殷紂染於崇侯、惡來⑫，厲王染於厲公長父⑬、榮夷終⑭，幽王染於傅公夷、蔡公穀⑮。此四王者所染不當，故國殘身死，爲天下僇⑯。舉天下不義辱人，必稱此四王者⑰。齊桓染於管仲、鮑叔，晉文染於舅犯、高偃⑱，楚莊染於孫叔⑲、沈尹⑳，吴闔閭染於伍員㉑、文義㉒，越句踐染於范蠡、大夫種㉓。此五君者所染當㉔，故霸諸侯，功名傳於後世㉕。范吉射染於長柳朔、王胜㉖，中行寅染於籍秦、高彊㉗，吴夫差染於王孫雒㉘、太宰嚭㉙，知伯摇染於智國、張武㉚，中山尚染於魏義、偃長㉛，宋康染於唐鞅、佃不禮㉜。此六君者所染不當，故國家殘亡，身爲刑戮，宗廟破滅㉝，絶無後類㉞，君臣離散，民人流亡。舉天下之貪暴苛擾者㉟，必稱此六君也㊱。凡君之所以安者，何也？以其行理也㊲，行理性於染當㊳。故善爲君者，勞於論人㊴，而佚於治官㊵。不能爲君者，傷形費神，愁心勞意，然國逾危，身逾辱㊶。此六君者，非不重其國、愛其身也，以不知要故也。不知要者，所染不當也。

非獨國有染也，士亦有染㊷。其友皆好仁義，淳謹畏令，則家日益、身日安、名日榮㊸，處官得其理矣㊹，則段干木㊺、禽子㊻、傅説㊼之徒是也。其友皆好矜奮，創作比周㊽，則家日損、身日危、名日辱，處官失其理矣㊾，則子西、易牙、豎刀之徒是也㊿。詩曰「必擇所堪(51)，必謹所堪」者，此之謂也(52)。

① 畢云：吕氏春秋有當染篇，文略同。　蘇云：篇中言中山尚、宋康，皆墨子後事。而禽子爲墨子弟子，至與傅説並稱。此必非墨子之言，蓋亦出於門弟子。　汪中云：宋康之滅，在楚惠王之卒後一百五十七年。墨子蓋嘗見染絲者而歎之，爲墨子學者增成其説耳。　孫云：此篇固

不出墨子，但中山尚疑即桓公，時代正與墨子相及。蘇説未審。吴汝綸云：此吕覽文，而集録者删改末段，妄以入之墨子。

②秋山云：「言」恐衍。孫云：「言」字疑衍。公羊隱十一年何休注云：「稱子冠氏上者，著其爲師也。其不冠子者，他師。」列子天瑞篇張注云：「載子於姓上者，首章是弟子之所記故也。」○案：正德本「歎」作「嘆」。明萬曆甲午刻百子咀華本墨子及吕氏春秋、羣書治要、意林、宋本蜀本太平御覽八百十四引並無「言」字。

③孫云：淮南子説林訓云：「墨子見染絲而泣之，爲其可以黄、可以黑。」

④秋山云：一本無「必則」二字。畢云：一本無「必」字。吕氏春秋無「則」字。後漢書馮衍傳注引作「五入之則爲五色」，太平御覽引作「五入則爲五色」。孫云：「必」讀爲「畢」，言五入畢而爲五色也。○案：「必」，正德本作「畢」。四庫本剜改作「色」。潛本、緜眇閣本並無「必則」二字。吕氏春秋作「五入而以爲五色矣」，高誘注云：「一入一色。」

⑤卷子本羣書治要作「故染可不慎邪？」刊本治要「邪」作「耶」。吴云：墨子之言至「故〔一〕染不可不慎也」句止，以下皆吕覽因墨子之言而推論之者也。

⑥「然」，正德本作「染」。畢云：太平御覽、吴淑事類賦俱作「治國亦然」，有節文。

〔一〕「故」字原脱，據本篇正文補。

⑦高誘云：許由，陽城人。堯聘之，不至。　孫云：吕氏春秋本味篇云：「堯舜得伯陽、續耳然後成。」注云：「伯陽、續耳皆賢人，堯用之以成功也。」御覽八十一引尸子云：「舜事親養老，爲天下法。其遊也，得六人，曰：雒陶、方回、續耳、伯陽、東不識、秦不空，皆一國之賢者也。」陶潛聖賢羣輔録引皇甫謐逸士傳「舜友七子」，亦有伯陽。韓非子説疑篇作「晉伯陽」，漢書古今人表作「柏陽」，北堂書鈔四十九引尸子作「柏楊」。　○案：「由」，道藏本、陸本、唐本、茅本、寶曆本、堂策檻本作「山」。　秋山云：「山」一作「由」。

⑧高誘云：仲虺居薛，爲湯之左相。

⑨高誘云：「蔽」猶極也。

⑩吕氏春秋當染篇作「夏桀染於羊辛、歧踵戎」，高誘云：「羊辛、歧踵戎，桀之邪臣。」畢沅注云：「吕覽知度篇亦作『羊辛』，墨子及古今人表、抱朴子良規篇與吕覽慎大篇皆作『干辛』，説苑尊賢篇作『干莘』。」　○案：諸本作「干辛」，正德本作「子辛」，陸本作「于辛」，寶曆本作「羊辛」，卷子本、天明本治要引作「干辛」，銅活字本作「于辛」，意林引作「子辛」，明鈔本説苑尊賢篇作「有莘」。

⑪畢云：本書明鬼云「王手禽推哆、大戲」，下又云「推哆、大戲主別兕虎，指畫殺人」，古今人表作「雅侈」。　孫云：「推哆」，晏子春秋諫上篇、賈子新書連語篇作「推侈」，韓子説疑篇作「侯侈」，淮南子主術訓又作「推移」，惟抱朴子良規篇作「推哆」，與此同。　○案：明吉府本賈子

連語篇作「雖侈」。

⑫高誘云：「崇，國；侯，爵；名虎。惡來，嬴姓，飛廉之子，紂之諛臣。」

⑬秋山云：「厲」，一作「虢」。　畢云：吕氏春秋「厲」作「虢」，注云：「虢，榮，二卿士。」洪頤煊云：荀子成相篇楊倞注引墨子作「䍤公長父」，吕氏春秋當染篇「厲王染於虢公長父」，「䍤」即「虢」之譌。今本作「厲」字，又後人所改。　蘇云：「厲公」，號君謚。　孫云：荀子成相篇云：「孰公長父之難，厲王流於彘。」楊注引此云：「䍤公與孰公不同，不知孰是。或曰：孰公長父即詩云『皇父』也。『孰』或作『郭』。」案荀子別本作「郭」，與吕覽合，是也。「虢」、「郭」古通。洪以「䍤」爲「虢」之譌，亦近是。蘇以「厲」爲號公謚，未塙。竹書紀年：「厲王三年，淮夷侵洛，王命虢公長父伐之，不克。」後漢書東夷傳作「虢仲」。今本紀年出於摭拾，未知足據否。○案：道藏本、潛本、緜眇閣本、畢本作「厲公長父」，陸本、唐本、茅本、寶曆本、李本、堂策檻本、四庫本作「厲公長公」，正德本作「䊪公長父」。卷子本治要作「䕨公長攵」，「攵」即「父」字，因卷子本「公」多作「厷」，「父」多作「攵」也。刊本治要作「厲公長文」。荀子成相篇楊注引墨子、宋本荀子作「䍤公長父」，與卷子本治要相近。元本荀子作「䊪公長父」，與正德本合。可證今本墨子「厲」字，塙是後人緣古本誤字而意改者。「䕨」、「䍤」、「䊪」三字皆字書所無，更以秋山謂「一本作虢」校之，則洪氏「虢」譌爲「䍤」之説殆無疑義，蓋草書「虎」字與「萬」、「厲」二字形略似也。

⑭畢云：「終」，一本作「公」。史記：「厲王好利，近榮夷公。」　蘇云：「終」或爲榮夷公名。

孫云：呂氏春秋當染同。國語周語：「厲王説榮夷公，爲卿士。」韋注云：「榮，國名。夷，謚也。」書敍有「榮伯」，史記周本紀集解引馬融云：「榮伯，周同姓，畿内諸侯，爲卿大夫也。」夷公蓋榮伯之後。　○案：「終」，李本、堂策檻本、四庫本作「公」。

⑮ 畢云：「蔡」，一本作「祭」。呂氏春秋作「虢公鼓、祭公敦」。蘇云：「傅公夷」無考。國語「惠王時有傅氏」，注曰：「傅氏，貍姓也，在周爲傅氏。」「蔡公穀」，呂覽作「祭公敦」，竊謂當從呂覽作「祭公」爲是。祭爲周畿内國，周公少子所封，自文公謀父以下，世爲卿士於周。隱元年所書「祭伯來」者，即其後也。若蔡，當幽王時唯有釐侯，所事不聞更有名穀者。孫云：「夷」，治要作「幾」。高誘謂「虢公鼓」即虢石父，見國語晉語、鄭語，未知是否？　○案：「蔡」，潛本、緜眇閣本作「祭」。

⑯ 「僇」，刊本治要作「戮」，卷子本治要作「僇」，與本書合。高誘云：「僇，辱也。」畢云：「戮」字假音。

⑰ 「稱」下「此」字，畢本脱，舊本並有，今據補。治要與呂氏春秋亦有「此」字。

⑱ 王云：「高」當爲「𩫏」，「𩫏」即「城郭」之「郭」，形與「高」相近，因譌爲「高」。賈子過秦篇「據億丈之𩫏」，今本「𩫏」譌作「高」。墨子多古字，後人不識，故傳寫多誤耳。左傳「晉大夫卜偃」，晉語作「郭偃」，韋注曰：「郭偃，晉大夫卜偃也。」商子更法篇、韓子南面篇並與晉語同。呂氏春秋作「郤偃」，「郤」即「郭」之譌，非郤氏之郤也。太平御覽治道部一引呂氏春秋正作「郭偃」。梁玉繩

云：「高與郭，聲之轉也。」　俞云：「高」亦可讀如「郭」。詩緜篇毛傳曰「王之郭門曰皋門」，「郭偃」之爲「高偃」，猶「郭門」之爲「皋門」也。　孫云：「齊桓」、「晉文」下，治要並有「公」字。〇案：卷子本治要「晉文公」之「公」字爲校點者所加。「舅」，治要及吕氏春秋並作「咎」，同。

⑲ 吕覽作「孫叔敖」。　孫云：左宣十一年傳「楚令尹蔿艾獵城沂」，孔疏引服虔云：「艾獵，蔿賈之子孫叔敖也。」洪适隸釋漢孫叔敖碑云：「楚相孫君，諱饒，字叔敖。」不知何據。

⑳ 畢云：吕氏春秋作「沈尹蒸」。又贊能有沈尹莖，「楚莊王欲以爲令尹，沈尹莖辭曰：期思之鄙人有孫叔敖者，聖人也」。又尊師云「楚莊王〔一〕師孫叔敖、沈申巫」，高誘曰：「沈縣大夫。」新序作「沈尹竺」。案「申」、「尹」、「莖」、「巫」、「竺」，皆字之誤。　李惇云：宣十二年左傳邲之戰，孫叔敖令尹也，而將中軍者爲沈尹，注云：「沈或作寢，寢縣也。」韓詩外傳所載楚樊姬事，與淮南子、新序正同，但淮南、新序並曰「虞邱子」，惟外傳則曰「沈令尹」。乃知沈尹即虞邱子，令尹者其官，沈者其氏或食邑也。　孫云：李説是也。「沈尹莖」，吕氏春秋察傳篇又作「沈尹筮」，字形並相近，未知孰爲正也。　至余知古渚宫舊事作「沈尹華」，以吕氏春秋去宥篇考之，乃楚威王臣，蓋誤並爲一也。

㉑ 孫云：「閭」，吕氏春秋當染篇作「廬」，左昭二十七年傳、史記吴世家同。　此及後非攻中篇並作

〔一〕「王」字原脱，畢刻本同，今據吕氏春秋尊師篇補。

「閭」，與史記十二諸侯年表、淮南子泰族訓、吳越春秋同。　○案：「閭」，治要作「廬」。「伍」，正德本及卷子本治要並作「五」。廣韻十姥：「五，又姓。」左氏傳「伍參」，漢書古今人表作「五參」。「伍舉」，漢孫叔敖碑作「五舉」。「伍尚」，風俗通義作「五尚」。「伍奢」，廣韻作「五奢」。例並與此同。今則人姓之「五」，皆以「伍」爲之矣。

㉒ 吕氏春秋當染篇作「文之儀」。　畢云：吕氏春秋尊師云「吳王闔閭師伍子胥、文之儀」，高誘云：「文，氏。之儀，名。」案彼有「之」字者，如「庾公差」，孟子云「之斯」；「專諸」，左傳云「設諸」，音之緩急。

㉓ 「蠡」，卷子本治要作「蚤」。　高誘云：「范蠡，楚三户人也，字少伯。大夫種，文氏，字子禽，楚之鄒人。」　孫云：「文選豪士賦序李注引吳越春秋云：「文種者，楚南郢人也。姓文，字少禽。」太平寰宇記說同。高注「鄒」即「郢」之譌。

㉔ 「者」字各本脱，治要及吕氏春秋並有，今據補。

㉕ 治要無「功」字。　緜眇閣本「世」作「也」。

㉖ 畢云：吕氏春秋「長」作「張」，「胜」作「生」字。高誘注云：「吉射，晉范獻子鞅之子昭子也。張柳朔、王生二人者，吉射家臣也。」　孫云：左哀五年傳有張柳朔、王生，與吕覽同。此「長柳朔」、「王胜」即「張柳朔」、「王生」。「長柳」，古複姓，漢書藝文志有長柳占夢。但據左傳則朔、生乃范氏之賢臣，朔并死范氏之難，與此書異，或所聞不同。　○案：「長柳朔」，卷子本治要作「旅柳

玥」，刊本治要作「張柳朔」。「胜」，畢本如此，諸本作「肚」，正德本作「眭」。

㉗畢云：吕氏春秋作「黄籍秦」，非。高誘注云：「寅，晉大夫中行穆子之子荀子也。黄籍秦、高彊，其家臣。高彊，齊子尾之子，奔晉，爲中行氏之臣。」史記索隱云：「系本：籍秦，晉大夫籍游之孫，籍談之子。」　孫云：吕氏春秋注「荀子」當作「荀文子」，即寅謚也，見定八年左傳。　○案：「彊」，正德本作「強」，陸本、茅本、寶曆本、李本、堂策檻本、四庫本作「彊」。

㉘「雒」，舊本並同，四庫本剜改作「雄」，畢本亦改「雄」。　畢云：舊誤作「雒」。　盧文弨云：今外傳吴語「王孫雄」，舊宋本作「王孫雒〔二〕」，墨子所染篇同。吴越春秋夫差内傳、句踐伐吴外傳、越絶請糴内傳皆作「王孫駱」，説苑雜言篇作「公孫雒」。唯吕氏春秋當染篇作「王孫雄」，史記越世家作「公孫雄」。以「駱」字證之，則「雒」字是矣。顧廣圻校同。　王云：盧説是也。困學紀聞左氏類引國語、吕氏春秋並作「雒」。韓子説疑篇有「吴王孫頟」，「頟」即「雒」之譌，則其字之本作「雒」益明矣。

㉙高誘云：「嚭」，晉伯宗之孫，楚州犂之子。　孫云：定四年左傳云「伯州犂之孫嚭爲吴太宰」，史記吴世家、越絶書、吴越春秋、杜預春秋釋例並謂嚭爲伯州犂孫，唯高誘吕氏春秋當染、重言二篇注以爲州犂之子，誤也。國語吴語韋注誤與高同。　○案：卷子本治要作「吴夫差染於宰

〔二〕「雒」原誤「頟」，據墨子閒詁引改正。按：宋明道本、公序本國語吴語並作「王孫雒」，與盧校合。

喜」，校點者於其上闌外批一「嚭」字，刊本治要遂改作「嚭」。考「伯嚭」吴越春秋闔閭内傳作「白喜」，論衡逢遇篇作「帛喜」，正與此「宰嚭」作「宰喜」，例同，喜非誤字也。

㉚ 畢云：「揺」，一本作「瑶」。　孫云：吕氏春秋當染亦作「瑶」。高誘注云：「智瑶，宣子申之子襄子也。國、武二人，其家臣。」國語晉語云「知襄子戲韓康子而侮段規，知伯國聞之，諫曰：主不備，難必至矣」，韋注云：「伯國，晉大夫知氏之族。」左哀二十三年傳「晉荀瑶伐齊，將戰，長武子請卜」，杜注云：「武子，晉大夫。」案「智國」、「張武」蓋即「知伯國」、「長武子」也，「長」、「張」字通。淮南子人間訓云：「張武教智伯奪韓、魏之地，而擒於晉陽。」　○案：「知伯揺」，緜眇閣本及卷子本治要作「智伯瑶」。「揺」，潛本、寶曆本、四庫本作「瑶」。

㉛ 畢云：「偃」，吕氏春秋作「椻」。高誘注云：「尚，魏公子牟之後，魏得中山以邑之。義、長，其二臣。」　蘇云：中山爲魏之别封，非春秋時之鮮虞也。　孫云：中山即春秋之鮮虞，左傳定四年始見於傳。其初亡於魏，文侯十七年使樂羊圍中山，三年滅之。後中山復國，又亡於趙，則惠文王四年滅之。並見史記魏、趙世家及樂毅傳。據水經滱水酈道元注及太平御覽百六十一引十三州志，並謂中山桓公爲魏所滅，則尚或即桓公，墨子猶及見之。高、蘇以爲魏别封，非也。　○案：「中山尚」究爲何時人，書缺有閒，苦難質定。唯鮮虞於魯昭公十二年已見經傳，孫氏謂定四年始見於傳，誤也。

㉜ 畢云：吕氏春秋「佃」作「田」，是。「禮」作「禋」，誤。　蘇云：宋康之亡，當楚頃襄王十一年，

上去楚惠王之卒一百四十三年，此不獨與墨子時世不值，且與中山之亡相距止數年，而皆在孟子之後。孟子言「方千里者九」，則中山未亡；言「宋王行仁政」，則宋亦未亡。若此書爲墨子自著，則墨子時世更在孟子之後，不知孟子之闢墨子，正在墨學方盛之時，其必不然也審矣。孫云：宋王偃爲齊湣王所滅，謚康，見國策宋策。呂氏春秋作「宋康王」，荀子王霸篇又作「宋獻」。呂氏春秋淫辭篇、荀子解蔽篇均載有唐鞅被殺事。「佃不禮」，荀子解蔽篇楊注引呂氏春秋亦作「田不禋」。漢書古今人表有「田不禮」，則似據趙世家也。史記趙世家載趙主父使田不禮相太子章，後爲李兑所殺，事當宋康之末年，或即一人先仕宋而後事趙與？○案：「佃」，諸本作「仙」，正德本作「仲」，寶曆本作「田」。

㉝「滅」，李本作「裂」。秋山云：「滅」，一作「裂」。

㉞「絶」字，翻陸本、緜眇閣本無。孫云：荀子禮論篇楊注云：「類，種也。」

㉟「貪」，正德本、翻陸本作「貧」。「苛擾者」，呂氏春秋作「可羞人」。畢云：「擾」，「擾」字之誤，經典通用此。

㊱呂氏春秋「也」作「者」。

㊲「理」，正德本作「禮」。孫云：廣雅釋詁云：「理，道也。」

㊳畢云：「性」當爲「生」，一本作「在」，誤。秋山云：「生」，一作「在」。孫云：治要及呂氏春秋並作「生」。○案：「性」、「生」古字通用。諸本作「性」，寶曆本作「生」。正德本作「恠」，

「恎」即「性」字之誤。潛本、緜眇閣本作「在」。

㊴ 高誘云：「論」猶擇也。

㊵ 「佚」，治要作「逸」。

㊶ 兩「逾」字，治要及吕氏春秋並作「愈」。高誘云：「愈，益也。」

㊷ 吴云：以下非吕覽之文，乃集録墨子者所坿益也，乃以「傅説」列「段干木、禽子」之後，稱名不順矣。

㊸ 吕氏春秋貴當篇曰：「其友皆孝悌純謹畏令，如此者，其家必日益，身必日〔一〕榮矣。」後人即襲其文而以入之墨子。

㊹ 孫云：「理」亦道也。

㊺ 畢云：吕氏春秋云：「田子方學于子貢，段干木學于子夏。」

㊻ 畢云：吕氏春秋云：「禽滑釐學于墨子，許犯學于禽滑釐。」此稱「禽子」，則墨子門人小子之文矣。

㊼ 見尚賢中篇。

㊽ 孫云：左文十八年傳云：「頑嚚不友，是與比周。」杜注云：「比，近也。周，密也。」

㊾ 「理」，正德本作「禮」。

㊿ 「刀」，舊本作「刁」。「易牙、豎刀」，正德本作「豎刁、易牙」。畢云：經傳或作「豎貂」，此作

〔一〕「日」字原脱，據吕氏春秋貴當篇補。

「刀」者，「貂」省文。舊作「刁」，非。玉篇云：「刀，丁幺切，亦姓。俗作刁。」蘇云：春秋時子西有三：一爲鄭公孫夏，一爲楚鬬宜申，一爲楚公子申。茲所舉蓋鬬宜申也。○案：蘇説近是，左文十年傳：「子西與子家謀弑穆王，穆王聞之，五月殺鬬宜申。」

(51)「必擇」下，茅本、寶曆本、李本、堂策檻本、四庫本並有「其」字。王云：「堪」當讀爲「湛」。湛與漸漬之漸同。説文作「瀸」，云「漬也」。月令「湛熾必絜」，鄭注云：「湛，漬也。」考工記鍾氏「以朱湛丹秫」，注曰：「鄭司農云：『湛，漬也。』玄謂『湛』讀如『漸車帷裳』之『漸』。」是湛與漸同。湛、漬皆染也。楚辭七諫「日漸染而不自知兮」，王注曰：「稍漬爲漸，汙變爲染。」考工記鍾氏注曰「漬」，亦染也。「必擇所湛」，猶云必擇所染耳。荀子勸學篇曰：「蘭槐之根是爲芷，其漸之滫中，君子不近，庶人不服，其質非不美也，所漸者然也。」晏子春秋襍篇曰：「非蘭本美也，所湛然也。願子之必求所湛。」説苑雜言篇曰：「願子詳其所湛，既得所湛，亦求所湛。」義並與墨子同。

(52)蘇云：此蓋逸詩也。

法儀第四①

子墨子曰②：天下從事者，不可以無法儀。無法儀而其事能成者，無有③。雖至士之爲將相者皆有法，雖至百工從事者亦皆有法。百工爲方以矩，爲圓以規④，直以繩，衡以水⑤，正以縣⑥。無巧工不巧工，皆以此五者爲法⑦。巧者能中之⑧，不巧者雖不能中，放依以從事⑨，猶逾已⑩。故百工從事，皆有法所度⑪。今大者治天下，其次治大國，而無法所度，此不若百工辯也⑫。

然則奚以爲治法而可⑬？當皆法其父母奚若⑭？天下之爲父母者衆，而仁者寡，若皆法其父母，此法不仁也。法不仁，不可以爲法。當皆法其學奚若⑮？天下之爲學者衆，而仁者寡⑯，若皆法其學，此法不仁也。法不仁，不可以爲法。當皆法其君奚若？天下之爲君者衆，而仁者寡，若皆法其君，此法不仁也。法不仁，不可以爲法。故父母、學、君三者，莫可以爲治法⑰。

然則奚以爲治法而可？故曰：莫若法天⑱。天之行廣而無私，其施厚而不德⑲，其明久而不衰，故聖王法之。既以天爲法，動作有爲必度於天，天之所欲則爲之，天所不欲則止⑳。然而天何欲何惡者也㉑？天必欲人之相愛相利，而不欲人之相惡相賊也㉒。奚以知天之欲人之相愛相利，而不欲人之相惡相賊也？以其兼而愛之、兼而利之也。奚以知天兼而愛之、兼而利之也㉓？以其兼而有之、兼而食之也。今天下無小大國㉔，皆天之邑也㉕；人無幼長貴賤，皆天之臣也㉖。此以莫不犓牛羊㉗、豢犬豬㉘，絜爲酒醴粢盛㉙，以敬事天。

此不爲兼而有之、兼而食之邪？天苟兼而有食之㉚，夫奚説以不欲人之相愛相利也。故曰：「愛人利人者，天必福之；惡人賊人者，天必禍之㉛。」曰：「殺不辜者㉜，得不祥焉㉝。」夫奚説人爲其相殺而天與禍乎？是以天欲人相愛相利㉞，而不欲人相惡相賊也。

昔之聖王禹湯文武，兼愛天下之百姓㉟，率以尊天事鬼，其利人多，故天福之，使立爲天子，天下諸侯皆賓事之㊱。暴王桀紂幽厲，兼惡天下之百姓，率以詬天侮鬼㊲，其賊人多㊳，故天禍之㊴，使遂失其國家㊵，身死爲僇於天下㊶，後世子孫毁之，至今不息。故爲不善以得禍者，桀紂幽厲是也；愛人利人以得福者，禹湯文武是也。愛人利人以得福者有矣，惡人賊人以得禍者亦有矣。

①　畢云：「法」，説文云：「灋，刑也。平之如水，从水。廌所以觸不直者去之。法，今文省。」此借爲法度之義。「儀」，義如渾天儀之儀。説文云：「檥，榦也。」儀與檥音相近。又説文云「儀，度也」，亦通。孫云：爾雅釋詁云「儀，榦也」，與説文「檥」説解同。管子形勢解篇云：「法度者，萬民之儀表也。」

②　李明仲營造法式引「曰」上有「言」字。

③　治要「有」下有「也」字，孫據增。案類書或節本引書，不唯有删節，且有加字潤飾者。治要或因於

「無有」之下删去七十一字，故加一「也」字頓住，亦未可知。細讀此文，無「也」字亦可。吕氏春秋用民篇曰「若是而能用其民者，古今無有」，又愛類篇曰「聖王通士，不出於利民者無有」，「無有」之下均無「也」字，與此語法正類。竊以爲根據類書或節本校改原書，須加意審慎，若義屬二可者，不如各仍本書存參，固闕疑寡過之一道也。

④「圓」，諸本作「圜」。營造法式引亦作「圜」。正德本作「圓」，與畢本同。

⑤此三字各本捝，營造法式引有，今據補。

⑥畢云：此縣挂正字。孫云：考工記輿人云：「圜者中規，方者中矩，立者中縣，衡者中水。」莊子馬蹄篇云：「曲者中鉤，直者應繩。」即此義。○案：「縣」，李本、堂策檻本、四庫本作「懸」，營造法式引作「垂」。吕氏春秋職分篇曰：「巧匠爲宫室，爲圓必以規，爲方必以矩，爲平直必以準繩。」

⑦八行李本「五」作「工」。秋山云：「五」，一作「工」。

⑧畢云：史記索隱引倉頡篇云：「中，得也。」

⑨「放依」，營造法式引作「依放」。畢云：説文云：「仿，相似也。」「放」與「仿」同。

⑩「逾」，李本作「愈」，營造法式引作「猶愈於已」。畢云：猶勝於已。

⑪治要無「所」字，下同。

⑫「辯」，四庫本作「辨」，字通。辨，明察也。治要無「辯」字。

⑬「而可」，正德本作「而後可」三字，文義較足。

⑭畢云：「奚若」與「何如」同。　王引之云：「當」並與「儻」同。　孫云：「當」與「嘗」通。嘗，試也。詳天志下篇。

⑮孫云：「學」謂師也。

⑯「之」字舊本無。

⑰「治法」下，諸本有「而可」二字，潛本、緜眇閣本、陳本並無，今據删。王校同。

⑱「故」字疑衍，以正德本上文校之，「而可故」當爲「而後可」之譌倒。

⑲「德」，治要作「息」。案卷子本治要「德」多作「悳」，與「息」形近，故易筆誤。荀子堯問篇「其猶土也？多其功而不德」，今本亦誤作「息」。淮南子詮言訓曰：「誅而無怨，施而不德，若天若地，何不覆載。」越絶書吴内傳曰：「天道盈而不溢，盛不驕者也。地道施而不德，勞而不矜其功者也。」

⑳「止」，正德本作「正」，誤。

㉑「而」，緜眇閣本、陳本作「則」。

㉒「賊」，正德本誤「賤」，下同。

㉓治要「知天」下有「之」字。

㉔「小大」，畢本作「大小」，舊本及治要並作「小大」，今據乙。「國」下，正德本有「家」字。

㉕正德本無「皆」字。

㉖「臣」，寶曆本作「子」。　秋山云：「子」，一作「臣」。

㉗原作「牣羊」二字，畢云：「當云『牛羊』。」秋山校同，蘇亦校作「犓牛羊」。　案「牣牛羊」本書屢見，今依增「牛」字。

㉘「豬」，正德本作「猪」。　畢云：說文云：「牣，以芻莖養牛也。」「豢，以穀圈養豕也。」玉篇云：「牣，則俱切，今作犓。」陸德明莊子音義云：「司馬云：牛羊曰犓，犬豕曰豢。」

㉙「絜」，堂策檻本、四庫本作「潔」。　說文曰：「齍，黍稷在器以祀者也。」經傳多以「粢」爲之。畢云：「潔」字正作「絜」。

㉚正德本挩「有」字。

㉛「賊」，卷子本治要作「賤」，誤。

㉜「曰」，舊本作「日」。

㉝正德本「祥」作「詳」，字通。

㉞王云：「是以」下有「知」字，而今本脫之，則文義不明。上文曰：「奚以知天之欲人之相愛相利，而不欲人之相惡相賊也？」「奚以知」正與「是以知」相應。

㉟畢云：舊脫「愛」字，以意增。　〇案：潛本、緜眇閣本、陳本及治要並有「愛」字。　秋山云：一本「兼」下有「愛」字，是。

㊱「賓」，卷子本、銅活字本治要作「實」，天明本治要作「賓」，當據本書校改者。　孫云：廣雅釋

詁云：「賓，敬也。」

㊲「天」，正德本作「兲」。「兲」即「天」字，見漢無極山碑。玉篇曰：「兲，古文天。」　孫云：廣雅釋詁云：「訢，駡也。」

㊳「其賊」，諸本作「賊其」，寶曆本及治要並作「其賊」，今從之，俞校同。正德本挩「其」字。

㊴「天」，正德本作「旡」。「禍」，卷子本治要作「禍」，校者旁注「禍」字，下同。

㊵孫云：「遂」與「隊」通。易震「遂泥」，釋文云：「遂，荀本作隊。」俗作「墜」，義同。淮南子天文訓高注云：「墜，隕也。」

㊶「僇」，卷子本治要作「僇」，刊本治要作「戮」。呂氏春秋當染篇曰：「國殘身死，爲天下僇。」高注云：「僇，辱也。」　畢云：「僇」，戮字假音。　孫云：大學「辟則爲天下僇矣」，孔穎達疏云：「僇謂刑僇也。」荀子非相篇云「爲天下大僇」，楊注云：「僇與戮同。」

七患第五

子墨子曰：國有七患。七患者何？城郭溝池不可守，而治宫室，一患也。邊國至境①，四鄰莫救，二患也。先盡民力無用之功②，賞賜無能之人③，民力盡於無用，財寶虚於待客④，三患也。仕者持禄，游者憂交⑤，君脩法討臣，臣慴而不敢拂⑥，四患也。君自以爲聖智而不問事，自以爲安彊而無守備⑦，四鄰謀之不知戒，五患也。所信不忠⑧，所忠不信⑨，六患也。畜種菽粟不足以食之⑩，大臣不足以事之⑪，賞賜不能喜，誅罰不能威，七患也。以七患居國⑫，必無社稷⑬；以七患守城，敵至國傾⑭。七患之所當，國必有殃⑮。

凡五穀者，民之所仰也，君之所以爲養也⑯。故民無仰則君無養⑰，民無食則不可事⑱。故食不可不務也，地不可不力也⑲，用不可不節也。五穀盡收，則五味盡御於主⑳；不盡收，則不盡御㉑。一穀不收謂之饉，二穀不收謂之旱㉒，三穀不收謂之凶，四穀不收謂之餽㉓，五穀不收謂之饑㉔。歲饉，則仕者大夫以下皆損禄五分之一；旱，則損五分之二；凶，則損五分之三；餽，則損五分之四㉕；饑，則盡無禄，稟食而已矣㉖。故凶饑存乎國，人君徹鼎食五分之三㉗，大夫徹縣㉘，士不入學㉙，君朝之衣不革制㉚，諸侯之客，四鄰之使，雍食而不盛㉛，徹驂騑㉜，塗不芸㉝，馬不食粟，婢妾不衣帛，此告不足之至也。

今有負其子而汲者，隊其子於井中，其母必從而道之㉞。今歲凶、民飢、道饉㉟，此疚重於隊其子㊱，其可無察邪？故時年歲善㊲，則民仁且良；時年歲凶，則民吝且惡。夫民何常此之有㊳？爲者寡，食者衆，則歲無豐㊴。故曰：「財不足則反之時，食不足則反之用。」故先民以時生財㊵，固本而用財，則財足㊶。故雖上世之聖王，豈能使五穀常收，而旱水不至哉？然而無凍餓之民者，何也㊷？其力時急，而自養儉也。故夏書曰「禹七年水」，殷書曰「湯五年旱」㊸，此其離凶饑甚矣㊹。然而民不凍餓者，何也㊺？其生財密，其用之節也。故倉無備粟，不可以待凶饑㊻；庫無備兵，雖有義，不能征無義；城郭不備完㊼，不可以自守；心無備慮，不可以應卒㊽。是若慶忌無去之心，不能輕出㊾。夫桀無待湯之備，故放；紂無待武王之備，故殺㊿。桀紂貴爲天子，富有天下，然而皆滅亡於百里之君者，何也(51)？有富貴而不爲備也。故備者，國之重也。

食者，國之寶也；兵者，國之爪也；城者，所以自守也(52)。此三者，國之具也。故曰：以其極役，脩其城郭(53)，則民勞而不傷；以其常正(54)，收其租税，則民費而不病(55)。民所苦者，非此也。苦於厚作斂於百姓(56)，賞以賜無功(57)，虚其府庫，以備車馬衣裘奇怪；苦其役徒，以治宫室觀樂。死又厚爲棺椁(58)，多爲衣裘(59)，生時治臺榭(60)，死又脩墳墓。故民苦於外，府庫單於内(61)，上不厭其樂(62)，下不堪其苦。故國離寇敵則傷(63)，民見凶饑則亡，此皆備不具之罪也。且夫食者，聖人之所寶也。故周書曰：「國無三年之食者，國非其國也；家無三年之食者，子非其子也(64)。」此之謂國備(65)。

① 畢云：當爲「竟」。本書耕柱云「楚四竟之田」，只作「竟」。　洪云：「邊」當是「適」字之譌，古

「敵」字多用「適」。　○案：洪説近是。「邊」，卷子本治要作「邉」，即「邊」之别構字，見魏刁遵碑。

②「民」，卷子本治要作「巳」，蓋避唐諱，餘仿此。

③「無」，卷子本治要作「无」。

④「待」，道藏本、陸本、唐本、沈本、潛本、緜眇閣本作「侍」。

⑤諸本作「仕者待禄，游者憂反」，正德本「游」下多一「山」字。卷子本、銅活字本治要並作「仕將持禄，遊者憂佼」，天明本治要「將」作「者」，蓋據墨子本書校改。　王云：「待」當爲「持」，「憂反」當爲「愛交」。呂氏春秋慎大篇注：「持猶守也。」言仕者守其禄，游者愛其交，皆爲己不爲國家也。管子明法篇曰：「小臣持禄養交，不以官爲事。」晏子春秋問篇曰：「仕者持禄，游者養交。」「養交」與「愛交」同意。今本「持」作「待」，「愛交」作「憂反」，則義不可通。　俞云：古書多言「持禄養交」，尟言「持禄愛交」者。墨子原文蓋本作「恙交」，「恙」即「養」之叚字，古同聲通用。後人不達叚借之旨，改其字作「憂」，而墨子原文不可復見矣。　○案：王校「待」作「持」、「反」作「交」，是也，今依改。「交」、「佼」字通，「憂」、「養」義近。詩二子乘舟「中心養養」，毛傳：「養養然憂。」荀子禮論篇「久而平，所以優生也」，楊注：「優養生者。」以「優」爲之。　莊子至樂篇「若果養乎」，俞樾訓「養」爲憂。

⑥「討」，正德本作「紂」。「臣」字畢本不重，舊本並重，治要亦重，今據補「臣」字。「懾」，卷子本治要

作「搑」，銅活字本治要及正德本作「攝」，天明本治要作「懾」。「懾」正字，「攝」借字。治要「拂」作「咈」，説文曰：「咈，違也。」又曰：「弗，撟也。」「拂」即「弗」、「咈」之借字。荀子臣道篇曰：「事暴君者，有補削，無撟拂。」

⑦「彊」，陸本、茅本、寶曆本、堂策檻本作「疆」，卷子本治要作「旊」，刊本治要及正德本作「强」。卷子本治要「無」作「无」。

⑧「信」，諸本譌「言」，正德本作「信」，今據正。治要亦作「信」。

⑨「所信」、「所忠」之下，治要並有「者」字。晏子春秋問上篇曰：「忠臣不信，一患也；信臣不忠，二患也。」賈子大政下篇曰：「故君之信在所信，所信不信，雖欲論信也，終身不信矣。」新序雜事一篇曰：「忠臣不用，用臣不忠。」杜恕體論曰：「有盡忠不見信，有見信而不盡忠。」

⑩「畜」，治要作「蓄」，字通。　畢云：「菽」，正爲「尗」。

⑪畢云：舊脱「以」字，一本有。　孫云：荀子正名篇楊注云：「事，任使也。」　○案：潛本、緜眇閣本、陳本並有「以」字。卷子本、銅活字本治要並作「大臣不足以食之，大臣不足以事之，賞之」，較本書多九字。天明本治要與本書同。

⑫正德本作「以七患君國也」六字，卷子本、銅活字本治要並作「以七患也國」。

⑬「無」，卷子本治要作「无」。　畢云：「國」、「稷」爲韻。

⑭畢云：「城」、「傾」爲韻。

⑮ 畢云：「當」、「殃」爲韻。

⑯ 「之」，正德本作「子」。

⑰ 畢云：「仰」、「養」爲韻。

⑱ 事、使字通。　畢云：「食」、「事」爲韻。

⑲ 「力」，畢本譌「立」，舊本並作「力」，今據正。

⑳ 孫云：獨斷云：「御者，進也。凡飲食入於口曰御。」　秋山云：「主」，一作「王」。

㉑ 孫云：白虎通義諫諍篇云：「陰陽不調，五穀不熟，故王者爲不盡味而食之。」

㉒ 俞云：「旱」者，不雨也，不得爲二穀不收之名，疑「旱」乃「罕」字之誤。

㉓ 邵晉涵云：「餽」與「匱」通。鄭注月令云：「匱，乏也。」　○案：「餽」，正德本作「匱」，下同。宋本、蜀本御覽三十五引「餽」，注云「音匱」，可爲邵説之證。

㉔ 畢云：太平御覽引作「飢」，誤，此飢餓字。穀梁傳云：「一穀不升謂之嗛，二穀不升謂之饑，三穀不升謂之饉，四穀不升謂之康，五穀不升謂之大侵。」爾雅云：「穀不孰爲饑，蔬〔一〕不孰爲饉，果不孰爲荒。」與此異。　又畢本此下據藝文類聚增「五穀不孰謂之大侵」八字。　王云：既言「五穀不收謂之饑」，則不得又言「五穀不孰謂之大侵」。藝文類聚百穀部引墨子「五穀不孰謂

〔一〕「蔬」原作「疏」，據畢本原注改，與爾雅釋天合。又爾雅「孰」並作「熟」。

之大侵」者，乃涉上文引穀梁傳「五穀不升謂之大侵」而衍，故太平御覽時序部二十、百穀部一引墨子皆無此八字。下文「饑則盡無禄」，畢依類聚於「饑」下增「大侵」二字，亦御覽所無。孫云：華嚴經本、蜀本御覽三十五引作「飢」，又八百三十七引作「饑」，其下並無畢增八字。

㉕「餽」，茅本、寶曆本作「饋」，即「匱」之借字。

㉖「饑」下畢增「大侵」二字，非是，説詳上。孫云：「稟食」，謂有稍食而無禄。説文云：「稟，賜穀也。」周禮司士鄭注云：「食，稍食也。」

㉗「三」，諸本作「五」，正德本作「三」，今從之。孫云：曲禮鄭注云：「徹，去也。」

㉘孫云：周禮小胥云「卿大夫判縣」，鄭注謂左右縣。曲禮云：「大夫無故不徹縣。」孔疏云：「徹亦去也。」

㉙孫云：周書糴匡篇云：「成年，餘子務藝；年儉，餘子務穡。」是不入學也。

㉚吴云：「不革制」者，不更制新衣也。

㉛王云：「雍食」當爲「雍飧」。周官外饔「凡賓客之飧饔饗食之事」，鄭注曰：「飧，客始至之禮。饔，既將幣之禮。」「飧饔」即「饔飧」也。「饔」、「雍」古字通。

㉜畢云：高誘注吕氏春秋云：「在中曰服，在邊曰騑。」

㉝畢云：「塗」，俗寫从土。本書非攻中云「涂道之脩遠」，只作「涂」。「芸」，「蕓」省文。孫云：穀梁襄二十四年傳云「大侵之禮，廷道不除」，范甯注云：「廷内道路不修除也。」

㉞畢云：「隊」，「墜」正字。說文云：「隊，從高隊也。」　蘇云：「道」與「導」同，謂引也。○案：「道」，寶曆本作「遁」，說文曰：「遁，遷也。」義亦可通。

㉟「飢」，諸本作「饑」，正德本、茅本、寶曆本作「飢」，今從之。「饉」，諸本作「餓」，正德本作「饉」，今從之。文選王命論曰「餓饉流隸」，李注云：「饉，或爲殣，荀悅曰：道瘞謂之殣也。」左昭三年傳曰「道殣相望」，杜注云：「餓死爲殣。」「道饉」即「道殣」也。

㊱各本作「重其子此疚於隊」，今依王引之說移，蘇說同。正德本「疚」作「疾」。

㊲「年歲」連文。論衡治期篇曰：「案穀成敗自有年歲，年歲水旱，五穀不成。」

㊳正德本無「民」字。緜眇閣本「常」下「此」字闕文，陳本無「此」字。

㊴「寡」，畢本作「疾」。　俞云：「疾」當爲「寡」。　孫云：俞說未塙。此疑當作「爲者疾，食者寡，則歲無凶；爲者緩，食者衆，則歲無豐」。○案：「寡」，畢本誤「疾」，舊本並作「寡」，今據正。貴義篇曰：「食者衆而耕者寡。」商子農戰篇曰：「農者寡而游食者衆，故其國貧危。」又曰：「農者寡而游食者衆，則農者殆。」賈子孽產子篇曰：「一人耕之，十人聚而食之，欲天下亡飢，胡可得也？」潛夫論浮侈篇曰：「一夫耕，百人食之，以一奉百，孰能供之？」義均類此。

㊵「時」，正德本作「之」。　孫云：禮記坊記鄭注云：「先民謂上古之君也。」書尹訓孔疏引賈逵國語注云：「先民，古賢人也。」

㊶「固」，正德本作「顧」。

㊷「餓」，正德本作「飢」。

㊸畢云：管子權數云：「管子曰：湯七年旱，禹五年水。」與此文互異。莊子秋水云：「湯之時，八年七旱。」荀子王霸云：「禹十年水，湯七年旱。」賈誼新書憂民云：「禹有十年之蓄，故免九年之水；湯有十年之積，故勝七年之旱。」淮南子主術云：「湯之時七年旱。」又異。孫云：呂氏春秋順民篇云：「昔者湯克夏，天大旱五年。」與此書所言正合。王充論衡感虚篇亦云：「書傳言湯遭七年旱，或言五年。」是古書本有二説也。

㊹「饑」，諸本作「餓」，正德本、陳本並作「饑」，今從之。畢云：「離」讀如「羅」。

㊺「餓」，正德本作「饑」。

㊻「倉」，各本作「食」。秋山云：「『食』疑『倉』誤。」俞校同。今依改。

㊼「完」，諸本作「全」，正德本作「完」，今從之。

㊽「卒」讀如「猝」。

㊾畢云：言慶忌雖勇，猶輕出致死。昔吴王患慶忌之在隣國，恐合諸侯來伐。要離詐以負罪出奔，戮妻子，斷右手，如衛求見慶忌。與東之吴，渡江中流，順風而刺慶忌。事見吴越春秋闔閭内傳。

㊿「王」字畢本脱，舊本並有，今據補。「武王」與「湯」對文，亦見非攻下篇及非命三篇，不必字數相等也。　王引之云：禦敵謂之待，魯語、楚語韋注並云：「待，禦也。」

(51)孫云：孟子公孫丑篇云：「湯以七十里，文王以百里。」

㊾畢云：「寶」、「爪」、「守」爲韻。

㊿「脩」，正德本誤「循」。

54 蘇云：「正」同「征」。

55 「則民」，舊本作「民則」。

56 自「役脩」至「百姓」四十字，舊本錯入辭過篇「故作誨婦人治」之下，畢本依盧文弨校移於辭過篇「凡費財勞力不加利者不爲也」之下，不惟文義不接，且間斷原文文氣，不可從。今校移於此，上下文緊相銜接。潛本、緜眇閣本、陳本並脱「去其城郭」以下三十八字，疑以意删。　王云：「作斂」與「籍斂」同，「籍」古讀如「昨」。節用上篇「其籍斂厚」。

57 韓子難一篇曰：「明主賞不加於無功。」又外儲説右下篇曰：「使民有功與無功俱賞者，此亂之道也。」

58 畢云：舊作「梆」，俗寫。　○案：正德本作「桴」。

59 曹耀湘云：「裘」當作「衾」。　○案：「裘」字疑涉上文「衣裘」而誤。茅本、寶曆本並作「裳」。史記匈奴傳「其送死有衣裘」，漢書「裘」作「裳」。淮南子氾論訓曰：「葬死人者，裘不可以藏。」今民間猶有此遺俗也。

60 畢云：當爲「謝」，荀子王霸云「臺謝甚高」，楊倞曰：「謝、榭同。」陸德明左氏音義云：「榭，本亦作謝。」知古無榭字。　○案：爾雅釋宮曰：「闍謂之臺，有木者謂之榭。」説文古籀補載虢季子白盤有「廚」字。吴大澂云：「『廚』，講武堂也。有屋謂之廚，从广、从射。小篆从木作『榭』。」

61 正德本無「府」字。「單」，盡也。莊子列禦寇篇曰：「單千金之家。」本字當作「殫」。

62 正德本無「不」字。

63 畢云：「離」讀如「羅」。

64 兩「子」字，寶曆本作「家」。

65 畢云：周書云：「夏箴云：小人無兼年之食，遇天饑，妻子非其有也；大夫無兼年之食，遇天饑，臣妾輿馬非其有也。」墨蓋夏教，故義略同。　孫云：畢據周書文傳篇文，此文亦本夏箴而與文傳小異。考穀梁莊二十八年傳云：「國無三年之畜，曰國，非其國也。」與此文略同，疑先秦所傳夏箴文本如是也。又御覽五百八十八引吴廣百官箴敍云：「墨子著書，稱夏箴之辭。」蓋即指此。若然，此書當亦稱夏箴，與周書同，而今本脱之。　○案：穀梁文亦未言出夏箴，孫説未知是否。

辭過第六①

子墨子曰：古之民②未知爲宮室時③，就陵阜而居，穴而處④。下潤濕傷民⑤，故聖王作爲宫室⑥，爲宫室之法⑦，曰：高足以辟潤濕⑧，邊足以圉風寒⑨，上足以待雪霜雨露⑩，宫墻之高⑪，足以别男女之禮⑫。謹此則止⑬，凡費財勞力不加利者，不爲也⑭。是故聖王作爲宫室，便於生⑮，不以爲觀樂也；作爲衣服帶履，便於身⑯，不以爲辟怪也⑰。故節於身，誨於民⑱，是以天下之民可得而治，財用可得而足⑲。當今之主⑳，其爲宫室則與此異矣。必厚作斂於百姓㉑，暴奪民衣食之財㉒，以爲宫室臺榭曲直之望㉓，青黄刻鏤之飾㉔。爲宫室若此，故左右皆法象之㉕，是以其財不足以待凶饑㉖、振孤寡㉗，故國貧而民難治也㉘。君實欲天下之治而惡其亂也㉙，當爲宫室不可不節㉚。

古之民未知爲衣服時㉛，衣皮帶茭㉜，冬則不輕而温㉝，夏則不輕而清㉞。聖王以爲不中人之情㉟，故作誨婦人治絲麻㊱、梱布絹㊲，以爲民衣。爲衣服之法：冬則練帛之中㊳，足以爲輕且煖㊴；夏則絺綌之中㊵，足以爲輕且清㊶。謹此則止。故聖人爲衣服㊷，適身體、和肌膚而足矣，非榮耳目而觀愚民也。當是之時，堅車良馬不知貴也㊸，刻鏤文采不知喜也㊹。何則？其所道之然。故民衣食之財㊺，家足以待旱水凶饑者，何也？得其所以自養之情，而不感於外也㊻。是以其民儉而易治㊼，其君用財節而易贍也㊽。府庫實滿，足以待不然㊾；兵革不頓㊿，士民不勞，足以征不服，故霸王之業可行於天下矣。當今之王(51)，其爲衣服則與此異矣。冬則輕煗(52)，夏則輕清，皆已具矣。必厚作斂於百姓(53)，暴奪民衣食之財[54]，以爲錦繡文采靡曼之衣[55]。鑄金以爲鉤，珠玉以爲珮[56]，女工作文采，男工作刻鏤，以爲身服[57]。此非云益煗之情也[58]，單財勞力[59]，畢歸之於無用也[60]。以此觀之[61]，其爲衣服，非爲身體，皆爲觀好。是以其民淫僻而難治，其君奢侈而難諫也。夫以奢侈之君御好淫僻之民[62]，欲用無亂[63]，不可得也。君實欲天下之治而惡其亂[64]，當爲衣服不可不節。

古之民[65]未知爲飲食時[66]，素食而分處[67]。故聖人作誨男耕稼樹藝[68]，以爲民食。其爲食也，足以增氣充虚、彊體適腹而已矣[69]。故其用財節，其自養儉，民富國治[70]。今則不然，厚作斂於百姓[71]，以爲美食芻豢，蒸炙魚鼈[72]，大國累百器，小國累十器，前方丈[73]，目不能偏視，手不能偏操[74]，口不能偏味[75]，冬則凍冰，夏則餲饐[76]。人君爲飲食如此，故左右象之，是以富貴者奢侈，孤寡者凍餒[77]，雖欲無亂[78]，不可得也。君實欲天下之治而惡其亂[79]，當爲食飲不可不節[80]。

古之民未知爲舟車時[81]，重任不移，遠道不至。故聖王作爲舟車，以便民之事。其爲舟車也，完固輕利[82]，可以任重致遠。其爲用財少，而爲利多[83]，是以民樂而利之。故法令不急而行[84]，民不勞而上足用[85]，故民歸之。當今之主[86]，其爲舟車與此異矣。完固輕利皆已具[87]，必厚作斂於百姓[88]，以飾舟車[89]，飾車以文采[90]，飾舟以刻鏤。女子廢其紡織而脩文采，故民寒；男子離其耕稼而脩刻鏤，故民飢[91]。人君爲舟車若此，故左右象之，是以其民飢寒並至，故爲姦衺⑨²。姦衺多則刑罰深⑨³，刑罰深則國亂⑨⁴。君實欲天下之治而惡其亂⑨⁵，當爲舟車不可不節。

凡回於天地之閒⑨⁶，包於四海之内，天壤之情，陰陽之和，莫不有也，雖至聖不能更也。何以知其然？聖人有傳：天地也，則曰上下；四時也，則曰陰陽；人情也，則曰男女；禽獸也，則曰牡牝雄雌也⑨⁷。真天壤之情，雖有先王，不能更也。雖上世至聖，必蓄私不以傷行⑨⁸，故民無怨。宫無拘女，故天下無寡夫⑨⁹。内無拘女，外無寡夫，故天下之民衆。當今之君⑩⁰，其蓄私也，大國拘女累千，小國累百，是以天下之男多寡無妻⑩¹，女多拘無夫。男女失時⑩²，故民少。君實欲民之衆而惡其寡⑩³，當蓄私不可不節。

凡此五者⑩⁴，聖人之所儉節也⑩⁵，小人之所淫佚也⑩⁶。儉節則昌，淫佚則亡。此五者不可不節，夫婦節而天地和⑩⁷，風雨節而五穀孰⑩⁸，衣服節而肌膚和。

① 畢云：「辭受」之字从「受」，經典假借用此。「過」，謂宫室、衣服、飲食、舟車、蓄私五者之過也。孫云：群書治要引并入七患篇，此疑後人妄分，非古本也。

② 畢云：太平御覽引作「上古之民」。○案：宋本、蜀本御覽一百七十三引作「上古之人」，營造法式引作「古之名」。

③畢云：舊脱「室」字，據太平御覽增。　孫云：趙蕤長短經適變篇引亦有「室」字。禮運云：「昔者先王未有宮室，冬則居營窟，夏則居橧巢。」　○案：長短經、御覽引並有「室」字，無「時」字。治要及營造法式引並有「室時」二字。

④「就」，八行李本作「葢」。　秋山云：「就」，一作「蓋」。易繫辭曰：「上古穴居而野處，後世聖人易之以宮室，上棟下宇，以待風雨。」

⑤「濕」，正德本作「滋」，下同。「濕」本字當作「溼」。

⑥畢云：「王」，御覽引作「人」。

⑦畢云：御覽引作「制」。　○案：宋本、蜀本御覽引作「法」，與本書同。

⑧畢云：「辟」，避字假音。　○案：「辟」，正德本作「辭」，治要、長短經、御覽並作「避」。治要「高」上有「室」字，「潤」下無「濕」字。營造法式引「高」上有「宮」字。

⑨畢云：「邊」，太平御覽引作「中」，非。「圉」，李善注左思魏都賦引作「御」，太平御覽引作「禦」。玉篇云：「圉，禁也。」　○案：正德本「圉」作「禦」。卷子本治要「邊」作「邉」，「圉」作「圄」。「邉」即「邊」之别構字。營造法式「邊」作「旁」。

⑩「雪霜」，太平御覽、營造法式引作「霜雪」。　王引之云：「待」，禦也。節用篇「待」作「圉」，「圉」即「禦」字也。

⑪「墻」，正德本作「墉」，卷子本治要作「牆」。　孫云：禮記儒行鄭注云：「宮謂墻垣也。」

⑫「禮」，卷子本治要作「礼」。

⑬畢云：「謹」，廑字假音。

⑭「凡」字諸本脱，正德本有，與治要合，今據補。

⑮「生」，正德本作「主」。「便於生」，治要作「使上」二字，屬下讀。　畢云：太平御覽引作「以便生」。

⑯「便於身」，治要作「使身」二字。

⑰畢云：「辟」，僻字假音。

⑱卷子本、銅活字本治要作「故節於身，論於身，論於民」十字，當衍「論於身」三字。天明本治要與本書同。

⑲孫云：長短經有「也」字。

⑳「主」，卷子本、銅活字本治要、長短經作「王」。

㉑「作」字，治要、長短經、御覽並無。

㉒「奪」，卷子本治要、宋本御覽作「奪」。

㉓御覽作「爲曲直之室」。

㉔畢云：以上六句，太平御覽節。　○案：畢校誤。

㉕「法象之」，潛本、緜眇閣本、陳本、繹史本並作「象法之」，長短經作「法而象之」。

㉖「饑」，正德本、茅本、寶曆本、李本作「飢」。

㉗「振」，各本作「賑」，俗字。孫從治要作「振」。「寡」，卷子本治要作「宜」，即「寡」之別構，見唐雲麾將軍碑。

㉘孫云：長短經「治」作「理」，蓋避唐諱改。○案：「而」，茅本、寶曆本、李本作「其」，秋山云：「其，一作而。」「治」，宋本、蜀本御覽引作「訴」。

㉙「實」，正德本及治要並作「誠」。

㉚王引之云：「當」猶則也。

㉛「民」，北堂書鈔一百二十九、藝文類聚八十五、宋本蜀本御覽六百八十九及八百十五引並作「人」。

㉜畢云：「衣皮」，藝文類聚引作「衣皮毛」，非。說文云：「茭，乾芻。」王云：說文：「筊，竹索也。」其草索則謂之茭。尚賢篇曰「傅說被褐帶索」，謂草索也。此言「帶茭」，猶彼言「帶索」矣。孫云：「帶茭」，疑即喪服之「絞帶」，「傳云：『絞帶者，繩帶也。』」○案：宋本御覽無「衣」字。蜀本御覽擠刊一「衣」字。

㉝「温」，長短經作「煖」。

㉞孫云：曲禮「冬温而夏清」，釋文云：「清，七性反，字從冫，秋冷也。本或作水旁，非也。」說文云：「清，寒也。」

㉟「王」，正德本作「人」。　孫云：「情」，治要作「温清」二字，誤。〇案：卷子本治要原無「温」字，「情」作「请」，似「請」字之行書，「請」、「情」字通，校點者見上文有「温清」字，遂妄加「温」字於其旁而成「温请」矣。昔人謂古書多晦於校者，此類是也。

㊱「治」下，諸本有「役脩其城郭云云」四十字，今移於七患篇。潛本、緜眇閣本、陳本、繹史本僅有「役脩」二字。

㊲「㨡」，諸本作「梱」，正德本作「相」，潛本、緜眇閣本、陳本作「㨡」，繹史本作「捆」，茅本、李本作「梱」，寶曆本作「㨡」，今從之。說文曰：「㨡，手推之也。」桂馥云：「推當作椎。」集韻：「㨡，或作捆。」孟子「捆屨」，趙注：「捆猶叩椓也。」孫奭音義云：「捆，丁音閫。無叔重曰：『捆，織也。』玉篇：『捆，織也。』」是「㨡」者正字，「捆」者或字，其餘均「梱」、「捆」形聲之轉變也。　畢云：「梱」字當爲「稇」，說文云「絭束也」。　孫云：非樂上作「綑布縿」，非命下作「捆布縿」，此「梱」或當爲「捆」，亦「稇」之假字。「絹」當爲「綃」，與「繰」通，故彼二篇又誤「縿」。

㊳孫云：「中」即中衣。凡上服以内之衣，通稱中衣。深衣鄭目録云：「大夫以上祭服，中衣用素練。」「帛」即素也。詩唐風揚之水孔穎達疏云：「中衣者，朝服〔一〕、祭服之裏衣也。其制如深衣。」「中」，經典亦作「衷」。說文衣部云：「衷，裏褻衣。」穀梁宣九年傳云「或衣其衣，或衷其襦」，范注

〔一〕「服」字，墨子閒詁原注脱，本書沿誤，據詩孔疏補。

足以爲輕且暖。」云：「衷者，襦在裏也。」是對文「衷」爲裏衣，散文則通言「衣」，故節用中篇云：「冬服紺緅之衣，

㊴畢云：文選注引作「煗」。孫云：後文「煗」字兩見，説文火部「煖」、「煗」並訓「温也」。長短經仍作「煖」。○案：宋本文選求自試表注引仍作「煖」。明鈔本及孔本書鈔引並作「冬則絹綿輕且暖」。

㊵「綌」，卷子本治要作「紘」，俗「綌」字。宋本御覽六百八十九引作「絃」，即「紘」之譌。孫云：説文云：「絺，細葛也。」「綌，粗葛也。」

㊶舊本脱「煖」至「且」十二字，今依畢、王校補。畢本據北堂書鈔增「煖夏則絺綌輕且」七字。王云：「夏則絺綌輕且清」本作「夏則絺綌之中，足以爲輕且清」，與「冬則練帛之中，足以爲輕且煖」對文。北堂書鈔衣冠部三引作「冬則練帛輕且煖，夏則絺綌輕且清」，省文也。若下二句内獨少「之中足以爲」五字，則與上二句不對矣。群書治要所引上下皆有此五字，當據補。孫云：長短經引云：「夏則絺綌足以爲輕清」，亦有「足以爲」三字。○案：宋本、蜀本御覽引作「冬則絹帛輕且温，夏則絺綌清且凉。」

㊷依上下文例，「聖人」下當有「作」字。治要「聖人」下有「之」字。

㊸「不知」上，茅本、寶曆本、李本有「而」字。秋山云：一本無「而」字。

㊹「采」，正德本作「彩」。

㊺ 正德本無「民」字。

㊻ 孫云：「感」，治要同。「感」當爲「惑」之誤。「也」字治要無。 ○案：「感」字不誤。説文曰：「感，動人心也。」呂氏春秋有度篇云「使人不能執一者，物感之也」，注云：「感，惑也。」義與此同。

㊼ 長短經作「是以其人用儉約而易治」。

㊽ 畢云：呂氏春秋適音云「不充則不詹」，高誘曰：「詹，足也。『詹』讀如『澹然無爲』之『澹』。」文選注云：「許君注淮南子云：澹，足也。」古無从「貝」字，此俗寫。 ○案：「贍」，卷子本治要作「贍」。節葬下篇「財不贍」，吳鈔本亦作「贍」。

㊾ 左莊二十三年傳曰：「征伐以討其不然。」 孫云：「不然」，謂非常之變也，漢書司馬相如傳「衛使者不然」。 ○案：「然」，卷子本治要作「拯」，刊本治要作「極」。

㊿ 孫云：襄四年左傳「甲兵不頓」，杜注云：「頓，壞也。」

51 「王」，諸本並同，卷子本治要、銅活字本治要、長短經引亦作「王」，惟寶曆本、繹史本及天明本治要作「主」。竊疑本篇各「主」字本皆作「王」，因卷子本治要及長短經均作「王」也。

52 「煥」，李本、緜眇閣本、陳本及治要並作「煖」，下同。

53 藝文類聚、長短經、御覽引並無「作」字。

54 「奪」，卷子本治要作「窶」。

55 「曼」，卷子本治要作「昜」。「之衣」，諸本作「衣之」，潛本、緜眇閣本、陳本作「之衣」，治要、類聚、長短經引亦作「之衣」，今從之。俞校同。秋山云：「衣之」，一作「之衣」。孫云：小爾雅廣言云：「靡，細也。」漢書韓信傳顏注云：「靡，輕麗也。」文選七發李注云：「曼，輕細也。」

(56) 畢云：當爲「佩」，古無此字。孫云：治要作「佩」，長短經同。○案：卷子本、銅活字本、天明本治要並作「珮」。

(57) 「以爲身服」，潛本、緜眇閣本、陳本、繹史本同，諸本作「以身服」，卷子本、銅活字本治要亦作「以身服」，寶曆本及天明本治要作「以身服之」。秋山云：「以身服之」，一作「以爲身服」。

(58) 俞云：廣雅釋詁曰：「云，有也。」「情」猶實也。「此非云益煗之情」，猶曰「此非有益煖之實」。○案：春秋繁露調均篇曰：「凡衣裳之生也，爲蓋形煖身也。然而染五采、飾文章者，非以爲益肌膚血氣之情也。」意與此同。

(59) 孫云：「單」，盡也。

(60) 「無」，卷子本治要作「无」。「也」字各本無，孫據治要補。

(61) 孫云：「以」，長短經作「由」。

(62) 「御」，卷子本治要作「卻」。「好」字疑衍，治要、長短經並無。

(63) 「用」，畢本作「國」，徧檢舊本皆作「用」，治要引亦作「用」，唯近刻長短經引作「國」，疑墨子古本本作「用」也。「用」，以也。節葬下篇曰：「欲以衆人民，甚得寡焉；欲以治刑政，甚得亂焉。」此言「欲用」，猶彼言「欲以」矣。卷子本治要「無」作「无」。

64 治要「實」作「誠」。

65 文選曹子建贈徐幹詩注引「民」作「人」。

66 治要及御覽六百二十七引並無「時」字。

67 孫云：管子禁藏〔一〕篇云「果蓏素食當十石」，「素」，疏之假字。淮南子主術訓云「夏取果蓏，秋畜疏食」，「疏」俗作「蔬」。月令「取蔬食」，鄭注云：「草木之實爲蔬食。」禮運説上古云「未有火化，食草木之食」，即此「素食」也。

68 畢云：古只作「埶」，説文云：「埶，種也。从坴、丮，持而種之。」

69 「足」，道藏本、陸本、唐本、潛本、茅本、李本、堂策檻本、四庫本作「是」，誤。「腹」，明鈔本、孔本書鈔引作「脉」。

70 治要「故」字在「民富」上。

71 治要、御覽並無「作」字。

72 畢云：太平御覽引「炙」作「庖」，「鼈」作「鱉」。孫云：治要無「魚鼈」二字。「蒸」與「烝」通。

○案：「鼈」宋本、蜀本御覽仍作「鼈」，潛本、緜眇閣本、陳本作「鱉」。「芻豢蒸炙」，卷子本治要作「⿱艹⿰丑丑豢烝豕」，銅活字本治要作「蒭豢蒸豕」，天明本治要作「蒭豢蒸炙」。「⿱艹⿰丑丑」即「芻」之别構

〔一〕「禁藏」原誤「七臣七主」，據西南師大漢語言文獻研究所校改。

字，見魏義橋石象碑。說文曰：「炙，炮肉也。从肉在火上。」

⑦③畢本據文選七命及應璩與從弟君苗君冑書注所引改「前方丈」作「美食方丈」。王云：畢改非也。群書治要引作「前方丈」，則魏徵所見本正與今本同。文選注引作「美食方丈」者，此以上文之「美食」與下文之「方丈」連引，而節去「芻豢」以下十七字，乃是約舉其詞，不得據彼以改此也。太平御覽治道部八引作「前則方丈」，句法較爲完足。孫云：孟子盡心篇云「食前方丈」，趙注云：極五味之饌食，列於前方一丈。」

⑦④「操」，卷子本治要作「掾」，銅活字本治要作「摻」。

⑦⑤三「偏」字，卷子本治要並作「偏」，古通用。

⑦⑥「餲」，各本作「飾」。秋山云：「飾」疑「餲」。洪云：「飾饐」當作「餲饐」。爾雅釋器「食饐謂之餲」，郭注：「飯穢臭。」論語鄉黨「食饐而餲」，孔注：「饐餲，臭味變也。」「飾」本作「飭」，餲、飭字形相近。俞說同。案秋山、洪、俞說是也。明刻慎懋賞本僞慎子襲取此節，正作「餲饐」，今依改。論衡商蟲篇曰：「溫濕饐餲，蟲生不禁。」「饐餲」猶餲饐也。張文虎云：「飾饐」，群書治要引作「餕饐」，是也。論語鄭注云：「食餘曰餕。」「餕饐」者，謂食餘而致壞也。或曰「餕」當爲「酸」，「酸饐」與上「凍冰」對。

⑦⑦「寡」，卷子本治要作「宣」。「餧」，各本作「餒」。卷子本治要、宋本蜀本御覽引並作「餧」，今從作「餧」。畢云：「餒」當爲「餧」。說文云：「餧，飢也。」

(78) 畢云：舊脱「雖」字，據太平御覽增。　○案：卷子本治要亦無「雖」字。「無亂」作「无乱」，下「亂」字同。

(79) 「實」，治要作「誠」。「之」字各本無，王據上下文補。

(80) 孫云：「食飲」當作「飲食」。　○案：卷子本治要亦作「食飲」。「食飲」猶飲食，古人常語。非攻中篇曰「食飲之不時」，又下篇曰「食飲不時」。

(81) 自上文「水凶饑者何也」至「未知爲舟車」，道藏本凡四百零三字，正德本脱。

(82) 「完」，諸本作「全」，正德本作「完」，與治要、孔本書鈔、意林、御覽引合，今從之。明鈔本書鈔一百三十七引作「周兒輕利」，「周兒」即「完固」之譌倒。説文「完」訓「全」，則作「全」亦通。

(83) 治要引無「其爲」二字。

(84) 治要引無「故」字，「令」作「禁」。　王云：「故」字涉下「故」字而衍。

(85) 畢云：「上」，舊作「止」，一本如此。　○案：「上」，諸本作「止」，潛本、寶曆本、緜眇閣本、陳本、繹史本、四庫本作「上」。秋山云：「上，一作止。」治要引作「民不勞，上足以用。」

(86) 「主」，諸本作「王」，卷子本、銅活字本治要引亦作「王」。「王」字是。唯寶曆本、畢本及天明本治要作「主」。

(87) 「完」，諸本作「全」，正德本作「完」，與治要合，今從之，説詳上。正德本「已」作「矣」。治要「具」下有「矣」字。　秋山云：一本「具」下有「矣」字。

88 「作斂」，影印唐本作「科斂」。治要及御覽六百二十七引並無「作」字。

89 治要作「以爲舟車飾」五字。

90 「采」，正德本作「彩」，下同。

91 「飢」，諸本作「饑」，正德本、茅本、寶曆本、李本作「飢」，今從之。治要引亦作「飢」。下同。

92 孫云：治要作「邪」。

93 各本「姦衺」二字不重，王據治要補。

94 孫云：治要「國」上衍「固」字。○案：卷子本治要「國」上「固」字之右上角有三點，已表示删去，翻本治要未及審校，竟仍存之。

95 「實」，正德本作「誠」，治要引亦作「誠」。

96 蘇云：「回」當作「同」。王樹枬云：回與迴同物。呂氏春秋上德篇「德迴乎天地」，注云：「迴，通也。」○案：呂氏春秋「德迴乎天地」之「迴」，王念孫校，爲「迵」字之誤。若彼文依王校，則此「回」字當如蘇校，爲「同」字之誤。「同」、「迵」字通。

97 「牡牝」，陸本、茅本、寶曆本、李本、堂策檻本、四庫本並作「牝牡」。

98 「蓄」，正德本作「畜」，下同。顧廣圻云：晏子春秋内篇諫下：「古聖王畜私不傷行。」孫云：「私」，謂妾媵私人。

99 孫云：小爾雅廣義云：「凡無妻無夫，通謂之寡。寡夫曰煢。」左襄二十七年傳云「齊崔杼生成及彊而寡」，杜注云：「偏喪曰寡。寡，特也。」

⑩⓪「君」，上文作「王」。

⑩①「之」字，正德本、翻陸本並無。

⑩②畢云：「女」，舊作「子」，一本如此。○案：正德本、潛本、寶曆本、緜眇閣本、陳本、繹史本並作「女」。

⑩③「實」，正德本作「試」，蓋「誠」字之筆誤。

⑩④「凡」，正德本誤「兄」。

⑩⑤「儉」，寶曆本作「險」，疑誤。下仍作「儉」。

⑩⑥正德本、繹史本「佚」作「泆」，下同。緜眇閣本此作「泆」，下作「佚」。

⑩⑦「和」，茅本、寶曆本、李本作「利」。

⑩⑧「孰」，舊本作「熟」，俗字。

三辯第七①

程繁②問於子墨子曰：夫子曰③：「聖王不爲樂。」昔諸侯倦於聽治④，息於鐘鼓之樂；士大夫倦於聽治，息於竽瑟之樂⑤；農夫春耕夏耘⑥，秋斂冬藏⑦，息於聆缶之樂⑧。今夫子曰「聖王不爲樂」，此譬之猶馬駕而不稅⑨，弓張而不弛，無乃非有血氣者之所能至邪⑩？子墨子曰：昔者堯舜有第期者⑪，且以爲禮⑫，且以爲樂。湯放桀於大水⑬，環天下自立以爲王⑭，事成功立，無大後患，因先王之樂，又自作樂，命曰護，又脩九招⑮。武王勝殷殺紂，環天下自立以爲王，事成功立，無大後患，因先王之樂，又自作樂，命曰象⑯。周成王因先王之樂，又自作樂，命曰騶虞⑰。周成王之治天下也，不若武王；武王之治天下也，不若成湯；成湯之治天下也，不若堯舜。故其樂逾繁者⑱，其治逾寡。自此觀之，樂非所以治天下也。

程繁曰：子曰：「聖王無樂。」此亦樂已⑲，若之何其謂聖王無樂也？子墨子曰：聖王之命也多寡之⑳。食之利也，以知飢而食之者，智也㉑，因爲無智矣㉒。今聖㉓有樂而少，此亦無也㉔。

① 畢云：此辯聖王雖用樂，而治不在此。「三」者，謂堯舜及湯及武王也。

② 畢云：太平御覽引作「程子」。孫云：公孟篇亦作「程子」。〇案：宋本、蜀本御覽五百六十五引作「程繁」，與此合。

③此三字各本無，今依王校增。

④「倦」，正德本作「卷」，下同。

⑤宋本、蜀本御覽引「瑟」作「琴」。

⑥畢云：說文云：「耨，除苗間穢也。薅，或字。」此省文。

⑦畢云：古只作「臧」。

⑧畢云：「聆」當作「瓴」。「聆缶」，太平御覽引作「吟謠」，是也。「缶」是「岳」字之壞。王云：今本墨子作「聆缶」者，「聆」乃「瓵」字之譌，「瓵」即「瓴」字也。北堂書鈔樂部七「缶」下、鈔本御覽樂部二及二十二「缶」下引墨子並作「吟缶」，「吟」亦「瓵」之譌。蓋墨子書「瓴」字本作「瓵」，故今本譌作「聆」，諸類書譌爲「吟」，而「缶」字則皆不譌也。其刻本御覽作「吟謠」者，後人不知「吟」爲「瓵」之譌，遂改「吟缶」爲「吟謠」耳。淮南精神訓「叩盆拊瓴，相和而歌」，「盆」即「缶」也。鐘、鼓、竽、瑟、瓵、缶皆樂器，若吟謠則非樂器，不得言吟謠之樂矣。○案：王說是也。宋本、蜀本御覽引作「吟缶」，萬曆活字本御覽引作「吟謠」，疑以意改。文選楊惲報孫會宗書曰「仰天撫缶而呼嗚嗚」，李注云：「應劭漢書注曰：缶，瓦器也。秦人擊之以節歌。」李斯上書曰：「擊甕叩缶而呼嗚嗚快耳者，真秦聲也。」「甕」即「瓴」也。

⑨畢云：太平御覽作「脱」，同。孫云：方言云：「稅，舍車也。趙宋陳魏之閒謂之稅。」郭璞注云：「稅猶脱也。」

⑩「能」上諸本有「不」字，李本無，今據删。明萬曆甲午刻百子咀華本載此亦無「不」字。茅本此行多一字，以四字距離密刊「之所不能至」五字，似其底本原無「不」字者。

⑪畢據太平御覽改「第期」作「茅茨」。俞云：此疑後人不達「第期」之義而臆改之，未可爲據，仍當從原文而缺其疑。孫云：畢校不誤。詩小雅甫田鄭箋云：「茨，屋蓋也。」孔疏云：「墨子稱『茅茨不翦』，謂以茅覆屋。」○案：宋本、蜀本御覽引作「茅茨」，但各本均作「第期」。竊疑「第期」爲「大章」之聲轉，再以下文「又脩九招」句校之，上文應先出「九招」字，下文「又脩」字始有所本。此文疑本作「昔者堯有第期，舜有九招」，今本有脱誤耳。大章，堯樂。九招，舜樂也。

⑫「禮」，宋本御覽引作「礼」。

⑬蘇云：列女傳云：「流於海，死於南巢之山。」尚書大傳云：「桀曰[一]：『國，君之國也。吾聞海外有人。』與其屬五百人去。」與此言合。

⑭「環」猶營也。韓子五蠹篇曰「自環者謂之私」，説文引作「自營爲私」，可證。「環天下」，猶言經營天下也。

⑮畢云：「脩」，舊作「循」，今以意改。已上十六字舊脱，今據太平御覽增。吕氏春秋云：「湯命伊尹作爲大護，歌晨露，脩九招、六列。」孫云：風俗通義聲音篇云：「湯作護，『護』言救民也。」

〔一〕「桀曰」二字原脱，文意不顯，今據太平御覽皇王部八引補。

周禮大司樂「護」作「濩」，漢書禮樂志同。「護」、「濩」字亦通。九招即書皋陶謨「簫韶九成」，舜樂也。史記夏本紀云「禹興九招之樂」，吕氏春秋古樂篇云「舜令質脩九招」，山海經大荒西經云「啟始歌九招」，周禮大司樂作「九磬」，「招」、「韶」、「磬」字並通。○案：各本均有「自作樂命曰九招」七字，僅脱去九字，畢校未審。宋本、蜀本御覽引「招」作「韶」。玉篇云：「護，湯樂名。」「護」、「濩」、「頀」字並通。

⑯畢云：吕氏春秋云「周公爲三象」，乃是成王之樂，此云象又是武王作，未詳。 孫云：毛詩周頌序鄭箋、禮記文王世子鄭注、春秋繁露三代改制質文篇、淮南子氾論訓、白虎通義禮樂篇皆以象爲武王所作。左襄二十九年傳杜注、史記吴世家集解引賈逵、詩周頌疏引服虔又以象爲文王樂，蓋皆傳聞之異。

⑰「又自作樂」四字，舊本無。 王云：御覽引作「周成王因先王之樂又自作樂，命曰騶吾」，是也。今本脱去「又自作樂」四字，則義不可通。困學紀聞所引已同今本。書傳中「騶虞」字多作「騶吾」，故困學紀聞詩類引墨子尚作「騶吾」。今作「騶虞」者，後人依經典改之。 孫云：鈔本御覽樂部三引此書「騶虞」又作「鄒吾」，字並通。詩召南有騶虞篇，蓋作於成王時，故墨子以爲成王之樂，凡詩皆可入樂也。 ○案：「又自作樂」四字，依上文當有，今依王校增。 宋本、蜀本御覽引並無「又自作樂」四字，與王引御覽異。又「騶虞」作「騶吾」，與孫見御覽異。

⑱「樂」，潛本、緜眇閣本、陳本、繹史本並作「道」。

⑲「已」，正德本作「也」，縣眇閣本、繹史本作「矣」。

⑳此有缺亂，疑當作「聖王命樂也寡，今之樂也多」。

㉑「飢」，諸本作「饑」，正德本、茅本、寶曆本、李本並作「飢」，今從之。

㉒「智」，舊本作「知」，字通。

㉓孫云：「『聖』下當有『王』字。」

㉔飢而食，有利於人。飢知食，智也。因此智爲一般人所共有，猶之無智矣。以喻聖王有樂而少，不至於虧奪民財以拊樂，猶之無樂也。

墨子校注卷之二

尚賢上第八

子墨子言曰①：古者王公大人爲政於國家者②，皆欲國家之富，人民之衆，刑政之治。然而不得富而得貧，不得衆而得寡，不得治而得亂，則是本失其所欲，得其所惡，是其故何也？

子墨子言曰：是在王公大人爲政於國家者，不能以尚賢事能爲政也③。是故國有賢良之士衆，則國家之治厚；賢良之士寡④，則國家之治薄。故大人之務，將在於衆賢而已。

曰⑤：然則衆賢之術將柰何哉？子墨子言曰：譬若欲衆其國之善射御之士者，必將富之貴之，敬之譽之，然后國之善射御之士⑥將可得而衆也⑦。況又有賢良之士⑧厚乎德行⑨、辯乎言談⑩、博乎道術者乎？此固國家之珍，而社稷之佐也⑪。亦必且富之貴之，敬之譽之，然後國之良士亦將可得而衆也⑫。

是故古者聖王之爲政也⑬，言曰⑭：「不義不富，不義不貴，不義不親，不義不近⑮。」是以國之富貴人聞之，皆退而謀曰：「始我所恃者，富貴也。今上舉義不辟貧賤⑯，然則我不可不爲義。」親者聞之，亦退而謀曰：「始我所恃者，親也。今上舉義不辟親疏⑰，然則我不可不爲義。」近者聞之，亦退而謀曰：「始我所恃者，近也。今上舉義不辟遠近⑱，然則我不可不爲義。」遠者聞之，亦退而謀曰：「我始以遠爲無恃⑲。今上舉義不辟遠⑳，然則我不可不爲義。」逮至遠鄙郊外之臣㉑、關庭庶子㉒、國中之衆㉓、四鄙之萌人㉔，聞之皆競爲義。是其故何也？曰：上之所以使下者，一物也；下之所以事上者，一術也。譬之富者㉕，有高墻深宫，墻立既謹，上爲鑿一門㉖。有盗人入，闔其自入而求之㉗，盗其無自出。是其故何也，則上得要也。

故古者聖王之爲政，列德而尚賢㉘，雖在農與工肆之人㉙，有能則舉之，高予之爵，重予之禄㉚，任之以事，斷予之令㉛，曰：「爵位不高則民弗敬，蓄禄不厚則民不信，政令不斷則民不畏。」舉三者授之賢者，非爲賢賜也，欲其事之成。故當是時，以德就列㉜，以官服事㉝，以勞殿賞㉞，量功而分禄。故官無常貴，而民無終賤㉟，有能則舉之，無能則下之㊱。舉公義，辟私怨㊲，此若言之謂也㊳。

故古者堯舉舜於服澤之陽㊴，授之政，天下平；禹舉益於陰方之中㊵，授之政，九州成㊶；湯舉伊尹於庖厨之中㊷，授之政，其謀得；文王舉閎夭、泰顛於罝罔之中㊸，授之政，西土服㊹。故當是時，雖在於厚禄尊位之臣，莫不敬懼而施㊺，雖在農與工肆之人，莫不競勸而尚意㊻。故士者，所以爲輔相承嗣也㊼。故得士則謀不困，體不勞，名立而功成，美章而惡不生㊽，則由得士也。

是故子墨子言曰：得意，賢士不可不舉㊾；不得意，賢士不可不舉。尚欲祖述堯舜禹湯之道㊿，將不可不以尚賢[51]。夫尚賢者，政之本也。

① 卷子本治要引作「子墨曰子言」，此寫者筆誤，錯「曰」字於「子言」之上，校點者不察，遂於「墨曰」之側注二「子」字。銅活字本治要承之，作「子墨子曰子言」。天明本治要見其重複，遂將「子言」二字徑行删去，文則順矣，其如古本真面目愈加晦霾何。

② 秋山云：「古」當作「今」。　王云：此謂今之王公大人，非謂古也。「古者」當依群書治要作「今者」。　○案：「古者」，正德本作「昔者」，義同。「古者」義自可通，蓋欲治惡亂者，其希望；失治得亂者，其事實；固無間古今也。本篇「古者」，與非攻上中篇、非命上篇之「古者」文例相類。四篇無一作「今者」，可見「古」字之非偶然筆誤矣。王氏謂當依群書治要作「今者」，案卷子本治要、銅活字本治要並作「古者」。至天明本治要始改作「今者」，蓋從寶曆本墨子秋山之説。

天明本治要竄改底本之處甚多，學者早已病之矣。今仍從舊。
③孫云：「事」、「使」義同。漢書高帝紀如淳注云：「事，謂役使也。」
④正德本「賢良」上有「國」字。
⑤正德本及治要並無「曰」字。
⑥「后」，正德本、潛本、李本、緜眇閣本、堂策檻本、陳本、四庫本作「後」。治要引亦作「後」。
⑦王引之云：此「將」字猶乃也，與上「將」字異義。
⑧正德本無「又」字。
⑨「德」，卷子本治要作「悳」，下二「德」字並同。
⑩「辯」，正德本、翻陸本作「辨」。治要引亦作「辨」。
⑪畢云：「佐」當爲「左」。鈕樹玉云：左字見漢刻石門頌。
⑫「後」，畢本作「后」，舊本及治要並作「後」，今從舊本。
⑬孫云：舊本脱「也」字，今據治要補。
⑭正德本無「曰」字。
⑮治要「不富」、「不貴」、「不親」、「不近」並在「不義」上。
⑯蘇云：「辟」讀如「避」，下同。孫云：「辟」，治要作「避」，下並同。
⑰王云：「親」字涉上文而衍。○案：尚賢中篇曰：「雖天亦不辯貧富貴賤、遠邇親疏，賢者舉

而尚之，不肖者抑而廢之。」韓子説疑篇曰：「内舉不避親，外舉不避讎。是在焉，從而舉之；非在焉，從而罰之。」樹義與此相同。可見舉義者不避疏，亦不避親也。治要引亦作「不避親疏」。

⑱「辟」，茅本、寶曆本作「避」，字通。「遠近」，諸本作一「近」字，正德本及治要並作「遠近」，今從之。尸子明堂篇曰「古者明王之求賢也，不避遠近。」

⑲卷子本治要「無」作「无」。

⑳正德本「舉義」作「所舉」。

㉑國語齊語韋注云：「鄙，郊以外也。」　孫云：書文侯之命孔疏引鄭注云：「鄙，邊邑也。」周禮載師杜子春注云：「五十里爲近郊，百里爲遠郊。」又引司馬法云：「王國百里爲郊。」

㉒孫云：説文云：「庭，宮中也。」周禮宮伯「掌王宮之士庶子凡在版者」，鄭衆注云：「庶子，宿衛之官。」鄭康成云：「王宮之士，謂王宮中諸吏之適子也。庶子，其支庶也。」　○案：「闕」，諸本作「門」，正德本作「闟」，即「闕」之俗字，今從之。説文曰：「闕，門觀也。」吕氏春秋仲冬紀曰「塗闕庭門閭」，注云：闕，門闕也。於周禮爲象魏。」禮記月令作「闕廷」。詩子衿疏云：「闕是人君宮門。」「闕庭庶子」者，即王宮中宿衛之官也。

㉓孫云：周禮鄉大夫鄭注云：「國中，城郭中也。」

「四鄙」，四方之邊鄙也。　畢云：「萌」，「氓」字之假音。　孫云：漢書劉向傳顔注云「萌與

㉔甿同，無知之貌。」管子山國軌篇尹注云：「萌，田民也。」一切經音義云：「萌，古文氓同。」説文民

部云：「氓，民也。讀若盲。」又：「甿，田民也。」

㉕ 畢云：「富」，舊作「異」，一本如此。○案：寶曆本、堂策檻本、四庫本並作「富」。

㉖ 孫云：當作「宫墻既立，謹止鑿一門」，「謹」與「僅」通。○案：孫校「上」爲「止」，近是，餘並非。「謹」即禮記月令「謹房室必重閉」之「謹」。謂墻立既已謹慎周密，止爲鑿一門，使出入者必由是門也。

㉗ 「而」，正德本作「面」。畢云：「自入」言所從入之門。

㉘ 繹史本「列」作「别」。孫云：國語周語韋注云：「列，位次也。」

㉙ 孫云：論語子張篇云：「百工居肆，以成其事。」

㉚ 治要兩「予」字並作「與」，繹史本下「予」字作「與」。

㉛ 孫云：禮記樂記鄭注云：「斷，決也。」謂其令必行。

㉜ 論語季氏篇曰：「陳力就列。」

㉝ 荀子解蔽篇楊注云：「官，謂各當其任，無差錯也。」

㉞ 俞云：「殿」者，定也。殿與定一聲之轉。文選江賦注曰：「澱與淀古字通。」殿之與定，猶澱之與淀也。殿、奠文異而義同，奠亦定也。孫云：「殿」，治要作「受」。○案：「殿」，卷子本、銅活字本治要並作「爰」。

㉟ 孫云：「終」，治要作「恒」。

㊱以上三「無」字，卷子本治要並作「无」。

㊲「辟」，治要作「避」。　俞云：小爾雅廣言：「辟，除也。」「辟私怨」，謂唯公義是舉，而私怨在所不問，故除去之也。又禮記郊特牲篇「有由辟焉」，鄭注曰：「辟，讀爲弭。」此「辟」字或從鄭讀，亦通。

㊳王云：「若」亦此也。古人自有複語，本書屢見。

㊴宋本、蜀本御覽八十一引與此同。　畢云：未詳其地。「服」與「蒲」，音之緩急。或即蒲澤，今蒲州府。　孫云：文選曲水詩序李注引帝王世紀云：「堯求賢，而四嶽薦舜，堯乃命于順澤之陽。」疑即本此書。

㊵畢云：未詳其地。　○案：吴越春秋越王無余傳曰：「禹讓位商均，退處陽山之南，陰阿之北。」此「陰方」殆即所謂「陰阿」歟？

㊶蘇云：「成」與「平」爲韻。

㊷畢云：韓非子云：「上古有湯，至聖也。伊尹，至智也。然且七十説而不受，身執鼎俎爲庖宰，昵近習親，湯乃僅知其賢而舉之。」

㊸畢云：事未詳。或以詩兔罝有「公侯腹心」之語而爲説，恐此詩即賦「閎夭、泰顛」事。古者書傳未湮，翟必有據。　孫云：書君奭僞孔傳云：「閎、泰，氏。夭、顛，名。」詩周南兔罝敍云：「兔罝，后妃之化也。關雎之化行，則莫不好德，賢人衆多也。」毛傳云：「兔罝，兔罟也。」

㊹蘇云：「服」與「得」爲韻。

㊺畢云：下疑脱一字。　俞云：「施」當讀爲「惕」。尚書盤庚篇「不惕予一人」，白虎通號篇引作「不施予一人」，是也。　王樹枏云：「施」，善也。見詩彼何人斯釋文。

㊻「尚意」，猶言高尚其意志。

㊼孫云：大戴禮記曾子立事篇云：「使子猶使臣也，使弟猶使承嗣也。」盧辯注云：「承嗣，家子也。」孔廣森云：「承，丞也。左傳曰『請承』。『嗣』讀爲『司』。丞司者，官之偏貳，故弟視之。『臣』則私臣，自所謁除也，可以子視之。」案孔説是也。此云「輔相承嗣」，中篇云「承嗣輔佐」，義皆如孔説。大戴禮記保傅篇云：「博聞強記，接給而善對者，謂之承。承者，承天子之遺忘者也。」書益稷「欽四鄰」，孔疏引鄭康成云：「四近謂左輔、右弼、前疑、後承。」文王世子孔疏引尚書大傳「承」作「丞」。此「承」義並與彼同。

㊽舊本作「名立而功業彰而惡不生」，正德本「彰」作「章」。王云：「群書治要引作『名立而功成，美章而惡不生』，是也。」今據補正。

㊾上「不」字，正德本脱。

㊿王引之云：「『尚』與『儻』同。」　孫云：「尚」疑與「上」同。下篇云「上欲中聖王之道」。○案：依孫説，疑此下當脱「下欲中國家百姓之利」句，或非「中」字，而爲與「祖述」對文之他二字。尚賢下篇、尚同下篇、非攻下篇、節葬下篇、天志下篇皆「上欲中聖王之道」與「下欲中國家百姓之

利」對舉，此篇文例或當相類。

⑤1「不以」，畢本作「以不」，舊本並作「不以」，今從舊本。四庫本剜改作「以不」，可知其底本仍作「不以」也。

尚賢中第九

子墨子言曰：今王公大人之君人民、主社稷、治國家，欲脩保而無失①，故不察尚賢爲政之本也②？何以知尚賢之爲政本也？曰：自貴且智者爲政乎愚且賤者則治，自愚且賤者③爲政乎貴且智者則亂，是以知尚賢之爲政本也。故古者聖王甚尊尚賢而任使能④，不黨父兄，不偏貴富〔一〕，不嬖顔色。賢者舉而上之，富而貴之，以爲官長；不肖者抑而廢之，貧而賤之，以爲徒役。是以民皆勸其賞，畏其罰，相率而爲賢。者以賢者衆而不肖者寡⑤，此謂進賢⑥。然後聖人聽其言，迹其行，察其所能而慎予官，此謂事能⑦。故可使治國者，使治國，可使長官者，使長官，可使治邑者，使治邑。凡所使治國家、官府、邑里⑧，此皆國

〔一〕「貴富」原倒作「富貴」，據畢沅刻本改。

之賢者也。

賢者之治國也⑨，蚤朝晏退⑩，聽獄治政，是以國家治而刑法正。賢者之長官也，夜寢夙興，收斂關市、山林、澤梁之利，以實官府，是以官府實而財不散。賢者之治邑也，蚤出莫入⑪，耕稼樹藝，聚菽粟，是以菽粟多而民足乎食。故國家治則刑法正，官府實則萬民富。上有以絜爲酒醴粢盛，以祭祀天鬼。外有以爲皮幣，與四鄰諸侯交接。內有以食飢息勞⑫，將養其萬民⑬，外有以懷天下之賢人⑭。是故上者天鬼富之⑮，外者諸侯與之，內者萬民親之，賢人歸之。以此謀事則得，舉事則成，入守則固，出誅則彊⑯。故唯昔三代聖王堯舜禹湯文武之所以王天下、正諸侯者⑰，此亦其法已。

既曰若法，未知所以行之術，則事猶若未成⑱。是以必爲置三本。何謂三本？曰：爵位不高則民不敬也⑲，蓄禄不厚則民不信也，政令不斷則民不畏也。故古聖王高予之爵，重予之禄⑳，任之以事，斷予之令。夫豈爲賢臣賜哉㉑？欲其事之成也。詩曰：「告女憂卹，誨女予爵㉒，孰能執熱，鮮不用濯㉓？」則此語古者國君諸侯之不可以不執善承嗣輔佐也㉔，譬之猶執熱之有濯也㉕，將休其手焉。古者聖王唯毋得賢人而使之㉖，般爵以貴之㉗，裂地以封之㉘，終身不厭。賢人唯毋得明君而事之，竭四肢之力㉙，以任君之事，終身不倦。若有美善，則歸之上，是以美善在上，而所怨謗在下，寧樂在君㉚，憂慼在臣㉛。故古者聖王之爲政若此。

今王公大人亦欲效人以尚賢使能爲政㉜，高予之爵，而禄不從也。夫高爵而無禄，民不信也。曰：「此非中實愛我也㉝，假藉而用我也㉞。」夫假藉之民，將豈能親其上哉？故先王言曰：「貪於政者㉟，不能分人以事；厚於貨者，不能分人以禄。」事則不與，禄則不分，請問天下之賢人將何自至乎王公大人之側哉？若苟賢者不至乎王公大人之側，則此不肖者在左右也。不肖者在左右，則其所譽不當賢㊱，而所毁不當暴㊲。王公大人尊此以爲政乎國家，則賞亦必不當賢，而罰亦必不當暴。若苟賞不當賢而罰不當暴，則是爲賢者不勸，而爲暴者不沮矣。是以入則不慈孝父母㊳，出則不長弟鄉里，居處無節，出入無度㊴，男女無別。使治官府則盜竊，守城則倍畔㊵，君有難則不死，出亡則不從。使斷獄則不中㊶，分財則不均。與謀事不得，舉事不成，入守不固，出誅不彊㊷。故雖昔者三代暴王桀紂幽厲之所以失措其國家，傾覆其社稷者㊸，已此故也㊹。何則？皆以明小物而不明大物也㊺。

今王公大人有一衣裳不能制也，必藉良工；有一牛羊不能殺也，必藉良宰。故當若之二物者㊻，王公大人皆知以尚賢使能爲政也㊼。逮至其國家之亂，社稷之危，則不知使能以治之㊽。親戚則使之，無故富貴、面目佼好則使之㊾。夫無故富貴、面目佼好則使之，豈必智且有慧哉㊿？若使之治國家，則此使不智慧者治國家也，國家之亂，既可得而知已。且夫王公大人有所愛其色而使[51]，其心不察其知，而與其愛，是故不能治百人者，使處乎千人之官；不能治千人者，使處乎萬人之官。此其故何也？曰：「若處官者爵高而祿厚，故愛其色而使之焉[52]。」夫不能治千人者，使處乎萬人之官，則此官什倍也。夫治之法將日至者也，日以治之，日不什脩[53]，知以治之，知不什益，而予官什倍，則此治一而棄其九矣。雖日夜相接以治若官，官猶若不治。此其故何也？則王公大人不明乎以尚賢使能爲政也。故以尚賢使能爲政而治者，若吾言之謂也[54]，以下賢爲政而亂者[55]，若吾言之謂也。

今王公大人中實將欲治其國家[56]，欲脩保而勿失，胡不察尚賢爲政之本也[57]？且以尚賢爲政之本者，亦豈獨子墨子之言哉？此聖王之道，先王之書，距年之言也[58]，傳曰：「求聖君哲人，以裨輔而身[59]。」湯誓曰[60]：「遂求元聖，與之戮力同心，以治天下[61]。」則此言聖之不失以尚賢使能爲政也[62]。故古者聖王唯能審以尚賢使能爲政，無異物雜焉[63]，天下皆得其列[64]。古者舜耕歷山[65]，陶河瀕[66]，漁雷澤[67]，堯得之服澤之陽[68]，舉以爲天子，與接天下之政，治天下之民。伊摯，有莘氏女之私臣[69]，親爲庖人[70]，湯得之，舉以爲己相，與接天下之政，治天下之民。傅說被褐帶索，庸築乎傅巖[71]，武丁得之，舉以爲三公[72]，與接天下之政，治天下之民。此何故始賤卒而貴，始貧卒而富[73]？則王公大人明乎以尚賢使能爲政。是以民無飢而不得食、寒而不得衣、勞而不得息、亂而不得治者。故古聖王唯以審以尚賢使能爲政[74]，而取法於天。雖天亦不辯貧富貴賤、遠邇親疏[75]，賢者舉而尚之，不肖者抑而廢之。

然則富貴爲賢以得其賞者，誰也？曰：若昔者三代聖王堯舜禹湯文武者是也。所以得其賞何也[76]？曰：其爲政乎天下也，兼而愛之，從而利之，又率天下之萬民以尚尊天事鬼、愛利萬民。是故天鬼賞之，立爲天子，以爲民父母，萬民從而譽之曰聖王，至今不已。則此富貴爲賢以得其賞者也。

然則富貴爲暴以得其罰者，誰也？曰：若昔者三代暴王桀紂幽厲者是也。何以知其然也？曰：其爲政乎天下也，兼而憎之[77]，從而賊之[78]，又率天下之民以上詬天侮鬼，賊殺萬民[79]。是故天鬼罰之，使身死而爲刑戮，子孫離散，室家喪滅，絶無後嗣，萬民從而非之曰暴王，至今不已。則此富貴爲暴而以得其罰者也。

然則親而不善以得其罰者，誰也？曰：若昔者伯鯀，帝之元子[80]，廢帝之德庸，既乃刑之于羽之郊[81]，乃熱照無有及也[82]，帝亦不愛。則此親而不善以得其罰者也。

然則天之所使能者，誰也？曰：若昔者禹稷皋陶是也。何以知其然也？先王之書呂刑道之[83]曰[84]：「皇帝清問下民，有辭有苗[85]，曰[86]：『羣后之肆在下[87]，明明不常[88]，鰥寡不蓋[89]。德威維威[90]，德明維明[91]。』乃名三后[92]，恤功於民[93]。伯夷降典，哲民維刑[94]。禹平水土，主名山川[95]。稷隆播種，農殖嘉穀[96]。三后成功，維假於民[97]。」則此言三聖人者，謹其言，慎其行，精其思慮，索天下之隱事遺利以上事天，則天鄉其德[98]。下施之萬民，萬民被其利，終身無已。故先王之言曰：「此道也，大用之天下則不窕[99]，小用之則不困，脩用之則萬民被其利，終身無已[100]。」周頌道之曰：「聖人之德，若天之高，若地之普，其有昭於天下也[101]。若地之固，若山之承[102]，不坼不崩[103]。若日之光，若月之明，與天地同常[104]。」則此言聖人之德章明博大，埴固以脩久也[105]。故聖人之德，蓋總乎天地者也。

今王公大人欲王天下、正諸侯，夫無德義，將何以哉？其説將必挾震威彊。今王公大人將焉取挾震威彊哉[106]？傾者民之死也[107]。民，生爲甚欲，死爲甚憎，所欲不得而所憎屢至[108]，自古及今，未嘗能有以此王天下、正諸侯者也[109]。今王大人[110]欲王天下、正諸侯，將欲使意得乎天下，名成乎後世，故不察尚賢爲政之本也[111]？此聖人之厚行也。

① 正德本「保」作「葆」。

② 畢云：「故」，一本作「胡」。　蘇云：「胡」是也，下同。　王云：「故」與「胡」同。下文曰「胡不察尚賢爲政之之本也」，又曰「故不察尚賢爲政之本也」。管子侈靡篇：「公將有行，故不送公？」亦以「故」爲「胡」。○案：「故」，寶曆本、堂策檻本、四庫本作「胡」。史記留侯世家「北

有胡宛之利」，新序善謀下篇作「北有故宛之利。」

③「愚」下「且」字，畢本脱，舊本並有，今據補。

④「尊尚」、「任使」，古人複語。

⑤俞云：「相率而爲賢」絶句。「者」字乃「是」字之誤，屬下讀。

⑥畢云：「謂」，一本作「爲」。　孫云：「進賢」，依上文當作「尚賢」。

⑦上文作「使能」，義同。

⑧下文「治國」下有「者」字，當爲此處脱文。

⑨畢云：「國」下，一本有「家」字。　○案：「國」下，道藏本、正德本、陸本、唐本、沈本、茅本、李本、堂策檻本、四庫本有「者」字，潛本、寶曆本、緜眇閣本、陳本有「家」字。　秋山云：「家」，一作「者」。

⑩畢云：「蚤」字同「早」。

⑪正德本「莫」作「暮」，俗字。

⑫「飢」，諸本作「饑」，道藏本、正德本、陸本、潛本、寶曆本並作「飢」，今從之。　茅本、李本作「肌」，爲「飢」之誤字。

⑬俞云：「將」當作「持」。「持養」乃古人恒言。　非命上篇「將養老弱」，亦「持養」之誤。　王樹枏云：「將」亦養也。　天志篇「持養」亦當作「將養」。　○案：「持養」、「將養」義均可通，宜各從

本文。

⑭王云：「外有以」三字，涉上文「外有以爲皮幣」而衍。下文曰「内者萬民親之，賢人歸之」，是養民與懷賢皆内事，非外事也。　○案：戰國策齊策曰：「内牧百姓，循撫其心。外懷戎翟、天下之賢士。」天下之賢人原在外，故曰外。及其歸於某國，始屬於内。故言「外」者，就賢之所自言也。

⑮「富」讀爲「福」。耕柱篇「鬼不見而富」，王引之云：「富讀爲福。」

⑯正德本「彊」作「強」，陸本作「疆」。

⑰「唯」，下文作「雖」，字通。正德本無「之」字。　王云：爾雅云：「正，長也。」

⑱王云：「曰」者，「有」之壞字也。「若法」，此法也。言既有此法，而無術以行之，則事猶然未成也。「若」與「此」同義。「猶若」即猶然。　俞云：「曰」字乃「云」字之誤。云者，有也。説見辭過篇。　○案：「曰」字不誤。戰國策趙策曰：「曰諒毅者，辯士也。」注云：「曰，猶有。」

⑲「也」，諸本作「矣」，四庫本剜改作「也」，與畢本合。

⑳以上兩「予」字，正德本並作「與」。

㉑「賢」，諸本作「其」，正德本作「賢」，今從之。上篇曰：「非爲賢賜也。」

㉒「予爵」，諸本作「予轡」，盧以意改爲「序爵」，畢本從之。　王云：「轡」爲「爵」之譌，「予」則非譌字也。上文言「古聖王高予之爵，重予之禄」，下文言「今王公大人之用賢，高予之爵而禄不

從」，此引詩「誨女予爵」，正與上下文「予」字同義，則不得改「予」爲「序」矣。毛詩作「告爾憂恤，誨爾序爵。誰能執熱，逝不以濯？」今墨子兩「爾」字皆作「女」，「序」作「予」，「誰」作「孰」，「逝」作「鮮」，「以」作「用」，是墨子所見詩固有異文也。　孫云：王說是也。王應麟詩考引亦作「序爵」，盧蓋兼據彼文。然王考多以意改，未必宋本「予」果作「序」也。毛詩大雅桑柔傳云：「濯所以救熱也，禮亦所以救亂也。」鄭箋云：「恤，亦憂也。逝，猶去也。我語女以憂天下之憂，教女以次序賢能之爵，其爲之當如手持熱物之用濯，謂治國之道當用賢者。」　○案：「爵」，陸本作「鬱」，寶曆本作「欝」，秋山云：「『欝』，疑『爵』。」四庫本剜改作「爵」。

㉓ 孫云：詩考引「孰」作「誰」，蓋亦王氏所改。

㉔ 王云：「善」，謂善待此承嗣輔佐之人。「善」上不當有「執」字，涉上下文「執熱」而衍。　孫云：「執」猶親密也。曲禮云「執友稱其仁也」，鄭注云：「執友，志同者。」吕氏春秋遇合篇云「故嫫母執乎黄帝」，列女傳辯通篇齊鍾離春傳云「衒嫁不售，流弃莫執」，並與親義相近，此「執善」亦言親善也。　○案：唐本「執」作「埶」，疑當爲「埶」，即古「勢」字。法言問神篇云「盍勢諸？名卿可幾也」，李注云：「勢，親也。」

㉕ 正德本「猶」作「有」。

㉖ 「唯毋」，舊本並同，畢本作「惟毌」。　畢云：「毌」讀如「貫習」之「貫」。　王云：畢改非也。「毋」，語詞耳，本無意義。「唯毋得賢人而使之」者，唯得賢人而使之也。本書屢見，管子立政九

敗解篇亦有之。其字或作「毋」，或作「無」，皆是語詞，非有實義也。漢書貨殖傳孟康注曰：「無，發聲助也。」

㉗ 畢云：「般」讀如「頒賜」之「頒」。

㉘ 正德本「裂」作「列」。

㉙ 正德本「肢」作「支」。

㉚ 畢云：「寧」當爲「寍」，經典通用此。

㉛ 正德本「慼」作「戚」。以上四句，魯問篇作「是以美善在上，而怨讎在下，安樂在上，而憂慼在臣」。

㉜ 孫云：「效人」，謂效古人之爲政也。

㉝ 正德本「實」作「誠」。

㉞ 畢云：古無「借」字，只用「藉」。説文序有「假借」字，從人，俗寫亂之。 孫云：漢書薛宣朱博傳贊「假借用權」，宋祈校云：「借，蕭該謂本作『藉』字。」大戴記衛將軍文子篇云：「使其臣如藉。」

㉟ 畢云：「貪」，舊作「食」，一本如此。 ○案：潛本、寶曆本、緜眇閣本、陳本並作「貪」。

㊱ 正德本「譽」下有「者」字。

㊲ 「毀」，諸本作「罰」，潛本作「毀」，今從之。「毀」與「譽」對文。

㊳ 王引之云：賈子道術篇云：「親愛利子謂之慈，子愛利親謂之孝。」孝與慈不同，而同取愛利之

義，故孝於父母亦可謂之「孝慈」。莊子漁父篇曰：「事親則慈孝。」　孫云：國語齊語云：「不慈孝於父母，不長弟於鄉里。」

㊴ 孫云：「節」、「度」義同。非命上篇云：「坐處不度，出入無節。」

㊵ 「畔」、「叛」字通。

㊶ 寶曆本無「使」字。　秋山云：一本「斷」上有「使」字。

㊷ 「彊」，正德本作「強」，陸本作「疆」。

㊸ 「措」，正德本作「亡」。　王云：「措」當是「損」字之誤。大戴記曾子立事篇曰：「諸侯日旦思其四封之内，戰戰唯恐失損之。」「損」讀爲「抎」。故非命篇作「失抎」。説文：「抎，有所失也。」

王樹枬云：「措」讀爲「錯」。錯，廢也。謂失廢其國家也。

㊹ 畢云：古字「以」、「已」通。一本作「以」，非。〇案：潛本、緜眇閣本，陳本「已」作「以」。正德本「已此故也」作「此亦其法已此其故也」九字。上文曰：「故唯昔三代聖王堯舜禹湯文武之所以王天下、正諸侯者，此亦其法已。」與正德本文例相同。

㊺ 孫云：周禮大司徒鄭注云：「物猶事也。」

㊻ 寶曆本「之」作「此」。

㊼ 「皆」，諸本作「未」，李本作「皆」，今從之。

㊽ 戰國策齊策：「王斗曰：王之憂國愛民，不若王愛尺縠也。王使人爲冠，不使左右便辟而使工

者，何也？爲能之也。今王治齊，非左右便辟無使也。臣故曰不如愛尺縠也。」文意與此略同。

蘇云：「使能」上當脱「尚賢」二字。

㊾「佼好」，正德本作「絞好」，下同。　畢云：「佼」，姣字假音。説文云：「姣，好也。」玉篇云：「姣音狡，妖媚也。」　俞云：「無故富貴」義不可通，「無」乃衍字。「故富貴」，謂本來富貴者也。下篇同。　孫云：「故」當爲「攻」，即功之借字。　○案：俞、孫删改非是。「無故」古人常語。禮記曲禮曰「君無故玉不去身，士無故不徹琴瑟」，又王制曰「諸侯無故不殺牛，庶人無故不食珍」，戰國策趙策曰「聖人甚禍無故之利」，又魏策曰「無故索地，故弗予」，又燕策曰「燕無故而得十城」，韓子説林篇曰「無故索地，鄰國必恐」，又内儲説篇曰「使我無故得百束布」，淮南子人間訓曰「無故有顯名者，勿處也」，其例甚多。

㊿王云：「智且慧」與前「貴且智」、「愚且賤」文同一例，「慧」上不當有「有」字，蓋後人所加。

51孫云：據下文下當有「之」字。

52王云：「若」與「故」義不相屬，「若處官者」當爲「處若官者」。若官，此官也。下文曰「雖日夜相接以治若官」，是其證。　○案：「若」猶其也，義亦可通。

53「脩」，潛本、陳本作「修」。　孫云：小爾雅廣言云：「脩，長也。」什脩，謂十倍其長。

54「若吾」，諸本作「夫若」，寶曆本作「若吾」，今從之。二者皆墨子之言，古人文不避複，故「若吾言」凡兩見。　秋山云：「若吾」，一作「夫若」。

55 正德本「下」作「不」。

56 正德本「實」作「誠」。

57 正德本「胡」作「故」，又無「爲政」二字。

58 「距」，道藏本、陸本、唐本、茅本、緜眇閣本、堂策檻本、四庫本作「歫」。　畢云：「距年」，下篇作「曁年」，猶云遠年。　吴云：「距年」，古書篇名。

59 蘇云：伊訓云「敷求哲人，俾輔于爾後嗣」，與此略同。　孫云：伊訓僞孔傳云：「布求賢智，使師輔於爾嗣王。言仁及後世。」下篇云：「睎夫聖武知人，以屏輔爾身。」文義較詳備，此約述之。　裨輔不當有聖君，「君」蓋亦「武」之譌。　國語晉語云「裨輔先君」，韋注云：「裨，補也。」

60 書敍云：「伊尹相湯伐桀，升自陑，遂與桀戰于鳴條之野，作湯誓。」　孫云：今湯誓無此文，僞古文摭此爲湯誥，謬。

61 「遂」，諸本作「聿」，茅本、寶曆本作「幸」，正德本作「遂」，今從之。孔書「遂」作「聿」。　蘇云：今書湯誥篇無「同心」以下六字。　孫云：湯誥僞孔傳云：「聿，遂也。大聖陳力，謂伊尹。」孔疏云：「戮力猶勉力也。」案説文力部云：「勠，并力也。」「戮」，勠之借字。

62 「之」，疑「王」之誤字。　孫云：「聖」下當有「王」字。

63 正德本無「異」字。

64 「列」，畢本作「利」，舊本並作「列」，今從舊本。「列」，位列也。上篇曰「以德就列」，荀子儒效篇曰：「譎德而定次，量能而授官，使賢不肖皆得其位，能不能皆得其官。」此言「皆得其列」，猶彼言「皆得其位」也。

(65) 畢云：史記集解云：「鄭玄曰：在河東。」水經注云：「河東郡南有歷山，謂之歷觀，舜所耕處也。有舜井，嬀、汭二水出焉。」二説在今山西永濟縣。高誘注淮南子云：「歷山在沛陰成陽也。一曰濟南歷城山也。」

(66) 畢云：此古「瀆」字，見説文。史記集解云：「皇甫謐曰：濟陰定陶西南陶丘亭是也。」正義曰：「案：於曹州濱河作瓦器也。括地志云：陶城在蒲州河東縣北三十里，即舜所都也。南去歷山不遠。或耕或陶，所在則可，何必定陶方得爲陶也？舜之陶也，斯或一焉。」案守節説本水經注，是也。　孫云：水經濟水注云：「陶丘，墨子以爲釜丘也。」今檢勘全書，無「釜丘」之文，疑古本此文或作「陶釜丘」矣。

(67) 畢云：太平御覽、玉海引作「濩澤」。　王云：「雷澤」本作「濩澤」，此後人習聞舜漁雷澤之事，而以其所知改其所不知也。漢書地理志河東郡濩澤縣，應劭曰：「有濩澤，在西北。」穆天子傳「天子四日休於濩澤」，郭璞曰：「今平陽濩澤縣是也。濩音獲。」水經沁水注曰：「濩澤水出濩澤城西白澗渠，東逕濩澤。墨子曰：『舜漁濩澤。』又東逕濩澤縣故城南，蓋以澤氏縣也。」初學記州郡部正文出「舜澤」二字，注曰：「墨子曰『舜漁於濩澤』，在濩澤縣西。」今本初學記作「雷澤」，與注不合，明是後人所改。又元和郡縣志河東道下、太平寰宇記河東道下、太平御覽州郡部九、路史疏佗紀引墨子並作「濩澤」，是墨子自作「濩澤」，與他書作「雷澤」者不同。濩澤在今澤州府陽城縣西嶕嶢山下。下篇「漁於雷澤」亦後人所改。　孫云：史記五帝本紀作「舜耕歷山，漁雷澤，陶河濱。」

68 「服澤」，詳上篇。

69 正德本無「有」字、「氏」字。　畢云：「莘」，漢書作「㜪」。玉篇：「㜪、𡣕，二同。色臻切。有㜪國。」説文云：「呂不韋曰：有侁氏以伊尹侯女。」案：呂氏春秋本味云：「有侁氏女子採桑，得嬰兒於空桑之中，獻之其君。其君令烰人養之，長而賢。湯聞伊尹，使人請之有侁氏，有侁氏不可。伊尹亦欲歸湯，湯〔一〕於是請取婦爲婚。有侁氏喜，以伊尹爲媵送女。」高誘曰：「侁讀曰莘。」有莘在今河南陳留縣。　孫云：詩商頌長發孔疏引鄭康成書注云：「伊尹名摯，湯以爲阿衡以尹天下，故曰伊尹。」

70 孫云：周禮天官庖人鄭注云：「庖之言苞也，裹肉曰苞苴。」説文广部云：「庖，廚也。」莊子庚桑楚篇云：「伊尹以胞人籠湯。」呂氏春秋本味篇作「烰人」。「胞」、「烰」並「庖」之借字。

71 畢云：「庸」，史記索隱作「傭」。　孔安國書傳云：「傅巖在虞虢之界。」史記索隱云：「在河東太陽

〔一〕畢沅原引脱下「湯」字，本書沿誤，據呂氏春秋本味篇補。

縣。又夏靖書云：猗氏六十里黄〔一〕河西岸吴阪下，便得隱穴，是説所潛身處也。」案今在山西平陸縣東二十五里。　孫云：賈誼傳索隱引「被」作「衣」，「乎」作「於」，義並通。　○案：文選解嘲李注引無「乎」字。史記殷本紀云：「武丁夜夢得聖人，名曰説。以夢所見視群臣百吏，皆非也。於是迺使百工營求之野，得説於傅巖中。是時説爲胥靡，築於傅險。見於武丁，武丁曰是也。得而與之語，果聖人。舉以爲相，殷國大治。故遂以傅險姓之，號曰傅説。」索隱曰：「舊本作『傅險』，亦作『傅巖』也。」

(72) 孫云：國語楚語云：「武丁使以象夢求四方之賢聖，得傅説以來，升以爲公。」韋注云：「公，三公也。」

(73) 正德本作「始賤而卒貴，始貧而卒富」。

(74) 「唯以審」三字，諸本作「以審」，正德本作「唯使」。案「唯」字當有，今據補。「以」讀爲「能」。能從已聲，故得通借。「唯以審」，唯能審也。上文曰「故古者聖王唯能審以尚賢使能爲政」。

(75) 正德本「辯」作「辨」。

(76) 「所以」，畢本如此，諸本作「以所」，正德本作「其所」。

(77) 正德本「憎」作「增」，字通。

〔一〕「黄」，畢沅原引脱，本書沿誤，據史記屈原賈生列傳索隱補。

(78) 「賊」，各本作「賤」，今依王校改。　王云：「賤」當爲「賊」，字之誤也。尚同篇「則是上下相賊也」，天志篇「上詬天，中誣鬼，下賊人」，非儒篇「是賊天下之人者也」，今本「賊」字並誤作「賤」。此言桀紂幽厲之爲政乎天下，兼萬民而憎惡之，又從而賊害之，非謂賤其民也。上文云：「堯舜禹湯文武之爲政乎天下也，兼而愛之，從而利之。」愛、利與憎、賊正相反。天志篇曰：「堯舜禹湯文武之兼愛天下也，從而利之。桀紂幽厲之兼惡天下也，從而賊之。」故知「賤」爲「賊」之誤。

(79) 「賊殺」，諸本作「賤傲」。　王云：「賤」亦當爲「賊」。「傲」當爲「殺」。説文「敖」字本作「𢾷」，「殺」字古文作「𢼛」，二形相似。「𢼛」誤爲「敖」，又誤爲「傲」耳。墨子多古字，後人不識，故傳寫多誤。魯問篇「賊敖百姓」，太平御覽兵部七十七引「賊敖」作「賊殺」，是其明證也。　○案：王説是也，今依改。魯問篇「賊敖百姓」，陳本作「賊殺百姓」，可爲王説之又一證。「上」字諸本無，正德本作「以上侮天賤鬼傲虐萬民」，與諸本文異，又多一「上」字。案「上」字當有，今據補。上文曰「以尚尊天事鬼，愛利萬民」，非命上篇曰「率其百姓以上尊天事鬼」，與此語法正似。

(80) 孫云：大戴禮記五帝德篇云：「禹，高陽之孫，鯀之子也。」帝繫篇云：「顓頊產鯀。」史記夏本紀云：「鯀之父曰帝顓頊。」三代世表亦云：「顓頊生鯀。」索隱云：「皇甫謐云：『鯀，帝顓頊之子，字熙。』系本亦以鯀爲顓頊子。漢書律曆志則云：『顓頊五代而生鯀。』案鯀既仕堯，與舜代系殊懸。舜即顓頊六代孫，則鯀非是顓頊之子。蓋班氏之言近得其實。」案小司馬説於理近是。漢志亦引帝繫，而與今本大戴禮舛異。楚辭離騷王注引帝繫及淮南子原道訓高注説並與漢志同。吳越春秋越王無余外傳亦以鯀爲顓頊之後。山海經則云：「黄帝生駱明，駱明生白馬，白馬是爲鯀。」則又以鯀爲黄帝之孫。諸文錯互。此書云「帝之元子」，疑墨子於鯀之世系亦同世本説，未能審校其年代也。

(81)「庸」訓爲「功」。　畢云：郭璞注山海經云：「今東海祝其縣西南有羽山。」案在今山東蓬萊縣。　孫云：書舜典、孟子萬章篇、史記五帝本紀並云：「殛鯀於羽山。」晉語韋注云：「殛，放而殺也。」楚辭天問云：「永遏在羽山，夫何三年不施？」王注云：「言堯長放鯀於羽山，絶在不毛之地，三年不舍其罪也。」案此「刑」亦謂放，故下云「乃熱照無有及也」。　○案：鯀被放流，是也。左氏文十八年傳：「流四凶族，渾敦、窮奇、檮杌、饕餮，投諸四裔，以禦螭魅。」杜注：「檮杌謂鯀。」論衡恢國篇曰：「鯀不能治水，唐虞放流，死於不毛。」皆可爲證。

(82)寶曆本「熱照」作「熟昭」，正德本「照」作「昭」，「有」作「存」。　孫云：言幽囚之，日月所不照。

(83)孫云：書敘云：「吕命，穆王訓夏贖刑，作吕刑。」

(84)正德本無「曰」字。

(85)畢云：孔書作「鰥寡有辭于苗」。　孫云：書釋文引馬融云：「清問，清訊也。」僞孔安國傳云：「帝堯詳問民患，皆有辭怨于苗民。」

(86)孔書無「曰」字。

(87)畢云：「肆」，孔書作「逮」。　孫云：「肆」，正字作「隷」，與逮聲類同，古通用。此「肆」即逮之假字。僞孔傳云：「群后諸侯之逮在下國。」

88 畢云：孔書「不」作「丕」，傳云「輔」。據此當作「匪」。　孫星衍云：「不常」，言非常明察。

孫云：「明明」，謂明顯有明德之人。「不常」，猶言立賢無方也。書作「丕」者，「匪」之假字。匪、不義同，畢説得之。僞孔傳云「皆以明明大道輔行常法」，非經義。

89 孔書「不」作「無」。　孫云：今書「群后」以下十四字在「皇帝清問下民」上。僞孔傳云：「使鰥寡得所，無有掩蓋。」

90 畢云：孔書作「畏」。　○案「維」，孔書作「惟」，下同。禮記表記引甫刑「惟畏」字亦作「威」，與此同。

91 孫云：僞孔傳曰：「言堯監苗民之見怨，則又增修其德，行威則民畏服，明賢則德明，人所以無能名焉。」表記鄭注云：「德所威則人皆畏之，言服罪也。德所明，則人皆尊寵之，言得人也。」

92 畢云：孔書「名」作「命」。　孫云：「名」、「命」通。

93 孔書「於」作「于」。　孫云：僞孔傳云：「堯命三君，憂功於民。」

94 畢云：孔書「哲」作「折」。　王引之云：折之言制也。「折」正字，「哲」借字。　孫云：書釋文引馬融云：「折，智也。」僞孔傳云：「伯夷下典禮教民，而斷以法。」漢書刑法志引「折」作「悊」。「悊」、「哲」字同，與此書合。

95 孫云：僞孔傳云：「禹治洪水，山川無名者主名之。」

⑯「降」，正德本、堂策檻本、畢本作「降」。史記殷本紀曰：「后稷降播，農殖百穀。」孫星衍云：「農」者，勉也。「殖」者，種也。王云：畢依呂刑改「隆」爲「降」。古者「降」與「隆」通，不煩改字。孫云：僞孔傳云：「后稷下教民播種，農畝生善穀。」

⑰畢云：「假」，一本作「殷」。孔書亦作「殷」。王鳴盛云：疑隸變相似而誤。孫云：僞孔傳云：「各成其功，惟所以殷盛於民。言禮教備，衣食足。」此作「假」，蓋與「嘏」通。説文古部云：「嘏，大遠也。」「維嘏於民」，言其功施於民者大且遠。下文所謂「萬民被其利」也。王應麟漢書藝文志考證引墨子亦作「假」，則宋本固如是。今本或作「殷」，乃據孔書改，非其舊也。○案：「假」，堂策檻本、四庫本作「殷」。「假」、「嘏」字通。詩卷阿「純嘏爾常矣」，箋云：「予福曰嘏。」此「維假於民」，言三后成功，維予福利於民也。

⑱孫云：「鄉」當讀爲「享」。明鬼下篇云：「帝享女明德。」

⑲「窕」，諸本作「究」，寶曆本、緜眇閣本作「穷」，正德本作「穷」，似「窕」之行草。堂策檻本、四庫本作「窕」，今從之。畢云：「究」，一本作「窕」，非。王云：作「窕」者是也，説見管子宙合篇。孫云：尚同下篇亦云：「大用之，治天下不窕。」説詳彼注。

⑳正德本「終身」下有「用之」二字。

㉑寶曆本「昭」作「照」。

⑩② 孫云：「承」與「丞」通。説文収部云：「丞，翊也。从収，从卩，从山。山〔一〕高、奉承之義。」「若山之承」，亦言如山之高也。

⑩③「拆」，四庫本原作「拆」，改作「拆」。

⑩④「常」，恒也。言與天地同其恒久也。　俞云：此文疑有錯誤。當云：「聖人之德，昭於天下，若天之高，若地之普。若山之承，不坼不崩。若日之光，若月之明，與天地同常。」蓋首四句「下」、「普」隔句爲韻。中二句「承」、「崩」，末三句「光」、「明」、「常」，皆每句協韻。「昭於天下」句傳寫脱去，而誤補於「若地之普」下，則首二句無韻矣。又增「其」、「有」、「也」三虚字，則非頌體矣。既云「若地之普」，又云「若地之固」，重複無義，故知其錯誤也。

⑩⑤「埴」，四庫本原作「埴」，改作「植」。　畢云：「埴」訓黏土，堅牢之意。　孫云：淮南子泰族訓云：「勇者可令埴固。」

⑩⑥以上二十一字，正德本作「其説將必扶振威彊哉」九字。二「彊」字，陸本、茅本作「疆」。

⑩⑦「傾」，正德本作「頗」。　説文曰：「者，別事詞也。」「傾者民之死也」，猶言陷斯民於死地也。

⑩⑧畢云：「屨」即「履」字省文。　史記或作「履」，漢書或作「婁」，皆訓數。

⑩⑨畢本「未」下衍「有」字，舊本並無，今據删。　蘇校同。　正德本無「能」字及「以」字。

〔一〕原脱下「山」字，據墨子閒詁補，與説文合。

⑩「王」字諸本脱，正德本有，今據補。以上文校之，疑本作「今王公大人」，正德本脱一「公」字，諸本更脱去「王公」二字耳。

⑪各本脱「爲」字，今依王校增。寶曆本「故」作「胡」，正德本「政」作「正」，並字通。

尚賢下第十

子墨子言曰：天下之王公大人，皆欲其國家之富也，人民之衆也，刑法之治也①。然而不識以尚賢爲政其國家百姓，王公大人本失尚賢爲政之本也②。若苟王公大人本失尚賢爲政之本也，則不能毋舉物示之乎③？今若有一諸侯於此，爲政其國家也，曰：「凡我國能射御之士④，我將賞貴之；不能射御之士，我將罪賤之。」問於若國之士，孰喜孰懼⑤？我以爲必能射御之士喜，不能射御之士懼。我賞因而誘之矣⑥，曰：「凡我國之忠信之士，我將賞貴之；不忠信之士，我將罪賤之。」問於若國之士，孰喜孰懼？我以爲必忠信之士喜，不忠信之士懼⑦。今唯毋以尚賢爲政其國家百姓⑧，使國爲善者勸⑨，爲暴者沮；大以爲政於天下⑩，使天下之爲善者勸，爲暴者沮。然昔吾所以貴堯舜禹湯文武之道者⑪，何故以哉⑫？以其唯毋臨衆發政而治民，使天下之爲善者可而勸也⑬，爲暴者可而沮也。然則〔一〕此尚賢者也，與堯舜禹湯文武之道同矣。

而今天下之士君子，居處言語皆尚賢⑭，逮至其臨衆發政而治民，莫知尚賢而使能，我以此知天下之士君子明於小而不明於大也⑮。何以知其然乎⑯？今王公大人有一牛羊之財⑰，不能殺，必索良宰；有一衣裳之財⑱，不能制，必索良工。當王公大人之於此也，雖有骨肉之親、無故富貴、面目美好者⑲，實知其不能也⑳，不使之也。是何故？恐其敗財也。當王公大人之於此也，則不失尚賢而使能。王公大人有一罷馬，不能治㉑，必索良醫㉒；有一危弓，不能張㉓，必索良工。當王公大人之於此也，雖有骨肉之親、無故富貴㉔、面目美好者，實知其不能也㉕，必不使。是何故？恐其敗財也。當王公大人之於此也，則不失尚賢而使能。逮至其國家則不然㉖，王公大人骨肉之親、無故富貴、面目美好者，則舉之。則王公大人之親其國家也㉗，不若其親一危弓、罷馬、衣裳、牛羊之財與㉘？我以此知天下之士君子皆明於小而不明於大也㉙。此譬猶瘖者而使爲行人㉚，聾者而使爲樂師。

是故古之聖王之治天下也，其所富，其所貴，未必王公大人骨肉之親、無故富貴、面目

〔一〕「則」原誤「而」，據畢刻本正。

美好者也。是故昔者舜耕於歷山，陶於河瀕，漁於雷澤㉛，灰於常陽㉜，堯得之服澤之陽，立爲天子，使接天下之政，而治天下之民。昔伊尹爲莘氏女師僕㉝，使爲庖人，湯得而舉之，立爲三公，使接天下之政，治天下之民㉞。昔者傅説居北海之洲㉟，圜土之上㊱，衣褐帶索，庸築於傅巖之城，武丁得而舉之，立爲三公，使之接天下之政㊲，而治天下之民。是故昔者堯之舉舜也，湯之舉伊尹也，武丁之舉傅説也，豈以爲骨肉之親、無故富貴、面目美好者哉？唯法其言㊳，用其謀，行其道，上可而利天㊴，中可而利鬼，下可而利人，是故推而上之㊵。

古者聖王既審尚賢，欲以爲政，故書之竹帛，琢之槃盂㊶，傳以遺後世子孫。於先王之書呂刑之書然，王曰：「於㊷！來，有國有土㊸，告女訟刑㊹。在今而安百姓㊺，女何擇言人㊻？何敬不刑？何度不及㊼？」能擇人而敬爲刑㊽，堯舜禹湯文武之道可及也。是何也？則以尚賢及之。於先王之書、豎年之言然㊾，曰：「晞夫聖武知人㊿，以屏輔而身。」此言先王之治天下也，必選擇賢者，以爲其羣屬輔佐㊿。

曰：今也天下之士君子，皆欲富貴而惡貧賤㊿。然女何爲而得富貴而辟貧賤㊿？曰㊿：莫若爲賢。爲賢之道將柰何？曰：有力者疾以助人，有財者勉以分人，有道者勸以教人㊿。若此，則飢者得食，寒者得衣，亂者得治。若飢則得食，寒則得衣，亂則得治，此安生生㊿。今王公大人其所富，其所貴，皆王公大人骨肉之親、無故富貴、面目美好者也。今王公大人骨肉之親、無故富貴、面目美好者，焉故必知哉[57]？若不知[58]，使治其國家，則其國家之亂可得而知也。

今天下之士君子，皆欲富貴而惡貧賤。然女何爲而得富貴而辟貧賤哉？曰：莫若爲王公大人骨肉之親、無故富貴、面目美好者[59]。王公大人骨肉之親、無故富貴、面目美好者，此非可學能者也[60]。使不知辯[61]，德行之厚若禹湯文武，不加得也；王公大人骨肉之親，蹩躄瘖聾[62]，暴爲桀紂，不加失也[63]。是故以賞不當賢，罰不當暴，其所賞者已無故矣[64]，其所罰者亦無罪。是以使百姓皆放心解體[65]，沮以爲善，垂其股肱之力[66]，而不相勞來也[67]；腐臭餘財[68]，而不相分資也[69]；隱匿良道[70]，而不相教誨也。若此，則飢者不[71]得食，寒者不得衣，亂者不得治[72]。

是故昔者，堯有舜，舜有禹，禹有皋陶，湯有小臣[73]，武王有閎夭、泰顛[74]、南宮括[75]、散宜生[76]。得此推而上之[77]，以[78]而天下和，庶民阜[79]。是以近者安之，遠者歸之，日月之所照，舟車之所及，雨露之所漸[80]，粒食之民莫[81]不勸譽[82]。且今天下之王公大人士君子，中實將欲爲仁義[83]，求爲上士[84]，上欲中聖王之道，下欲中國家百姓之利[85]，故尚賢之爲說，而不可不察此者也[86]。尚賢者，天鬼百姓之利，而政事之本也[87]。

①卷子本治要「刑」作「形」。

②「之」字正德本在「爲政」上，下同。

③正德本「物」作「勿」。

④「凡」，正德本誤「兄」。

⑤「喜」，道藏本誤「善」。

⑥「因」，茅本、寶曆本、李本、緜眇閣本作「内」。　孫云：「賞」當爲「嘗」。嘗，試也。此句爲下文發端。書中「嘗」字多譌「賞」，詳尚同下篇。

⑦「不忠信」，諸本作「不忠不信」四字。正德本作「不忠信」，今從之。

⑧「唯毋」，畢本作「惟毌」，注云「毌同貫。下同。」　〇案：寶曆本、緜眇閣本作「惟毋」，道藏本、正德本、陸本、唐本、茅本、李本、堂策檻本、四庫本作「唯毋」，今從之。「毋」，語詞。説詳中篇，餘仿此。

⑨王景羲云：「使國」下當有「之」字。

⑩畢云：「大」，一本作「夫」。　〇案：「大」，堂策檻本、四庫本作「夫」。

⑪正德本「昔吾」下有「之」字，「之道」下無「者」字。

⑫正德本作「故何以哉」。

⑬王云：「可而」猶可以也。下文曰「上可而利天，中可而利鬼，下可而利人」，與此文同一例。

⑭ 「而」字正德本無，疑衍。「居處」，陸本、茅本、寶曆本、李本、緜眇閣本、堂策檻本、四庫本作「處居」。

⑮ 上「於」字諸本無，寶曆本有。下「於」字諸本有，寶曆本無。案兩「於」字當並有，今據補，與下文及治要引合。

⑯ 「乎」，治要作「也」。

⑰ 畢云：同「材」。

⑱ 以上兩「之財」字，治要並節去。

⑲ 「雖」，道藏本、正德本、陸本、唐本、茅本、緜眇閣本作「唯」，字通。

⑳ 正德本「實」作「誠」。

㉑ 孫云：「罷」，治要作「疲」，下同。案「罷」、「疲」字同。國語齊語云「天下諸侯罷馬以爲幣」，韋注云：「罷，不任用也。」管子小匡篇作「疲馬」，尹注云：「疲謂瘦也。」

㉒ 「醫」，卷子本治要作「毉」。

㉓ 孫云：考工記弓人云「豐肉而短，寬緩以荼，若是者爲之危弓」，鄭注云：「危猶疾也。」

㉔ 「無」卷子本治要作「无」，下並同。

㉕ 「實」，正德本及治要作「誠」。

㉖ 孫云：「逮至」，治要作「至建」。○案：卷子本治要原作「逮至」，校點者誤認「逮」作「建」，遂

將「逹」字上側方注一「至」字，而將原文「至」字附一□符號。

㉗曹云：「親」猶愛也。

㉘「其親」，畢本作「親其」，舊本及治要並作「其親」，今據乙。「與」，治要作「歟」。

㉙畢云：舊脱「明」字，一本有。　○案：「明」字各本並有，治要引亦有。

㉚「瘖」，繹史本作「喑」。「猶」，正德本作「有」。　孫云：説文云：「瘖，不能言也。」

㉛王云：當作「濩澤」，説詳上篇。

㉜畢云：疑即恒山之陽。　洪云：「灰」當是「販」字之譌。尚書大傳「販於頓丘」，史記五帝本紀「就時於負夏」，索隱：「就時，猶逐時。若言乘時射利也。」義亦與販相近。　俞云：「灰」疑「反」字之誤。反者，販之假字。販从反聲，古文以聲爲主，故止作「反」也。

㉝畢云：「僕」，俟也。「女師」見詩云「言告師氏」。　王云：「僕」即「俟」之譌。此謂有莘氏以伊尹媵女，非以爲僕也。説文：「俟，送也。」吕不韋曰：「有侁氏㠯伊尹俟女。」侁、莘同。今本吕氏春秋本味篇作「媵」。經傳皆作「媵」，而「俟」字罕見。唯墨子書有之，而字形與「僕」相似，因譌而爲「僕」。淮南時則篇「具曲栚筥筐」，今本「栚」作「撲」，誤與此同。　俞云：「師」當爲「私」，聲之誤。「僕」猶臣也。禮記禮運篇：「仕於公曰臣，仕於家曰僕。」是臣、僕一也。私僕猶曰私臣。中篇曰：「伊摯，有莘氏女之私臣。」　○案：「師」，正德本作「私」，可爲俞説之證。

㉞「治」上，上下文並有「而」字，此無「而」字，與中篇文例同。

㉟ 畢云：書正義云：「尸子云：傅巖在北海之洲。」孔傳云：「傅巖在虞虢之界。」「洲」當作「州」。

㊱ 畢云：史記殷本紀云：「説爲胥靡，築於傅巖。」孔傳云：「説賢而隱，代胥靡築之，以供食。」故此云圜土也。　孫云：呂氏春秋求人篇亦云：「傅説，殷之胥靡也。」周禮大司徒鄭注云：「圜土謂獄也。獄城圜。」　○案：周禮大司寇曰「以圜土聚教罷民。凡害人者寘之圜土，而施職事焉，以明刑恥之。」

㊲ 「使」下，正德本無「之」字，與上文一律。

㊳ 「唯」緜眇閣本、畢本作「惟」，道藏本、正德本、陸本、唐本、茅本、寶曆本、李本、堂策檻本、四庫本並作「唯」，今從之。治要引亦作「唯」。

㊴ 王云：「可而」猶可以也，説見上文。

㊵ 荀子性惡篇曰：「賢者敢推而尚之。」

㊶ 正德本「槃」作「盤」，字同。

㊷ 畢云：孔書作「吁」。　孫云：僞孔傳云：「吁，歎也。」釋文引馬融本作「于」，云：「于，吁也。」

㊸ 畢云：孔書「國」作「邦」。　孫云：史記周本紀亦作「國」。僞孔傳云：「有國土諸侯。」　○案：正德本「土」作「士」。

㊹ 畢云：孔書「女」作「爾」，「訟」作「詳」。　段玉裁云：「訟刑」，公刑也。古「訟」、「公」通用。　王鳴盛云：墨子作「訟」，從「詳」而傳寫誤。　孫云：王説是也。今書改作「祥」，孔傳云：

「告汝以善用刑之道。」周禮大宰大司寇鄭注引並作「詳」。後漢書劉愷傳李注引鄭書注云：「詳，審察之也。」此「訟」疑即「詳」之誤。

㊺畢云：孔書「而」作「爾」。

㊻畢云：孔書無「女」字，作「何擇非人」。　王引之云：「言」當爲「否」。篆書否字作「𠙵」，言字作「𧥣」，二形相似。隸書否字或作「吾」，言字或作「音」，亦相似。故否誤爲言。否與不古字通，故下二句云「何敬不刑，何度不及」也。今書作「何擇非人，何敬非刑，何度非及」，非、否、不並同義。　段玉裁云：「言人」當是「吉人」之譌，謂何擇非吉人乎？冢上苗民「罔擇吉人」言之。

㊼畢云：孔書兩「不」字並作「非」。　孫云：孔傳云：「在今爾安百姓兆民之道，當何所擇，非惟吉人乎？當何所敬，非惟五刑乎？當何所度，非惟及世輕重所宜乎？」釋文引馬融云：「度，造謀也。」案以此下文推之，則墨子訓「不及」爲不及堯舜禹湯文武之道，猶言何慮其不能逮也，與孔說異。　○案：正德本「及」作「聾」。

㊽正德本「爲」作「不」。

㊾畢云：「豎」，距字假音。

㊿畢云：「睎」疑當从目。　孫云：畢說是也。說文目部云：「睎，望也。」「聖武」謂聖人與武人也。「知」與「智」通。逸周書皇門篇云：「乃方求論擇元聖武夫，羞於王所。」　吳云：「睎」，希之借字，求也。「武」者，士也。

(51) 下文「曰今也」之「也」字，曹校移此。

(52) 各本「之」作「言」，今依王校改。　王云：「言」當爲「之」，此語又見下文。草書「言」與「之」相似，故「之」譌爲「言」。

(53) 畢云：「辟」同「避」。

(54) 此「曰」字本在上文「然女何爲」之上，今依下文校移於此。

(55) 王樹枏云：後漢書馬融傳注云：「勸，勉也。」宋策「許救甚勸」，注云：「勸，力也。」勸與上疾、勉同義。

(56) 王引之云：「安」猶乃也。言如此乃得生生也。　○案：以中篇及非命下篇文例校之，「寒者得衣」下疑脱「勞者得息」，「寒則得衣」下疑脱「勞則得息」。

(57) 孫云：論語子路皇疏云：「焉猶何也。」顏氏家訓音辭篇引葛洪字苑云：「『焉』字訓何、訓安，音於愆反。」　曹云：「知」與「智」同。

(58) 亦讀爲「智」。

(59) 各本脱此八字，今從王校增。

(60) 王校「能」上增「而」字。

(61) 「知」字畢本脱，舊本並有，今據補。正德本、緜眇閣本「辯」作「辨」，字通。「知」當爲「之」，俗音相混而譌，本書屢見之。周禮酒正「辨三酒之物」，賈疏云：「辨者，豫先之名。」考工記「以辨民器」，鄭注云：「辨猶具也。」「使不之辯」者，猶言使不豫具王公大人骨肉之親、無故富貴面目美好之條件，雖德性如禹湯文武，不加得也。

⑥② 「蹙躄瘖聾」四字，道藏本、唐本、畢本作「躄瘖聾」三字。正德本作「躃瘖聾」，「躄」、「躃」字同。陸本、茅本、緜眇閣本、堂策檻本、四庫本作「蹙瘖聾」三字。寶曆本作「慼瘖聾」，秋山云：「慼，一作蹙。」「蹙」、「慼」字通。案本文「蹙」、「躄」二字當並有，各本互脱其一耳，今據補。管子水地篇注云：「蹙，屈聚也。」國語晉語曰「戚施不可使仰」，詩新臺傳云「戚施，不能仰者」，淮南子脩務訓注云「戚施，僂也」，「戚」、「蹙」字同，是「蹙」有傴僂之義。「蹙躄瘖聾」皆惡疾名。孫云：說文止部云：「𨂂，人不能行也。」呂氏春秋盡數篇高注云：「躄，不能行也。」「躄」即「𨂂」之或體。

⑥③ 「爲」猶如也。　孫云：「爲」乃「如」之誤，二字艸書相近。「暴如桀紂」，言其有惡行也。

⑥④ 王云：「故」乃「攻」字之誤，攻即功字也。　○案：「故」字不改亦可通，說見中篇。

⑥⑤ 「放」，諸本作「攸」，正德本作「放」，今從之。　畢云：「攸」，一本作「放」。

⑥⑥ 孫云：「垂」義不可通，字當作「舍」，艸書形近而誤。　○案：荀子富國篇「垂事養民」，俞樾云：「垂猶委也。」此「垂」字與彼同。「垂」借爲委。委，舍去也。　又案：緜眇閣本「垂」作「乘」，則疑爲「賸」之音假，俗又作「剩」。賸，用餘也。　義與本文亦合。

⑥⑦ 孫云：爾雅釋詁云：「勞來，勤也。」孟子滕文公篇云「勞之來之」，史記周本紀云：「武王曰：日夜勞來，定我西土。」說文力部云：「勑，勞勑也。」「勞來」即勞勑。

(68) 畢云：「臭」，「殠」省文。　○案：正德本「臭」作「殠」。

(69) 孫云：戰國策齊策高注云：「資，與也。」莊子大宗師篇郭注云：「資者，給資之謂。」

(70) 「匿」，道藏本、正德本、唐本、畢本作「慝」。陸本、茅本、寶曆本、緜眇閣本、堂策檻本、四庫本作「匿」，今從作「匿」，與尚同上、中篇一律。　畢云：「慝」即「匿」字異文。

(71) 「飢者不」之下，本有「推而上之以」五字，應在下文「得此」之下，今校移於彼。

(72) 以上十二字各本脱，今依上文及王校補。

(73) 孫云：吕氏春秋尊師篇云「湯師小臣」高注云：「小臣，謂伊尹。」楚詞天問篇王注同。

(74) 「顛」，正德本、寶曆本作「⿱艹顛」。

(75) 正德本「括」作「适」。

(76) 書君奭僞孔傳云：「閎、散、泰、南宫皆氏，夭、宜生、顛、括皆名。」　孫云：大戴禮記帝繫篇云「堯娶於散宜氏之女」，「散宜」蓋以國爲氏也。

(77) 尚書大傳曰「堯推尊舜而尚之」，又曰：「堯得舜，推而尊之。」

(78) 「推而上之以」五字原在上文「飢者不」之下，今校移於此。

(79) 「以而天下和、庶民阜」連讀，「以而」猶備城門篇「因而離」之「因而」。

(80) 孫云：廣雅釋詁云：「漸，漬也。」

(81) 「民莫」二字，諸本作「所養」，正德本作「民莫」，今從之。「粒食之民」又見本書天志上篇及天志下篇。「莫」字屬下讀。　孫云：書益稷云「烝民乃粒」，僞孔傳云：「米食曰粒。」王制云：「西方曰戎，被髮衣皮，有不粒食者矣。北方曰狄，衣羽毛穴居，有不粒食者矣。」

(82)「莫不勸譽」連讀。

(83)正德本「實」作「誠」。

(84)各本無「上」字，王據各篇補。

(85)自「不勸譽」至此，舊本凡四十一字，錯入上文「而天下和」之上，今據道藏本、正德本審校文義，移置於此。又本篇自「若此則飢者不」以下至此，各本均錯亂，今除「所養」二字據正德本改爲「民莫」外，餘照道藏本原文録如次：「若此則飢者不推而上之以是故昔者堯有舜舜有禹禹有皋陶湯有小臣武王有閎夭泰顛南宮括散宜生得此不勸譽且今天下之王公大人士君子中實將欲爲仁義求爲士上欲中聖王之道下欲中國家百姓之利而天下和庶民阜是以近者安之遠者歸之日月之所照舟車之所及雨露之所漸粒食之民莫。」凡一百二十二字，以之與校本對照，即可知其錯亂之處。

(86)孫云：治要作「是故尚賢之爲説不可不察也」。

(87)「政」，正德本誤「故」。

墨子校注卷之三

尚同上第十一①

子墨子言曰：古者民始生未有刑政之時②，蓋其語，人異義③。是以一人則一義，二人則二義，十人則十義。其人兹衆，其所謂義者亦兹衆④。是以人是其義⑤，以非人之義，故交相非也。是以内者父子兄弟作怨惡⑥，離散不能相和合⑦。天下之百姓，皆以水火毒藥相虧害⑧，至有餘力不能以相勞⑨，腐死餘財不以相分⑩，隱匿良道不以相教⑪，天下之亂，至若禽獸然⑫。

夫明虖天下之所以亂者⑬，生於無政長⑭。是故選天下之賢可者⑮，立以爲天子。天子立，以其力爲未足⑯，又選擇天下之賢可者⑰，置立之以爲三公。天子三公既以立⑱，以天下爲博大，遠國異土之民，是非利害之辯⑲，不可一二而明知⑳，故畫分萬國㉑，立諸侯國君。諸侯國君既已立，以其力爲未足，又選擇其國之賢可者，置立之以爲正長㉒。正長既已具，天子發政於天下之百姓，言曰：「聞善而不善㉓，皆以告其上。上之所是必皆是之，上之所非㉔必皆非之㉕。上有過則規諫之，下有善則傍薦之㉖。上同而不下比者㉗，此上之所賞而下之所譽也㉘。意若聞善而不善，不以告其上。上之所是弗能是，上之所非弗能非。上有過弗規諫，下有善弗傍薦。下比不能上同者，此上之所罰而百姓所毁也㉙。」上以此爲賞罰，甚明察以審信㉚。是故里長者，里之仁人也。里長發政里之百姓，言曰：「聞善而不善，必以告其鄉長。鄉長之所是必皆是之，鄉長之所非必皆非之。去若不善言，學鄉長之善言；去若不善行，學鄉長之善行。」則鄉何説以亂哉？察鄉之所以治者，何也㉛？鄉長唯能壹同鄉之義㉜，是以鄉治也。鄉長者，鄉之仁人也。鄉長發政鄉之百姓，言曰：「聞善而不善者，必以告國君。國君之所是必皆是之，國君之所非必皆非之。去若不善言，學國君之善言；去若不善行，學國君之善行。」則國何説以亂哉？察國之所以治者，何也？國君唯能壹同國之義，是以國治也。國君者，國之仁人也。國君發政國之百姓，言曰：「聞善而不善，必以告天子。天子之所是皆是之，天子之所非皆非之。去若不善言，學天子之善言；去若不善行，學天子之善行。」則天下何説以亂哉？察天下之所以治者，何也？天子唯能壹同天下之義，是以天下治也㉝。

天下之百姓皆上同於天子，而不上同於天㉞，則菑猶未去也㉟。今若天飄風苦雨㊱，溱湊而至者㊲，此天之所以罰百姓之不上同於天者也㊳。

是故子墨子言曰：古者聖王爲五刑㊴，請以治其民㊵。譬若絲縷之有紀㊶，罔罟之有綱㊷，所以連收天下之百姓不尚同其上者也㊸。

① 畢云：楊倞注荀子「尚」作「上」。　孫云：「尚」與「上」通。漢書藝文志作「上同」，注：「如淳云：言皆同，可以治也。」

② 「刑」，道藏本、陸本、唐本、茅本、緜眇閣本、陳本作「形」。宋本、蜀本御覽七十七引無「始」字。

③ 俞云：此本作「古者民始生未有政長之時，蓋其語曰：天下之人異義」。中篇文同，可據訂。

④ 正德本「茲」並作「滋」。　孫云：説文艸部云：「茲，艸木多益。」水部云：「滋，益也。」古正作「茲」，今相承作「滋」。

⑤ 「人」，茅本、緜眇閣本作「仁」。

⑥ 畢云：「也是」，舊作「是也」，字倒，今以意改。　〇案：正德本無「也」字，「内者」作「内之」。

⑦ 正德本無「和合」二字，空一格。　秋山云：「合」，一作「令」。

⑧ 孫云：小爾雅廣言云：「虧，損也。」

⑨ 詩旱麓「神所勞矣」，鄭箋〔一〕云：「勞，勞來。猶言佑助。」尚賢下篇作「勞來」。

⑩ 畢云：舊本「歾」俱作「列」，非。説文云：「歾，腐也。」　孫云：尚賢下作「腐臭餘財」，「臭」、「歾」亦聲近。　○案：「歾」，正德本作「臭」，四庫本剜改作「歾」。

⑪ 正德本「匿」作「慝」。

⑫ 「至」字諸本脱，正德本有，今據補，與中篇一律。

⑬ 道藏本「天」作「夫」，誤。　孫云：「虖」借爲乎字。

⑭ 「長」四庫本剜改作「教」，非是。　畢云：「政」當爲「正」。

⑮ 王云：「選」下有「擇」字，而今本脱之。下文及中、下二篇皆作「選擇」。太平御覽皇王部二引此同。　○案：「賢可」本篇屢見，非命上篇亦有，宋本、蜀本御覽引此亦作「賢可」。史記燕世家：「燕昭王謂郭隗曰：然誠得賢士以共國，以雪先王之恥，孤之願也。先生視可者，得身事之。」新序雜事三所引略同。「可者」，即指上文之「賢士」也。呂氏春秋正名篇曰：「人主雖不肖，猶若用賢，猶若聽善，猶若爲可者。其患在乎所謂賢，從不肖也；所謂善，而從邪辟；所謂可，從悖逆也。是刑名異充，而聲實異謂也。」可證可與賢、善義近，故「賢可」連文。

⑯ 正德本無「爲」字。

〔一〕「鄭箋」原誤「毛傳」，據毛詩正義改正。

⑰ 正德本無「擇」字。

⑱ 正德本「以」作「已」，字通。

⑲ 正德本「辯」作「辨」。

⑳ 正德本「知」作「之」。荀子非相篇曰「欲知億萬，則審一二」，三國志胡綜傳曰「此皆先定所一二知」。

㉑ 畢云：說文云：「畫，界也。」

㉒ 正德本「正」作「政」，下同。孫云：爾雅釋詁云：「正，長也。」書立政云「立民長伯，立政」，「政」與「正」同。此「正長」即中篇所云「左右將軍大夫」及「鄉里之長」，與上文「正長」通天子諸侯言者異。淮南子脩務訓云：「且古之立帝王者，非以奉養其欲也。聖人踐位者，非以逸樂其身也。爲天下強掩弱、衆暴寡、詐欺愚、勇侵怯、懷知而不以相教、積材而不以相分，故立天子以齊一之。爲一人聰明而不足以徧燭海内，故立三公九卿以輔翼之。絶國殊俗、避遠幽閒之處不能被德承澤，故立諸侯以教誨之。是以地無不任，時無不應，官無隱事，國無遺利。」蓋本此書。

㉓ 王引之云：「而」猶與也。言善與不善也。「而」、「與」聲之轉。

㉔ 「上之」二字，諸本脱。正德本作「上所之非」，文雖倒錯，然本有「上之」二字則甚明，今據補「上之」二字，與下文「鄉長之所非」、「國君之所非」、「天子之所非」文例一律。

㉕ 正德本脱「必皆非」三字。

㉖ 畢云：「則」，一本作「必」。　○案：「則」，陳本作「必」。「傍」借爲訪。説文曰：「汎謀曰訪。」徐傳曰：「此言汎謀，謂廣問於人也。」晉書山濤傳曰：「甄拔隱屈，搜訪賢才。」

㉗ 「不下比」，正德本作「下不比」。　孫云：樂記鄭注云：「比猶同也。」

㉘ 正德本「賞」作「貴」，又無「而」字。

㉙ 孫云：韓非子難三篇云：「明君求善而賞之，求姦而誅之，其得之一也。故以善聞之者，以説善同於上者也。以姦聞之者，以惡姦同於上者也。此宜賞譽之所及也。不以姦聞，是異於上而下比周於姦者也。此宜毀罰之所及也。」與此説略同。　王景羲云：依上文，「所」上當有「之」字。

㉚ 「甚」，諸本作「其」，正德本作「甚」，今從之，王校同。

㉛ 「以」字諸本無，繹史本有，今據補，孫校同。

㉜ 「壹」，正德本作「一」，下並同。

㉝ 舊本「治」上有「以」字。

㉞ 「子」，諸本作「一」，正德本作「子」，今從之。　蘇校同。

㉟ 畢云：「菑」，巛字之假音。菑，不耕田也。巛，害也。見説文。　孫云：「菑」上，依中篇當有「天」字。

㊱ 王云：「今若天」，「天」當爲「夫」。夫與天字相似，篇内又多「天」字，故「夫」誤爲「天」。「今若

夫」，猶言今夫。　孫云：王說亦通，但中篇云：「故當若天降寒熱不節，雲霜雨露不時，五穀不孰，六畜不遂，疾菑戾疫，飄風苦雨，荐臻而至者，此天之降罰也。」則此「天」字似非譌文。爾雅釋言云：「迴風爲飄。」詩大雅何人斯毛傳云：「飄，暴起之風。」釋文云：「疾風也。」左莊四年傳云「秋無苦雨」，杜注云：「霖雨爲人所患苦。」禮記月令云：「苦雨數至，五穀不滋。」

㊲ 畢云：「湊」同「臻」。太平御覽作「臻」。史記三王世家云「西湊月氏」，正義云：「湊音臻。」○案：「湊」，各本並同，宋本、蜀本、萬曆活字本御覽卷二引並作「溱」，松方文庫補宋鈔本御覽作「湊」。說文曰「湊，水上人所會也。」淮南子主術訓曰：「湯以身禱於桑林之際，而四海之雲湊，千里之雨至」，注云：「湊，會也。」太玄玄挩注：「湊，至也。」

㊳ 上「天」字，正德本作「兲」，古「天」字。

㊴ 正德本「聖」作「帝」。

㊵ 孫云：「請」與「誠」通。此書「誠」多作「請」。　曹云：墨子書「請」、「情」、「誠」三字多通用。

㊶ 畢云：說文云：「紀，絲別也。」　孫云：「紀」本義爲絲別，引申之，絲之統總亦爲紀。說文糸部云：「統，紀也。」禮記樂記鄭注云：「紀，總要之名也。」禮器云「紀散而衆亂」，注云：「絲縷之數有紀。」

㊷ 正德本「罔」作「罡」。書盤庚曰「若網在綱」。　畢云：說文云：「綱，維紘繩也。」

㊸ 「以」字原脫，今依俞說增。　俞云：「所」下脫「以」字。中篇曰「將以運役天下淫暴而一同其

義也」，彼云「將以」，此云「所以」，文法雖異而實同。

尚同中第十二

子墨子言曰①：方今之時，復古之民始生未有正長之時②，蓋其語曰：「天下之人異義。」是以一人一義，十人十義，百人百義。其人數茲衆，其所謂義者亦茲衆。是以人是其義，而非人之義，故交相非也③。內之父子兄弟作怨讎，皆有離散之心，不能相和合，至乎舍餘力不以相勞，隱匿良道不以相教，腐死餘財不以相分④，天下之亂也，至若禽獸然⑤。無君臣上下長幼之節，父子兄弟之禮，是以天下亂焉。

明乎民之無正長⑥以一同天下之義，而天下亂也，是故選擇天下賢良聖知辯慧之人⑦，立以爲天子，使從事乎一同天下之義。天子既已立矣⑧，以爲唯其耳目之請⑨，不能獨一同天下之義，是故選擇天下贊閱賢良聖知辯慧之人⑩，置以爲三公，與從事乎一同天下之義。天子三公既已立矣⑪，以爲天下博大，山林遠土之民不可得而一也，是故靡分天下⑫，設以爲萬諸侯國君⑬，使從事乎一同其國之義。國君既已立矣⑭，又以爲唯其耳目之請⑮，不能獨一同其國之義⑯，是故擇其國之賢者⑰，置以爲左右將軍大夫⑱，以遠至乎鄉里之長⑲，與從事乎一同其國之義。

天子、諸侯之君、民之正長，既已定矣。天子爲發政施教，曰：「凡聞見善者必以告其上，聞見不善者亦必以告其上。上之所是必亦是之，上之所非必亦非之。己有善傍薦之⑳，上有過規諫之。尚同義其上㉑，而毋有下比之心，上得則賞之，萬民聞則譽之。意若聞見善不以告其上，聞見不善亦不以告其上。上之所是不能是，上之所非不能非。己有善不能傍薦之，上有過不能規諫之㉒。下比而非其上者，上得則誅罰之，萬民聞則非毀之㉓。」故古者聖王之爲刑政賞譽也，甚明察以審信，是以舉天下之人皆欲得上之賞譽，而畏上之毀罰㉔。

是故里長順天子政，而一同其里之義。里長既同其里之義，率其里之萬民以尚同乎鄉長㉕，曰：「凡里之萬民，皆尚同乎鄉長，而不敢下比。鄉長之所是必亦是之，鄉長之所非必亦非之。去而不善言，學鄉長之善言；去而不善行，學鄉長之善行。」鄉長固鄉之賢者也，舉鄉人以法鄉長，夫鄉何說而不治哉？察鄉長之所以治鄉而鄉治者㉖，何故之以也？曰：唯以其能一同其鄉之義，是以鄉治。

鄉長治其鄉㉗，而鄉既已治矣㉘。有率其鄉萬民㉙以尚同乎國君，曰：「凡鄉之萬民，皆上同乎國君，而不敢下比。國君之所是必亦是之，國君之所非必亦非之。去而不善言，學國君之善言；去而不善行，學國君之善行。」國君固國之賢者也，舉國人以法國君，夫國何説而不治哉？察國君之所以治國而國治者，何故之以也？曰：唯以其能一同其國之義，是以國治。

國君治其國，而國既已治矣㉚。有〔二〕率其國之萬民以尚同乎天子㉛，曰：「凡國之萬民，皆上同乎天子，而不敢下比㉜。天子之所是必亦是之，天子之所非必亦非之。去而不善言，學天子之善言；去而不善行，學天子之善行。」天子者，固天下之仁人也。舉天下之萬民以法天子，夫天下何説而不治哉㉝。察天子之所以治天下而天下治者㉞，何故之以也？曰㉟：唯以其能一同天下之義，是以天下治。

天下既尚同乎天子㊱，而未尚同乎天者㊲，則天菑將猶未止也㊳。故當若天降寒熱不節㊴，雪霜雨露不時㊵，五穀不孰㊶，六畜不遂㊷，疾菑戾疫㊸，飄風苦雨㊹，荐臻而至者㊺，此天之降罰也，將以罰下人之不尚同乎天者也。

故古者聖王明天鬼之所欲，而避天鬼之所憎㊻，以求興天下之利，除天下之害。是以率天下之萬民，齊戒沐浴㊼，絜爲酒醴粢盛㊽，以祭祀天鬼。其事鬼神也㊾，酒醴粢盛不敢

〔二〕「有」原作「又」，據畢沅刻本改，與墨子原文合。

不蠲潔[50]，犧牲不敢不腯肥[51]，珪璧幣帛不敢不中度量[52]，春秋祭祀不敢失時幾，聽獄不敢不中[53]，分財不敢不均，居處不敢怠慢。曰：其爲正長若此[54]，是故[55]上者天鬼有厚乎其爲政長也，下者萬民有便利乎其爲政長也[56]。天鬼之所深厚，而彊從事焉[57]，則天鬼之福可得也；萬民之所便利，而能彊從事焉[58]，則萬民之親可得也。其爲政若此[59]，是以謀事得[60]，舉事成，入守固，出誅勝。曰[61]：何故之以也？曰：唯而以尚同爲政者也[62]。故古者聖王之爲政若此[63]。

今天下之人曰：方今之時，天下之正長猶未廢乎天下也[64]，而天下之所以亂者，何故之以也？子墨子曰：方今之時之以正長，則本與古者異矣。譬之若有苗之以五刑然[65]。昔者聖王制爲五刑，以治天下[66]，逮至有苗之制五刑，以亂天下。則此豈刑不善哉？用刑則不善也。是以先王之書呂刑之道[67]曰：「苗民否用練[68]，折則刑[69]，唯作五殺之刑，曰法[70]。」則此言善用刑者以治民，不善用刑者以爲五殺。則此豈刑不善哉？用刑則不善，故遂以爲五殺[71]。是以先王之書術令之道曰[72]：「唯口出好興戎[73]。」則此言善用口者出好，不善用口者以爲讒賊寇戎。則此豈口不善哉？用口則不善也，故遂以爲讒賊寇戎。

故古者之置正長也，將以治民也。譬之若絲縷之有紀[74]，而罔罟之有綱也，將以運役天下淫暴而一同其義也[75]。是以先王之書相年之道曰[76]：「夫建國設都，乃作后王君公，否用泰也⑦，卿大夫師長⑱，否用佚也⑲，維辯使治天均⑳。」則此語古者上帝鬼神之建設國都立正長也，非高其爵、厚其禄、富貴佚而錯之也⑧，將以爲萬民興利除害、富貧衆寡、安危治亂也⑫。故古者聖王之爲政若此⑧。

今王公大人之爲刑政，則反此⑭。政以爲便嬖宗族、父兄故舊⑮，立以爲左右⑯，置以爲正長⑰。民知上置正長之非正以治民也⑱，是以皆比周隱匿，而莫肯尚同其上⑲，是故上下不同義。若苟上下不同義，賞譽不足以勸善，而刑罰不足以沮暴⑳。何以知其然也？曰：上唯毋立而爲政乎國家，爲民正長㉑，曰：「人可賞，吾將賞之。」若苟上下不同義，上之所賞，則衆之所非㉒，曰：人衆與處，於衆得非。則是雖使得上之賞，未足以勸乎㉓。上唯毋立而爲政乎國家，爲民正長㉔，曰：「人可罰，吾將罰之。」若苟上下不同義，上之所罰，則衆之所譽㉕。曰：人衆與處，於衆得譽。則是雖使得上之罰，未足以沮乎。若立而爲政乎國家，爲民正長，賞譽不足以勸善，而刑罰不足以沮暴㉖，則是不與鄉吾本言民始生未有正長之時同乎？若有正長與無正長之時同，則此非所以治民一衆之道。

故古者聖王唯而以尚同㉗以爲正長㉘，是故上下情請爲通㉙。上有隱事遺利⑩，下得而利之；下有蓄怨積害，上得而除之。是以數千萬里之外有爲善者，其室人未徧知，鄉里未徧聞，天子得而賞之；數千萬里之外有爲不善者，其室人未徧知，鄉里未徧聞⑩，天子得而罰之。是以舉天下之人皆恐懼振動惕慄⑩²，不敢爲淫暴，曰：「天子之視聽也神⑩³。」先王之言曰⑩⁴：「非神也，夫唯能使人之耳目助己視聽⑩⁵，使人之吻助己言談⑩⁶，使人之心助己思慮，使人之股肱助己動作。」助之視聽者衆，則其所聞見者遠矣⑩⁷，助之言談者衆，則其德音之所撫循者博矣⑩⁸，助之思慮者衆，則其談謀度速得矣⑩⁹；助之動作者衆，卽其舉事速成矣⑪⁰。

故古者聖人⑪¹之所以濟事成功，垂名於後世者，無他故異物焉⑪²，曰：唯能以尚同爲政者也。是以先王之書周頌之道之曰⑪³：「載來見彼王⑪⁴，聿求厥章⑪⁵。」則此語古者國君諸侯之以春秋來朝聘天子之廷，受天子之嚴教。退而治國，政之所加，莫敢不賓⑪⁶。當此之時⑪⁷，本無有敢紛天子之教者⑪⁸。詩曰：「我馬維駱⑪⁹，六轡沃若⑫⁰。載馳載驅，周爰諮度⑫¹。」又曰：「我馬維騏⑫²，六轡若絲⑫³。載馳載驅，周爰咨謀⑫⁴。」卽此語古者國君諸侯之聞見善與不善也，皆馳驅以告天子⑫⁵，是以賞當賢，罰當暴，不殺不辜，不失有罪，則此尚同之功也。

是故子墨子曰：今天下之王公大人士君子，請將欲富其國家⑫⁶，衆其人民，治其刑政，定其社稷，當若尚同之不可不察，此之本也⑫⁷。

① 「言」字諸本無，正德本有，今據補。

②正德本「始」字空一格，又「正」作「政」。孫云：「易雜卦傳云：『復，反也。』謂反而考之古之民始生之時。」

③畢本作「故相交非也」，寶曆本、李本作「故交相非是也」，諸本作「故交相非也」，今從之。戴校同。

④畢云：「歺」，舊作「列」，見上篇。○案：四庫本剜改作「歺」。

⑤「若」，諸本作「如」，正德本作「若」，今從之。

⑥正德本「正」作「政」。

⑦正德本「賢良」上有「一」字，「辯慧」作「不惠」。

⑧「已」，畢本作「以」，舊本並作「已」，今從舊本。

⑨緜眇閣本「唯」作「惟」。正德本「請」作「人」。畢云：「請」當爲「情」，下同。顧云：史記禮書「情文俱盡」，徐廣曰：「古情字或假借作請，諸子中多有此比。」洪云：列子說符篇「發於〔一〕此而應於外者唯請」，張湛注：「請當作情。」荀子成相篇「聽之經，明其請」，楊倞注：「請當爲情。」「言」古文「[illegible]」，與「心」字篆文「[illegible]」字形近，故「情」字多爲「請」。

⑩正德本「閱」作「閲」，「辯慧」作「辨患」。說文曰：「贊，見也。」易說卦傳注：「贊，明也。」穀梁桓六年傳注云：「閱爲簡練。」史記高祖功臣年表曰：「積日曰閱。」是「贊閱」者，明察歷練之義。

〔一〕「於」字原脫，據列子說符篇補。

⑪ 正德本「已」作「以」。

⑫ 王樹枏云：廣雅釋言：「靡，離也。」

⑬ 「設」，正德本誤「没」。以上篇「故畫分萬國，立諸侯國君」文例校之，疑此文當爲「設以爲萬國，立諸侯國君」。下文「上帝鬼神之建設國都立正長也」，可爲設、立並用之證。今本脱「國立」二字，文義不完。

⑭ 正德本「已」作「以」。

⑮ 緜眇閣本「唯」作「惟」。茅本、寶曆本「耳目」作「目耳」。正德本「請」作「情」。

⑯ 「獨」字諸本無，正德本有，今據補。

⑰ 上文「擇」上有「選」字。

⑱ 孫云：「將軍」謂卿也。周禮夏官：「軍將皆命卿。」春秋戰國時，侯國亦皆以卿爲將，通謂之將軍。非攻中篇云「晉有六將軍」，即六卿也。管子立政篇云「將軍大夫以朝」，水經河水酈注引竹書紀年云「邯鄲命將軍大夫、適子、戍〔一〕吏皆貉服」，並稱卿大夫爲將軍大夫。

⑲ 孫云：「遠」當作「逮」，形近而誤。後文云「逮至有苗之制五刑」，尚賢上篇云「逮至遠鄙郊外之臣」，與此文例正同。

〔一〕「戍」，墨子閒詁原引誤「代」，本書沿誤，據水經河水酈注改。

⑳正德本「傍」作「防」，下仍作「傍」。王云：「己」字義不可通，「己」當爲「民」，字之誤也。「傍」者，溥也，偏也。說文：「旁，溥也。」「旁」與「傍」通。言民有善則衆共薦之，若堯典所云「師錫」也。上篇云「上有過則規諫之，下有善則傍薦之」，「下」亦民也。孫云：祭義云「卿大夫有善，薦於諸侯」，鄭注云：「薦，進也。」謂在位之人已有善，則告進之於上也。「傍」當爲訪之借字，二字皆从方得聲，古多通用。魯問篇云：「所謂忠臣者，上有過則微之以諫，己有善則訪之上，而無敢以告外。匡其邪而入其善，尚同而無下比。」與此上下文義並略同，可證「傍薦」之義。上篇亦同。王樹枏云：據上篇「己」當是「下」字。曹亦校作「下」。○案：「己」字二王、曹並校爲誤字，是也。以字形求之，「民」字爲近。孫引祭義及魯問篇文以釋「傍薦」之義，非是。尚同上、中篇文爲訪賢薦善之義，賢善不屬於訪薦者。中篇雖有誤字，上篇固文義顯明，不容曲解者也。祭義及魯問篇文爲歸美讓善之義，美善即屬於歸讓者。二者不應並爲一談。祭義曰「天子有善，讓德於天。諸侯有善，歸諸天子。卿大夫有善，薦於諸侯。士庶人有善，本諸父母，存諸長老」，鄭注云：「薦，進也。」孔疏云：「此一節明有善讓於尊上。」是鄭注「薦，進」當依孔疏釋爲歸美讓善之義，不當如孫氏加字解經，釋爲告進也。魯問篇「己有善則訪之上」一節，與尚賢中篇「若有美善則歸之上」一節文義全同，「訪」當訓爲依傍歸附之義，方與上下文及尚賢中篇文意相合。孫氏釋爲進其謀於上，殊失其旨。蓋尚賢中篇美善歸上一節固亦文義顯明，不容曲解者也。孫氏蓋隱據孔書君陳篇「爾有嘉謀嘉猷，則入告爾后於内」之說，故竟將字面相近、樹義各

別之文並爲一談。後人失檢祭義與尚賢中篇文，易爲其説所惑，故申論之。

㉑孫云：「『義』當作『乎』，下文云『尚同乎鄉長』、『尚同乎國君』，可證。」

㉒正德本無「能」、「之」二字。

㉓正德本無「萬」字。

㉔管子小匡篇曰：「正月之朝，鄉長復事。公親問焉，曰：『於子之鄉，有居處爲義好學，聰明質仁，慈孝於父母，長弟聞於鄉里者，有則以告。有而不以告，謂之蔽賢，其罪五。』有司已於事而竣。公又問焉，曰：『於子之鄉，有拳勇股肱之力，筋骨秀出於衆者，有則以告。有而不以告，謂之蔽才，其罪五。』有司已於事而竣。公又問焉，曰：『於子之鄉，有不慈孝於父母，不長弟於鄉里，驕躁淫暴，不用上令者，有則以告。有而不以告，謂之下比，其罪五。』是故匹夫有善可得而舉，匹夫有不善，可得而誅。」樹義與此略同。

㉕正德本「尚」作「上」。

㉖「而鄉治」三字諸本無，正德本有，今據補。

㉗「鄉長治」三字諸本無，正德本、藤本並有，今據補。王、蘇校同。

㉘「已」，諸本作「以」。正德本作「已」，與畢本同。

㉙依上下文，「萬民」上當有「之」字。　孫云：「『有』讀爲『又』，下並同。」

㉚「而」下「國」字諸本無，正德本有，今據補。王校同。

㉛ 正德本「尚」作「上」。

㉜ 各本無「皆」字，宋本、蜀本御覽七十七引有「皆」字，「上」作「尚」，今據補「皆」字。

㉝ 畢云：「下」舊作「子」，一本如此。○案：正德本、寶曆本、四庫本並作「下」。宋本、蜀本御覽引亦作「下」。

㉞ 「而天下治」四字各本脱，今據上文「察鄉長之所以治鄉而鄉治者」、「察國君之所以治國而國治者」文例校增。

㉟ 「曰」字，正德本在「何故之以也」上。

㊱ 「天下」，諸本作一「夫」字，正德本作「天下」二字，今據補正。上篇曰：「天下之百姓皆上同於天子。」

㊲ 「尚」，畢本作「上」，舊本並作「尚」，今從舊本。

㊳ 正德本「止」作「正」。

㊴ 王云：「天」亦「夫」字之誤，「降」字則因下文「降罰」而衍。孫云：「天降」二字，蓋通貫下文言之。

㊵ 「雪霜」，陸本、茅本、寶曆本、李本、緜眇閣本、堂策檻本、四庫本作「霜雪」。

㊶ 舊本「孰」作「熟」，俗寫。

㊷ 孫云：國語齊語云「犧牲不略則牛羊遂」，韋注云：「遂，長也。」

㊸畢云：「戾」，沴字之假音。　孫云：「戾疫」即兼愛下篇之「癘疫」。「戾」、「癘」一聲之轉。漢書食貨志顏注云：「戾，惡氣也。」

㊹正德本「苦」作「菑」。

㊺國語楚語「禍災荐臻」，韋注云：「荐，重也。臻，至也。」「荐」亦作「薦」，詩雲漢「饑饉薦臻」。

㊻「而」，畢本誤「不」，舊本並作「而」，今據正。

㊼「齊」，道藏本、正德本、陸本、唐本、沈本、茅本、李本、緜眇閣本、陳本作「齋」。

㊽「絜」，諸本作「潔」，李本作「絜」，今從之。　畢云：本書多作「絜」，俗從水。

㊾「事」，李本、緜眇閣本、陳本作「祀」。

㊿孫云：周禮宮人鄭注云：「蠲猶絜也。」呂氏春秋尊師篇云：「臨飲食必蠲絜。」

51左桓六年傳云「吾牲牷肥腯」，杜注云：「腯亦肥也。」

52李本「幣」作「玉」。　孫云：珪璧有度，若考工記玉人云「四圭尺有二寸，以祀天」、「兩圭五寸有邸，以祀地」之屬是也。幣帛有度，若漢書食貨志云「周法布帛廣二尺二寸爲幅」、周禮內宰鄭注引天子巡守禮云「制幣丈八尺、純四⿰豸只」是也。王制云：「布帛幅廣狹不中量，不粥於市。」

53正德本「聽」作「听」，俗借爲聽字。　畢云：「幾」讀如「關市譏」。　俞云：「幾」者，期也。詩楚茨篇「如幾如式」，毛傳訓「幾」爲「期」，是也。「不敢失時幾」者，不敢失時期也。國語周語注曰：「期，將事之日也。」是「期」以日言。不敢失時，並不敢失日，故曰「不敢失時幾」。　○

案：俞説是也。惟析言時日似可不必。節葬下篇曰「祭祀不時度」，即所謂祭祀失時幾也。

(54) 正德本「正」作「政」。

(55) 此下至「方今之時」止，各本錯簡。

(56) 正德本「正」作「政」。

(57) 「彊」，正德本作「强」，陸本作「疆」，下同。「彊」上王據下文補「能」字。

(58) 蘇校删「能」字。

(59) 正德本「爲」作「爲」。

(60) 畢云：舊脱此字，據後文增。

(61) 「曰」，諸本作「者」。正德本作「曰」，今從之。

(62) 「而」字諸本脱，正德本有，今據補。而，能也。

(63) 正德本「爲」作「爲」。

(64) 以上錯文照道藏本原文録如次：「曰其爲正長若此是故出誅勝者何故之以也曰唯以尚同爲政者也故古者聖王之爲政若此今天下之人曰方今之時天鬼之福可得也萬民之所便利而能彊從事焉則萬民之親可得也其爲政若此是以謀事舉事成入守固上者天鬼有厚乎其爲政長也下者萬民有便利乎其爲政長也天鬼之所深厚而彊從事焉則天下之正長猶未廢乎天下也」。今依王、蘇校移。

(65) 畢云：「苗」，舊作「量」，據下改。○案：寶曆本作「苗」，不誤。

66「天」，正德本作「兲」，原注云：「古天字。」　畢云：文選永明九年策秀才文注引此云「畫衣冠、異章服而民不犯」，疑此閒脱文。　孫云：書舜典僞孔傳云：「五刑，墨、劓、剕、宫、大辟。」

67畢云：當云「道之」。　孫云：下文兩云「之道」，疑此不倒。　吴云：「之道」猶之言也，非誤倒。○案：舊本「吕」作「以」。古「以」字作「目」，與「吕」形近而譌。

68正德本「練」作「陳」。

69畢云：孔書作「弗用靈，制以刑」，「靈」「練」、「否」「弗」、「折」「制」音同。　錢大昕云：古書「弗」與「不」同，「否」即「不」字。「靈」、「練」聲相近。緇衣引作「匪用命」，「命」當是「令」之譌，「令」與「靈」古文多通用。「令」、「靈」皆有善義，鄭康成注禮解爲「政令」，似遠。　王鳴盛云：古音「靈」讀若「連」，故轉爲「練」也。「折」爲「制」古字，亦通。古文論語云「片言可以折獄」，魯論「折」作「制」，是也。　段玉裁云：「靈」作「練」者，双聲也。依墨子上下文觀之，「練」亦訓善，與孔正同。　孫云：僞孔傳云：「三苗之君習蚩尤之惡〔一〕，不用善化民，而制以重刑。三苗，帝堯所誅。」吕刑及緇衣孔疏引書鄭注云：「苗民謂九黎之君也。九黎之君於少昊氏衰而棄善道，上效蚩尤重刑，必變九黎言苗民者，有苗，九黎之後。顓頊代少昊，誅九黎，分流其子孫爲

〔一〕「三苗之君習蚩尤之惡」句，墨子閒詁原引作「三苗之主凶頑若民」，乃孔傳下文注語之首八字而誤置於此，本書沿誤。今據尚書孔傳原文訂正。

居於西裔者三國〔一〕。至高辛之衰，又復九黎之君，惡。堯興，又誅之，堯末又在朝。舜時又竄之。後禹攝位，又在洞庭逆命，禹又誅之。後王深惡此族三生凶惡，故著其氏而謂之民。民者，冥也，言未見仁道。」又鄭緇衣注云：「命，謂政令也。高辛氏之末，諸侯有三苗者作亂，其治民不用政令，專制御之以嚴刑，乃作五虐蚩尤之刑，以是爲法。」案鄭書、禮二注不同，書注與此合，於義爲長。戰國策魏策：「吴起云：昔者，三苗之居，左彭蠡之波，右洞庭之水，文山在其南，而衡山在其北。恃此險也，爲政不善，而禹放逐之。」史記吴起傳作「左洞庭，右彭蠡」。五帝本紀張守節正義據彼云：「今江州、鄂州、岳州，三苗之地也。」案古三苗國當在今湖南、湖北境。

(70) 正德本「殺」作「榖」，「刑」作「行」。僞孔傳云：「惟爲五虐之刑，自謂得法。」畢云：孔書「殺」作「虐」。孫星衍云：「虐」、「殺」義相同。孫云：吕刑下文云「殺戮無辜，爰始淫爲刵、劓、椓、黥」，則止四刑。書堯典孔疏引今文夏侯等書作「臏、宫割、劓、頭鹿剠」，臏一、宫割二、劓三、頭鹿剠四，亦無五刑。以吕刑「五刑」之「辟」校之，惟少大辟，蓋即以「殺戮」晐大辟矣。

(71) 正德本「殺」作「榖」。

(72) 正德本「道」下有「之」字。

(73) 蘇云：出書大禹謨。孫云：「術令」當是「説命」之假字。禮記緇衣云：「兑命曰：惟口起

〔一〕「國」原作「苗」，據墨子閒詁改。按：緇衣孔疏引鄭注作「苗」，吕刑孔疏引鄭注作「國」，二引不同。作「國」是。

羞，惟甲冑起兵，惟衣裳在笥，惟干戈省厥躬」，鄭注云：「兑當爲説，謂殷高宗之臣傅説也。作書以命高宗，尚書篇名也。羞猶辱也。惟口起辱，當慎言語也。」案此文與彼引兑命辭義相類，「術」「説」、「令」「命」音並相近，必一書也。晉人作僞古文書不悟，乃以竄入大禹謨，疏繆殊甚。近儒辯古之書者，亦皆不知其爲説命佚文，故爲表出之。僞孔傳云：「好謂賞善，戎謂伐惡。言口榮辱之主〔一〕。」　吴云：術令、相年蓋皆百篇之書篇名也。

(74) 「有」下，正德本有「中」字。

(75) 正德本「役」作「投」。　王云：「運役」當依上篇作「連收」，字之誤也。「連收」二字正承「絲縷」、「罔罟」而言。

(76) 正德本「道」下有「之」字。　畢云：「相年」當爲「拒年」。

(77) 「泰」，侈泰也。「否」，下篇作「非」。　王引之云：「否」，非也。

(78) 「卿」，諸本作「輕」。正德本作「卿」，今從之。　畢云：「輕」當爲「卿」。　盧云：下篇作「奉以卿」，字誤也。

(79) 呂氏春秋恃君覽曰：「置君，非以阿君也。置天子，非以阿天子也。置官長，非以阿官長也。」樹義相近。

〔一〕「主」原誤「至」，據墨子閒詁原引改，與書孔傳合。

(80) 正德本「辯」作「便」，於義亦通。孫云：「辯」、「辨」字通。周易集解引易鄭注云：「辯，分也。」謂分授以職，使治天均。下篇作「治天明」。

(81) 畢云：「錯」讀如「舉措」。王云：「佚」上有「游」字，而今本脱之，則語意不完。下篇曰「非特富貴游佚而擇之也」，是其證。「游佚」即淫佚，語之轉耳。

(82) 「富貧衆寡」，諸本作「富貴貧寡」。正德本作「富貧寡」三字，可見古本先脱一「衆」字，後人妄於「富」下加「貴」字，遂不可通。節葬下篇以「富貧衆寡、定危治亂」連文，與此文例相同。今據正德本删「貴」字，據節葬下篇補「衆」字。

(83) 諸本無「政」字，今據藤本增。戴校同。下文「非正以治民也」句衍一「正」字，疑此處脱文。「正」、「政」字同。

(84) 「反」，諸本作「文」，正德本作「丈」，均形譌。戴云：「刑」字衍。

(85) 「便嬖宗族」，諸本作「便譬宗於」。正德本、寶曆本並作「便嬖宗族」，今據正。説文曰：「便嬖，愛也。」孟子梁惠王篇曰「便嬖不足使令於前與」。寶曆本「政以」作「故以」。秋山云：「故以」之「故」，一作「政」。

(86) 各本無「立」字，今依戴説增。

(87) 正德本「以」作「吕」，與古「以」字形近。

(88) 戴云：「非」下「正」字衍。

㉙ 緜眇閣本、陳本無「尚」字。正德本「其上」作「上同」。

⑩ 唐本「而」作「不」，誤。

⑪ 正德本「唯」作「惟」，「政」作「正」。緜眇閣本「唯」作「惟」。

⑫ 此下至「即其舉事速成矣故古者聖人」，凡三百八十餘字，正德本錯入尚同下篇。

⑬ 正德本「未」下有「之」字。

⑭ 「唯」，正德本作「雖」，緜眇閣本作「惟」。

⑮ 正德本「衆」下有「人」字。

⑯ 「不足以沮暴」，畢本作「不沮暴」三字，諸本作「不可以沮暴」，李本、緜眇閣本並作「不足以沮暴」，今從之。

⑰ 正德本無「者」字。畢本「唯而」下增「審」字。畢云：「而」讀與「能」同。舊脱「審」字，文選注引作「能審以尚同」，今據增。○案：在墨子書中，雖有「唯能審」連文者，但此處「審」字似不必增。本篇「唯以其能」凡三見，「唯能」二見，「唯而」三見，上篇「唯能」三見，下篇「唯能」二見，「唯而」一見，其下俱無「審」字。則此「唯而」之下似不必獨增「審」字，今不據增。

⑱ 俞云：下文曰：「故古者聖王之所以濟事成功、垂名於後世者，無他故異物焉，曰唯能以尚同爲政者也。」然則此文當云「唯而審以尚同爲政」，上下文義始相應。因涉上文屢言「正長」，遂誤作「以爲正長」，上下不應矣。且既云「審以尚同」，又云「以爲正長」，一句中兩用「以」字，義亦未安。

「爲正長」以人言，「爲政」以事言，明爲正長者當以尚同爲政也。若作「尚同以爲正長」，即失其義矣。

⑲ 畢云：文選注引作「是故上下通情」，舊脱「故」字，今據增。王云：此本作「是故上下請通」，「請」即「情」字也，墨子書多以「請」爲「情」。今作「情請爲通」者，後人旁記「情」字，而寫者遂誤入正文，又涉上文「以爲正長」而衍「爲」字耳。文選東京賦注引「情通」作「通情」者，乃涉賦文「上下通情」而誤。顧云：「情」字衍，當是讀者旁注誤入正文。曹校作「是故上下之情爲通」。○案：畢校增「故」字，是也，今從之。「情請爲通」，緜眇閣本補刊作「情謀相通」，陳本、藤本亦作「情謀相通」。

⑽ 孫云：「隱事遺利」，與節葬篇「隱謀遺利」義同。

⑾ 正德本「徧」作「遍」。

⑿ 「懼」，正德本作「惧」，俗省。

⒀ 畢云：「子」，舊作「下」，一本如此。○案：寶曆本、李本、緜眇閣本、陳本、四庫本並作「子」，

⒁ 正德本無「子」字。

⒂ 正德本「王」作「生」。

⒃ 「唯」，正德本、緜眇閣本作「惟」。

⒄ 正德本「使」誤「下」。孫云：説文云：「吻，口邊也。」

⑩⑦ 管子入國篇曰：「以天下之目視，則無不見也。以天下之耳聽，則無不聞也。以天下之心慮，則無不知也。」

⑩⑧ 正德本「撫」作「无」。无，古文無。孫云：荀子富國篇云「拊循之」，楊注云：「拊與撫同。撫循，慰悦之也。」

⑩⑨ 正德本「矣」誤「三」。王云：「談」字蓋涉上文「言談」而衍。蘇説同。

⑪⓪ 各本「其」在「舉」下。蘇云：當作「則其舉事速成矣」。俞云：此本作「即其舉事速成矣」。上文三言「則其」，此言「即其」，「即」、「則」古通用也。○案：俞説是，今依乙。

⑪① 自「日人衆以處」至此，凡三百八十餘字，正德本錯入尚同下篇。

⑪② 孫云：「異物」猶言異事。韓非子外儲説右上篇云：「所以然者，無他故異物，從狐偃之謀，假顛頡之脊也。」○案：「異物」猶他故，古文複語耳。尚賢中篇曰「無異物雜焉」，小取篇曰「無他故焉」，兼愛中篇曰「天下之難物迂故也」，韓子問田篇曰「此無他故異物」，史記匈奴傳曰「薄物細故」。

⑪③ 孫云：古書「詩」、「書」多互稱。

⑪④ 畢云：一本作「載見辟王」，同詩。孫云：詩載見敍云：「諸侯始見乎武王廟也。」毛傳云：「載，始也。」鄭箋云：「諸侯始見君王，謂見成王也。」○案：四庫本「彼」剜改作「辟」。

⑪⑤ 「雖」字道藏本、陸本、唐本缺一格，茅本、寶曆本、李本、緜眇閣本無。正德本作「雖」，今從之。廣

雅釋詁曰：「雖，詞也。」堂策檻本作「曰」，四庫本剜改作「聿」，畢本作「聿」，無注，蓋皆據詩以意增之，因其所據底本皆缺此字也。詩作「曰」。「雖」、「聿」、「曰」皆詞也。　孫云：鄭箋云：「求車服禮儀之文章制度也。」

(116) 孫云：爾雅釋詁云：「賓，服也。」

(117) 「當」字正德本缺一格。

(118) 正德本「無」作「无」，「子」作「孚」。　孫云：廣雅釋詁云：「紛，亂也。」

(119) 說文曰：「駱，馬白色黑鬣尾也。」

(120) 孫云：毛詩衛風氓傳云：「沃若，猶沃沃然。」

(121) 孫云：毛詩小雅皇皇者華傳云：「咨禮儀所宜爲度。」

(122) 孫云：毛詩魯頌駉傳云：「蒼綦曰騏。」

(123) 正德本「若」作「如」，與詩同。　毛傳云：「言調忍也。」

(124) 孫云：毛傳云：「咨事之難易爲謀。」

(125) 「即此語」下諸本有「也」字，正德本無，今據删。　王校同。　寶曆本「即」作「則」，字通。

(126) 王云：「請」即「誠」字。　俞云：「請」上脱「中」字。　墨子書多以「請」爲「情」，中請即中情也。下篇曰「今天下王公大人士君子中情將欲爲仁義」，是其證也。　尚賢篇曰「且今天下之王公大人士君子中實將欲爲仁義」，「中實」亦即中情也。

⑫⑦ 畢云：當云「此爲政之本也」。俞云：「若」字衍文。「不可不察」上脱「説」字，「此」下脱「爲政」二字，當據下篇補。孫云：畢、俞校是也。唯「若」字實非衍文。「當若」猶言當如。尚賢中、兼愛下、非攻下、明鬼下、節葬下、非命下各篇皆有之，可證。吴云：「此之本也」之「之」，猶其也。○案：「若」字非衍文，孫説是。緜眇閣本「察」作「審」。

尚同下第十三①

子墨子言曰：知者之事，必計國家百姓所以治者而爲之②，必計國家百姓之所以亂者而辟之③。然計國家百姓之所以治者，何也④？上之爲政，得下之情則治，不得下之情則亂。何以知其然也？上之爲政得下之情，則是明於民之善非也⑤。若苟明於民之善非也⑥，則得善人而賞之，得暴人而罰之也⑦。善人賞而暴人罰，則國必治。上之爲政也，不得下之情，則是不明於民之善非也。若苟不明於民之善非，則是不得善人而賞之⑧，不得暴人而罰之。善人不賞而暴人不罰，爲政若此，國衆必亂⑨。故賞罰不得下之情⑩，而不可不察者也⑪。

然計得下之情將奈何可⑫？故子墨子曰：唯能以尚同一義爲政，然後可矣。何以知尚同一義之可而爲政於天下也⑬？然胡不審稽之古之治爲政之説乎⑭？古者天之始生民，未有正長也，百姓爲人⑮。若苟百姓爲人，是一人一義，十人十義，百人百義，千人千義，逮至人之衆不可勝計也⑯，則其所謂義者亦不可勝計⑰。此皆是其義而非人之義，是以厚者有鬭而薄者有争⑱。是故天下之欲同一天下之義也⑲，是故選擇賢者立爲天子⑳。天子以其知力爲未足獨治天下，是以選擇其次立爲三公㉑。三公又以其知力爲未足獨左右天子也，是以分國建諸侯。諸侯又以其知力爲未足獨治其四境之内也，是以選擇其次立爲卿之宰㉒。卿之宰又以其知力爲未足獨左右其君也，是以選擇其次立而爲鄉長家君。是故古者天子之立三公、諸侯、卿之宰、鄉長家君，非特富貴游佚而擇之也㉓，將使助治亂刑政也㉔。故古者建國設都，乃立后王君公㉕，奉以卿士師長，此非欲用説也㉖，唯辯而使助治天助明也㉗。

今此何爲人上而不能治其下，爲人下而不能事其上？則是上下相賊也㉘。何故以然㉙？則義不同也。若苟義不同者有黨，上以若人爲善，將賞之，百姓不刑，將毁之㉚。若人唯使得上之賞㉛，而辟百姓之毁㉜，是以爲善者㉝未必可使勸也㉞。上以若人爲暴，將罰之，百姓姓付，將舉之㉟。若人唯使得上之罰，而懷百姓之譽㊱，是以爲暴者未必可使沮也㊲。故計上之賞譽㊳不足以勸善，計其毁罰㊴不足以沮暴㊵。此何故以然？則義不同也。

然㊶則欲同一天下之義，將柰何可？故子墨子言曰：然胡不賞使家君試用家君發憲布令其家㊷，曰：「若見愛利家者必以告，若見惡賊家者亦必以告。若見愛利家以告㊸，亦猶愛利家者也，上得且賞之，衆聞則譽之；若見惡賊家不以告，亦猶惡賊家者也，上得且罰之，衆聞則非之。」是以徧若家之人㊹，皆欲得其長上之賞譽，辟其毁罰。是以見善言之㊺，見不善言之㊻。家君得善人而賞之，得暴人而罰之。善人之賞而暴人之罰㊼，則家必治矣。然計若家之所以治者，何也？唯以尚同一義爲政故也㊽。

家既已治，國之道盡此已邪㊾？則未也。國之爲家數也甚多㊿，此皆是其家而非人之家，是以厚者有亂，而薄者有争。故又使家君總其家之義(51)，以尚同於國君。國君亦爲發憲布令於國之衆，曰：「若見愛利國者必以告，若見惡賊國者亦必以告。若見愛利國以告者(52)，亦猶愛利國者也(53)，上得且賞之，衆聞則譽之；若見惡賊國不以告者，亦猶惡賊國者也，上得且罰之，衆聞則非之。」是以徧若國之人，皆欲得其長上之賞譽，避其毁罰。是以民見善者言之，見不善者言之。國君得善人而賞之，得暴人而罰之。善人賞而暴人罰，則國必治矣。然計若國之所以治者，何也？唯能以尚同一義爲政故也(54)。

國既已治矣(55)，天下之道盡此已邪？則未也。天下之爲國數也甚多，此皆是其國(56)而非人之國，是以厚者有戰，而薄者有争(57)。故又使國君選其國之義(58)，以尚同於天子(59)。天子亦爲發憲布令於天下之衆⑥⓪，曰：「若見愛利天下者必以告，若見惡賊天下者亦必以告⑥①。若見愛利天下以告者，亦猶愛利天下者也⑥②，上得則賞之，衆聞則譽之；若見惡賊天下不以告者⑥③，亦猶惡賊天下者也，上得且罰之⑥④，衆聞則非之⑥⑤。」是以徧天下之人，皆欲得其長上之賞譽⑥⑥，避其毀罰。是以見善者善之，見不善者告之⑥⑦。天子得善人而賞之，得暴人而罰之。善人賞而暴人罰，則天下必治矣⑥⑧。然計天下之所以治者，何也？唯而以尚同一義爲政故也⑥⑨。

天下既已治⑦⓪，天子又總天下之義，以尚同於天⑦①。故當尚同之爲説也⑦②，上用之天子⑦③，可以治天下矣；中用之諸侯，可而治其國矣⑦④；小用之家君，可而治其家矣⑦⑤。是故大用之治天下而不窕⑦⑥，小用之治一國一家而不横者⑦⑦，若道之謂也。故曰：治天下之國若治一家，使天下之民若使一夫。意獨子墨子有此而先王無此，其有邪？則亦然也。聖王皆以尚同爲政，故天下治。何以知其然也？於先王之書也大誓之言然⑦⑧，曰：「小人見姦巧乃聞⑦⑨，不言也，發罪鈞⑧⓪。」此言見淫辟不以告者⑧①，其罪亦猶淫辟者也。

故古之聖王治天下也，其所差論以自左右羽翼者皆良⑧②，外爲之人⑧③助之視聽者衆。故與人謀事，先人得之；與人舉事⑧④，先人成之；光譽令問⑧⑤，先人發之。唯信身而從事，故利若此⑧⑥。古者有語焉，曰：「一目之視也⑧⑦，不若二目之視也；一耳之聽也，不若二耳之聽也[88]；一手之操也，不若二手之彊也[89]。」唯能信身而從事，故利若此。是故古之聖王之治天下也，千里之外有賢人焉，其鄉里之人皆未之均聞見也[90]，聖王〔一〕得而賞之；千里之外有暴人焉[91]，其鄉里之人[92]未之均聞見也[93]，聖王得而罰之。故唯毋以聖王爲聰耳明目與[94]？豈能一視而通見千里之外哉，一聽而通聞千里之外哉。聖王不往而視也[95]，不就而聽也。然而使天下之爲寇亂盜賊者，周流天下無所重足而立者[96]，何也？其以尚同爲政善也。

是故子墨子曰：凡使民尚同者，愛民不疾[97]，民無不使[98]。曰：必疾愛而使之，致信而持之[99]，富貴以道其前[100]，明罰以率其後。爲政若此，唯欲毋與我同[101]，將不可得也。是以子墨子曰：今天下王公大人士君子，中情將欲爲仁義[102]，求爲上士[103]，上欲中聖王之道[104]，下欲中國家百姓之利，故當尚同之說[105]而不可不察[106]。尚同爲政之本，而治國之要也[107]。

① 畢云：中興書目云「一本自親士至上同凡十三篇」者，即此已上諸篇，非有異本。○案：正德本三卷，自親士至尚同凡十三篇。上卷親士等七篇題曰經，中卷尚賢三篇、下卷尚同三篇並題

〔一〕「王」原誤「人」，據畢刻本改。

曰論。即中興書目所謂之「一本」也。

② 户埼云：「百姓」下脱「之」字。

③ 畢云：「辟」同「避」。

④ 高木猷云：「治」下脱「亂」字。

⑤ 潛本、畢本如此。道藏本、正德本、陸本、茅本、寶曆本、堂策檻本、四庫本作「則是明民於善非也」，唐本作「則是明於民善非也」，緜眇閣本作「則是明民之善非也。」

⑥ 畢云：「若苟」二字舊倒，據下文改。○案：正德本作「若苟」，不倒。

⑦ 正德本「暴」下錯入尚同中篇文，凡三百八十餘字。

⑧ 「是」，陸本、茅本、寶曆本、緜眇閣本、堂策檻本、四庫本作「以」。

⑨ 秋山云：「衆」疑「家」。

⑩ 諸本脱「罰」字，正德本有，今據補。蘇、俞校同。

⑪ 俞云：「而不可」當作「不可而」，猶言不可以也。

⑫ 正德本「計」作「既」。

⑬ 正德本「政」誤「故」。　王云：「可而」猶可以也。

⑭ 「稽之」，「之」字諸本脱，正德本有，今據補。　王引之云：「然」猶則也。「然胡不」，則胡不也。　俞云：「治」字乃「始」字之誤。下文曰「古者天之始生民未有正長也」云云，是從古之始爲政

者說，故此云「胡不審稽古之始爲政之説乎」。

⑮「人」、「尸」古字通。「尸」，古「夷」字。言百姓爲等夷，無上下之可分也。此指原始社會人類相互間連繫脆弱之人。

⑯正德本「勝」誤「朦」。

⑰正德本「勝」字缺。

⑱畢云：「薄」，舊作「蕩」，一本如此。○案：正德本、寶曆本、堂策檻、四庫本並作「薄」。

⑲正德本無「也」字。畢云：文選三國名臣序贊注引作「古者同天之義」。

⑳孫云：文選王元長三月三日曲水詩序注引此作「上聖立爲天子」，蓋李善所改易。又袁彦伯三國名臣序贊注引則並與此同。○案：文選李注所引「上聖立爲天子」爲本書公孟篇文，孫説誤。

㉑正德本「三公」作「王公」，下並同。

㉒「卿」，正德本、陸本作「鄉」，下並同。孫云：「之」猶與也。

㉓正德本「特」作「時」。孫云：「擇」，當依中篇讀爲「措」。

㉔正德本「助」下有「力」字。説文曰：「亂，治也。」孫云：「亂」字疑衍。○案：「亂」本應作「𤔲」（金文「治」字）。

㉕正德本「立」作「作」，「王」作「主」。又「者」下、「作」下並有「無」字，疑爲古本空白之記。

㉖正德本「説」作「設」。王云：「説」字義不可通，「説」當爲「逸」，字之誤也。中篇曰「否用佚也」，「否用佚」即非用逸，是其證。僞古文説命「建邦設都，樹后王君公，承以大夫師長，不惟逸豫」，即用墨子而小變其文。○案：「説」之本義爲悦懌。荀子禮論篇曰「説豫娩澤」，與中篇「泰」、「佚」之義亦近。

㉗正德本「明也」之上有「地」字。王云：下「助」字衍。「唯辯而使助治天明」者，「辯」讀爲「偏」（古偏字多作辯），「天明」，天之明道也（哀二年左傳曰「二三子順天明」）。中篇作「維辯使治天均」。孫云：王謂下「助」字衍，是也。「辯」當訓爲分。大戴禮記虞戴德篇云「法于天明，開施教于民」，左昭二十五年傳云「則天之明」，義並略同。僞古文書説命作「惟以亂民」，疑僞孔讀「天明」爲「天民」。

㉘「賊」，諸本作「賤」。寶曆本作「賊」，今從之。王校同。緜眇閣本作「殘」，與蘇校同。正德本無「也」字。

㉙下文作「此何故以然」，語法較足。

㉚以上十六字，諸本作「上以若人爲善，將毁之」，濬本、寶曆本、畢本作「上以若人爲善，將賞之」，均脱去七字。惟正德本作「上以若人爲長，將賞之，百姓不刑，將毁之」，文義完足，今據補七字，惟「善」字仍從諸本。爾雅釋詁曰：「刑，法也。」

㉛孫云：「唯」、「雖」字通。

㉜正德本無「之」字。　孫云：「辟」、「避」字同。後文「辟」、「避」錯出。

㉝正德本「善」作「義」。

㉞「未必可使勸也」，諸本作「必未可使勸見有賞也」九字，今從正德本。

㉟「百姓」以下七字諸本脱，正德本有，今據補。「姓付」疑即性附，猶言中心親附也。「舉」，譽之借字。

㊱正德本無「之」字。

㊲「未必可使沮也」，諸本作「必未可使沮見有罰也」九字，今從正德本。

㊳「上之」二字，正德本作一「其」字。

㊴正德本無「其」字。

㊵韓子外儲説右下篇曰：「夫賞所以勸之，而毁存焉。罰所以禁之，而譽加焉。民中立而不知所由。」又八經篇曰：「民之重名與其重賞也均。賞者有誹，焉不足以勸；罰者有譽，焉不足以禁。」義與此同。

㊶各本脱此六字，王據上文校增。　王云：「此何故以然」是問詞，「則義不同也」是答詞，「然則欲同一天下之義將柰何可」又是問詞。舊脱中六字，則上下文皆不可通矣。

㊷正德本「胡」作「故」。　王云：「賞」當爲「嘗」。「嘗」、「賞」字相似，又涉上下文「賞罰」而誤。「使家君」三字，則涉下文「使家君」而衍。既言「用家君」，則不得又言「使家君」。「胡不嘗試用家

君發憲布令其家」作一句讀。孫云：以下文校之，此文當云「胡不嘗使家人總其身之義以尚同於家君？試用家君發憲布令其家」，前後文例乃相應。蓋今本「胡不嘗使家」下脱十一字，「使家君」三字非衍文也。「發憲」猶言布憲。「憲」者，法也。非命上篇云：「先王之書，所以出國家布施百姓者，憲也。」　○案：王校「賞」爲「嘗」，是也。「嘗使家君」與「試用家君」義同，蓋一本作「嘗使家君」，一本作「試用家君」，傳寫者並存之耳。

㊸ 正德本「家」下有「者」字。

㊹ 畢云：「偏」，舊作「徧」，一本如此。下同。　○案：「偏」，諸本誤「徧」。正德本作「偏」，「偏」、「徧」古通用。潛本、寶曆本、四庫本作「偏」，下並同。

㊺ 「見」字諸本脱，正德本有，今據補。

㊻ 畢本作「不善言之」。畢云：舊脱四字，一本有。秋山云：一本有「不善言之」四字。　○案：潛本有「不善言之」四字，今又據下文例增「見」字。

㊼ 正德本無「而」字。

㊽ 「唯」下，依下文有「能」字。

㊾ 正德本「已」作「以」。

㊿ 畢本「國之」作「天下」。畢云：「天下」下當脱「之」字，一本「天下」作「國之」。孫云：「國之」是。　○案：諸本作「天下」，潛本、寶曆本、緜眇閣本並作「國之」，今從之。

51 畢云：舊脱此字，一本有。　○案：潛本、寶曆本並有「義」字。

52 正德本無「者」字。

53 正德本「猶」作「有」。

54 正德本無「爲政」二字。

55 正德本「已」作「以」。

56 畢云：舊脱「其」字，一本有。　○案：正德本、四庫本有「其」字。

57 「戰」，陸本、茅本、緜眇閣本作「載」，堂策檻本、四庫本作「亂」。

58 俞云：上下文並言「總」，而此言「選」，「選」亦「總」也。詩猗嗟篇「舞則選兮」，毛傳訓「選」爲「齊」。「選其國之義」，猶齊其國之義。曰「總」、曰「選」，文異而義同也。史記仲尼弟子列傳任不齊字選，是「選」有齊義。賈子等齊篇曰「撰然齊等」，「撰」與「選」通。　戴説同。

59 諸本「以」下有「義」字。　畢云：一本無此字，是。　俞、孫校同。　○案：潛本、寶曆本「以」下無「義」字，今據删。

60 正德本無「憲」字。

61 諸本脱「必」字，正德本有，今據補。

62 正德本無「者」字。

63 正德本無「者」字。

(64) 畢云：「且」，一本作「則」。　○案潛本「且」作「則」。

(65) 正德本作「天下之衆聞則非之」。

(66) 正德本無「長」字。

(67) 以上十一字，諸本作「見善不善者告之」七字，正德本作「見善者善之，見不善者告之」十一字，今從正德本。「善之」之「善」，疑「告」字之誤。又以上文例校之，則「善之」與「告之」皆「言之」之譌。「善」字隸書或作「𠵊」，與「言」形近。「告」字與「言」形亦近，又涉上下文諸「告」字而誤。

(68) 「則」字，正德本、畢本脱，道藏本、陸本、唐本、茅本、緜眇閣本、堂策檻本、四庫本作「之」。潛本、寶曆本作「則」，今從之。

(69) 畢云：一本無「而」字，非。而同能。　○案：正德本「而」作「能」。潛本無「而」字。

(70) 畢云：「既」，一本作「計」，非。　○案：「既」，潛本作「計」。「已」，正德本、陸本、茅本、寶曆本、緜眇閣本、堂策檻本、四庫本作「以」。

(71) 「下」，畢本譌「子」，舊本並作「下」，今據正。俞校同。正德本「於天」之下有「下」字。

(72) 「同」，畢本譌「用」，舊本並作「同」，今據正。

(73) 畢本「上用」作「尚同」。　畢云：一本作「上同」。　王云：「同」爲「用」之誤。　蘇云：當作「上用」。　○案：諸本作「尚同」，潛本、寶曆本作「上用」，今從之。

(74) 正德本「而」作「以」，下同。　王引之云：「而」與「以」同義。

75 王引之云：「小用之」當作「下用之」，與「尚用之」、「中用之」對文。下文「小用之」則與「大用之」對文。今本「下用」作「小用」者，即涉下文「小用之」而誤。○案：道藏本、陸本、唐本、茅本、寶曆本、緜眇閣本、堂策檻本、四庫本「可」下並有「用」字。四庫本上文「可而」之間亦有「用」字，蓋據下衍「用」字臆補。正德本、潛本「可」下並無「用」字，與畢本同。

76 「而」字諸本無，潛本、寶曆本並有，今據補。

77 畢云：爾雅云：「窕，閒也。」猶云無閒。 王云：畢說非也。「窕」，不滿也。「横」，充塞也。以小居大則窕，以大入小則塞。唯此尚同之道，則大用之治天下而不窕，小用之治一國一家而不塞也。大戴記王言篇曰：「布諸天下而不窕，内諸尋常之室而不塞。」○案：畢、王注異名同實。「窕」者閒隙之名，故畢氏以「無閒」釋「不窕」，猶言無閒隙也。賈子容經篇曰：「聖人者，在小不實，在大不窕。」

78 正德本「大」作「太」。 孫云：書敘云：「惟十有一年，武王伐殷，一月戊午，師渡孟津，作泰誓。」古書「泰」皆作「大」，僞孔傳云「大會以誓衆」，則作「大」是。

79 句。

80 畢云：孔書無此文。 蘇云：「發」當作「厥」。今泰誓云「厥罪惟鈞」。 江聲云：「發」謂發覺也。「鈞」，同也。言知姦巧之情而匿不以告，比事發覺，則其罪與彼姦巧者同。○案：正德本無「見」字，「發」作「厥」。高氏子略稱墨子引「發罪惟鈞」出於泰誓，當即指此。

㉛ 正德本「辟」作「僻」，下同。

㉜ 王云：「差」、「論」皆擇也。爾雅釋詁曰：「差，擇也。」所染篇曰「勞於論人」，呂氏春秋當染篇同，高注：「論猶擇也。」非攻篇「差論其爪牙之士」，義與此同。

㉝ 管子小匡篇：「桓公曰：甲兵大足矣，吾欲從事於諸侯，可乎？管仲對曰：未可。治内者未具也，爲外者未備也。」此「外爲之人」，即所謂「爲外者」也。

㉞ 正德本無「與人」二字。

㉟ 畢本作「先之譽令聞」。畢云：「先之」二字，一本作「光」，是。俞云：「光」、「廣」古通用，「光譽」即「廣譽」。孟子曰「令聞廣譽施於身」。孫云：「問」與「聞」字通。禮記孔子閒居鄭注云：「令，善也。」言以名德善聞。○案：「光譽令問」，正德本作「先之譽令聞問」六字，道藏本、陸本、唐本、茅本、堂策檻本、四庫本作「先之譽令問」五字，寶曆本作「光之譽令問」五字（秋山云：「之」字衍），緜眇閣本、陳本作「光譽令聞」，潛本作「光譽令問」，今從潛本，與非命下篇文合。

㊱ 國語周語曰「言信必後身」，韋注云：「先信於身，而後〔一〕及人。」

㊲ 畢云：舊脱「之」字，一本有。○案：沈本、潛本、寶曆本、緜眇閣本並有「之」字。

〔一〕「後」，原誤「及」，據國語周語下韋注改。

(88) 孫云：「二目之視」，「視」當作「覩」。「二耳之聽」，「聽」當作「聰」。　吴云：「二目之視」，「視」當作「明」，「二耳之聽」，「聽」當作「聰」。　○案：韓詩外傳卷五曰：「獨視不若與衆視之明也，獨聽不若與衆聽之聰也。」

(89) 畢云：舊脱「之」字，一本有。　○案：潛本、寶曆本、緜眇閣本並有「之」字。「彊」，正德本作「強」，陸本作「疆」。

(90) 孫云：説文土部云：「均，平徧也。」此與中篇云「室人未徧知，鄉里未徧聞」義同。

(91) 「外」，各本作「内」，高木毅校作「外」，是也。中篇曰「數千萬里之外有爲不善者，其室人未徧知，鄉里未徧聞，天子得而罰之」，與此文意相同，字正作「外」。今據以訂正。

(92) 「之人」二字諸本脱，正德本有，今據補。畢校同。

(93) 「聞」字諸本脱，正德本有，與畢本同。秋山云：「均」下脱「聞」。

(94) 王云：「唯」與「雖」同。「毋」，語詞。

(95) 正德本無「王」字、「也」字。

(96) 「而立」二字諸本脱，正德本有，今據補。　孫云：詩無將大車鄭箋云：「重猶累也。」

(97) 孫云：以下文校之，「不疾」疑當作「必疾」。　吕氏春秋尊師篇高注云：「疾，力也。」　王景羲云：「不疾」，疾也。

(98) 「不」，諸本作「可」。正德本作「不」，今從之。　言疾於愛民者，民無不惟其所使也。

⑲「致」，畢本譌「畋」，正德本作「政」，諸本作「致」，今從作「致」。鶡冠子夜行篇曰「致信究情」。孫云：國語越語韋注云：「持，守也。」　秋山云：「持」，一作「待」。

⑩正德本「道」作「導」。

⑪「唯」，畢本作「雖」。　畢云：舊作「唯」，以意改。　王云：古者「雖」與「唯」通，不煩改字。〇案：沈本「唯」作「雖」。

⑫「仁」，正德本作「人」。　王云：「情」即誠字。尚賢篇曰「中實將欲爲仁義」，「實」亦誠也。墨子書中「誠」、「情」通用者，不可枚舉。古書中亦有其例。　洪云：「中情欲」三字書中屢見，或作「中請欲」（請即情字），或作「中實欲」。情，實也，其義並同。

⑬各本無「上」字，今依王校增。

⑭舊本無「王」字。

⑮「尚」，諸本作「上」，正德本作「尚」，與畢本同。

⑯諸本作「而不察」三字，潛本、寶曆本作「而不可不察」，今從之。畢校同。

⑰「國之」二字諸本脱，正德本有，今據補。

墨子校注卷之四

兼愛上第十四①

聖人以治天下爲事者也②，必知亂之所自起，焉能治之③；不知亂之所自起，則不能治。譬之如醫之攻人之疾者然④，必知疾之所自起，焉能攻之；不知疾之所自起，則弗能攻。治亂者何獨不然，必知亂之所自起，焉能治之；不知亂之所自起，則弗能治。

聖人以治天下爲事者也，不可不察亂之所自起。當察亂何自起？起不相愛⑤。臣子之不孝君父，所謂亂也。子自愛不愛父⑥，故虧父而自利⑦；弟自愛不愛兄，故虧兄而自利；臣自愛不愛君⑧，故虧君而自利。此所謂亂也。雖父之不慈子，兄之不慈弟，君之不慈臣，此亦天下之所謂亂也。父自愛也，不愛子，故虧子而自利；兄自愛也，不愛弟，故虧弟而自利；君自愛也，不愛臣，故虧臣而自利。是何也？皆起不相愛。雖至天下之爲盜賊者，亦然。盜愛其室，不愛異室⑨，故竊異室以利其室；賊愛其身，不愛人，故賊人以利其身⑩。此何也？皆起不相愛⑪。雖至大夫之相亂家、諸侯之相攻國者，亦然。大夫各愛其家⑫，不愛異家，故亂異家以利其家⑬；諸侯各愛其國，不愛異國，故攻異國以利其國。天下之亂物，具此而已矣⑭。

察此何自起？皆起不相愛。若使天下兼相愛，愛人若愛其身⑮，猶有不孝者乎？視父兄與君若其身⑯，惡施不孝？猶有不慈者乎？視子弟與臣若其身，惡施不慈？故不慈不孝亡⑰。猶有盜賊乎⑱？視人之室若其室，誰竊？視人身若其身，誰賊？故盜賊有亡⑲。猶有大夫之相亂家、諸侯之相攻國者乎？視人家若其家，誰亂？視人國若其國，誰攻？故大夫之相亂家、諸侯之相攻國者有亡⑳。若使天下兼相愛，國與國不相攻，家與家不相亂，盜賊無有，君臣父子皆能孝慈，若此則天下治。

故聖人以治天下爲事者，惡得不禁惡而勸愛。故天下兼相愛則治，交相惡則亂㉑。故子墨子曰不可以不勸愛人者，此也。

① 畢云：㤅好之字作㤅，从夊者行皃，經典通用此。　孫云：邢昺爾雅疏引尸子廣澤篇云：「墨子貴兼。」　○案：孟子曰「墨子兼愛」，賈子脩政語上引帝嚳曰「德莫高於博愛人，而政莫高於博利人」，蓋襲墨家之說，託諸帝嚳者。

②「聖人」上有脱文。

③王引之云：「焉」，乃也。言知亂之所自起，乃能治之也。顧云：三「焉」字皆下屬。

④孫云：小爾雅廣詁云：「攻，治也。」

⑤孫云：「當」讀爲「嘗」，同聲假借字。荀子君子篇「先祖當賢」，楊注云：「當或爲嘗。」孟子萬章篇「是時孔子當阸」，説苑至公篇引「當阸」作「嘗阸」，是其證。嘗，試也。下篇云「姑嘗本原若衆害之所自生」，語意與此同。

⑥翻陸本「父」上有「其」字。

⑦「故」字，意林引作「欲」。下文「故虧兄」，「故」字同。

⑧畢本「不」下有「自」字，舊本並無，今據删。

⑨「異室」上，各本有「其」字，今依王校删。王云：下句不當有「其」字，蓋涉上下文而衍。下文「不愛異家」、「不愛異國」，皆無「其」字，是其證。意林引無「其」字。

⑩俞云：兩「人」字下並脱「身」字。本作「賊愛其身，不愛人身，故賊人身以利其身」，方與上句一律。下文云「視人身若其身，誰賊」，亦以「人身」、「其身」對言。中篇云「今人獨知愛其身，不愛人之身，是以不憚舉其身以賊人之身」，並可證「人」下當有「身」字也。

⑪「起」，道藏本、陸本、唐本、沈本、茅本作「遂」。

⑫「其」字各本無，今依畢引一本增。畢云：一本云「愛其家」。

⑬各本無「其」字，今依畢引一本增。畢云：一本云「利其家」。

⑭縣眇閣本、繹史本「具」作「其」。戰國策韓策曰：「韓珉之議，知其君不知異君，知其國不知異國。」孫云：「物」亦事也。言天下之亂事畢盡於此。

⑮句首「愛」字各本無，今依盧校增。

⑯「猶有」以下十四字各本無，王據下文校增「猶有不孝者乎視父若其身」十一字，王樹枏於王校「父」字下增「與君」二字，孫則於「父」字下更增「兄與君」三字。孫云：此文以「無不孝」晐「無不忠、不弟」，猶下文以「無不慈」晐「無不惠、不和」也。

⑰諸本脱「不慈」二字，潛本、縣眇閣本、陳本、繹史本並有，今據補。句首「故」字，各本錯於下文「猶有盜賊乎」之下，今依王樹枏校移。本句文義已足，畢於「亡」字下臆增「有」字，非是。非命中篇曰：「我所以知命之有與亡者，以衆人耳目之情知有與亡。有聞之，有見之，謂之有。莫之聞，莫之見，謂之亡。」論語曰：「有顔回者，好學。不幸短命死矣，今也則亡。」又曰：「人皆有兄弟，我獨亡。」「有」、「亡」相反爲義，其例甚多。畢氏隱據明末清初濫惡坊刻之諸子彙函，改各古本下文「有亡」字二處爲「亡有」，又於此「亡」字下臆增「有」字，使與下文所改之「亡有」字一律。若此文「亡」字下非增「有」字不可，則上引諸例「亡」字之下均須增一「有」字矣，有是理乎？此文言「亡」，故下文以「有亡」承之。「有亡」者，又亡也。層次井然。最後之「盜賊無有」句，文各有宜，不得與「故盜賊有亡」句并爲一談。今詳爲訂正，庶幾古本真面目回復其舊觀也。

⑱此下各本有「故」字，今依王樹枏校移於上文「不慈不孝亡」之上。

⑲「視人身若其身」，繹史本「人」下有「之」字。「有亡」，緜眇閣本作「有無」，字通。「有」讀爲「又」，下同。畢本乙作「亡有」，非是。

⑳畢本改作「亡有」，非是。

㉑「惡得」猶何得。各本脱「交」字，今依王校增。

兼愛中第十五

子墨子言曰：仁人之所以爲事者，必興天下之利，除去天下之害，以此爲事者也。然則天下之利何也？天下之害何也？子墨子言曰：今若國之與國之相攻，家之與家之相篡①，人之與人之相賊，君臣不惠忠，父子不慈孝，兄弟不和調，則此天下之害也②。然則崇此害亦何用生哉③？以相愛生邪④？子墨子言：以不相愛生。今諸侯獨知愛其國，不愛人之國，是以不憚舉其國以攻人之國；今家主獨知愛其家，而不愛人之家⑤，是以不憚舉其家以篡人之家；今人獨知愛其身，不愛人之身，是以不憚舉其身以賊人之身。是故諸侯不相愛，則必野戰；家主不相愛，則必相篡；人與人不相愛，則必相賊；君臣不相愛，則不惠忠；父子不相愛，則不慈孝；兄弟不相愛，則不和調。天下之人皆不相愛，强必執弱⑥，衆必劫寡⑦，富必侮貧，貴必敖賤⑧，詐必欺愚。凡天下禍篡怨恨，其所以起者，以不相愛生也，是以仁者非之。

既以非之，何以易之？子墨子言曰：以兼相愛、交相利之法易之。然則兼相愛、交相利之法將柰何哉？子墨子言：視人之國若視其國，視人之家若視其家，視人之身若視其身。是故諸侯相愛，則不野戰；家主相愛，則不相篡；人與人相愛，則不相賊；君臣相愛，則惠忠；父子相愛，則慈孝；兄弟相愛，則和調。天下之人皆相愛，强不執弱，衆不劫寡，富不侮貧⑨，貴不敖賤，詐不欺愚。凡天下禍篡怨恨可使毋起者，以相愛生也，是以仁者譽之。

然而今天下之士⑩君子曰⑪：然⑫，乃若兼則善矣⑬。雖然，天下之難物于故也⑭。子墨子言曰：天下之士君子，特不識其利、辯其故也⑮。今若夫攻城野戰⑯，殺身爲名，此天下百姓之所皆難也。苟君説之，則士衆能爲之。況於兼相愛、交相利，則與此異。夫愛人者，人必從而愛之；利人者，人必從而利之。惡人者，人必從而惡之；害人者，人必從而害之⑰。此何難之有？特上弗以爲政，士不以爲行故也。

昔者晉文公好士之惡衣⑱，故文公之臣⑲皆牂羊之裘⑳，韋以帶劍㉑，練帛之冠㉒，入以見於君，出以踐於朝㉓。是其故何也？君説之，故臣爲之也㉔。昔者楚靈王好士細要㉕，故靈王之臣㉖皆以一飯爲節㉗，脇息然後帶㉘，扶墻然後起㉙，比期年，朝有黧黑之色㉚。是其故何也㉛？君説之，故臣能之也㉜。昔越王句踐好士之勇，教馴其臣㉝，和合之㉞，焚舟失火㉟，試其士曰：「越國之寶盡在此！」越王親自鼓其士而進之㊱，其士聞鼓音，破碎亂行㊲，蹈火而死者，左右百人有餘㊳，越王擊金而退之。

是故子墨子言曰：乃若夫少食、惡衣、殺身而爲名㊴，此天下百姓之所皆難也。若苟君説之，則衆能爲之。况兼相愛、交相利與此異矣。夫愛人者，人亦從而愛之；利人者，人亦從而利之；惡人者，人亦從而惡之；害人者，人亦從而害之㊵。此何難之有焉？特上不以爲政，而士不以爲行故也。

然而今天下之士君子曰：然，乃若兼則善矣。雖然，不可行之物也，譬若挈太山越河濟也㊶。子墨子言：是非其譬也。夫挈太山而越河濟，可謂畢劼有力矣㊷。自古及今，未有能行之者也。况乎兼相愛、交相利則與此異，古者聖王行之。何以知其然？古者禹治天下，西爲西河、漁竇㊸，以泄渠、孫、皇之水㊹。北爲防、原、泒㊺，注后之邸㊻、嘑池之竇㊼，洒爲底柱㊽，鑿爲龍門㊾，以利燕代胡貉與西河之民㊿。東方漏之陸㉛，防孟諸之澤㉜，灑爲九澮㉝，以楗東土之水㉞，以利冀州之民㉟。南爲江、漢、淮、汝，東流之，注五湖之處㊱，以利荆楚、干、越與南夷之民㊲。此言禹之事，吾今行兼矣。昔者文王之治西土，若日若月，乍光于四方，于西土58，不爲大國侮小國，不爲衆庶侮鰥寡，不爲暴勢奪穡人黍稷狗彘59。天屑臨文王慈60，是以老而無子者，有所得終其壽；連獨無兄弟者61，有所雜於生人之閒62；少失其父母者，有所放依而長63。此文王之事64，則吾今行兼矣65。昔者武王將事泰山，隧66，傳曰：「泰山！有道曾孫周王有事67，大事既獲68，仁人尚作69，以祇商夏蠻夷醜貉70。雖有周親，不若仁人。萬方有罪，維予一人71。」此言武王之事，吾今行兼矣。

是故子墨子言曰：今天下之士君子72，忠實欲天下之富73，而惡其貧；欲天下之治，而惡其亂，當兼相愛，交相利。此聖王之法，天下之治道也，不可不務爲也。

①　孫云：說文厶部云：「厶而奪取曰篡。」

②　「則此」，畢本作「此則」。舊本並作「則此」，今從舊本。

③　「祟」乃「崇」之誤。祟，察之借字。　俞云：「祟」字無義，乃「察」字之誤。「何用生」者，何以生也。一切經音義卷七引蒼頡篇曰：「用，以也。」上篇曰「當察亂何自起」，與此同義。

④　諸本「以」下有「不」字，寶曆本無，今據删。俞校同。

⑤　孫云：「家主」謂卿大夫也。周禮春官敍官鄭注云：「家，謂大夫所食采地。」又大宰鄭衆注云：「主，謂公卿大夫世世食采不絶者。」

⑥廣雅釋言曰：「執，脅也。」下篇作「劫」，義同。

⑦以上四字各本無，今依孫校增。　孫云：以下文校之，疑脱「衆必劫寡」四字。

⑧畢云：「敖」，一本作「傲」。此「傲」字假音。　○案：緜眇閣本、堂策檻本作「傲」。

⑨自「君臣相愛」以下至此凡四十字，各本錯入下文「今天下之士」之下，王移置於此，是也，今從之。

⑩自「貴不敖賤」以下至此凡三十八字，各本錯入上文「則不相賊」之下，王移置於此。又「凡天下禍篡怨恨可使毋起者，以相愛生也，是以仁者譽之」，各本脱去「以相愛生也是」六字，王據上文云「凡天下禍篡怨恨其所以起者，以不相愛生也，是以仁者非之」補六字，是也，今並從之。

⑪王云：「然而今天下之士君子曰」爲一句，舊本「君子曰」作「子墨子曰」，此因與下文「子墨子言曰」相涉而誤。下文云：「然而今天下之士君子曰」，今據改。　孫云：王校是也。畢本作「子墨子言曰」，尤誤。道藏本無「言」字。　○案：舊本並無「言」字。

⑫句。

⑬王引之云：「乃若」，轉語詞也。

⑭孫云：「于」即「迂」之借字。禮記文王世子云「況于其身以善其君乎」，鄭注：「于讀爲迂。」是其證。「故」者，事也。「迂故」言迂遠難行之事。尚同中篇云「無他故異物焉」，與此文例正同。　○案：「于故」，諸本並同，緜眇閣本、堂策檻本、陳本、四庫本、畢本作「於故」，非是。「難物」猶「迂故」，古人複語耳，説見尚同中篇。

⑮ 非攻下篇「子未察吾言之類，未明其故者也」凡數見，此言「辯其故」，猶彼言「明其故」也。

⑯ 「攻」，道藏本、陸本、唐本、茅本作「政」，誤。

⑰ 上文「況於」句僅舉愛、利，不及惡、害。「惡人者」以下十八字當爲衍文。此後人不曉文義，見有「愛人」、「利人」十八字，妄加「惡人」、「害人」十八字以耦之，而不知其非也。下文「此何難之有」之「此」字，緊承「愛人」、「利人」而言，以見兼愛交利之易爲也。「上弗以爲政，士不以爲行」，言上不以兼愛交利爲政，士不以兼愛交利爲行也。今閒入「惡人」、「害人」十八字，不惟閒斷上下文勢，抑且違背墨恉。若上以惡人害人爲政，士以惡人、害人爲行，墨子將非之不遑矣。墨子書中多言「賊人」，少言「害人」，此文均作「害人」，亦誤衍之跡宛然可尋者。下文「惡人者人亦從而惡之，害人者人亦從而害之」十八字，衍與此同。

⑱ 畢云：太平御覽引作「服」。

⑲ 畢云：太平御覽引作「大夫」二字。

⑳ 「牂」，舊作「⿰牜羊」，俗字。　畢云：爾雅云：「羊，牝、牂。」

㉑ 畢云：舊作「錢」，據太平御覽改。　孫云：公孟篇正作「劍」。漢書東方朔傳云「孝文皇帝以韋帶劍」，顏注云：「但空用韋，不加飾。」

㉒ 畢云：太平御覽引「練」作「大」。　孫云：「練帛」詳辭過篇。「練帛」蓋即大帛。左閔二年傳「衛文公大帛之冠」，杜注云：「大帛，厚繒。」後漢書馬皇后傳李注云：「大練，大帛也。」　○

案：宋本御覽三百八十九引作「昔文公好士之惡服，大夫牂羊之裘，韋以帶劍，大帛之冠」。蜀本御覽「昔」作「晉」，此爲畢校所據。宋本、蜀本御覽四百三十一引作「晉文公好惡衣，臣下皆衣牂羊之裘，以韋帶劍」，又六百八十九引作「晉文公好士之惡衣，故文公之臣皆牂羊之裳，韋以爲帶」，又六百九十四引作「晉文公好士之惡衣，故文公之臣皆牂裘」。

㉓各本「踐」下無「於」字，王據上句增。　畢云：淮南子齊俗訓云：「晉文公大布之衣，牂羊之裘，韋以帶劍，威立于海內。」　王云：「練帛之冠」下當有「大布之衣，且苴之屨」八字，而今本脱之。上文曰「晉文公好士之惡衣」，此但言「冠」而不言「衣」，則與上文不合。「入以見於君」是總承上文而言，「出以踐於朝」則專指且苴之屨而言。今本脱「且苴之屨」四字，則「踐」字義不可通。下篇曰「大布之衣，牂羊之裘，練帛之冠，且苴之屨，入見文公，出以踐之朝」，是其證。○案：王校近是。以御覽作「大帛之冠」及下篇次敍校之，疑原文本作「大布之衣，練帛之冠，且苴之屨」，御覽「大」字即脱文之殘存者。

㉔「故臣」，緜眇閣本、陳本、作「臣故」。　王云：「爲」上脱「能」字。下文「君説之，故臣能之也」，「能」下脱「爲」字。前文曰「苟君説之，則士衆能爲之」，後文曰「若苟君説之，則衆能爲之」，皆其證。

㉕畢云：舊作「腰」，俗寫。後漢書馬援傳注引此云：「楚靈王好細腰，而國多餓人。」　孫云：晏子春秋外篇云：「楚靈王好細腰，其朝多餓死人。」韓非子二柄篇云：「楚靈王好細腰，而國中多

餓人。」後漢書注疑涉彼二書而誤。

㉖「故」字畢本脱，舊本並有，今據補。宋本、蜀本御覽三百七十一引亦有「故」字。

㉗畢云：太平御覽引此「一」作「三」。孫云：戰國策楚策「莫敖子華曰：昔者先君靈王好小腰，楚士約食，馮而能立，式而能起。」吴師道校注引此云「楚靈王好士細腰，故其臣皆三飯爲節」，與御覽同。○案：吴師道僅見三卷本墨子，其引此節蓋據類書。

㉘畢云：「脇」，舊作「肱」，據太平御覽改。孫云：戰國策校注引亦不誤。

㉙孫云：兩「然」字，戰國策校注引並作「而」。

㉚畢云：「黧」非古字，當爲「黎」。呂氏春秋行論云「禹官爲司空，以通水潦，顏色黎黑」，只作「黎」。玉篇云：「黧，亦作黎。」○案：「色」，諸本作「危」，明王三陽衆子巵言本作「色」，今從之。秋山儀、王引之、蘇時學校並同。「黧黑之色」，緜眇閣本、陳本作「黧危」二字。

㉛「何」，畢本譌「是」，舊本並作「何」，今據正。蘇校同。

㉜「能」下，王校增「爲」字，説詳上。

㉝孫云：「馴」讀爲「訓」。

㉞孫云：此三字無義，疑當作「私令人」，屬下讀。○案：孫改未允。管子兵法篇曰「畜之以道則民和，養之以德則民合，和合故能諧」，即此「和合」之義。其文又見幼官篇。

㉟孫云：「舟」非藏寶之所。御覽宫室部引墨子作「自焚其室」，疑「舟」當爲「内」，内謂寢室。呂氏

春秋用民篇云：「句踐試其民於寢宮，民爭入水火死者千餘矣，遽擊金而卻之。」劉子新論閱武篇同。韓非子內儲說上篇亦云「焚宮室」，並與此事同。「內」、「舟」形近而譌。非攻中篇「徙大舟」，「舟」譌爲「內」，與此可互證。下篇亦同。 王紹其云：御覽引作「焚其室」，疑本當作「焚舟室」。越絶外傳記越地傳云：「舟室者，句踐船宮也。」蓋即教舟師之地，故下篇云「伏水火而死者不可勝數也」，言或赴火，或蹈水，死者甚衆也。後人不喻「舟室」之義，則誤刪「舟」字，校本書者又刪「室」字，遂致歧互矣。 ○案：御覽引見卷三百八十九人事部三十，孫云「宮室部」，誤。

㊱ 畢本「鼓」作「鼓」。 畢云：「鼓擊」之字从攴，「鐘鼓」之字从支。 孫云：周禮小師鄭注云：「出音曰鼓。」此與「六鼓」之「鼓」〔一〕字同而義小異，經典凡「鐘鼓」與「鼓擊」字通如此作。說文攴部雖別有「鼓」字，而音義殊異。畢從宋毛晃說強爲分別，非也。

㊲ 孫云：「碎」疑「萃」之借字，萃亦行列之謂。穆天子傳「七萃之士」，郭璞注云：「萃，集也，聚也。」蓋凡卒徒聚集部隊謂之萃。「破萃亂行」，皆謂凌躐其曹伍，爭先赴火也。 ○案：「其」，諸本爛作「曰」，緜眇閣本、陳本、畢本刪去「曰」字，非是。下篇曰「其士偃前列」，可爲「士」上有「其」字之證。「碎」字孫說是也。穆天子傳曰「行萃百人」，即「行萃」駢用。

㊳ 畢云：太平御覽人事部三十引云：「越王好士勇，自焚其室，曰：『越國之寶悉在此中！』王自

〔一〕以上二「鼓」字原並誤「鼓」，依墨子閒詁原引改，與周禮鼓人合。

鼓，蹈火而死者百餘人。」

㊴王引之云：「乃若」，發語詞也。

㊵「惡人者」以下十八字衍文，説詳上。

㊶畢云：此「濟」字當爲「泲」，即出山西垣曲縣王屋山之沇水也。从「齊」者，石濟水，出直隸贊皇縣也。　孫云：淮南子俶真訓高注云：「挈，舉也。」孟子梁惠王篇云「挾泰山以超北海，語人曰：『我不能。』是誠不能也」，與此語意相類。

㊷「劼」，各本作「劫」，今依孫校改。　孫云：淮南子覽冥訓云「體便輕畢」，高注云：「畢，疾也。」「劫」於義無取，當爲「劼」之誤。廣韻十八黠云：「劼，用力也。」

㊸畢云：「西河」在今山西、陝西之界。「漁竇」疑即龍門。　孫云：「漁」疑「渭」之譌。　○案：「漁」疑「漯」字之譌。孔書禹貢曰：「黑水西河惟雍州。」唐韻、廣韻並作「漯水」。「漯竇」猶漯水也。

㊹畢云：未詳其水。　孫云：「渠孫皇」，疑當作「蒲弦澤」，即雍州澤藪之弦蒲也。　○案：「渠」、「孫」、「皇」皆水名。「渠」者，水經河水條：「河水屈而流，白渠水注之。」酈注云：「水出塞外。」「孫」者，水經若水酈注云：「山海經曰：『南海之内，黑水之間，若水出焉。』又有孫水，出臺高縣，即臺登縣也。南流逕邛都縣。司馬相如定西南夷，橋孫水，即是水也。」「皇」者，「湟」之省文。水經河水酈注云：「金城允吾縣南有湟水，出塞外，東流注于金城河，即積石之黃河也。」以

上諸水皆在西河、漯水流域。以下文例校之，此下疑脱「以利……之民」一句。

㊺ 「沠」，陸本、茅本、李本、緜眇閣本、陳本作「派」。　畢云：「沠」疑即雁門沠水也。　孫云：「原」亦水名，無考。説文水部云：「沠水，起雁門葰人戍夫山，東北入海。」即滹池之原。　○案：「防」、「原」當爲水名。水經聖水酈注云：「防水出良鄉縣西北大防山南。」水經又有原公水，出茲氏縣西羊頭山。不知是此防水、原水否？沠水，孫以爲滹池之原，則與下文「滹池」犯複。三國志魏武帝紀「鑿渠自呼沲入沠水，名平虜渠」，「呼沲」即「滹池」，則「沠」非「滹池之原」甚明，孫考未審。

㊻ 孫云：「后之邸」疑即職方氏并州澤藪之昭余祈也。爾雅釋地十藪，燕有昭餘祁，釋文引孫炎本「祁」作「底」。「祁」、「底」、「邸」並音近相通。「昭」作「后」者，疑省「昭」爲「召」，又誤作「后」。「之」、「餘」音亦相轉。漢書地理志：「太原郡：鄔，九澤在北，是爲昭余祈，并州藪。」在今山西太原府祁縣東七里。　○案：周禮職方氏：「并州，其澤藪曰昭餘祁，其川虖池、嘔夷。」爾雅釋地「燕有昭餘祁」，郭注云：「今太原鄔陵縣北九澤是也。」水經汾水酈注云：「陂南接鄔，地理志曰『九澤在北，并州藪也』。呂氏春秋謂之大陸，又名之曰漚洟之澤，俗謂之鄔城泊。」注又云：「鄔澤，是爲祁藪也，即爾雅所謂昭餘祈矣。」是祈藪別名甚多，又名漚洟之澤。「漚」與「后」、「洟」與「邸」皆同音。「后」似非誤字。

㊼ 畢云：即虖池河，出今山西繁峙縣。古無「池」字，即「沱」異文，故此亦以「池」爲「沱」也。　顧

云：「竇」即「瀆」字。周禮大宗伯注「四竇」，釋文：「本亦作瀆。」　孫云：職方氏「并州，其川虖池」，鄭注云：「虖池出鹵城。」案漢書地理志亦作「虖池」，禮記禮器作「惡池」，注云：「惡當爲呼，聲之誤也。」嘑、呼字同。戰國策秦、韓、中山策並作「呼池」。○案：「嘑池」，寶曆本作「滹沱」，秦惠文王詛楚文作「亞駝」。

(48) 畢云：說文云：「灑，汛也。」「洒」假音字。水經云：「砥柱山在河東大陽縣東河中。」括地志云：「底柱山，俗名三門山，硤石縣東北五十里黃河之中。」案在今山西平陸縣東五十里三門山東。　孫云：「洒」與下文「灑」同，當讀所宜反。「底」當作「厎」。禹貢「東至于厎柱」，僞孔傳云：「厎柱，山名。河水分流，包山而過，山見水中，若柱然。在西虢之界。」「洒」即謂分流也。

(49) 畢云：水經云：「龍門山在河東皮氏縣西。」括地志云：「龍門山在同州韓城縣北五十里。」山在今河津、韓城二縣界。

(50) 畢云：「貉」，非攻中作「貊」。　孫云：「貊」，「貉」之俗。說文豸部云：「貉，北方豸種也。」職方氏有「九貉」。漢書高帝紀顏注云：「貉在東北方，三韓之屬皆貉類也。」考工記鄭注云：「胡，今匈奴。」

(51) 孫云：以上下文例校之，「方」當作「爲」。「漏之陸」疑當作「漏大陸」。淮南子本經訓說禹治水云「鴻水漏，九州乾」，言大陸之水漏而乾也。畢讀「漏之陸防」句，云：「陸防疑即大陸，在今山東鉅鹿縣。」

52「孟」，道藏本、陸本、唐本、茅本、緜眇閣本、堂策檻本、陳本、四庫本作「蓋」，誤。　畢云：澤在今山東虞城縣西北十里，有孟諸臺，接商丘縣界。水經云：「明都澤在梁郡睢陽縣東北。」「明」「孟」、「諸」「都」音相近。　孫云：禹貢豫州「導荷澤，被孟猪」，史記夏本紀作「明都」，漢書溝洫志作「盟諸」。職方氏云：「青州，其澤藪曰望諸。」爾雅釋地云「宋有孟諸」，此與爾雅字同。漢書地理志注云：「孟猪在梁國睢陽縣東北。」

53畢云：此「巜」字之假音。爾雅云：「水注溝曰澮。」說文以澮爲水名。案九巜即九河也。　孫云：「灑」、「釃」字通。漢書溝洫志云：「禹迺釃二渠以引其河。」注：「孟康云：釃，分也。分其流，泄其怒也。」史記河渠書「釃」作「厮」，索隱云：「厮，漢書作『灑』。史記舊本亦作『灑』」，字从水。韋昭云：疏決爲灑。」此與史、漢舊本字正同。漢書司馬相如傳顔注云：「灑，分也。所宜反。」淮南子要略云：「禹剔河而道九岐。」

54畢云：說文云：「楗，門限。」則此蓋言限也。　孫云：呂氏春秋愛類篇云：「禹於是疏河決江，爲彭蠡之障，乾東土，所活者千八百國。」○案：「楗」，道藏本、唐本、寶曆本作「揵」，字通。揵者，用竹木草土石等塞水之名，見漢書溝洫志注。

55孫云：爾雅釋地云：「兩河閒曰冀州。」說文北部云：「冀，北方州也。」案古通以中土爲冀州。穀梁桓五年傳云「鄭，同姓之國也，在乎冀州」，逸周書嘗麥篇云「在大國有殷，是威厥邑，無類於冀州」，晏子春秋問上篇云「恒公撫存冀州」，淮南子地形訓云「正中冀州曰中土」，高注云：「冀，大也。四州之主，故曰中土。」又覽冥訓注云：「冀，九州中，謂今四海之內。」山海經大荒北經郭注云：「冀州，中土也。」

56 畢云：文選江賦注云：「張勃吴録云：五湖者，太湖之别名也。周行五百餘里。」今案江南吴吴江、宜興、武進、無錫、浙江、烏程、長興七縣皆瀕此湖也。　孫云：玉海地理門引作「東流注之五湖而定東海」。職方氏「揚州其浸五湖」，鄭注云：「五湖在吴南。」　○案：夢溪筆談卷四引墨子作「東流注之五湖」。

57 舊本作「以利楚荆越與南夷之民」，文選江賦注引作「以利荆楚干越之民」，畢本校作「以利荆楚于越南夷之民」。　王云：畢改非也。今本墨子但誤倒「荆楚」二字，又脱「干」字耳。若「與南夷」之「與」，則不誤也。上文云「燕代胡貉與西河之民」，此文云「荆楚、干、越與南夷之民」，「與」非誤字明矣。「南夷」，謂荆楚、干、越以南之夷，故曰「荆楚、干、越與南夷」。文選注無「與南夷」三字，省文耳。「干越」即「吴越」，非春秋所謂於越也。畢改「干越」爲「于越」，亦非。又云：莊子刻意篇曰「夫有干越之歛者」，釋文：「司馬彪云：干，吴也。」荀子勸學篇曰：「干越夷貉之子」，楊倞曰「干越猶言吴越。」淮南原道篇曰「干越生葛絺」，高注曰：「干，吴也。」是「干越」即「吴越」也。干、越爲二國。若春秋之於越，即是越而以「於」爲發聲，與干越不同。　劉台拱云：「干」

與哀九年左傳「吴城邗〔一〕，溝通江淮」之「邗」同。　孫云：王、劉説是也。「干」，邗之借字。説文邑部云：「邗，國也。今屬臨淮。一曰：邗本屬吴。」管子内業篇云「昔者吴、干戰」，據管子説，則吴、干本二國。後干爲吴所滅，遂通稱吴爲干，故此云「干越」矣。　○案：王校是也，今從之。

(58) 蘇云：此與泰誓略同，疑有脱誤。　孫云：下篇引作「泰誓」，今僞古文即采此書。僞孔傳云：「言其明德充塞四方，明著岐周。」義互詳下篇。

(59) 「穡人」，農夫也。左襄四年傳曰：「民狎其野，穡人成功。」

(60) 孫云：以上疑並出古泰誓，今僞古文止采下篇，故無之。後漢書馬廖傳李注云：「屑，顧也。」

(61) 王引之云：「連」疑當作「逴」，與「連」相似而誤。「逴」猶獨也。故以「逴獨」連文。　俞云：「連」當讀爲「離」，連與離一聲之轉。　孫云：「連」疑當讀爲「矜」，一聲之轉，猶史記龜策傳以「苓葉」爲「蓮葉」。爾雅釋詁云：「矜，苦也。」「連獨」猶言窮苦煢獨。　○案：文選寡婦賦「少伶俜而偏孤兮」，李注：「伶俜，單孑貌。」晉書李密傳「零丁孤苦」，此「連」字疑與彼「伶」、「零」字同義。連與零、伶聲轉甚近。「連」猶獨也，孫釋爲「苦」，義較迂曲。

(62) 孫云：「雜」讀爲「集」。廣雅釋詁云：「集，成也，就也。」

〔一〕「邗」原誤「邘」，據左傳、説文改。下並同。

㊸ 孫云：「放」、「依」義同。檀弓：「子貢曰：哲人其萎，則吾將安放。」

㊹ 孫云：以上下文校之，「此」字下亦當有「言」字。

㊺ 上下文無「則」字。

㊻ 畢云：「隧」或爲「隊」。穆天子傳云「鈃山之隊」。玉篇云：「隊，以醉切，掘地通路也。或作䂁。」案隊、隧字皆説文「䂁」字之省。閻若璩云：玩其文義，乃是武王既定天下後，望祀山川或初巡守岱宗禱神之辭，非伐紂時事也。孫云：廣雅釋詁云：「將，行也。」周禮小宗伯云「將事于四望」。

㊼ 孫云：僞古文書武成襲此文云「告于〔一〕皇天后土、所過名山大川曰：惟有道曾孫周王發」，孔疏云：「自稱有道者，聖人至公，爲民除害，以紂無道，言己有道，所以告神求助，不得飾以謙辭也。稱曾孫者，曲禮説諸侯自稱之辭云：『臨祭祀，外事曰曾孫某侯某。』哀二〔二〕年左傳蒯聵禱祖亦自稱『曾孫』。皆是己承藉上祖奠享之意。」

㊽ 孫云：小爾雅廣言云：「獲，得也。」

㊾ 孫云：説文人部云：「作，起也。」

〔一〕「于」原作「於」，據墨子閒詁改，與尚書武成合。

〔二〕「二」，墨子閒詁誤「六」，本書沿誤，據武成孔疏及左傳改。

⑩ 孫云：僞武成云：「予小子既獲仁人，敢祗承上帝，以遏亂略，華夏、蠻貊罔不率俾。」僞孔傳云：「仁人，謂太公、周、召之徒。言誅紂敬承天意，以絶亂路。」案：祗當讀爲振。內則「祗見孺子」，鄭注云：「祗，或作振。」國語周語云「以振救民」，韋注云：「振，拯也。」此謂得仁人以拯救中國及四夷之民，僞書改爲「祗承上帝」，失其恉矣。醜貉者，貉類衆多。爾雅釋詁云：「醜，衆也。」

⑪ 蘇云：書泰誓篇「若」作「如」，「萬方有罪」作「百姓有過」，「維」作「在」。孫云：僞古文泰誓即誤采此文。僞孔傳云：「周，至也。言紂至親雖多，不如周家之少仁人。民之有過，在我教不至。」又論語堯曰篇云：「雖有周親，不如仁人，百姓有過，在予一人。」集解：「孔安國云：親而不賢不忠，則誅之，管、蔡是也。仁人，謂箕子、微子，來則用之。」又説苑貴德篇云：「武王克殷，問周公曰：『將柰其士衆何？』周公曰：『使各宅其宅，田其田，無變舊新，惟仁是親，百姓有過，在予一人。』」尚書大傳、韓詩外傳、淮南子主術訓文並略同。群書治要引尸子綽子篇云「文王曰：苟有仁人，何必周親」，則以爲文王語，與墨子、韓詩、説苑並異。

⑫ 「士」字舊本錯於下文「富」字之上，今依曹校移。

⑬ 畢云：「忠」，一本作「中」。「富」，舊云「士富」，「士」字衍。孫云：「忠」、「中」通。○案：「忠」，堂策檻本、四庫本作「中」。「士富」，「士」字乃上文「士君子」之脱文，非衍文，今移正。

兼愛下第十六

子墨子言曰：仁人之事者，必務求興天下之利①，除天下之害。然當今之時，天下之害孰爲大？曰：若大國之攻小國也，大家之亂小家也，强之劫弱，衆之暴寡，詐之謀愚，貴之敖賤②，此天下之害也。又與爲人君者之不惠也③，臣者之不忠也，父者之不慈也，子者之不孝也，此又天下之害也。又與今人之賤人④，執其兵刃毒藥水火，以交相虧賊，此又天下之害也。姑嘗本原若衆害之所自生⑤，此胡自生？此自愛人、利人生與？即必曰非然也，必曰從惡人、賊人生。分名乎天下惡人而賊人者，兼與？别與？即必曰别也⑥。然即之交别者⑦，果生天下之大害者與？是故别非也。

子墨子曰⑧：非人者，必有以易之。若非人而無以易之，譬之猶以水救水也⑨，其説將必無可焉。是故子墨子曰：兼以易别。然即兼之可以易别之故何也？曰：藉爲人之國若爲其國，夫誰獨舉其國以攻人之國者哉？爲彼者由爲己也⑩。爲人之都若爲其都，夫誰獨舉其都以伐人之都者哉？爲彼猶爲己也。爲人之家若爲其家，夫誰獨舉其家以亂人之家者哉？爲彼猶爲己也。然即國都不相攻伐，人家不相亂賊，此天下之害與？天下之利與？

即必曰天下之利也。姑嘗本原若衆利之所自生，此胡自生？此自惡人、賊人生與？即必曰非然也，必曰從愛人、利人生。分名乎天下愛人而利人者，别與？兼與？即必曰兼也。然即之交兼者，果生天下之大利者與？是故子墨子曰：兼是也。

且鄉吾本言曰⑪：仁人之事者⑫，必務求興天下之利，除天下之害。今吾本原兼之所生天下之大利者也⑬，吾本原别之所生天下之大害者也。是故子墨子曰：别非而兼是者，出乎若方也⑭。今吾將正求興天下之利而取之⑮，以兼爲正。是以聰耳明目相爲視聽乎⑯，是以股肱畢强相爲動宰乎⑰，而有道肆相教誨⑱。是以老而無妻子者，有所侍養以終其壽⑲；幼弱孤童之無父母者，有所放依以長其身。今唯毋以兼爲政⑳，即若其利也。不識天下之士㉑所以皆聞兼而非之者㉒，其故何也？

然而天下之士非兼者之言猶未止也，曰：「兼即善矣㉓，雖然，豈可用哉？」子墨子曰：用而不可，雖我亦將非之㉔。且焉有善而不可用者㉕？姑嘗兩而進之，設以爲二士㉖，使其一士者執别，使其一士者執兼。是故别士之言曰：「吾豈能爲吾友之身若爲吾身，爲吾友之親㉗若爲吾親。」是故退睹其友，飢即不食，寒即不衣㉘，疾病不侍養，死喪不葬埋㉙。别士之言若此，行若此。兼士之言不然，行亦不然，曰：「吾聞爲高士於天下者，必爲其友之身若爲其身，爲其友之親若爲其親，然後可以爲高士於天下㉚。」是故退睹其友，飢則食之，寒則衣之，疾病侍養之，死喪葬埋之。兼士之言若此，行若此。若之二士者，言相非而行相反與㉛？當使若二士者㉜，言必信，行必果，使言行之合，猶合符節也，無言而不行也。然即敢問：今有平原廣野於此，被甲嬰胄㉝，將往戰㉞，死生之權未可識也㉟；又有君大夫之遠使於巴、越、齊、荆㊱，往來及否未及否，未可識也㊲。然即敢問不識將惡擇之也㊳？家室奉承親戚，提挈妻子，而寄託之㊴，不識於兼之有是乎？於別之有是乎㊵？我以爲當其於此也㊶，天下無愚夫愚婦，雖非兼之人，必寄託之於兼之有是也。此言而非兼，擇即取兼㊷，即此言行費也㊸。不識天下之士所以皆聞兼而非之者，其故何也？

然而天下之士非兼者之言猶未止也，曰：「意可以擇士，而不可以擇君乎㊹？」姑嘗兩而進之，設以爲二君㊺，使其一君者執兼，使其一君者執別㊻。是故別君之言曰㊼：「吾惡能爲吾萬民之身若爲吾身㊽，此泰非天下之情也㊾。人之生乎地上之，無幾何也，譬之猶駟馳而過隙也㊿。」是故退睹其萬民，飢即不食，寒即不衣，疾病不侍養，死喪不葬埋。別君之言若此，行若此。兼君之言不然，行亦不然，曰：「吾聞爲明君於天下者，必先萬民之身(51)，後爲其身，然後可以爲明君於天下(52)。」是故退睹其萬民(53)，飢即食之，寒即衣之，疾病侍養之，死喪葬埋之。兼君之言若此，行若此。然即交若之二君者(54)，言相非而行相反與？常使若二君者(55)，言必信，行必果，使言行之合，猶合符節也，無言而不行也。然即敢問：今歲有癘疫[56]，萬民多有勤苦凍餒[57]，轉死溝壑中者[58]，既已衆矣。不識將擇之二君者，將何從也？我以爲當其於此也，天下無愚夫愚婦，雖非兼君[59]，必從兼君是也。言而非兼[60]，擇即取兼[61]，即此言行拂也[62]。不識天下所以皆聞兼而非之者，其故何也？

然而天下之士非兼者之言[63]猶未止也[64]，曰：兼即仁矣，義矣。雖然，豈可爲哉？吾譬兼之不可爲也，猶挈泰山以超江河也[65]。故兼者，直願之也，夫豈可爲之物哉？子墨子曰：夫挈泰山以超江河[66]，自古之及今[67]，生民而來未嘗有也。今若夫兼相愛、交相利[68]，此自先聖六王者親行之[69]。何以知先聖六王之親行之也[70]？子墨子曰：吾非與之並世同時，親聞其聲，見其色也。以其所書於竹帛，鏤於金石，琢於槃盂[71]，傳遺後世子孫者知之[72]。泰誓曰[73]：「文王若日若月乍照，光于四方，于西土[74]。」即此言文王之兼愛天下之博大也，譬之日月兼照天下之無有私也，即此文王兼也。雖子墨子之所謂兼者，於文王取法焉[75]。且不唯泰誓爲然[76]，雖禹誓即亦猶是也[77]。禹曰：「濟濟有衆[78]，咸聽朕言[79]，非惟小子敢行稱亂[80]，蠢茲有苗[81]，用天之罰[82]，若予既率爾羣對諸羣以征有苗[83]。」禹之征有苗也，非以求以重富貴[84]、干福祿[85]、樂耳目也，以求興天下之利，除天下之害，即此禹兼也。雖子墨子之所謂兼者，於禹求焉[86]。且不唯禹誓爲然[87]，雖湯說即亦猶是也[88]。湯曰[89]：「惟予小子履[90]，敢用玄牡，告於上天后[91]曰：今天大旱，即當朕身履[92]，未知得罪于上下[93]。有善不敢蔽，有罪不敢赦，簡在帝心⑭。萬方有罪，即當朕身。朕身有罪，無及萬方⑮。」即此言湯貴爲天子，富有天下，然且不憚以身爲犧牲，以祠説于上帝鬼神⑯，即此湯兼也。雖子墨子之所謂兼者，於湯取法焉。且不唯誓命與湯説爲然⑰，周詩即亦猶是也⑱。周詩曰：「王道蕩蕩，不偏不黨。王道平平，不黨不偏⑲。其直若矢，其易若厎，君子之所履，小人之所視⑳。」若吾言非語道之謂也？古者文武爲正㉑，均分賞賢罰暴，勿有親戚弟兄之所阿㉒，即此文武兼也。雖子墨子之所謂兼者，於文武取法焉。不識天下之人所以皆聞兼而非之者，其故何也？

然而天下之非兼者之言猶未止㉓，曰：意不忠親之利，而害爲孝乎㉔？子墨子曰：姑嘗本原之孝子之爲親度者。吾不識孝子之爲親度者，亦欲人愛利其親與？意欲人之惡賊其親與㉕？以説觀之，即欲人之愛利其親也。然即吾惡先從事即得此？若我先從事乎愛利人之親，然後人報我以愛利吾親乎㉖？意我先從事乎惡賊人之親㉗，然後人報我以愛利吾親乎？即必吾先從事乎愛利人之親，然後人報我以愛利吾親也。然即之交孝子者㉘，果不得已乎毋先從事愛利人之親者與？意以天下之孝子爲遇㉙，而不足以爲正乎？姑嘗本原之先王之所書㉚大雅之所道曰：「無言而不讎，無德而不報㉛。投我以桃，報之以李㉜。」即此言愛人者必見愛也，而惡人者必見惡也。不識天下之士所以皆聞兼而非之者，其故何也[113]？意以爲難而不可爲邪？嘗有難此而可爲者。昔荆靈王好小要[114]，當靈王之身，荆國之士飯不踰乎一[115]，固據而後興[116]，扶垣而後行。故約食爲其難爲也[117]，然後爲而靈王説之[118]，未踰於世而民可移也[119]，即求以鄉其上也[120]。昔者越王句踐好勇，教其士臣三年，以其知爲未足以知之也[121]，焚舟失火[122]，鼓而進之，其士偃前列[123]、伏水火而死者[124]，不可勝數也。當此之時，不鼓而退也[125]，越國之士可謂顫矣[126]。故焚身爲其難爲也[127]，然後爲而越王説之[128]，未踰於世而民可移也，即求以鄉其上也[129]。昔者晉文公好苴服[130]，當文公之時，晉國之士大布之衣[131]，牂羊之裘[132]，練帛之冠，且苴之屨[133]，入見文公[134]，出以踐之朝。故苴服爲其難爲也[135]，然後爲而文公説之[136]，未踰於世而民可移也，即求以鄉其上也。是故約食、焚身、苴服[137]，此天下之至難爲也[138]，然後爲而上説之[139]，未踰於世而民可移也。何故也？即求以鄉其上也。今若夫兼相愛、交相利[140]，此其有利且易爲也，不可勝計也。我以爲則無有上説之者而已矣，苟有上説之者，勸之以賞譽，威之以刑罰，我以爲人之於就兼相愛、交相利也，譬之猶火之就上、水之就下也，不可防止於天下。

故兼者，聖王之道也，王公大人之所以安也，萬民衣食之所以足也。故君子莫若審兼而務行之，爲人君必惠，爲人臣必忠，爲人父必慈，爲人子必孝，爲人兄必友，爲人弟必悌[141]。故君子莫若欲爲惠君、忠臣、慈父、孝子、友兄、悌弟[142]，當若兼之不可不行也，此聖王之道而萬民之大利也。

①道藏本「興」作「與」。

②畢云：「敖」，一本作「傲」。

③「又」，諸本作「人」，潛本、寶曆本、李本、緜眇閣本、堂策檻本、陳本、繹史本、四庫本並作「又」，今從之。王、蘇校同。

④王云：「今」下衍「人」字。　王云：廣雅：「與，如也。」「又與」，又如也。　○案：「賤」，寶曆本作「賊」。「又與今人之賤人」，焦竑校本作「與今之賤人」五字。

⑤「生」字各本無，孫、曹依下文校增，今從之。

⑥「曰」字舊本脱，畢據上文增。

⑦「然即之」猶然則此。

⑧俞云：此本作「是故子墨子曰別非也」。下文「是故子墨子曰兼是也」與此爲對文，可證。

⑨畢本作「火救水」。　畢云：一本作「火救水」。　蘇云：「水救火」是也，當據改。　俞云：疑墨子原文本作「猶以水救水，以火救火也」。今本作「水救火」，別本作「火救水」，皆有脱文。　○案：「水救火」，道藏本、陸本、唐本、茅本作「水救火」，潛本、緜眇閣本、堂策檻本、顧校李本、陳本、繹史本、四庫本作「火救水」，寶曆本、李本作「水救水」，今從之。左昭二十年傳：

「晏子對景公曰：君所謂可，據亦曰可，君所謂否，據亦曰否，若以水濟水，誰能食之？」晏子春秋外篇文略同。莊子人間世篇曰：「是以火救火，以水救水，名之曰益多。」淮南子兵略訓曰：「是猶以火救火，以水應水也，何所能制？」論衡譴告篇曰：「非疾之者，宜有以改易之也。是故離上兑下曰革。革，更也。火金殊氣，故能相革，如俱火而皆金，安能相成？」正明非之無以易之之不可，文義與此相類。

⑩「爲彼」下，下文無「者」字。「由」，李本作「猶」。　畢云：「由」同「猶」。

⑪畢云：「鄉」、「曏」字省文。説文云：「曏，不久也。」鄭君注儀禮云：「曏，曩也。」

⑫「事」，畢本譌「是」，舊本並作「事」，今據正。

⑬「也」字畢本脱，舊本並有，今據補。

⑭畢云：「乎」，舊作「平」，以意改。　孫云：樂記鄭注云：「方猶道也。」　○案：陸本、潛本、寶曆本、緜眇閣本、陳本、繹史本並作「乎」，茅本字形在「平」、「乎」之間。

⑮「興」，諸本並同，道藏本、唐本、畢本作「與」。

⑯「是」下，畢本有「故」字，舊本並無，今據删。

⑰畢云：舊「動」下有「爲」字，一本無。　孫云：「畢」與中篇「畢劼有力」義同。「宰」疑當作「舉」。　○案：潛本、李本、緜眇閣本、陳本、繹史本「動」下並無「爲」字。「宰」猶治也。

⑱孫云：爾雅釋言云：「肆，力也。」文選東京賦「厥庸孔肆」，薛綜注云：「肆，勤也。」言勤力相教

誨。

⑲俞云：「侍」當爲「持」。

⑳「令」，畢本譌「令」，舊本並作「今」，今據正。

㉑畢云：舊作「事」，一本如此。〇案：潛本、緜眇閣本、陳本並作「士」。

㉒各本無「之」字，今依孫校增。

㉓各本無「兼」字，今依曹校增。

㉔各本「雖我」作「難哉」。王云：「難哉」二字與下文義不相屬，「難哉」當爲「雖我」，字之誤也。言兼愛之道如其用而不可，則雖我亦將非之也。蘇校同。〇案：今依改。

㉕寶曆本「善」作「義」。秋山云：「義」亦作「善」。

㉖「設」，各本作「誰」，今依王引之校改。王引之云：「誰」當爲「設」。言設爲二士於此，而使之各執一說也。隸書二形略相似，故誤。

㉗「爲吾」，陸本、茅本、堂策檻本、四庫本作「若爲」。

㉘「即」，緜眇閣本、繹史本並作「則」。陳澧云：此謂友飢而不餽以食，友寒而不贈以衣也。

㉙畢云：當爲「薶」。説文云：「薶，瘞也。」玉篇云：「埋與薶同。」本書或作「貍」。

㉚「於」字諸本無，潛本、寶曆本、緜眇閣本、陳本、繹史本、四庫本並有，今據補。畢云：一本有「於」字。

㉛「士」字諸本無，潛本、寶曆本、緜眇閣本、陳本、繹史本並有，今據補。　畢云：一本有「士」字，是。

㉜王引之云：「當」與「儻」同。「若」，此也。言儻使此二士之言行相合，則無言而不行也。　孫云：「當」疑爲「嘗」之借字。　戴云：依下文，「當」宜作「常」。　○案：王、孫説義均可通，孫説於本書字例爲近。「當」，潛本、緜眇閣本、陳本、繹史本作「常」。

㉝畢云：説文云：「嬰，頸飾也。」　孫云：漢書賈誼傳顏注云：「嬰，加也。」

㉞「戰」，白雲觀道藏本、傅氏雙鑑樓道藏本並作「識」，誤。日本宫内省道藏本作「戰」，不誤。

㉟孫云：「權」疑當作「機」。　○案：「權」疑當爲「數」，草書形近而譌。

㊱孫云：左傳桓九年杜注云：「巴國在巴郡江州縣。」常璩華陽國志云：「巴，黄帝、高陽之支庶，世爲侯伯。周武王克商，封其宗姬於巴，爵之以子。七國稱王，巴亦稱王。周慎王五年，秦遣張儀、司馬錯伐蜀，滅之。因取巴，執王以歸，置巴郡。」

㊲王云：此當作「往來及否未可識也」。

㊳「惡擇之也」四字，諸本作「惡也」二字，寶曆本作「擇之」二字。審校文義，「惡擇之也」四字當並有，今本互脱其二字耳。「惡擇之也」，猶言何擇之也。「然即」以下十一字，潛本、緜眇閣本、陳本、繹史本僅存「然即將」三字，蓋以臆删。　秋山云：「擇之」，一作「惡之」。

㊴此當作「奉承親戚，提挈妻子家室，而寄託之」。古人稱父母爲親戚。親戚與妻子家室輕重不同，

故以「奉承」與「提挈」字分別言之。賈子容經篇曰「妻子家中得毋病乎」，淮南子泰族訓曰「寧家室，樂妻子」，國語晉語韋注云：「室，妻妾貨賄也。」左成二年傳「巫臣盡室以行」，杜注云：「室家盡行。」此遠使異國，不能挈室以行，故須奉承親戚、提挈妻子家室而寄託之。

㊵ 戴云：「有」字皆「友」之聲誤。

㊶「我」，各本作「哉」。　王云：「哉」亦當爲「我」。　蘇校同。　○案：今依改。

㊷「即取兼」三字，潛本、緜眇閣本、陳本、繹史本脱。

㊸ 畢本作「言行拂」。　畢云：舊作「言兼費」，一本如此。　秋山云：以下文推之，「言兼費」當作「言行拂」。　王云：古者「拂」與「費」通，不煩改字。大雅皇矣篇「四方以無拂」，鄭箋曰：「拂猶佹也。」中庸「君子之道費而隱」，注曰：「費猶佹也。」釋文：「費本又作拂，同，扶弗反。」是其證。　顧説同。　○案：「言行費」，道藏本、陸本、唐本、茅本、寶曆本、李本作「言兼費」，潛本、緜眇閣本、堂策檻本、陳本、繹史本、四庫本作「言行拂」。今分別依據訂作「言行費」。「費」、「拂」字通，王、顧説是也。

㊹「乎」，各本作「子」，今依王校改。　王云：「子」當爲「乎」，字之誤也。「乎」與「意」文義相承。下文曰「意不忠親之利而害爲孝乎」，是其證。

㊺「設」，各本作「誰」，今依王引之校改，説見上。

㊻「其」字畢本脱，舊本並有，今據補。

㊼「曰」字畢本脱，舊本並有，今據補。

㊽「若」字畢本脱，舊本並有，今據補。

㊾畢云：「泰」，一本作「大」。○案：「泰」，堂策檻本、四庫本作「太」。

㊿畢本「隙」改「郤」。畢云：「郤」舊作「隙」，據文選注引作「郄」，云「古隙字」。「郄」即「郤」也。說文云：「隙，壁際孔也。」「郤，節郤也。」節郤言節之會，亦際縫之意，皆通。孫云：「隙」、「郤」通，不必改。禮記三年問云「若駟之過隙」，鄭注云：「喻疾也。」莊子知北游篇云：「人生天地之閒，若白駒之過郤，忽然而已。」釋文云：「郤，本亦作隙。隙，孔也。」又盜跖篇云「忽然無異騏驥之馳過隙也」。○案：「駟馳」，陸本、茅本、寶曆本、李本、堂策檻本、四庫本作「馳駟」。

(51)畢云：「先」，舊作「萬」，一本如此。○案：潛本、緜眇閣本、堂策檻本、陳本、繹史本、四庫本並作「先」。

(52)自「必先」以下至此凡二十字，茅本、寶曆本、李本並脱。

(53)畢云：舊脱「其」字，以意增。

(54)「交」，「校」之省，比校也。言比校若是二君者。

(55)秋山云：「常」疑「當」。蘇云：據上文，「常」宜作「當」。王引之云：「常」讀爲「儻」。孫云：「常」疑讀爲「嘗」，詳前。

(56)潛本、緜眇閣本、陳本「癘」作「厲」。寶曆本「疫」作「⿸疒役」。

57 畢云：當作「餧」。〇案：辭過篇「孤寡者凍餧」，字正作「餧」。

58 孫云：孟子公孫丑篇云「老羸轉於溝壑」，趙注云：「轉，轉尸於溝壑也。」國語吴語云「子之父母將轉於溝壑」，韋注云：「轉，入也。」逸周書大聚篇云「死無傳尸」，淮南子主術訓作「轉尸」，高注云：「轉，棄也。」

59 依上文，「君」當作「之人」二字。　王云：「君」當作「者」。

60 依上文，「言」上當有「此」字。

61 畢云：二字舊脱，據上文增。〇案：四庫本有「取兼」二字。秋山校與畢同。

62 「即」字各本脱，今據上文及孫校增。以上二句，舊本涉二「即」字，共脱去三字。

63 「言」下諸本有「也」字，潛本、緜眇閣本、陳本、繹史本並無，今據删。

64 畢云：「猶」，舊作「獨」，一本如此。〇案：潛本、寶曆本、緜眇閣本、陳本、繹史本並作「猶」。翻陸本「猶未」作「獨不」。

65 畢云：「泰」，一作「太」。　孫云：中篇作「譬若挈太山，越河、濟也」，非攻中篇〔一〕、備梯篇又並作「大山」。〇案：「泰」，潛本、緜眇閣本、陳本、繹史本作「太」。「超」，寶曆本作「越」。

66 「泰」，緜眇閣本、陳本、繹史本作「太」。

〔一〕「篇」原誤「節」，據墨子閒詁改。

(67) 戴云：「之」字衍。○案：「之」字諸本同。節葬下篇、非命中篇並有「自古以及今，生民以來者」之語，「之」字似非衍文。潛本、緜眇閣本、陳本、繹史本無「之」字，疑以意删。晏子春秋諫下篇曰：「古之及今，子亦嘗聞請葬人主之宫者乎？」

(68) 四庫本「愛」作「害」，誤。

(69) 孫云：下文止有四王，此「六」疑「四」篆文之誤。下同。○案：非命下篇有「先聖大王」，此「六王」疑「大王」之譌。下同。「大王」與「先聖」平列，禹湯文武皆所謂「先聖大王」也。本篇曰「此先聖大王者親行之」，中篇曰「古者聖王行之」，繁簡異而文義同。「大」、「六」形近易譌。旗幟篇「到大城」、「乘大城」，「大」諸本並譌作「六」。節葬下篇「大鞅萬領」，「大」一作「六」。皆其例也。

(70) 「何」下「以」字各本無，蜀本、補宋鈔本御覽七百六十引有「以」字，今據補。畢云：太平御覽引有「以」字。

(71) 孫云：文選廣絶交論李注引云「琢之槃盂，銘於鐘鼎，傳於後世」，疑兼用魯問篇文。吕氏春秋求人篇云「功績銘乎金石，著於槃盂」，高注云：「金，鍾鼎也。石，豐碑也。槃盂之器，皆銘其功。」○案：蜀本、宋補鈔本御覽引「槃」作「盤」。繹史本同。

(72) 畢云：「遺」，劉逵注左思賦引作「于」。孫云：天志中、非命下、貴義、魯問四篇皆作「遺」，劉引非。○案：繹史本「遺」作「於」。宋本六臣文選左思魏都賦注引作「傳遺後代子孫」，字正作「遺」，與本書同。宋尤袤本文選注作「於」。

(73) 孫云：尚同下篇、天志中篇、非命上中下篇並作「大誓」。此作「泰」，與今僞孔本同，疑後人所改。

(74) 畢云：孔書云：「唯我文考，若日月之照臨，光于四方，顯于西土。」孫星衍云：「乍」古與「作」通。○案：兩「于」字畢本作「於」，道藏本、陸本、唐本、沈本、潛本、茅本、寶曆本、李本、堂策檻本並作「于」，今從作「于」。

(75) 孫云：「雖」與「唯」通，下並同。

(76) 「唯」，畢本、繹史本作「惟」，道藏本、陸本、唐本、沈本、潛本、茅本、寶曆本、李本、堂策檻本、四庫本並作「唯」，今從作「唯」。

(77) 畢云：大禹謨文云：「禹誓者，禹之所誓也。」孫云：今大禹謨出僞古文，即采此書爲之。惠棟云：皋陶謨言「苗頑勿即功」，則舜陟後，禹當復有征苗誓師之事。

(78) 孔安國云：「濟濟，衆盛之貌。」

(79) 畢云：孔書作「命」。

(80) 畢云：孔書無此八字。蘇云：二語今見湯誓，「惟」作「台」。○案：「惟」，緜眇閣本剜改作「台」，陳本、繹史本亦作「台」，疑據孔書湯誓改。

(81) 孫云：爾雅釋訓云：「蠢，不遜也。」孔安國云：「蠢，動也。」

(82) 畢云：孔書無此四字。

83 畢云：孔書作「肆予以爾衆士奉辭伐罪」，「群」，猶衆。惠棟云：「群」猶君也。周書：「太子晉云：侯能成群謂之君。」堯典言「群后」。孫云：此「群對諸群」當讀爲「群封諸君」。封與邦古音近通用，封、對形近而誤。群封諸君，言衆邦諸君也。

84 秋山云：下「以」衍。戴説同。○案：灊本、緜眇閣本、陳本、繹史本「求」下並無「以」字。考節葬下篇「是故求以富國家云云」，「求以」字屢見，則此「求」下「以」字似非衍文。

85 孫云：「詩小雅假樂篇鄭箋云：『干，求也。』」

86 孫云：「求焉」，以上下文校之，當作「取法焉」。

87 「唯」，畢本作「惟」。道藏本、陸本、唐本、沈本、灊本、茅本、寶曆本、堂策檻本、四庫本並作「唯」，今從作「唯」。

88 孫云：周禮大祝「六祈」，六曰「説」，鄭注云：「説，以辭責之，用幣而已。」此下文亦云「以祠説於上帝鬼神」。若然，則説禮殷時已有之。論語堯曰篇集解「孔安國云墨子引湯誓」，國語周語内使過引湯誓，與此下文略同。韋注云：「湯誓，商書伐桀之誓也。今湯誓無此言，則已散亡矣。」案孔安國引此作湯誓，或兼據國語文。尚賢中篇引湯誓，今書亦無之。

89 畢云：今湯誥文。

90 畢云：孔書作「肆台小子」。孫云：論語堯曰篇無「惟」字，孔注云：「履，殷湯名。此伐桀告天之文。」案孔以此爲伐桀時事，白虎通義三正篇及周語韋注説同。然據此後文，則是湯禱旱之文。孔説蓋誤。大戴禮記少閒篇云：「乃有商履代興。」白虎通義姓名篇云：「湯，王後更名，爲子孫法，本名履也。」　○案：宋本、蜀本御覽八十三引帝王世紀載此文「唯」作「惟」。

91 畢云：孔書作「上天神后」。　秋山云：「后」下脱「土」。　孫云：論語作「敢昭告于皇皇后帝」，孔注云：「殷家尚白，未變夏禮，故用玄牡。皇，大。后，君也。大大君帝，謂天帝也。」白虎通義三正篇云：「論語曰『予小子履』云云，此湯伐桀，告天以夏之牲也。」與論語孔注説同。書湯誥孔疏云：「鄭玄解論語云：『用玄牡者，爲舜命禹事，於時總告五方之帝，莫適用，用皇天大帝之牲。』其意與孔異。」國語周語「皇天嘉禹，胙以天下」，韋注亦引論語「帝臣不蔽」二語。又詩閟宫孔疏云：「論語曰『皇皇后帝』，論語説帝受終文祖，宜總祭五帝也。」並從鄭，以此爲禹事，與墨子、尸子説異。　御覽八十三引帝王世紀載此文作「告于上天后土」，疑此「后」下亦脱「土」字。

○案：宋本、蜀本御覽引帝王世紀「牡」作「牲」。

92 畢云：詳此文是湯禱旱文，孔書亦無此十字。　孫云：帝王世紀云：「湯自伐桀後，大旱七年，禱於桑林之社。」其辭如此。

93 畢云：孔書作「未知獲戾于上下」。

94 畢云：皆與孔書微異。　孫云：論語集解包咸云：「順天奉法，有罪者不敢擅赦。」何晏云：「言桀居帝臣之位，罪過不可隱蔽，以其簡在天心故。」案論語作「帝臣不蔽」，何氏以爲指桀，與此義不合，非也。僞湯誥云「爾有善，朕弗敢蔽。罪當朕躬，弗敢自赦。惟簡在上帝之心」，孔傳云：「所以不蔽善人，不赦己罪，以其簡在天心故也。」孔疏云：「鄭玄注論語云：簡閱在天心，言天簡閱其善惡也。」

95 畢云：俱與孔書微異。孔安國注論語「有罪不敢赦，帝臣不蔽，簡在帝心，朕躬有罪，無以萬方，萬方有罪，罪在朕躬」云：「墨子引湯誓，其辭若此。」國語周語內史過引湯誓云：「余一人有辠，無以萬夫，萬夫有辠，在余一人。」　孫云：僞湯誥云「其爾萬方有罪，在予一人，予一人有罪，無以爾萬方」，孔傳云：「在予一人，自責化不至。無用爾萬方，言非所及。」孔安國注論語云：「無以萬方，萬方不與也。萬方有罪，我身之過。」群書治要引尸子綽子篇云：「湯曰：朕身有罪，無及萬方，萬方有罪，朕身受之。」帝王世紀云：「萬方有罪，罪在朕躬。朕躬有罪，無及萬方。無以一人之不敏，使上帝鬼神傷民之命。」並與此文小異。

96 孫云：吕氏春秋順民篇云：「昔者湯克夏而正天下，天大旱，五年不收。湯乃以身禱於桑林，曰：余一人有罪，無及萬夫，萬夫有罪，在余一人。無以一人之不敏，使上帝鬼神傷民之命。於是翦其髮，鄽其手，以身爲犧牲，用祈福於上帝。」與此文合。則湯說即禱桑林之辭也。御覽八十三引尸子及帝王世紀說與吕略同。

97 孫云：「誓命」，依上文當作「禹誓」。漢書藝文志「禹」作「禼」，顔注云：「古禹字。」此書多古字，蓋亦作「禼」，與「命」相似而譌。校者不悟，又移著「誓」下，遂與上文不合矣。　○案：「唯」，畢本作「惟」，道藏本、陸本、唐本、沈本、潛本、茅本、寶曆本、李本、堂策檻本、四庫本並作「唯」，今從作「唯」。

⑱ 依上文例，句首當有「雖」字。

⑲ 蘇云：見書洪範篇，四「不」字作「無」。茲稱「周詩」，或有據。　孫云：洪範云「無偏無黨，王道蕩蕩。無黨無偏，王道平平」，僞孔傳云：「『蕩蕩』言開闢，『平平』言辯治。」呂氏春秋貴公篇高注云：「蕩蕩，平易也。」史記張釋之馮唐傳、説苑至公篇引書「無」並作「不」，與此同。　古詩、書亦多互稱。戰國策秦策引詩云「大武遠宅不涉」，即逸周書大武篇所云「遠宅不薄」，可以互證。

⑳ 蘇云：詩大東篇作「周道如砥，其直如矢」，下無兩「之」字。　孫云：親士篇云「其直如矢，其平如砥」，「底」仍作「砥」，與毛詩同。　小雅大東毛傳云：「如砥，貢賦平均也。如矢，賞罰不偏也。」鄭箋云：此言古者天子之恩厚也。君子皆法效而履行之，其如砥矢之平。小人又皆視之、共之無怨。」孟子萬章篇引詩「砥」亦作「底」，字通。　趙注云：「底，平。矢，直。視，比也。周道平直，君子履直道，小人比而則之。」案「底」，道藏本作「底」，譌。説文厂部云：「底，柔石也。」重文作「砥」。又广部云：「底，山居也，下也。」二字迥別，今經典多互譌。　○案：「底」，舊本作「底」。

㉛ 陳本「正」作「政」。

㉜ 孫云：呂氏春秋高義篇高注云：「阿，私也。」

㉝ 「止」下，曹校增「也」字。

⑩④ 蘇云：「忠」當作「中」，讀去聲。　戴云：「中」當訓爲得。　○案：「中」，適合也。

⑩⑤ 蘇云：「意」讀如「抑」，下文亦然。

⑩⑥ 「以」字諸本脱，寶曆本有，今據補。

⑩⑦ 「賊」字諸本脱，潛本、緜眇閣本、陳本、繹史本並有，今據補。

⑩⑧ 孫云：「之交孝子」，猶上云「交兼」、「交別」。

⑩⑨ 畢云：一本作「偶」。　○案：「遇」，潛本、緜眇閣本、堂策檻本、陳本、繹史本、四庫本作「偶」，寶曆本作「過」。　秋山云：「過」，一作「遇」。或曰當作「愚」。　孫云：「遇」當爲「愚」，同聲假借字。

⑪⓪ 「原」下「之」字畢本脱，舊本並有，今據補。　孫云：「所」字疑衍。尚同中篇云「是以先王之書周頌之道之曰」，是其證。

⑪① 蘇云：大雅抑篇無兩「而」字。　○案：大雅抑篇孔疏云：「相對謂之讎。」

⑪② 鄭箋云：「此言善往則善來，人無行而不得其報也。投猶擲也。」

⑪③ 「兼」，畢本作「愛」，舊本並作「兼」，今據正。

⑪④ 畢云：舊作「腰」，非。　○案：舊本並作「腰」。

⑪⑤ 中篇曰「皆以一飯爲節」。

⑪⑥ 畢云：「固」，一本作「握」。　孫云：説文手部云：「據，杖持也。」　○案：堂策檻本、四庫

本作「握」。

⑪⑦ 俞云：「其」當作「甚」，下二句並同。「甚難爲」即至難爲也。下文曰「是故約食，焚舟、苴服，此天下之至難爲也」，是其證。　○案：「其」訓「極」。

⑪⑧ 孫云：「後」疑當作「衆」。中篇云「若苟君説之，則衆能爲之」，是其證。下並同。　○案：「後」當爲「復」，形近而譌。公孟篇「反後坐」，備城門篇「後使卒急爲壘壁，以蓋瓦後之」，諸「後」字王並校爲「復」，例與此同。「而」，以也。言然復爲之者，以靈王説之也。下並同。管子七臣七主篇曰：「夫楚王好小腰而美人省食，吴王好劍而國士輕死。死與不食者，天下之所共惡也。然而爲之者，何也？從主之所欲也。」文與此略同。

⑪⑨ 説文曰：「踰，越也。」「未踰於世」言時之暫。　孫云：「踰」當作「渝」，下並同。爾雅釋言云：「渝，變也。」言世未變而民俗已爲之移也。非命中篇云：「此世不渝而民不改，上變政而民易教。」非命上、下篇文略同。此云「未渝於世」，猶彼云「世不渝」也。

⑫⓪ 孫云：「鄉」與「向」字通。

⑫① 蘇云：上「知」字當讀如「智」。

⑫② 詳上篇。

⑫③ 説文曰「偃，僵也」，段注云：「凡仰仆曰偃。」

⑫④ 「者」，諸本作「有」，寶曆本作「者」，今從之。王、蘇校同。

⑫5 「而」猶乃也。不鼓乃退，則鼓時不退可知。

⑫6 畢云：玉篇云：「顫，動也。」言其驚畏。　孫云：「顫」當讀爲「憚」。非攻下篇云「以譂其衆」，「顫」、「譂」並與「憚」同。　○案：「顫」讀爲「憚」，是也。廣雅釋詁曰：「憚，強也。」

⑫7 俞云：「其」當作「甚」。

⑫8 「而」，諸本作「之」，陳本、繹史本作「而」，與上下文一律，今從之。畢校同。「後」當爲「復」，說詳上。

⑫9 「其」字諸本脱，潛本、寶曆本、緜眇閣本、陳本、繹史本並有，今據補。

⑬0 孫云：「苴」、「粗」字通，猶中篇云「惡衣」。

⑬1 孫云：左閔二年傳「衛文公大布之衣」，杜注云，「大布，麤布。」淮南子齊俗訓許注義同。

⑬2 「牂」，諸本作「牂」，四庫本剜改作「牂」。

⑬3 「且」，諸子品節引墨子作「粗」。　畢云：「且」當爲「粗」。　王云：「且苴」即麤粗。麤倉胡反，粗才户反。廣雅釋詁：「粗，麤，大也。」　○案：「且」即「粗」之省文。儀禮士喪禮「苴絰大鬲」，注云：「苴麻者，其貌苴，以爲絰。服重者尚麤惡。」古屨以麻爲之，苴麻質色麤惡，粗苴之屨所以尚儉。「粗苴」與「大布」、「牂羊」、「練帛」平列。

⑬4 以中篇及下文校之，「入」下疑脱「以」字。

⑬5 俞云：「其」當作「甚」。

⑬⑥「後」當爲「復」。

⑬⑦「身」，各本作「舟」，今依孫、曹校改。

⑬⑧「難爲」，陸本、茅本、寶曆本、李本、堂策檻本、四庫本作「爲難」。

⑬⑨「後」當爲「復」。

⑭⓪各本脱「愛交相」三字，今依王校增。

⑭①畢云：當爲「弟」，此俗寫。

⑭②王云：「莫」字蓋涉上文「莫若」而衍。○案：「莫」疑「藉」字之譌。「藉若」古人常語。

墨子校注卷之五

非攻上第十七①

子墨子言曰：古者王公大人情欲得而惡失②，欲安而惡危③，故當攻戰而不可不非④。

今有一人，入人園圃⑤，竊其桃李，衆聞則非之，上爲政者得則罰之。此何也？以虧人自利也。至攘人犬豕雞豚者⑥，其不義又甚入人園圃竊桃李。是何故也？以虧人愈多⑦，其不仁茲甚⑧，罪益厚。至入人欄廄⑨，取人馬牛者，其不仁義又甚攘人犬豕雞豚⑩。此何故也？以其虧人愈多，苟虧人愈多，其不仁茲甚，罪益厚。至殺不辜人也，拕其衣裘⑪、取戈劍者，其不義又甚入人欄廄、取人馬牛。此何故也？以其虧人愈多，苟虧人愈多，其不仁茲甚矣，罪益厚。當此，天下之君子⑫皆知而非之，謂之不義。今至大爲攻國⑬，則弗知非⑭，從而譽之，謂之義。此可謂知義與不義之別乎⑮？

殺一人謂之不義，必有一死罪矣⑯。若以此說往⑰，殺十人十重不義，必有十死罪矣；

殺百人百重不義，必有百死罪矣。當此，天下之君子皆知而非之，謂之不義。今至大爲不義攻國，則弗知而非⑱，從而譽之，謂之義。情不知其不義也⑲，故書其言以遺後世。若知其不義也，夫奚説書其不義以遺後世哉⑳？

今有人於此，少見黑曰黑，多見黑曰白，則以此人不知白黑之辯矣㉑；少嘗苦曰苦，多嘗苦曰甘，則必以此人爲不知甘苦之辯矣。今小爲非，則知而非之。大爲非攻國，則不知而非㉒，從而譽之，謂之義㉓。此可謂知義與不義之辯乎㉔？是以知天下之君子也，辯義與不義之亂也㉕。

① 曹云：此篇首末疑均有闕文。竊攷中篇之首「子墨子言曰」至「不過失是故」凡三十五字，當在此篇之首。其篇中「是故子墨子言曰」至「不可不非也」凡三十四字，當在此篇之末。○案：曹謂本篇有闕文，中篇有錯簡，是也。其所移中篇文未臻允當。今依據古本，不加一字，不減一字，不改一字，重爲校移如正文。

② 「情」、「誠」字通。

③ 畢云：「欲」，舊作「故」，以意改。○案：潛本、寶曆本、緜眇閣本、陳本並作「欲」。

④ 以上三十一字，本在中篇「亦以攻戰也是故」之下，今校移於此。

⑤ 畢云：説文云：「園，所以樹果。種菜曰圃。」

⑥ 孟子滕文公篇「今有人日攘其鄰之雞者」，趙注云：「攘，取也。」禮記禮器鄭注云：「攘，盜竊也。」

⑦ 孫云：依下文，當有「苟虧人愈多」五字。

⑧ 「兹」，益也。

⑨ 畢云：説文無「欄」字。玉篇云：「木欄也。」　孫云：「欄」即「闌」之借字。説文門部云：「闌，門遮也。」廣雅釋室云：「闌，牢也。」

⑩ 孫云：依上下文，此句疑不當有「仁」字。

⑪ 「扡」，諸本作「杝」，潛本、陳本作「拖」，寶曆本作「把」。　畢云：「扡」讀如「終朝三拕」之「拕」。陸德明易音義云：「褫，鄭本作拕，徒可反。」「扡」即「拕」異文。　王云：「也」即「扡」字之誤而衍者。　孫云：説文手部云：「拕，曳也。」淮南子人閒訓云「秦牛缺徑於山中而遇盜，拖其衣被」，許注云：「拖，奪也。」「拖」即「拕」之俗。

⑫ 畢云：舊脱「子」字，據後文增。　○案：潛本、寶曆本、緜眇閣本、陳本、繹史本並有「子」字。

⑬ 畢云：據後文云「大爲不義攻國」。　王景羲云：「爲」下當脱「非」字，下文云「大爲非攻國」。

○案：原文亦可通。

⑭ 畢云：「知」，一本作「之」。舊脱「非」字，據後文增。　○案：舊本並有「非」字。潛本、緜眇閣本、陳本、繹史本「知」作「之」。以下文校之，「知」下疑脱「而」字。

⑮「可」，諸本作「何」。畢云：一本作「可」，是。○案：潛本、緜眇閣本、陳本、繹史本並作「可」，今從之。

⑯孫云：荀子正論篇云：「殺人者死，傷人者刑，是百王之所同也。」句。

⑰

⑱「知」，各本作「之」。王云：「之」當爲「知」。俗音「知」、「之」相亂，故「知」誤爲「之」。畢云：一本無「而」字，是。○案：王校「之」爲「知」，是也，今依改。「而」字，潛本、緜眇閣本、陳本、繹史本無，道藏本、陸本、唐本、茅本、寶曆本、李本、堂策檻本、四庫本並有。有者是也。上文無「而」字，轉恐是脱文耳。下文「則不知而非」，亦有「而」字，句法與此同。「而」猶其也。

⑲王云：「情」、「誠」通用。

⑳孫云：「奚説」，言何辭以解説也。○案：節葬篇「夫胡説中國之君子爲而不已、操而不擇哉」，「奚説」與「胡説」義同，言何説也。

㉑「白黑」，潛本、緜眇閣本、陳本、繹史本作「黑白」。秋山云：「以」上脱「必」，「人」下脱「爲」。孫説同。

㉒王、蘇校删「而」字，未碻。説詳上文。

㉓畢云：舊「之謂」二字倒，一本如此。○案：「之謂」二字，潛本、寶曆本、緜眇閣本、堂策檻本、陳本、四庫本並不倒。「之謂之義」四字，李本作「謂之知義」，寶曆本作「之謂之知義」五字。

㉔ 畢本脱「此」字。又「謂」作「爲」。畢云：一本作「謂」，是。○案：舊本並作「此可謂」，今據補正。

㉕ 孫云：上「也」字疑衍。○案：上「也」字疑「之」字之誤。

非攻中第十八

子墨子言曰：古者王公大人爲政於國家者，情欲毁譽之審①，賞罰之當，刑政之不過失②，故當攻戰而不可爲也③。今師徒唯毋興起④，冬行恐寒，夏行恐暑，此不可以冬夏爲者也。春則廢民耕稼樹藝，秋則廢民穫斂⑤。今唯毋廢一時，則百姓飢寒凍餒而死者，不可勝數⑥。今嘗計軍上⑦，竹箭、羽旄、幄幕、甲、盾、撥⑧，劼往⑨而靡弊腑冷不反者⑩，不可勝數；又與矛、戟、戈、劍、乘車，其列往⑪碎折靡弊而不反者，不可勝數；與其牛馬⑫肥而往，瘠而反，往死亡而不反者⑬，不可勝數；與其涂道之脩遠，糧食輟絶而不繼⑭，百姓死者，不可勝數也；與其居處之不安⑮，食飲之不時⑯，飢飽之不節，百姓之道疾病而死者，不可勝數⑰。喪師多不可勝數，喪師盡不可勝計，則是鬼神之喪其主后⑱，亦不可勝數。

國家發政，奪民之用，廢民之利若此甚衆，然而何爲爲之？曰：我貪伐勝之名，及得之利，故爲之。子墨子言曰：計其所自勝，無所可用也。計其所得，反不如所喪者之多。今攻三里之城，七里之郭⑲，攻此不用鋭，且無殺而徒得，此然也⑳。殺人多必數於萬，寡必數於千，然後三里之城、七里之郭且可得也㉑。今萬乘之國，虚數於千㉒，不勝而入㉓，廣衍數於萬㉔，不勝而辟㉕。然則土地者，所有餘也；王民者，所不足也㉖。今盡王民之死，嚴下上之患，以争虚城，則是棄所不足，而重所有餘也。爲政若此，非國之務者也。

飾攻戰者也言曰㉗：南則荆吴之王㉘，北則齊晉之君，始封於天下之時，其土地之方㉙，未至有數百里也㉚；人徒之衆，未至有數十萬人也。以攻戰之故，土地之博至有數千里，人徒之衆至有數百萬人，是故攻戰之速也㉛。子墨子言曰：雖四五國則得利焉，猶謂之非行道也。譬若醫之藥人之有病者然㉜，今有醫於此，和合其祝藥之于天下之有病者而藥之㉝，萬人食此，若醫四五人得利焉，猶謂之非行藥也㉞。故孝子不以食其親，忠臣不以食其君。古者封國於天下，尚者以耳之所聞㉟，近者以目之所見，以攻戰亡者不可勝數。何以知其然也？東方有莒之國者㊱，其爲國甚小，閒於大國之閒，不敬事於大，大國亦弗之從而愛利㊲。是以東者越人夾削其壤地㊳，西者齊人兼而有之。計莒之所以亡於齊越之閒者，以是攻戰也㊴。雖南者陳蔡，其所以亡於吴越之閒者㊵，亦以攻戰㊶。雖北者且一、不著何㊷，其所以亡於燕代胡貊之閒者㊸，亦以攻戰也。是故子墨子曰：古者有語：「謀而不得，則以往知來，以見知隱。」謀若此，可得而知矣㊹。

飾攻戰者之言曰：彼不能收用彼衆，是故亡。我能收用我衆，以此攻戰於天下，誰敢不賓服哉？子墨子言曰：子雖能收用子之衆，子豈若古者吴闔閭哉㊺？古者吴闔閭教七年㊻，奉甲執兵，奔三百里而舍焉㊼，次注林，出於冥隘之徑㊽，戰於柏舉㊾，中楚國㊿而朝宋與魯(51)。及至夫差之身，北而攻齊，舍於汶上，戰於艾陵(52)，大敗齊人而葆之大山(53)。東而攻越，濟三江五湖(54)，而葆之會稽(55)。九夷之國莫不賓服(56)。於是退不能賞孤(57)，施舍羣萌(58)，自恃其力，伐其功，譽其智(59)，怠於教，遂築姑蘇之臺，七年不成(60)。及若此，則吴有離罷之心(61)。越王句踐視吴上下不相得，收其衆以復其讎。入北郭，徙大內(62)，圍王宫(63)，而吴國以亡(64)。昔者晉有六將軍(65)，而智伯莫爲强焉。計其土地之博，人徒之衆，欲以抗諸侯，以爲英名(66)。故差論其爪牙之士(67)，比列其舟車之衆(68)，以攻中行氏而有之。以其謀爲既已足矣(69)，又攻兹范氏而大敗之(70)。并三家以爲一家而不止(71)，又圍趙襄子於晉陽(72)。及若此，則韓魏亦相從而謀曰：「古者有語：『脣亡則齒寒(73)。』趙氏朝亡，我夕從之；趙氏夕亡，吾朝從之(74)。詩曰：『魚水不務(75)，陸將何及乎(76)？』」是以三主之君一心戮力(77)，辟門除道(78)，奉甲興士，韓魏自外，趙氏自內，擊智伯，大敗之(79)。

是故子墨子言曰：古者有語曰：「君子不鏡於水，而鏡於人。鏡於水見面之容，鏡於人則知吉與凶[80]。」今以功戰爲利，則蓋嘗鑒之於智伯之事乎[81]？此其爲不吉而凶，既可得而知矣。

---

① 「毀」字各本無。秋山云：「『譽』上疑脱『毀』字。」王校同。今依增。孫云：「情」亦與「誠」通，下並同。

② 王云：下有脱文。

③ 以上九字，舊在下文「至有數百萬人」之下，今校移於此。「爲」字古本並同，潛本、緜眇閣本、陳本始改「爲」作「已」。蓋俗本不知本句爲錯簡，見其文義不順，奮筆輒改也。此處舊有「是故子墨子曰古者有語云云」三十一字，今分别移入下文。

④ 「徒」，畢本作「徙」，舊本並作「徒」，今據正。「毋」，緜眇閣本、陳本、繹史本作「無」。

⑤ 孫云：此下依上文或當有「此不可以春秋爲者也」句。

⑥ 「飢」，唐本、緜眇閣本、堂策檻本、陳本、四庫本作「饑」。

⑦ 繹史本「計」作「託」。孫云：「嘗」猶試也，下同。「上」字誤，疑當作「出」。戰國策齊策云：「軍之所出，矛戟折，鐶弦絶，傷弩，破車，罷馬，亡矢〔一〕之大半。」

〔一〕「矢」，墨子閒詁原引誤作「失」，本書沿誤。據戰國策齊策五改。

⑧ 畢云：說文曰：「楃，木帳也。」「喔」當从木。孫云：「喔」，節葬下篇作「屋」，此俗作。周禮幕人鄭注云：「在旁曰帷，在上曰幕，四合象宮室曰幄。」史記孔子世家索隱云：「撥音伐，謂大盾也。」

⑨ 畢云：「往」，舊作「住」，一本如此。○案：「往」，諸本作「住」，潛本、寶曆本、李本、緜眇閣本、陳本、繹史本、畢本作「往」。「劼」，各本作「劫」，形近而譌。兼愛中篇「可謂畢劼有力矣」，今本亦作「劫」，誤與此同。爾雅釋詁曰：「劼，固也。」「劼」與下文「靡弊腐爛」文義相反。

⑩ 畢云：「腑」即「腐」字異文。「冷」、「爛」音相近，當爲「爛」。秋山云：「反」，一作「及」。○案：「冷」，道藏本、潛本作「泠」。「反」，道藏本、陸本、唐本、沈本、茅本、李本、堂策檻本、四庫本作「及」。下同。

⑪ 依下文例，「其」字當在上文「又與」之下。畢本「列往」作「歹往」。畢云：舊作「列往」，以意改。○案：寶曆本、李本作「往」，與畢改合。「列」字不誤。「列」者，比列整齊之意，與下文「碎折靡弊」文義相反。「列往」與上文「劼往」、下文「肥而往」語法相儷。

⑫ 「牛馬」，陸本、茅本、寶曆本、李本、堂策檻本、四庫本作「馬牛」。

⑬ 「反」，翻陸本、茅本、李本、堂策檻本、四庫本作「及」，誤。吴云：王念孫謂下「往」字衍，非是。此言肥往瘠反與往而不反二事也。

⑭ 寶曆本無「之」字。「糧」，諸本作「粮」，陸本、茅本、寶曆本、李本、堂策檻本、四庫本作「糧」，今從

之。　畢云：「粮」，俗。玉篇云：「粮同糧。」　孫云：周禮廩人：「凡邦有師役之事，則治其糧，與其食。」鄭注云：「行道曰糧，謂糒也。止居曰食，謂米也。」孟子梁惠王篇云「師行而糧食」，趙注云：「行軍皆遠轉糧食而食之。」

⑮ 四庫本「處」作「止」。

⑯ 各本「飲」作「飯」，今依王校改。　王云：「食飲不時」見下篇。

⑰ 吴云：「道」，由也。

⑱ 洪云：「后」當作「石」，即「祏」字省文。左氏昭十八年傳「使祝史徙主祏于周廟」，杜預注：「祏，廟主石函。」說文：「祏，宗廟主也。」　孫云：「后」與「後」字通。王制云「天子諸侯，祭因國之在其地而無主後者」，鄭注云「絶無後爲之祭主者」，即此義。　○案：「后」，潛本、緜眇閣本、陳本、繹史本作「後」。「主后」，孫說是也。禮記郊特牲曰「將以爲社稷主，爲先祖後」，又喪服小記曰「必嘗同居，皆無主後，有主後者爲異居」，國語周語曰「故亡其氏姓，踣斃不振，絶後無主」。

⑲ 孫云：雜守篇云「率萬家而城方三里」，孟子公孫丑篇亦云「三里之城，七里之郭」。

⑳ 「然」，聲借爲難易之難。難之本義爲鳥名，蓋亦因聲託事，借爲難易字也。然之古文爲「⿱艹難」、「⿱艹難」，可爲「然」、「難」音同之證。節用上篇「且不然已」，「然」亦借爲難易之難，例與此同。經說上篇「欲難其指」，論衡感虚篇「熯一炬火」，「難」、「熯」並借爲「然」。「⿰亻然」字亦可訓戁。皆可爲「然」、「難」通假之例。史記甘茂傳：「蘇代對向壽曰：甘茂許公仲以武遂，反宜陽之民，今公徒

收之，甚難。」戰國策韓策文略同。彼「徒」字、「難」字，義與此「徒」字、「然」字同。「徒」，空也。不用一兵，不殺一人，而得城郭，是謂「徒得」。攻城必用鋭，且有殺，無徒得之理，故曰「難」也。殺人多者以萬計，寡者以千計，然後三里之城七里之郭且可得也。

㉑ 韓子八説篇曰：「無難之法，無害之功，天下無有也。是以拔千丈之都，敗十萬之衆，死傷者軍之垂。」意與此近。

㉒ 耕柱篇曰：「評虛數千，不可勝入。」　畢云：「虛」，「墟」字正文，俗从土。　孫云：「虛」下疑脱「城」字。下文云「以争虛城」。

㉓ 畢云：舊作「人」，以意改。　○案：管子小匡篇曰：「墾草入邑，辟土聚粟。」

㉔ 畢云：王逸注楚辭曰：「衍，廣大也。」　○案：枚乘梁王菟園賦曰「臨廣衍」。周禮大司徒注：「下平曰衍。」

㉕ 畢云：此「闢」字之假音。「入」、「辟」爲韻。

㉖ 王云：「王民」，「士民」之誤。下同。　○案：「王民」當爲「人民」。下文「王民」同。公輸篇「吾義固不殺人」，宋本國策「人」作「王」，誤與此同。蓋「人」武后制字作「𤯔」，遂轉譌爲「王」耳。下篇曰「是人不足而地有餘也」。彼言「人不足」，此言「人民者所不足也」，立辭正同，可證。

㉗ 「也言曰」三字，諸本作「也言」，潛本、緜眇閣本、陳本、繹史本、畢本作「言曰」。今案「也言曰」三字當並有。下文曰「飾攻戰者之言曰」，此「也」字亦當爲「之」。　畢云：舊作「也言」，一本作

「言曰」。

㉘孫云：「吴」當作「越」。墨子時吴已亡，故下文以夫差亡吴事爲戒，不宜此復舍越而舉吴也。下篇云「今天下好戰之國齊晉楚越」，節葬下篇云「諸侯力征，南有楚越之王，而北有齊晉之君」，皆其證也。

㉙「地」字畢本無，舊本並有，今據補。

㉚「未至有」，緜眇閣本、陳本，作「未有至」，下同。

㉛「是故」三字本在上文「行政之不過失」下，與此處「故當攻戰而不可爲也」九字互錯，今互移之。「攻戰之速」四字本在下文「以爲英名」之下，「也」字本在上句「至有數千里」之下，潛本、緜眇閣本、陳本删去「也」字，非是，今並校移於此。「速」爲籀文「迹」字。漢沛相楊統碑「勳速藐矣，莫與争先」，「速」字義與此同。本或作「速」，速，召也。義亦可通。

㉜句。

㉝畢云：「祝」謂祝由，見素問。或云祝藥猶言疰藥，非。一本無「祝」字，非也。○案：潛本、緜眇閣本、陳本、繹史本「其祝藥之于」作「其藥于」，無「祝之」二字。「祝藥」者，經詛祝之藥也。抱朴子黄白篇曰：「夫醫家之藥，淺露之甚，而其常用效方，便復秘之。故方有用夜光骨、百花醴、冬鄒齋之屬，皆近物耳，而不得口訣，猶不可知。」可爲古人藥方多經口訣秘祝之證。

㉞蘇云：食者多而利者少，則非常行之藥。

㉟「尚」與「上」同，言久遠也。

㊱ 畢云：今山東莒州。

㊲「大國」，道藏本、陸本、唐本、茅本、堂策檻本作「夫國」，潛本、緜眇閣本、陳本無「大」字。

㊳ 孫云：國策齊策云「莒恃越而滅」，與此異。 ○案：「莒恃越而滅」，與此文不必異，孫説未審。

㊴ 蘇云：史記云：「楚簡王元年，北伐滅莒。」據此，則莒實爲齊滅，故其地在戰國屬齊。 孫云：戰國策西周策云「郲、莒亡於齊」，亦其證。

㊵ 孫云：左傳魯哀公十七年楚滅陳，史記管蔡世家「蔡侯齊四年，楚惠王滅蔡」，案在貞定王二十二年。 ○案：陳蔡均亡於楚，不應舍楚不言，疑有脱誤。

㊶「戰」下，藤校增「也」字。

㊷ 畢本作「中山諸國」。 畢云：四字舊作「且一不著何」五字，一本如此。 孫云：中山初滅於魏，後滅於趙，詳所染篇。然此「中山諸國」四字乃後人肊改，實當作「且不著何」四字。舊本作「且一不著何」，道藏本作「且不一著何」，並衍「一」字。「且」疑「柤」之借字。國語晉語「獻公田，見翟柤之氛」，韋注云「翟柤，國名」，是也。「不著何」亦北胡國。周書王會篇云「不屠何青熊」，孔晁注云：「不屠何亦東北夷也。」管子小匡篇「敗胡貉，破屠何」，尹注云：「屠何，東胡之先也。」劉恕通鑑外紀：「周惠王三十三年，齊桓公救燕，破屠何。」「屠」、「著」聲類同，「不著何」即「不屠何」

也。又王會伊尹獻令，正北有且略、豹胡，「且略」即此「且」及左傳「翟柤」，「豹胡」亦即「不屠何」，「豹」「不」、「胡」「何」並一聲之轉。不屠何，漢爲徒河縣，屬遼西郡，故城在今奉天錦州府錦縣西北。柤，據國語爲晉獻公所滅，所在無考。　○案：道藏本作「且一不著何」，孫謂作「且不一著何」者，蓋由於顧校本偶然筆誤，而孫氏又無原本以訂正之也。諸本並作「且一不著何」，無作「且不一著何」者。潛本、緜眇閣本、陳本作「中山諸國」四字。「且一」即「且略」，「一」與「略」皆聲助之辭，夷狄之言不甚諦也。在漢爲且如縣，屬代郡。

㊸ 孫云：「貊」，「貉」之俗，詳兼愛中篇。

㊹ 莒、陳、蔡等以攻戰亡國，皆往事，見事之可爲鑑戒者。以上二十九字在上文「刑政之不過失」下，今校移於此。此處原有「子墨子言曰古者王公大人」云云三十一字，今移於上篇之首。

㊺ 「閭」，群書治要引所染篇作「廬」，詳彼注。

㊻ 畢云：案史記闔閭九年入郢。吳越春秋云「九年十月，楚二師陳於柏舉」，即此事也。　俞云：「教」下疑脱「士」字。

㊼ 俞云：奉甲執兵奔三百里而舍，即教士之法，乃古所謂武卒者，見荀子議兵篇。　孫云：吕氏春秋簡選篇云「吴闔閭選多力者五百人，利趾者三千人，以爲前陳」，此云「奉甲執兵奔三百里而舍」，即多力利趾者也。

㊽ 畢云：淮南子地形訓作「澠阸」，高誘曰：「澠阸，今宏農澠池是也。」則在今河南永寧縣。　史記魏

世家云「秦攻冥阨之塞」，集解云：「徐廣曰：或以爲江夏鄳縣。」又杜預注左傳云：「漢東之隘道。」括地志云：「石城山在申州鍾山縣東南二十一里，魏攻冥阨即此山。」呂氏春秋、淮南子「九塞」，此其一也。玉海：「在信陽軍東南五十里。」今在河南信陽州東南九十里。　孫云：左傳定四年：「吴伐楚，舍舟於淮汭，自豫章與楚夾漢。左司馬戌謂子常曰：我悉方城外以毁其舟，還塞大隧、直轅，冥阨。」釋文云：「阨，本或作隘。」杜注云：「三者漢東之隘道。」案此「冥隘」即左傳之「冥阨」。史記蘇秦傳云「塞鄳阨」，亦即此。集解引徐廣云：「鄳，江夏鄳縣。」

㊾ 畢云：在今湖北麻城縣。元和郡縣志云：「麻城縣，黽頭山在縣東南十八里，舉水之所出也。春秋吴、楚戰於柏舉，即此地也。」　孫云：事見春秋定四年經。「柏舉」，杜注云：「楚地。」呂氏春秋首時篇高注云：「柏舉，楚南鄙邑。」

㊿ 左定四年傳：「吴入郢，以班處宫。」故云「中楚國」也。

51 諸本作「宋與及魯」，蘇云：「及魯二字誤倒，魯字屬上句，及字屬下句也。」案蘇校是也，今依乙。潛本、緜眇閣本、陳本無「與」字，蓋以臆删。孫謂左傳闔閭時無宋魯朝吴事，疑因哀七年夫差會魯於鄫，徵宋魯百牢事傅會之。案闔閭爲春秋時霸主，朝宋與魯事屬可能。墨子未必無據。

52 畢云：在今山東泰安縣東南。史記吴太伯世家云：「夫差七年，北伐齊，敗齊師於艾陵，至繒。」孫云：見春秋哀十一年經。

53 「大山」，潛本、緜眇閣本、四庫本作「太山」，陳本作「泰山」。蘇云：「大山」即「太山」，篇中

「太」多作「大」。魯問篇「齊太王」作「大王」是也。

(54) 畢云：史記索隱云：「韋昭云：三江，謂松江、錢塘江、浦陽江。」史記正義云：「顧夷吴地記云：松江東北行七十里，得三江口。東北入海爲婁江，東南入海爲東江，并松江爲三江。」

(55) 畢云：今浙江山陰會稽山。　孫云：左傳哀元年「吴王夫差敗越於夫椒，遂入越。越子以甲楯五千，保於會稽」，杜注云：「上會稽山也。」「葆」、「保」字通。「會稽山」詳節葬下篇。

(56) 孫云：爾雅釋地云：「九夷、八狄、七戎、六蠻，謂之四海。」王制孔疏云：「九夷，依東夷傳九種，曰畎夷、于夷、方夷、黄夷、白夷、赤夷、玄夷、風夷、陽夷。李巡注爾雅云：一曰玄菟，二曰樂浪，三曰高驪，四曰滿飾，五曰鳧臾，六曰索家，七曰東屠，八曰倭人，九曰天鄙。」案王制孔疏所云，皆海外遠夷之種別。此「九夷」與吴、楚相近，蓋即淮夷，非海外東夷也。書敘云：「成王伐淮夷，遂踐奄。」韓非子説林上篇云：「周公旦攻九夷，而商蓋服。」商蓋即商奄，則九夷亦即淮夷。春秋以後，蓋臣屬楚、吴、越三國。戰國時，又專屬楚。説苑君道篇説越王句踐與吴戰，大敗之，兼有九夷。淮南子齊俗訓云「越王句踐霸天下，泗上十二諸侯皆率九夷以朝」，戰國策秦策云「楚苞九夷，方千里」，魏策云：「張儀云：楚破南陽九夷，内沛，許、鄢陵危〔一〕。」文選李斯上秦始皇帝書説秦伐楚，「苞九夷，制鄢、郢」，李注云：「九夷，屬楚夷也。」若然，九夷實在淮、泗之間，北與齊、魯

〔一〕「危」，墨子閒詁原引誤「死」，本書沿誤，據戰國策魏策一改。

接壤，故論語「子欲居九夷」。參互校覈，其疆域固可攷矣。

(57) 孫云：月令「立冬，賞死事，恤孤寡」，鄭注云：「死事，謂以國事死者。孤寡，其妻子也。」

(58) 畢云：此「氓」字之假音。　孫云：「舍」、「予」聲近字通。「施舍」猶賜予也。左昭十三年傳云「施舍寬民」，又云「施舍不倦」，杜注云：「施舍猶云布恩德。」　○案：左成十八年傳曰「施舍已〔一〕責」，又襄九年傳「晉侯歸，謀所以息民，魏絳請施舍」，杜注並云：「施恩惠，舍勞役。」

(59) 「智」，緜眇閣本、陳本作「知」。

(60) 畢云：史記集解云：「越絶書曰：『闔閭起姑蘇之臺，三年聚材，五年乃成，高見三百里。』」顏師古注漢書伍被傳云：「吴地記云：因山爲名，西南去國三十五里。」今江南蘇州府治。　孫云：國語吴語説吴王夫差云「高高下下，以罷民於姑蘇」，韋注云：「姑蘇，臺名，在吴西，近湖。」案國語以築姑蘇臺爲夫差事，與此書正合。越絶以姑蘇爲闔閭所築，疑誤。　○案：任昉述異記曰：「吴王夫差築姑蘇之臺，三年乃成，崇飾土木，殫耗人力。」

(61) 蘇云：「罷」讀如「疲」。

(62) 王云：「大内」當爲「大舟」。隸書「舟」字或作「月」，與「内」相似而誤。　吴語〔二〕：「越王句踐襲吴，

〔一〕「已」原誤「己」，據左傳成公十八年改。

〔二〕「吴語」原誤「越語」，據王念孫讀書雜誌改。

入其郛，焚其姑蘇，徙其大舟。」韋注云：「大舟，王舟。」吴越春秋夫差内傳亦作「徙其大舟」。孫云：王説是也。吴語韋注云：「郛，郭也。徙，取也。」此哀十三年越入吴事，與二十年圍吴事不相涉，此類舉之耳。

(63) 孫云：國語吴語云「越師入吴國，圍王宮」，韋注云：「王宮，姑蘇。」

(64) 孫云：左傳哀二十年十一月，越圍吴；二十二年十一月，越滅吴。

(65) 孫云：「六將軍」，即六卿爲軍將者也。春秋時通稱軍將爲將軍，穀梁文六年傳云「晉使孤射姑爲將軍」是也。淮南子道應訓云：「趙文子問於叔向曰：晉六將軍，其孰先亡乎？」又人間訓云「張武爲智伯謀曰：晉六將軍，中行文子最弱」，許注云：「六將軍，韓、趙、魏、范、中行、智伯也。」

(66) 此處舊錯入「攻戰之速」四字，今移於上文。

(67) 「爪」，道藏本、陸本、唐本、茅本、堂策檻本誤「分」。

(68) 各本「比」作「皆」，又脱「其」字。今依王校補正。王云：「皆」當爲「比」。天志篇「比列其舟車之卒」，是其證。下篇「皆列」同。○案：寶曆本下篇正作「比列」，可爲王説之證。陸本、茅本、堂策檻本、四庫本「列」誤「別」。

(69) 「足」，堂策檻本、四庫本作「衆」。

(70) 孫云：「茲」字疑衍。「中行氏」即荀氏，「范氏」即士氏。左傳定十三年晉遂荀寅、士吉射，乃知伯瑤祖文子躒事。此及魯問篇並通舉，不復析別。淮南子人間訓亦謂張武爲智伯謀，伐范、中行，滅之。 ○案：孫考未審。左哀五年傳：「晉圍柏人，荀寅、士吉射奔齊。」是范、中行之滅，在晉定公二十二年，史記晉世家同，智伯身與其事。戰國策趙策：「知伯帥趙韓魏而伐范、中行氏，滅之。」亦其證也。「茲」即「范」之誤而衍者。

71 魯問篇曰「昔者智伯伐范氏與中行氏，兼三晉之地」，史記晉世家曰「知伯遂有范、中行氏地」，淮南子齊俗訓曰「智伯有三晉而欲不澹」，皆此事也。

72 孫云：事在魯悼公十五年。

73 孫云：戰國策趙策、淮南子人閒訓並以此爲張孟談説韓魏之君語。穀梁僖二年傳「虞宮之奇曰：語曰『脣亡則齒寒』」，左僖五年傳「語」作「諺」。

74 「吾」，潛本、緜眇閣本、堂策檻本、陳本、四庫本、畢本作「我」，道藏本、陸本、唐本、沈本、茅本、寶曆本作「吾」，今從作「吾」。 畢云：「我」，舊作「吾」，一本如此。

75 孫云：「務」疑當讀爲「鶩」。東魏嵩陽寺碑「朝野傾務」，「務」、「鶩」字通。淮南子主術訓云「魚得水而鶩」，高注云：「鶩，疾也。」 ○案：説文曰：「務，趣也。」又曰：「趣，疾也。」詩大雅「左右趣之」，毛傳云：「趣，趨也。」淮南子覽冥訓「而詹何之鶩魚於大淵之中」，注云：「言其善釣，令魚馳鶩來趨釣餌。」此「務」亦馳鶩之義。

76 王云：「陸將何及乎」不類詩詞，「乎」字蓋淺人所加。 蘇云：此蓋逸詩。

77 畢云：「戮」，「勠」字假音。

⑦⑧ 蘇云：「辟」同「闢」。

⑦⑨ 畢云：事俱見韓非子。

⑧⓪ 蘇云：書酒誥篇云：「古人有言曰：人無於水監，當於民監。」太公金匱陰謀有武王鏡銘，曰：「以鏡自照見形容，以人自照見吉凶。」二書所云與此合，蓋古語也。孫云：國語吳語云：「申胥曰：王盍亦鑑於人，無鑑於水。」○案：藝文類聚卷八及宋本御覽五十八引「古者有語」並作「古語」，「吉與凶」並作「吉凶」，蓋經刪節。

⑧① 畢云：蓋，同盍。

非攻下第十九

子墨子言曰：今天下之所譽善者①，其説將何哉②？爲其上中天之利，而中中鬼之利，而下中人之利，故譽之與③？意亡非爲其上中天之利，而中中鬼之利，而下中人之利，故譽之與④？雖使下之愚人⑤，必曰：「將爲其上中天之利，而中中鬼之利，而下中人之利，故譽之⑥。」今天下之所同義者⑦，聖王之法也。今天下之諸侯將猶多皆免攻伐并兼⑧，則是有譽義之名⑨，而不察其實也。此譬猶盲者之與人同命白黑之名，而不能分其物也，則豈謂有別哉？是故古之知者之爲天下度也，必順慮其義而後爲之行⑩。是以動則不疑，速通成⑪，得其所欲，而順天鬼百姓之利，則知者之道也⑫。是故古之仁人有天下者，必反大國之說⑬，一天下之和⑭，總四海之內⑮，焉率天下之百姓⑯，以農臣事上帝山川鬼神⑰。利人多，功故又大⑱，是以天賞之，鬼富之⑲，人譽之，使貴爲天子，富有天下，名參乎天地，至今不廢。此則知者之道也，先王之所以有天下者也。

今王公大人、天下之諸侯則不然，將必皆差論其爪牙之士⑳，比列其舟車之卒伍㉑，於此爲堅甲利兵㉒，以往攻伐無罪之國。入其國家邊境，芟刈其禾稼，斬其樹木，墮其城郭㉓以湮其溝池㉔，攘殺其牲牷㉕，燔潰其祖廟㉖，勁殺其萬民㉗，覆其老弱㉘，遷其重器㉙。卒進而柱乎鬬㉚，曰：「死命爲上，多殺次之，身傷者爲下。又況失列北橈乎哉㉛，罪死無赦㉜！」以譂其衆㉝。夫無兼國覆軍㉞，賊虐萬民，以亂聖人之緒㉟。意將以爲利天乎？夫取天之人，以攻天之邑，此刺殺天民，剝振神之位，傾覆社稷，攘殺其犧牲㊱，則此上不中天之利矣。意將以爲利鬼乎？夫殺之神㊲，滅鬼神之主，廢滅先王，賊虐萬民，百姓離散，則此中不中鬼之利矣。意將以爲利人乎？夫殺之人，爲利人也博矣㊳。又計其費，此爲害生之本㊴，竭天下百姓之財用不可勝數也，則此下不中人之利矣。

今夫師者之相爲不利者也，曰將不勇，士不分㊵，兵不利㊶，教不習，師不衆，卒不和㊷，威不圉㊸，害之不久㊹，爭之不疾，孫之不强㊺，植心不堅，與國諸侯疑㊻。與國諸侯疑，則敵生慮而意羸矣㊼。偏具此物㊽，而致從事焉，則是國家失卒㊾，而百姓易務也。今不嘗觀其説好攻伐之國㊿，若使中興師(51)，君子庶人也必且數千(52)，徒倍十萬(53)，然後足以師而動矣。久者數歲，速者數月。是上不暇聽治，士不暇治其官府，農夫不暇稼穡，婦人不暇紡績織紝(54)，則是國家失卒(55)，而百姓易務也。然而又與其車馬之罷弊也，幔幕帷蓋(56)，三軍之用，甲兵之備，五分而得其一，則猶爲序疏矣(57)。然而又與其散亡道路，道路遼遠，粮食不繼傺，食飲之時(58)，廝役以此飢寒凍餒疾病而轉死溝壑中者，不可勝計也(59)。此其爲不利於人也，天下之害厚矣。而王公大人樂而行之，則此樂賊滅天下之萬民也，豈不悖哉！今天下好戰之國齊晉楚越，若使此四國者得意於天下，此皆十倍其國之衆，而未能食其地也(60)，是人不足而地有餘也。今又以爭地之故而反相賊也，然則是虧不足而重有餘也(61)。

今逮夫好攻伐之君(62)，又飾其説以非子墨子曰：以攻伐之爲不義，非利物與(63)？昔者禹征有苗，湯伐桀，武王伐紂，此皆立爲聖王，是何故也？子墨子曰：子未察吾言之類，未明其故者也(64)。彼非所謂攻，謂誅也(65)。昔者有三苗大亂(66)，天命殛之(67)，日妖宵出(68)，雨血三朝(69)，龍生於廟，犬哭乎市(70)，夏冰，地坼及泉(71)，五穀變化，民乃大振(72)。高陽乃命玄宮(73)，禹親把天之瑞令(74)，以征有苗。四電誘祇(75)，有神人面鳥身(76)，若瑾以侍，搤矢有苗之祥[77]，苗師大亂，后乃遂幾[78]。禹既已克有三苗[79]，焉磨爲山川，別物上下[80]，鄉制大極[81]，而神民不違，天下乃静，則此禹之所以征有苗也。逮至乎夏王桀[82]，天有誥命[83]，日月不時，寒暑雜至[84]，五穀焦死[85]，鬼呼國[86]，鶴鳴十夕餘[87]。天乃命湯於鑣宫[88]，用受夏之大命：「夏德大亂，予既卒其命於天矣[89]，往而誅之，必使汝堪之[90]。」湯焉敢奉率其衆[91]，是以鄉有夏之境，帝乃使陰暴毁有夏之城[92]。少少[93]，有神來告曰：「夏德大亂[94]，往攻之，予必使汝大堪之。予既受命於天，天命融隆火于夏之城閒西北之隅[95]。」湯奉桀衆以克有夏[96]，屬諸侯於薄[97]，薦章天命[98]，通于四方，而天下諸侯莫敢不賓服，則此湯之所以誅桀也。逮至乎商王紂[99]，天不序其德[100]，祀用失時[101]，兼夜中十日[102]，雨土于薄[103]，九鼎遷止，婦妖宵出[104]，有鬼宵吟[105]，有女爲男[106]，天雨肉[107]，棘生乎國道[108]，王兄自縱也[109]。赤烏銜珪[110]，降周之岐社[111]，曰：「天命周文王伐殷有國[112]。」泰顛來賓[113]，河出緑圖[114]，地出乘黄[115]。武王踐功[116]，夢見三神曰[117]：「予既沈漬殷紂于酒德矣[118]，往攻之[119]，予必使汝大堪之[120]。」武王乃攻狂夫[121]，反商作周[122]，天賜武王黄鳥之旗[123]。王既已克殷，成帝之來[124]，分主諸神，祀紂先王[125]，通維四夷[126]，而天下莫不賓[127]，焉襲湯之緒[128]，此即武王之所以誅紂也[129]。若以此三聖王者觀之，則非所謂攻也[130]，所謂誅也。

則夫好攻伐之君，又飾其説以非子墨子曰：「子以攻伐爲不義，非利物與？昔者楚熊麗始封此睢山之閒[131]，越王繄虧[132]出自有遽[133]，始邦於越[134]，唐叔與吕尚邦齊、晉[135]。此皆地方數百里，今以并國之故，四分天下而有之[136]。是故何也[137]？子墨子曰：子未察吾言之類，未明其故者也。古者天子之始封諸侯也，萬有餘[138]。今以并國之故[139]，萬國有餘皆滅[140]，而四國獨立。此譬猶醫之藥萬有餘人，而四人愈也，則不可謂良醫矣。

則夫好攻伐之君又飾其説曰：我非以金玉子女壤地爲不足也，我欲以義名立於天下，以德來諸侯也[141]。子墨子曰：今若有能以義名立於天下、以德來諸侯者[142]，天下之服可立而待也。夫天下處攻伐久矣，譬若傳子之爲馬然[143]。今若有能信効先利天下諸侯者[144]，大國之不義也，則同憂之；大國之攻小國也，則同救之[145]；小國城郭之不全也，必使修之[146]；布粟乏絶則委之[147]；幣帛不足，則共之[148]。以此効大國，則小國之君説[149]。人勞我逸，則我甲兵强。寬以惠，緩易急，民必移[150]。易攻伐以治我國，攻必倍[151]。量我師舉之費，以諍諸侯之斃[152]，則必可得而享利焉[153]。督以正[154]，義其名，必務寬吾衆，信吾師，以此授諸侯之師[155]，則天下無敵矣，其爲下不可勝數也[156]。此天下之利，而王公大人不知而用，則此可謂不知利天下之巨務矣[157]。

是故子墨子曰：今且天下之王公大人士君子[158]，中情將欲求興天下之利，除天下之害，當若繁爲攻伐，此實天下之巨害也。今欲爲仁義，求爲上士，尚欲中聖王之道[159]，下欲中國家百姓之利，故當若非攻之爲説，而將不可不察者此也⑯⓪。

①王景羲云：「譽善」，當依下文作「譽義」。

②各本無「哉」字，王云：「天志篇曰：天下之所以亂者，其説將何哉。」今依增。

③「與」，諸本作「譽」，寶曆本作「與」，今從之。　王引之、蘇時學説同。

④王引之云：「『意』與『抑』同，『亡』與『無』同，皆語詞也。非命篇曰：『不識昔也三代之聖善人與？意亡昔三代之暴不肖人與？』」　蘇云：「『意』與『抑』義同。『亡』字疑衍，或有誤。」　〇案：「意亡」，抑也，轉語詞。「非爲其」之「其」，堂策檻本、四庫本脱。

⑤畢本移作「下愚之人」。

⑥「譽之」，緜眇閣本、陳本、繹史本並作「譽也」。

⑦畢云：「『義』舊作『養』，一本如此。」　〇案：「義」，諸本作「養」，堂策檻本、四庫本作「義」。

⑧俞云：「『免』字衍文。天志篇云『今天下之諸侯將猶皆侵凌攻伐兼并』，無『免』字，可證。」　〇案：以節葬下篇「今天下之士君子，將猶多皆疑惑厚葬久喪之爲中是非利害也」文例校之，「免」字似非衍文。「免」、「勉」之省文。晏子春秋諫上篇「今君不免成城之求，而惟傾城之務」，「免」讀爲「勉」，義與此同。李本「免」上有「不」字，義亦可通。益可證「免」字非衍文也。

⑨寶曆本「義」作「善」。

⑩ 王樹枏云：「順」當爲「愼」。古「順」字作「頂」，形近而譌。

⑪ 孫云：「速通成」當作「遠邇咸」，屬下讀。 ○案：孫改未塙。尚同中篇曰「助之思慮者衆，則其謀度速得矣。助之動作者衆，即其舉事速成矣」，尚同下篇曰「與人謀事，先人得之。與人舉事，先人成之」，荀子儒效篇曰「人有師有法而知，則速通。云能，則速成」，文意均與此相類。

⑫ 畢云：「知」同「智」。

⑬ 攻伐他國，廣闢土地，此大國之說也，故仁人反之。

⑭ 「和」，緜眇閣本、陳本、繹史本作「利」。

⑮ 句。

⑯ 戴云：「焉」猶乃也。

⑰ 洪云：左氏襄十三年傳「小人農力以事其上」，管子大匡篇「耕者用力不農，有罪無赦」，廣雅釋詁：「農，勉也。」

⑱ 戴云：「故」即「功」之衍文。蓋「功」一本作「攻」，因誤爲「故」，而寫者合之耳。 ○案：「又」疑「大」之誤而衍者。經上篇曰：「功，利民也。」利民即利人。「利人多，功故大」，文緊相承。若作「功又大」，則利人與功爲二事，義似較遜。

⑲ 畢云：「鬼」，舊作「愚」，以意改。 ○案：寶曆本作「鬼」，不誤。

⑳ 緜眇閣本、陳本、繹史本無「皆」字。道藏本、陸本、唐本、茅本、李本、緜眇閣本、陳本「爪」作「分」，

誤。

㉑「比」，諸本作「皆」，寶曆本作「比」，今從之。

㉒翻陸本「堅」作「賢」。

㉓畢云：「隓」，一本作「墜」。秋山校同。孫云：説文自部云：「敗城自〔一〕曰隓。」篆文作「墒」。「隓」即「墒」之變體。左傳僖三十二年杜注云：「隓，毀也。」○案：「隓」，翻陸本作「墮」，寶曆本作「隳」，均「隓」之俗變。陸本、茅本、李本、緜眇閣本、堂策檻本、陳本、繹史本、四庫本作「墜」。

㉔畢云：湮塞之字當爲「垔」。

㉕孫云：周禮牧人「掌牧六牲而阜蕃其物，以供祭祀之牲牷」，鄭注云：「六牲謂牛馬羊豕犬雞。牷，體完具。」鄭衆云：「牷，純色。」

㉖王引之云：「燔」與「潰」義不相屬。「潘潰」當爲「潘燎」。隸書「尞」字或作「𡘋」，與「貴」字相似，故字之從「尞」者或誤從「貴」。史記仲尼弟子傳索隱引家語有「申繚」，今本家語七十二弟子篇作「申繢」，趙策「魏殺呂遼」，下文又作「呂遺」，皆其類也。「燎」誤爲「燎」，又誤爲「潰」耳。此篇云「攘殺其牲牷，燔燎其祖廟」，天志篇云「焚燒其祖廟，攘殺其犧牷」，文異而義同也。

〔一〕「自」原誤「隓」，據墨子閒詁原引改，與説文合。

㉗舊本「剄」誤「勁」。寶曆本「殺」作「役」。畢云：「剄」字从刀。孫云：左傳定四年杜注云：「剄，取其首。」史記陳涉世家索隱引三蒼郭璞注云：「剄，刺也。」下文云「刺殺天民」，與此同義。

㉘孫云：逸周書周祝篇孔注云：「覆，滅也。」

㉙孟子梁惠王篇「毁其宗廟，遷其重器」，趙注云：「寶重之器。」

㉚「柱」，寶曆本作「桂」。秋山云：「柱」，一作「杜」。戴云：「柱」乃「極」字之誤。極，亟字之借。「乎」字衍。吴云：蒼頡篇：「柱，枝也。」

㉛「失列」，各本作「先列」，今依王校改。王云：「先列」當是「失列」之誤，謂失其行列也。「橈」，畢本作「撓」，舊本並作「橈」，今從舊本。吕氏春秋忠廉篇曰「將衆則必不撓北矣」，「北橈」即「撓北」也。孫云：國語吴語韋注云：「軍敗奔走曰北。」左成二年傳「師徒橈敗」，杜注云：「橈，曲也。」

㉜「赦」，諸本作「殺」，寶曆本作「赦」，今從之。王校同。

㉝「譂」，寶曆本作「殫」。秋山云：「殫」，一本作「譂」。畢云：説文、玉篇無「譂」字，古字言、心相近，即「憚」字。孫云：國語周語韋注云：「憚，懼也。」

㉞孫云：漢書貨殖傳注：「孟康云：無，發聲助也。」

㉟孫云：廣雅釋詁云：「緒，業也。」

㊱王云：「剥」與「振」義不相屬。「振」當爲「振」。説文：「剥，裂也。」廣雅：「振，裂也。」是「剥」、「振」皆裂也，故曰「剥振神位」。今本作「剥振神之位」，「之」字衍。「攘殺其犧牲」，「其」字衍。○案：陳本作「剥振神位」，無「之」字。廣韻：「振，裂也，動也。」「振」字似不誤。

㊲「殺之神」，陸本、茅本、寶曆本、李本、緜眇閣本、陳本、繹史本作「利之神」，道藏本、唐本、堂策檻本、四庫本作「殺之神」，今從之。畢本據下文改爲「殺之人」。戴云：畢本「殺」下脱「天」字。秋山云：「利之神」疑有脱誤。

㊳戴云：「殺」下脱「天」字。俞云：「博」疑當作「薄」。言殺人以利人，其利亦薄也。若作「博」字，則不可通。孫云：俞校是也。此疑當作「夫殺人之爲利人也，薄矣」。○案：俞、孫説近是。「博」、「薄」之聲借。

㊴「害」，各本作「周」，今依王校改。王云：「周」字義不可通，「周」當作「害」。財者，生之本也。用兵而費財，故曰「害生之本」。隸書「害」字或作「害」，與「周」相似而誤。

㊵畢云：「分」同「忿」。孫云：「分」疑「奮」聲近假借字。

㊶「兵」即上文「堅甲利兵」之「兵」。

㊷「卒」，畢本作「率」，舊本並作「卒」，今據正。諸本「和」上有「利」字，緜眇閣本無，今據删。秋山云：「利和」之「利」疑衍。俞校同。

㊸孫云：「圉」與「彊圉」義同。逸周書謚法篇云：「威德剛武曰圉。」

㊹ 吴云：「害」者，「遏」之借字。　孫云：「害」當作「圍」，形近而誤。

㊺ 孫云：「孫」疑當作「係」。蓋謂係纍民人。

㊻ 「與國」，黨與之國也。

㊼ 「羸」，畢本作「羸」，舊本並作「羸」，今據正。史記蘇秦傳索隱云：「羸，猶勝。」

㊽ 畢云：「偏」當爲「徧」。　王云：古多以「偏」爲「徧」，不煩改字。非儒篇「遠施用偏」，檀弓「二名不偏諱」，大戴記勸學篇「偏與之而無私」，漢三公山碑「偏雨四海」，皆以「偏」爲「徧」。

㊾ 「卒」，諸本作「卒」，緜眇閣本作「率」，今從之。孟子盡心篇「變其彀率」，注云：「率，法也。」漢書高帝紀集注云：「率，計也。」　畢云：「卒」，一本作「足」。

㊿ 寶曆本「嘗」作「當」。　秋山云：「當」，一作「嘗」。

(51) 曹云：「中」，言不大也。　〇案：「中」猶誠也。荀子成相篇「欲對衷，言不從」，楊注：「衷，誠也。」「衷」即「中」字。

(52) 孫云：「君子」下有脱字，疑當云「君子數百」。

(53) 「倍」猶負也，謂負擔給役之人。下文「厮役」即承此而言。戰國策韓策曰：「料大王之卒悉之不過三十萬，而厮徒負養在其中矣。」

(54) 畢云：説文云：「紡，網絲也。」「績，緝也。」「織，作布帛之總名也。」「紝，機縷也。絍，或字。」

(55) 「率」，諸本作「卒」，繹史本作「足」，緜眇閣本作「率」，今從之。義見上文。

(56) 孫云：説文巾部云：「幔，幕也。」廣雅釋器云：「幔，帳也。」「幕」、「帷」詳中篇。

(57) 孫云：「序疏」疑當爲「厚餘」，皆形之誤。厚餘，言多餘也。孫子作戰篇：「國之貧於師者，力屈財殫，中原内虚於家。百姓之費，十去其七。公家之費，破車罷馬，甲胄、矢弓、戟盾、矛櫓、丘牛、大車，十去其六。」此説與彼略同。

(58) 「粮」，中篇作「糧」。　畢云：「粮」，俗。　王云：「傺」字與上下文義不相屬，未詳。「之時」當爲「不時」。「食飲不時」與「粮食不繼」對文。　俞云：「傺」即「際」字。張遷碑「臈正之傺」是也。昭四年左傳「爾未際」，孟子萬章篇「敢問交際何心也」，杜預、趙岐注並曰：「際，接也。」疑墨子原文本作「粮食不傺」，不傺即不接也。與中篇所云「粮食輟絶而不繼」文異義同。後人不達「傺」字之義，據中篇改爲「不繼」，而寫者兩存之，遂作「不繼傺」耳。

(59) 「厮」，各本作「厠」，今依王校改。　王云：「厠役」當爲「厮役」之誤。宣十二年公羊傳「厮役扈養，死者數百人」，是其證。

(60) 「食」謂墾耕。　禮記檀弓「我死，則擇不食之地而葬我焉」，鄭注云：「不食，謂不墾耕。」

(61) 「重」，畢本譌「動」，舊本並作「重」，今據正。

(62) 「逮」，諸本作「還」，寶曆本作「逮」，今從之。　洪云：「還」當爲「遝」字之譌。遝、逮古字通用。

(63) 「伐」，舊本作「罰」。　畢云：「以攻伐之」，據後文當云「子以攻伐」。

(64) 孫云：大取篇云：「辭以故生，以理長，以類行。」

(65) 孫云：依下文，「謂」上亦當有「所」字。説文言部云：「誅，討也。」謂討有罪與攻伐無罪之國異。

(66) 王云：「有」字即「者」字之誤而衍者，今據開元占經、太平御覽引刪。○案：以下文「禹既已克有三苗」校之，則「有」字非衍文。類書所引或有删節。下文又曰「有夏」，此「有」字與彼同。

(67) 王樹枏云：開元占經一百一引「殛」作「墊」。○案：宋本、蜀本御覽五百三十一引作「殛」，與本書同。

(68) 「宵」，道藏本、陸本、唐本、茅本、緜眇閣本作「賓」，誤。日以宵出，故謂之「妖」。孫云：通鑑外紀引隨巢子、汲冢紀年云：「三苗將亡，日夜出，晝日不出。」疑「妖」是衍文。

(69) 孫云：開元占經三引太公金匱云：「有苗時，天雨血，沾衣。」

(70) 各本脱「於」字，又「犬」作「大」，今依王校補正。王云：「龍生廟」當作「龍生於廟」，方合上下句法。太平御覽禮儀部十引此正作「龍生於廟」。「大哭乎市」文義不明。「大」當爲「犬」，「犬哭乎市」與「龍生於廟」對文。開元占經犬占引墨子曰「三苗大亂，犬哭于市」，太平御覽獸部引隨巢子曰「昔三苗大亂，龍生於廟，犬哭于市」，皆其證。秋山云：「大」疑「犬」誤。

(71) 畢云：太平御覽引此云：「三苗欲滅，時地震坼，泉湧。」○案：蜀本御覽八百八十引如畢説，無「坼」字。

(72) 畢云：同「震」。

(73) 畢云：「舜」，高陽第六世孫，故云。王云：此當作「高陽乃命禹於玄宫」，下文禹征有苗，正承此文而言。又下文「天乃命湯於鑣宮」，與此文同一例。今本脱「禹於」二字，則文義不明。孫云：藝文類聚符命部引隨巢子云「天命禹夏於玄宮，有大神人面鳥身」云云，則非高陽所命也。此文疑有脱誤。今本竹書紀年：「帝舜三十五年，帝命夏后征有苗，有苗氏來朝。」

(74) 畢云：「把」，文選注引作「抱」。説文云：「瑞，以玉爲信也。」孫云：「令」，文選東京賦李注引作「命」。説文手部云：「把，握也。」

(75) 孫云：疑當爲「雷電誖振」。「雷」壞字爲「田」，又誤爲「四」。「誖」「誘」、「祗」「振」形並相近。「誖」「勃」、「振」「震」字通。書無逸云「治民祗懼」，史記魯世家「祗」作「震」，是其證也。

(76) 孫云：即明鬼下篇秦穆公所見之句芒也。

(77) 秋山云：「若瑾」以下十字，疑有脱誤。孫云：「若瑾」疑「奉珪」之誤。「若」鐘鼎古文作「□」，「奉」篆文作「□」，二形相似。「珪」、「瑾」亦形之誤。

(78) 「后」，畢本作「後」，舊本並作「后」，今從舊本。孫云：説文丝部云：「幾，微也。」言三苗之後世遂衰微也。

(79) 句。

(80) 王云：「焉」猶於是也、乃也。下文「湯焉敢奉率其衆」、武王「焉襲湯之緒」，義並與此同。

「磿」字各本作「磨」，今依王校改。王云：「磨」字義不可通。「磨」當爲「磿」，「磿」與「歷」通。歷之言離也。大戴記五帝德篇曰「歷離日月星辰」，是歷與離同義。淮南精神篇曰「別爲陰陽，離爲八極」，然則磿爲山川亦謂離爲山川也。離與磿皆分别之義，故曰「磿爲山川，别物上下」。世人多見「磨」，少見「磿」，故書傳中「磿」字多譌作「磨」。顔氏家訓勉學篇曰「太山羊肅讀世本『容成造磿』，以『磿』爲碓磨之『磨』。」則以「磿」爲「磨」，自古已然矣。

81 「鄉」，諸本作「卿」，翻陸本作「鄉」，今從之。　孫云：「卿制大極」疑當爲「鄉制四極」，「鄉」即「饗」之省。　○案：「大」字不誤。易林家人曰「生有聖德，上配大極」，又見歸妹與兑。文選晉紀總論「至於世祖，遂享皇極」，李注云：「皇極，大中也。」呂濟注云：「享，當也。皇極，天子位也。言武帝受禪，遂當大中之位。」案「鄉」、「享」字通。此言「鄉制大極」，彼言「享皇極」，文異而義同。

82 「逮」，諸本作「還」，茅本、寶曆本、李本、緜眇閣本作「逮」，今從之。王、洪校「還」作「遝」，「遝」與「逮」同。逮，及也。「王」，道藏本、陸本、唐本、茅本、李本作「至」。

83 「誥」，諸本作「軲」，四庫本作「誥」，今從之。説文曰：「誥，告也。」畢云：「軲」當是「誥」字。

孫云：「軲」疑當爲「酷」，謂嚴命也。一切經音義云：「酷，古文俈、嚳、焅三形。」

84 孫云：易釋文引孟喜云：「雜，亂也。」謂寒暑錯亂，而至失其恒節。

85 孫云：史記龜策傳説桀紂云：「天數枯旱，國多妖祥，螟蟲歲生，五穀不成。」

86 王云：「呼」下當有「於」字，方合上下句法。　孫云：御覽八十二引帝王世紀亦云「鬼呼於國」。　劉師培云：開元占經一百十三引作「鬼呼於國」，復引作「鬼叫於國」，「呼」、「叫」異文，

「國」上並有「於」字，王校是也。

㉗「鶴」，諸本作「鸖」，畢本作「鶮」，寶曆本作「鶴」，今從之。　盧云：「鶮」字未詳，若作「鸖」，與「鶴」同。　孫云：「鶴」字，唐姚元景造象記作「鸖」，楚金禪師碑作「鶮」，並俗書譌變。通鑑外紀夏紀云「鶴鳴於國十日十夕不止」，即本此文。通志夏紀「鶴」作「鸛」，疑誤。

㉘畢云：舊脱「天」字，據文選注增。「鑣」，藝文類聚引作「驪」，文選注作「鑣」。　劉師培云：類聚見卷十，文選見褚淵碑文注。今考初學記二十四「湯有鑣宫」，注云：「見墨子，湯所受命之宫。」御覽三百五引墨子云：「湯在鑣宫，夢神。謂之曰：夏桀無道，汝克戡之。」玉海百五十五引此文亦作「天命湯於鑣宫」。是古本作「鑣」不作「驪」，與今本同。　〇案：宋本、蜀本御覽引「鑣」作「鏕」。「鑣」與「鏕」、「驪」並形近易譌。

㉙此八字疑當在下文「有神來告曰夏德大亂」之下，説詳彼注。

㉚秋山云：「堪」、「戡」同。　畢云：文選注、藝文類聚引作「戡」，此「𢦏」字之假音。説文云：「𢦏，殺也。」爾雅云：「堪，勝也。」　孫云：「夏德大亂」以下四句，文義與下文重複，疑校書者附記異同，遂與正文淆混。文選辯命論、褚淵碑文注兩引亦無此數語。畢所校乃下文之異文也。

㉛「焉」字義見上文。

㉜吴云：「陰暴」，神名。

㉝「少少」，言不久之時也。春秋繁露暖燠孰多篇「清溧之日少少耳」，義與此同。

(94) 上文「予既卒其命於天矣」八字，疑爲此下脱文。此文爲神告，故言「卒其命於天」。上文爲天命，則不當又言「卒其命於天矣。」此文神曰「夏德大亂，予既卒其命於天矣」，下文三神曰「予既沈漬殷紂於酒德矣」，文例正同。諸「予」字並指神言。

(95) 畢云：「隆」疑作「降」。言命祝融降火。王云：「降」與「隆」通，不煩改字，詳尚賢中篇。孫云：國語周語内史過説夏亡，「回禄信於聆隧」，韋注云：「回禄，火神。聆隧，地名。」左昭十八年傳鄭災，「禳火於玄冥、回禄」，孔疏云：「楚之先吴回爲祝融，或云回禄即吴回也。」是「融」即「回禄」，此與周語所云即一事也。備城門篇云「城四面四隅」。

(96) 各本無「夏」字，今依戴説增。

(97) 畢云：此作「薄」，是也。管子地數云「湯有七十里之薄」，周書殷祝解云「湯放桀而復薄」，荀子議兵云「古者湯以薄，武王以滈」，吕氏春秋云「湯嘗約於郼薄」，皆作「薄」。地理志云：「河南偃師尸鄉，殷湯所都。」是今河南偃師也。史記集解云：「皇甫謐曰：梁國穀孰爲南亳，即湯都也。」括地志云：「宋州穀孰縣西南三十五〔一〕里南亳故城，即南亳，湯都也。宋州北五十里大蒙城爲景亳，湯所盟地，因景山爲名。河南偃師爲西亳，帝嚳及湯所都，盤庚亦從都之。」又案：「薄」，惟孟子作「亳」，非正字也。亳，京兆杜陵亭名，見説文。别有亳王，號湯，在今陝西三原縣，地各不同。

〔一〕「五」，畢刻本原引脱，本書沿誤。墨子閒詁引有「五」字，今據補，與史記殷本紀正義所引合。

孫云：禮記經解鄭注云：「屬猶合也。」

(98) 孫云：爾雅釋詁云：「薦，進也。」儀禮士冠禮鄭注云：「章，明也。」

(99) 「逮」，諸本作「還」，寶曆本作「逮」，今從之。　王云：「還」當爲「遝」，與「逮」通。　畢云：文選注引作「商王紂時」，太平御覽作「紂之時」。

(100) 王云：「序」，順也。言天不順紂之德。非樂篇引湯之官刑曰「上帝不順」，是也。爾雅云：「順，敍也。」「敍」與「序」同。法言問神篇曰「事得其序之謂訓」，「訓」與「順」同。周語曰「周旋序順」，「序」亦「順」也。逸周書序曰：「文王告武王以序德之行。」　俞云：「序」乃「享」字之誤。莊子則陽篇「隨序之相理」，釋文曰「序，一本作享」，是其例也。「天不享其德」，文義甚明。字誤作「序」，不可通矣。　孫云：俞說是也。尚賢中篇云「則天鄉其德」，「鄉」亦與「享」通。

(101) 孫云：史記龜策傳說桀紂云「逆亂四時，先〔一〕百鬼嘗」，蓋言祭祀不以時舉也。

(102) 「中」字疑衍。宋本、蜀本御覽三十七引作「商王紂不德，兼夜十日，雨土於亳」，又八十三引作「紂之時，十日雨土于亳」，正無「中」字。「兼夜十日」者，言十日夜出，不僅一夜也。

(103) 畢云：太平御覽引作「亳」，假音字。　孫云：李淳風乙巳占亦引墨子曰「商紂不德，十日雨土於亳」，今本紀年「帝辛五年，雨土于亳」。　○案：舊本「土」作「王」，誤。

〔一〕「先」，墨子閒詁原引誤「失」，本書沿誤，據史記龜策傳改。

⑩④ 「宵」，道藏本、陸本、唐本、茅本、緜眇閣本、堂策檻本作「窅」，寶曆本作「霄」。

⑩⑤ 「宵」，陸本作「窅」，寶曆本及宋本、蜀本御覽八十三引並作「霄」。　孫云：文選蘇子卿古詩李注引蒼頡篇云：「吟，歎也。」

⑩⑥ 王樹枬云：太平御覽皇王部引作「有男爲女」。　○案：「宋本、蜀本御覽引作「有男女爲」，蓋「男」字錯於「女爲」之上，翻刻本御覽又以意乙爲「有男爲女」耳。

⑩⑦ 宋本、蜀本御覽八百七十七引作「殷紂滅年，天雨肉，其年爲周武王所滅」。

⑩⑧ 孫云：「國道」，謂國中九經九緯之涂也。

⑩⑨ 王云：「兄」與「況」同。況，益也。言紂益自放縱也。小雅常棣篇「況也永嘆」，毛傳曰：「況，茲也。」茲與滋同。滋，益也。晉語「衆況厚之」，韋注曰：「況，益也。」無逸「則皇自敬德」，漢石經「皇」作「兄〔一〕」，王肅本作「況」，云：「況滋〔二〕益用敬德。」大雅桑柔篇「倉兄填兮」、召旻篇「職兄斯弘」，毛傳並曰：「兄，茲也。」　顧説同。

⑪⓪ 畢云：「烏」，太平御覽引作「雀」。「珪」，初學記引作「書」。　孫云：太平御覽時序部引尚書中候云：「周文王爲西伯，季秋之月甲子，赤雀銜丹書入豐，止于昌户。王乃拜，稽首受取，曰：

〔一〕「兄」原誤「況」，據王念孫讀書雜志原引改，與熹平石經原文合。

〔二〕「況滋」原誤倒作「滋況」，據讀書雜志乙正，與尚書無逸孔疏所引合。

姬昌蒼帝子，亡殷者紂也。」宋書符瑞志同。史記周本紀正義〔一〕引尚書帝命驗云「季秋之月甲子，赤爵銜丹書入于酆，止于昌戶。其書云：敬勝怠者吉」云云，與大戴記武王踐阼篇丹書文同，與此異。以上諸書並作「銜書」，與初學記同。吕氏春秋應同篇云「文王之時，赤烏銜丹書，集之周社」，亦與此書降岐社事同。疑皆一事，而傳聞緣飾不免詭異耳。○案：「烏」，陸本、茅本、寶曆本、李本、緜眇閣本、堂策檻本作「鳥」。藝文類聚十二引作「赤烏銜珪」，又九十八及九十九兩引並作「烏」。明鈔本北堂書鈔卷二，有「赤烏御珪、赤烏御書」八字，不注所出，又一百二十引作「赤烏啣書」，又引作「赤烏啣書」。初學記二十二引作「赤烏銜書」。宋本、蜀本御覽八十四引作「赤雀銜珪」，八百六引作「赤烏銜圭」，九百二十引作「赤烏銜珪」。曰「烏」、曰「鳥」、曰「雀」，或「珪」、或「圭」、或「書」，字各不同。不知孰爲正字。論衡初禀篇曰「文王得赤雀，武王得白魚、赤烏」，是「赤雀」、「赤烏」本爲二事。援引之者或混爲一談，故多歧互與？

(111) 孫云：今本紀年：「帝辛三十二年，有赤烏集於周社。」○案：蜀本御覽八百六及九百二十引「岐」並作「歧」。宋本御覽仍作「岐」，與本書同。

(112) 畢云：太平御覽云「命曰：周文王伐殷」，事類賦云「命代殷也」。○案：宋本、蜀本御覽八十四引作「曰：命周文王伐於殷」，又八百六作「曰：天命周文王伐殷」，又九百二十作「曰：命周

〔一〕「正義」上，墨子閒詁原誤衍「集解」兩字，本書沿誤，據史記刪。

文王伐殷」，均與畢引御覽異。藝文類聚九十九引作「曰：命周文王代殷」。

⑬ 泰顛，見尚賢上篇。

⑭ 孫云：北堂書鈔地部引隨巢子云：「姬氏之興，河出緑圖。」淮南子俶真訓云：「至德之世，洛出丹書，河出緑圖。」易緯乾鑿度云：「昌以西伯受命，改正朔，布王號於天下，受籙應河圖。」緑、籙通。○案：「緑」，道藏本、陸本、唐本、茅本、李本、堂策檻本作「緣」，誤。類聚九十八引作「録」，九十九引作「籙」。「緑」、「録」、「籙」並字通。御覽九百二十引無「緑」字。

⑮ 孫云：周書王會篇云：「白民乘黄。乘黄者，似狐，其背有兩角。」山海經海外西經同。○案：管子小匡篇曰：「昔人之受命者，龍龜假，河出圖，雒出書，地出乘黄。」宋本御覽八百九十六引符瑞圖曰：「王者，車馬有節則見騰黄。騰黄者，神馬也。其色黄，一名乘黄，亦曰飛黄，或曰吉黄，或曰翠黄，一名紫黄。其狀如狐，背上有兩角。」

⑯ 孫云：「踐功」疑「踐阼」之誤。○案：「踐功」似不誤，言武王踵述文王之事功。

⑰ 畢云：舊脱此字，據文選注、藝文類聚增。○案：文選辯命論李注及藝文類聚卷十引並無「夢」字。

⑱ 秋山云：「漬」，一作「瀆」。畢云：「漬」，藝文類聚引作「瀆」。孫云：書微子「我用沈酗于酒」，孔疏云：「人以酒亂，若沈於水，故以耽酒爲沈也。」史記宋世家：「紂沈湎于酒。」詩小雅釋文云：「漬，淹也。」一切經音義引通俗文云：「水浸曰漬。」

(119) 類聚引「往」上有「汝」字。

(120) 畢云：「堪」，藝文類聚、文選注引作「戡」。

(121) 孫云：「攻狂夫」疑當作「往攻之」。　王景羲云：孫說非。「狂夫」如孟子之「獨夫」、箕子之「狡童」。　○案：王說近是。北齊書許遵傳「吾筮此狂夫，何時得死」，「狂夫」指齊文宣帝，文與此相類。說苑指武篇：「周公對武王曰：臣聞之，攻禮者爲賊，攻義者爲殘。失其民，制爲匹夫。王攻其失民者也，何攻天子乎？」是周公亦以紂爲匹夫矣。

(122) 「作」，諸本作「之」，緜眇閣本作「作」，今從之。寶曆本作「及商之周」。

(123) 畢云：「賜」，太平御覽引作「錫」。北堂書鈔引隨巢子云「天賜武王黄鳥之旗」，抱朴子云「武王時興，天給之旗」。　○案：明鈔本北堂書鈔卷二有此句，未注所出，又一百二十凡兩引，並與本書同。畢注謂引隨巢子，則爲陳禹謨改刊本書鈔所誤。類聚九十八及九十九引「賜」並作「錫」。初學記二十二引與本書同。宋本、蜀本御覽八十四及九百二十引「賜」作「錫」，又三百五引仍作「賜」。

(124) 緜眇閣本「成」作「乘」。　畢云：「來」當爲「賚」。　孫云：周書商誓篇云「武王曰：予惟甲子克致天之大罰，□帝之來，革紂之□，予亦無敢違天命」，與此文意略同。

(125) 淮南子主術訓、道應訓並曰「武王伐紂，朝成湯之廟」，又泰族訓曰「武王入據殷國，朝成湯之廟」。

(126) 孫云：「維」當作「于」。上文說湯云「通于四方」。

⑫⑦ 句。

⑫⑧ 孫云：詩魯頌閟宫云「纘禹之緒」，毛傳云：「緒，業也。」

⑫⑨ 王樹枏云：「此即」當爲「即此」誤倒。「即」與「則」同。上文「則此禹之所以征有苗也」、「則此湯之所以誅桀也」，「則此」即「即此」，句法當一律。

⑬⓪ 堂策檻本、四庫本無「也」字。

⑬① 「封」，諸本作「討」，寶曆本作「封」，今從之。畢云：「討」字當爲「封」。史記楚世家云：「鬻熊子事文王，蚤卒。其子曰熊麗。」「雎」即江漢沮漳之沮。孫云：史記楚世家：「熊繹當周成王之時，舉文武勤勞之後嗣，而封熊繹於楚蠻。」是始封楚者爲熊麗之孫繹，與此書不同。梁玉繩云：「麗」是繹祖，「雎」爲楚望，然則繹之前已建國楚地，成王蓋因而封之，非成王封繹始有國耳。○案：潛夫論志氏姓篇曰：「芈姓之裔熊嚴，成王封之於楚，是謂粥熊。又號粥子。」是又以熊嚴爲楚始封之君，與本書及史記均不同。

⑬② 盧云：即無餘也。「緊」舊作「緊」，非，以意改。畢本從之。孫云：「無餘」見越絶書外傳記地篇，吴越春秋越王無余外傳字作「余」，同。依盧校「緊虧」即「無餘」，但無餘遠在夏世，而史記越世家則謂句踐始爲越王。史記正義引輿地志云：「周敬王時，有越侯夫譚，子曰允常，拓土始大，稱王。」案允常爲句踐父。○案：漢書古今人表亦云「越王允常」，並與史記不同。此越王或當是允常，亦未能决定也。「越王緊虧」即「越王翳」，詳後。

133 孫云：史記越世家云：「其先禹之苗裔，而夏后帝少康之庶子也。封於會稽，以奉守禹之祀。」吳越春秋云：「少康恐禹迹宗廟祭祀之絶，乃封其庶子於越，號曰無餘。」水經漸江水注云：「夏后少康封少子杼以奉禹祠，爲越。」則與帝杼同名，疑誤。水經注又云：「秦望山南有嶕峴，峴里有大城，越王無餘之舊都也。故吳越春秋句踐語范蠡曰：先君無餘，國在南山之陽。」則酈氏亦兼據趙説矣。但此云「出自有遽」，古籍無徵。國語鄭語云「芈姓夔越」，與史記不同。吳語韋注云：「越王句踐，祝融之後、允常之子，芈姓也。」又引世本亦云：「越，芈姓也。」漢書地理志顔注引臣瓚亦據世本明越非禹後。史記楚世家云：「熊渠立其長子康爲句亶王，中子紅爲鄂王，少子執疵爲越章王。」孔廣森云：「越即越章也。」若然，此「出自有遽」或當云「出自熊渠」。○案：鄭語「芈姓夔越」之「越」，是否「越王句踐」之「越」，尚是疑問。據史記，熊渠封子事當周夷王時，其時楚之勢力恐不能出於今之兩湖，何能封其子於懸隔千里之會稽？「越章王」「越」字，系本作「就」，大戴記作「戚」。是「越」字亦不能塙定，更無從傅會及於句踐之越矣。竊以爲「越王緊虧」即「越王翳」，「有遽」即「無餘」。緊、翳字同，遽、餘、余、杼皆一聲之轉。虧、有、無皆聲之助。楚、齊、晉久爲強國，史事較爲當時人所知，故僅舉始封之君。於越則先舉今王，次溯及始封之君。文意雖四國平列，敘事則詳略微別也。

134 有遽始邦於越。

135 唐叔虞封於唐，後改稱晉。

⑬⑥ 蘇云：墨子當春秋後，其時越方強盛，而晉尚未亡，故以荆、越、齊、晉爲四大國。不數秦者，時秦方衰亂故也。此可徵墨子在孔子後，而未及戰國也。凡書中涉戰國時事者，皆其徒爲之爾。

⑬⑦ 李本作「是何故也」。

⑬⑧ 畢云：呂氏春秋用民篇云：「當禹之時，天下萬國，至於湯而三千餘國。」戴云：「餘」下當補「國」字。　王樹枏云：依下文「萬」下當補「國」字。　○案：左哀七年傳曰：「禹合諸侯於塗山，執玉帛者萬國，今其存者無數十焉。」

⑬⑨ 「故」，堂策檻本、四庫本作「國」。

⑭⓪ 戴云：「萬國有餘」當作「萬有餘國」。　○案：兼愛中篇曰「百人有餘」，貴義篇曰「必千人有餘」，句法與此同。

⑭① 「來」，畢本作「求」。　畢云：「求」，一本作「來」，下同。　秋山云：「求」，一作「來」。○案：「來」，道藏本、陸本、唐本、茅本、寶曆本、李本作「求」，沈本、緜眇閣本、堂策檻本、四庫本作「來」。「來」字義長，且與下文一律，今從之。義如論語季氏篇「遠人不服，則脩文德以來之」之「來」。「求」字義亦可通，國語晉語曰「何以求諸侯」。

⑭② 「來」，畢本作「求」，舊本並作「來」，今從舊本。

⑭③ 畢云：「傳子」，言傳舍之人。　王云：畢説非也。「傳」當爲「僮」，字之誤也。僮，今「童」字也。説文：「僮，未冠也。」耕柱篇曰：「大國之攻小國，譬猶童子之爲馬也。童子之爲馬，足用而

勞。今大國之攻小國也，攻者農夫不得耕，婦人不得織，以守爲事。攻人者亦農夫不得耕，婦人不得織，以攻爲事。故大國之攻小國也，譬猶童子之爲馬也。」是其證。蘇校同。吴云：「傳」爲「孺」之誤。孫云：「傳」或當爲「孺」，「孺」俗作「孺」，與「傳」形近。孺子、僮〔一〕子義同。○案：王、蘇說較長。「傳」，諸本作「傳」，爲「傳」之俗體。寶曆本作「傳」，堂策檻本、顧校李本、四庫本作「傳」。

⑭④ 後漢書竇融傳曰「帝以融信效著明」。

⑭⑤ 「救之」，陸本、茅本、緜眇閣本作「之救」，誤倒。

⑭⑥ 「全」，完也。

⑭⑦ 「乏絶」，各本作「之絶」，今依王校改。王云：「之絶」二字不詞，當是「乏絶」之誤。月令曰「賜貧窮，振乏絶」，是也。「委」讀委輸之委。孫云：王說是也。周禮小行人云：「若國凶荒，則令賙委之。」

⑭⑧ 畢云：「共」同「供」。

⑭⑨ 孫云：「効」讀爲「交」。「小國」，疑當爲「大國」。張純一云：當作「以此効大國，則大國之君說。以此効小國，則小國之君說」。○案：本文似無脱誤。戰國策秦策「韓魏之強，足以校

〔一〕「僮」原作「童」，據墨子閒詁改。

於秦矣」，高注云：「校猶亢也。」此「効」字義與彼「校」字同。「以此効大國」，言以此抗禦大國也。上文「大國之攻小國也，則同救之」云云，正所謂「以此効大國」也。小國得救，故悦。墨家非攻伐，主救守，故其言如此。

(150) 孫云：呂氏春秋義賞篇云「賞重則民移之」，高注云：「移，猶歸也。」　曹云：「移」當作「利」。

(151) 孫云：攻當爲功之借字。

(152) 「諍」，王校改「争」。　王云：舊本「争」作「諍」，涉下文諸字從「言」而誤，今改。　蘇云：「諍」，義與征同。　孫云：説文犬部云：「獘，頓仆也。」或作「斃」，从死。　○案：「諍」、「争」字通。戰國策秦策「有兩虎諍人而鬬者」，注云「諍，一作争。」史記陳軫傳作「争牛」。荀子勸學篇「有争氣者，勿與辯也」，韓詩外傳卷四作「有諍氣者」。荀子君道篇「不與之争能，而致善用其功」，韓詩外傳卷四作「不與諍能」。

(153) 「享」，各本作「序」。　王引之云：「序利」當爲「厚利」，隸書相似而誤。　俞云：「序」亦「享」字之誤。　○案：俞説是也，今依改。　戰國策趙策「知伯曰：兵着晉陽三年矣，旦暮當拔之，而饗其利」，「饗」、「享」字通。

(154) 「正」，堂策檻本、四庫本作「止」。　孫云：説文目部云：「督，察也。」爾雅釋詁云：「督，正也。」郭注云：「督謂御正。」

(155) 「授」，救也。　朱駿聲云：「『授』之變體作『賙』。詩鴻雁箋『欲令賙餼之』，釋文：『賙，救也。』」孫謂「授」爲「援」之誤字，援亦救助之義。

(156) 願爲之下者衆。

(157) 畢云：「巨」舊作「臣」，以意改。　○案：寶曆本、緜眇閣本、堂策檻本、顧校李本、四庫本並作「巨」。

(158) 王引之云：「今且」，今夫也。　○案：「今且」猶今者。

(159) 秋山云：「尚」、「上」同。

(160) 畢云：舊脱下「不」字，以意增。　王云：「不可不察者此也」，本作「不可不察此者也」。「此」字指非攻之説而言，言欲爲仁義，則不可不察此非攻之説也。今本「此者」二字倒轉，則與上文「今欲」二字義不相屬矣。節葬篇「故當若節喪之爲政而不可不察者此也」，「者此」亦「此者」之誤。尚賢篇「故尚賢之爲説而不可不察此者也」，明鬼篇「故當鬼神之有與無之别，以爲將不可以不明察此者也」，「此者」二字皆不誤。　○案：緜眇閣本有下「不」字。

墨子校注卷之六

節用上第二十

聖人爲政一國，一國可倍也①；大之爲政天下，天下可倍也。其倍之，非外取地也，因其國家，去其無用②，足以倍之。聖王爲政，其發令興事、使民用財也③，無不加用而爲者④。是故用財不費，民德不勞⑤，其興利多矣⑥。

其爲衣裘何以爲⑦？冬以圉寒，夏以圉暑⑧。凡爲衣裳之道⑨，冬加温、夏加凊者，芊䱉⑩；不加者，去之⑪。其爲宫室何以爲？冬以圉風寒，夏以圉暑雨。凡爲宫室⑫，加固者，芊䱉；不加者，去之。其爲甲盾五兵何以爲⑬？以圉寇亂盗賊，若有寇亂盗賊，有甲盾五兵者勝，無者不勝⑭，是故聖人作爲甲盾五兵。凡爲甲盾五兵，加輕以利堅而難折者，芊䱉⑮；不加者，去之。其爲舟車何以爲？車以行陵陸，舟以行川谷，以通四方之利。凡爲舟車之道，加輕以利者，芊䱉；不加者，去之。凡其爲此物也，無不加用而爲者⑯，是故用財不費，民德不勞，其興利多矣⑰。有去大人之好聚珠玉鳥獸犬馬，以益衣裳宫室甲盾五兵舟車之數⑱，於數倍乎？若則不難倍⑲。故孰爲難倍？唯人爲難倍。

然人有可倍也。昔者聖王爲法曰⑳：「丈夫年二十，毋敢不處家㉑，女子年十五㉒，毋敢不事人㉓。」此聖王之法也㉔。聖王既没，於民次也㉕。其欲蚤處家者，有所二十年處家㉖；其欲晚處家者，有所四十年處家。以其蚤與其晚相踐㉗，後聖王之法十年。若純三年而字，子生可以二三年矣㉘。此不惟使民蚤處家而可以倍與㉙？且不然已㉚。

今天下爲政者，其所以寡人之道多。其使民勞，其籍斂厚㉛，民財不足，凍餓死者不可勝數也。且大人惟毋興師以攻伐鄰國㉜，久者終年，速者數月，男女久不相見，此所以寡人之道也。與居處不安、飲食不時、作疾病死者，有與侵就援橐㉝、攻城野戰死者，不可勝數。此不令爲政者所以寡人之道數術而起與㉞？聖人爲政特無此㉟，此不聖人爲政其所以衆人之道亦數術而起與㊱？故子墨子曰：去無用之務，行聖王之道㊲，天下之大利也。

① 畢云：言利可倍。

② 「用」字諸本無，潛本、緜眇閣本、陳本並有，今據補。「無用」爲古人常語。七患篇曰「民力盡於無用」，辭過篇曰「單財勞力，畢歸之於無用也」，節葬下篇曰「其爲無用若此矣」，非命中、下篇並曰

「繁爲無用，暴逆百姓」，戰國策秦策曰「罷無能，廢無用」，管子五輔篇曰「强本事，去無用，然後民可使富」，又侈靡篇曰「賤有實，敬無用」，又七臣七主篇曰「工技力於無用」，韓子五蠹篇曰「明主賞其功，必禁無用」，又顯學篇曰「故明主舉實事，去無用」，商子農戰篇曰「去無用，止浮學」，韓詩外傳卷二〔一〕曰「理好惡則不貪無用」，又卷八曰「工不造無用」，説苑反質篇曰「長無用，好末淫，非聖人之所急也」，莊子書中「無用」尤爲習見，不枚舉。王校此句作「去其無用之費」，未塙。

③「使」，諸本作「便」，寶曆本作「使」，今從之。王説同。「用」，堂策檻本、四庫本作「因」。

④潛本、緜眇閣本、陳本無「不」字。

⑤「民」，茅本、寶曆本、李本作「用」。孫云：「『德』與『得』通，下同。」

⑥韓子難二篇曰：「舟車機械之利，用力少，致功大，則入多。」

⑦句。顧、孫、吴均讀「何」字斷句，誤。

⑧孫云：「『圉』、『禦』字通。」

⑨「裳」，潛本、緜眇閣本作「衺」。

⑩句。

⑪「芉」，吴鈔本、潛本、寶曆本、緜眇閣本作「芋」。「鉏」，吴鈔本作「鉏」，「鉏」、「鉏」皆從且得聲。

〔一〕「卷二」原誤「卷一」，據韓詩外傳卷二改。

畢云：「芊䱉」二字凡四見，疑一「鮮」字之誤。鮮，少也。言少不加於溫清者去之。蘇云：「芊䱉」或作「鮮有」二字。洪云：「芊䱉」當是「則止」二字之譌。俞云：「芊䱉」疑當作「鮮且」。且讀爲䱉。鮮且者，鮮䱉也。俞正燮云：「羊」乃「善」脫，「䱉」乃「但」誤。孫云：俞（樾）説近是。又疑當爲「華䱉」。○案：舊説並非。「芊」即「羊」字，羊借爲尚。儀禮士虞禮「薦此常事」，鄭注云：「古文常爲祥。」史記袁盎傳「今公常從數騎」，徐廣曰：「常，一作詳。」漢書食貨志「穀價翔貴」，晉灼曰：「翔音常。」羊之與尚，猶祥、詳、翔之與常也。備高臨篇之「羊黔」，雜守篇之「羊玪」，並尚臨、上臨之聲借。漢書楊王孫傳「生易尚，死易葬也」，「尚」即養之聲借，生養與死葬對文。顔注「尚」訓崇，失之。淮南子齊俗訓「短褐不掩形，而煬竈口」，許注云：「煬讀高尚之尚。」煬與羊同音，可爲羊、尚古音相近之旁證。「䱉」借爲「諸」，禮記内則「桃諸梅諸」，王肅注云：「諸，菹也。謂桃菹梅菹。」䱉之與諸，猶菹之與諸也。他如筯之與箸，豠之與豬，組之與緒，皆且、者聲近通假之例。諸，之也。「冬加溫、夏加清者尚諸」，與「不加者去之」一正一反，相對爲文。其句法與貴義篇「凡言凡動，利於天鬼百姓者爲之。凡言凡動，害於天鬼百姓者舍之」、「言足以遷行者常之，不足以遷行者勿常」相類。「諸」訓爲之，古書習見，墨子書中亦不乏其例。節葬下篇：「凡大國之所以不攻小國者，積委多，城郭修，上下調和，是故大國不耆攻者。無積委，城郭不修，上下不調和，是故大國耆攻之。」彼「者」、「之」互用，即諸、之互用也。又經説下篇：「堯善治，自今在諸古也。自古在之今，則堯不能治也。」亦諸、之互用也。又或訓

「羊」爲善，上屬爲句，「䱇」借爲諸，屬下讀，亦可備一義，惟不若「芉䱇」與「去之」對文之愜適。

⑫「凡爲宫室」，諸本作「有盜賊」三字，潛本、緜眇閣本作「凡爲宫室」四字，與上下文例一律，今從之。

⑬「其」，茅本、寶曆本、李本作「則」。　孫云：周禮司兵云「掌五兵五盾」，又「軍事，建車之五兵」，鄭衆注云：「五兵者，戈、殳、戟、酋矛、夷矛。」鄭康成云：「步卒之五兵，則無夷矛而有弓矢。」司馬法定爵篇云：「弓矢圍、殳矛守、戈戟助，凡五兵當長以衛短，短以救長。」案「五兵」古説多差異，惟鄭君與司馬法合，當爲定論。此「甲盾、五兵」並舉，而衛宏漢舊儀説五兵有甲鎧，周禮肆師賈疏引五經異義公羊説、穀梁莊二十五年范甯注、曾子問孔疏引禮記隱義、楊雄太玄經玄數説五兵並有盾，皆非也。

⑭畢云：「者」舊作「有」，以意改。

⑮「加」，堂策檻本、四庫本誤「皆」。

⑯「不」字各本脱，今依俞説增。　俞云：上文云「無不加用而爲者」，此脱「不」字。

⑰「矣」字諸本無，沈本、明萬曆百子類函本並有，今據補。　戴説同。

⑱貴義篇曰「吾取飾車食馬之費與繡衣之財以畜士」，文意與此略同。　孫云：「有」讀爲「又」。

⑲「倍」字諸本無，吴鈔本有，文義較完，今據補。　戴云：「若」猶此也。「則不難」下有脱文。

⑳舊本無「者」字。

㉑ 道藏本、吴鈔本、陸本、唐本、溍本、茅本、緜眇閣本作「不敢毋處家」。左桓十八年傳曰：「女有家，男有室。」　孫云：周禮大司徒鄭注云：「有夫有婦然後爲家。」

㉒ 吴鈔本作「二十」。

㉓ 孫云：周禮媒氏「令男三十而娶，女二十而嫁」，賈疏引王肅聖證論云：「前賢有言，丈夫二十不敢不有室，女子十五不敢不有其家。」王肅語本於此。　○案：漢書惠帝紀曰：「女子年十五以上至三十不嫁，五算。」論衡齊世篇曰：「帝王治世，百代同道；人民嫁娶，同時共禮。雖言男三十而娶，女二十而嫁，法制張設，未必奉行。何以效之？以今不奉行也。」是周禮嫁娶年齡不唯不行於齊越，亦不行於漢代也。

㉔ 孫云：韓非子外儲説右篇「齊桓公下令於民曰：丈夫二十而室，婦人十五而嫁」，亦見説苑貴德篇。墨子此説與彼同。國語越語亦云：「女子十七不嫁，其父母有罪。丈夫二十不娶，其父母有罪。」齊越之令，或亦本聖王之法與？　案：越語事亦見吴越春秋句踐伐吴外傳。

㉕ 「於」，畢本作「于」，舊本並作「於」，今從舊本。　孫云：「次」讀爲「恣」，言恣民之所欲。

㉖ 王云：文十三年公羊傳注云：「所猶時也。」

㉗ 「踐」有齊義。詩伐柯「籩豆有踐」，毛傳云：「踐，行列皃。」王引之云：「蓋行列整齊之皃也。魯宓不齊字子賤，「賤」即「踐」也。「踐」亦與「翦」通。爾雅釋言曰：『翦，齊也。』説文作『𠝣』，『𠝣，齊斷也。』」「相踐」即相齊，猶言相平均。早者二十年處家，晚者四十年處家，早晚相齊，則爲三十

年，較之聖王法定年齡正後十年，故下文曰「後聖王之法十年也」。

㉘「年」，潛本、緜眇閣本作「計」。　蘇云：「字」猶養也。下「年」字疑當作「人」。　蓋聖王之法二十而處家，今後十年，彼早處家者當有二三子也。　戴云：虞氏注易屯卦云：「字，妊娠也。」下「年」字乃「人」字之誤。　孫云：攷工記玉人注云：「純猶皆也。」說文子部云：「字，乳也。」

案：「年」字蘇、戴說近是。「年」奴顛切，「人」如鄰切，以古音讀之，二字聲、韻並同。「人」，武后字作「𤯔」，「年」俗作「秊」，形亦甚近。

㉙「不惟」，陸本、茅本、寶曆本、李本、堂策檻本、四庫本作「惟不」。　吳鈔本「惟」作「唯」。

㉚「然」讀爲難易之「難」，說詳非攻中篇「而徒得此然也」注。　此言依聖王之法，使嫁娶及時，則人亦可倍，且不難也。　文義甚明。　孫云「『且不』下疑脫『惟此爲』三字」，未塙。

㉛王引之云：「籍斂」，稅斂也。　大雅韓奕篇「實畝實籍」，箋曰：「籍，稅也。」正義引宣十五年公羊傳曰「什一而籍」。

㉜吳鈔本「惟毋」作「唯無」。　道藏本、吳鈔本、陸本、唐本、茅本、李本「興」作「與」。

畢云：「偄」即「援」字異文。　孫云：「有」讀爲「又」。「偄就」未詳。「橐」，以舉火攻城之具，見備穴篇。　韓非子八說篇云「干城距衝不若堙穴伏橐」，疑此「偄」亦當爲「伏」之譌。

㉝「偄」，李本作「援」。　詩皇矣「以爾鉤援」，毛傳云：「所以鉤引上城者。」是「援」亦攻城之具。　〇案：說文曰：「侵，漸進也。」「就，即也。」「侵就偄橐」，猶言進即援橐也。

㉞「不今」，諸本作「不令」，潛本、緜眇閣本作「非今」，今據訂作「不今」。此「今爲政者」與上文「今天下爲政者」相應。畢云：「『令』當爲『今』。」戴云：「『不』猶非也。」

㉟「特」，寶曆本作「將」。

㊱「此不」，「此」字各本脱，今依孫、曹校增。潛本、緜眇閣本並脱「此不」二字。

㊲「務行」二字諸本無，潛本、緜眇閣本有，今從之。若依諸本，「之聖王之道」五字作一句讀，上「之」字訓「此」，義亦可通。

節用中第二十一①

子墨子言曰：古者明王聖人所以王天下、正諸侯者，彼其愛民謹忠，利民謹厚②，忠信相連，又示之以利，是以終身不饜③，殁世而不卷④。古者明王聖人其所以王天下、正諸侯者，此也。

是故古者聖王制爲節用之法曰：「凡天下羣百工，輪、車、鞼、匏、陶、冶、梓、匠⑤，使各從事其所能。」曰：「凡足以奉給民用諸，加費不加民利則止⑥。」

古者聖王制爲飲食之法曰：「足以充虚繼氣，强股肱，使耳目聰明，則止⑦。」不極五味之調、芬香之和⑧，不致遠國珍怪異物⑨。何以知其然？古者堯治天下，南撫交阯⑩，北降幽都⑪，東西至日所出入⑫，莫不賓服，逮至其厚愛⑬。黍稷不二，羹胾不重⑭，飯於土塯⑮，啜於土形⑯，斗以酌⑰。俛仰周旋威儀之禮⑱，聖王弗爲⑲。

古者聖王制爲衣服之法曰：「冬服紺緅之衣輕且暖⑳，夏服絺綌之衣㉑輕且清，則止諸。」加費不加於民利者，聖王弗爲。

古者聖王㉒爲猛禽狡獸暴人害民㉓，於是教民以兵行。日帶劍，爲刺則入，擊則斷，旁擊而不折㉔，此劍之利也。甲爲衣則輕且利，動則兵且從㉕，此甲之利也。車爲服重致遠，乘之則安，引之則利，安以不傷人，利以速至，此車之利也。古者聖王爲大川廣谷之不可濟，於是制爲舟楫㉖，足以將之則上㉗。雖上者三公諸侯至㉘，舟楫不易，津人不飾㉙，此舟之利也。

古者聖王制爲節葬之法曰：「衣三領，足以朽肉㉚；棺三寸，足以朽骸㉛。堀穴深不通於泉㉜，流不發洩，則止㉝。死者既葬，生者毋久喪用哀。」

古者人之始生未有宮室之時，因陵丘堀穴而處焉㉞。聖王慮之，以爲堀穴曰㉟，冬可以辟風寒㊱。逮夏㊲，下潤濕，上熏烝㊳，恐傷民之氣，於是作爲宮室而利㊴。然則爲宮室之法將柰何哉？子墨子言曰：其旁可以圉風寒，上可以圉雪霜雨露，其中蠲潔，可以祭祀㊵，宮墻足以爲男女之別，則止諸。加費不加民利者，聖王弗爲㊶。

① 本篇文氣不貫，文義亦多不銜接，蓋後人采掇成篇，非墨子原書也。

② 吴云：「謹」、「堇」同字。管子五行篇「修槩水土以待乎天堇」，注：「堇，誠也。」

③ 吴鈔本「饜」作「厭」。

④ 「歿」，吴鈔本作「没」。「世」，各本作「二十」二字，盧云「『二十』二字疑當爲『世』」，今從之。蘇云：「卷」當爲「倦」。孫云：説文力部云：「券，勞也。」攷工記輈人鄭注云：「券，今倦字也。」「卷」即「券」之假字。

⑤ 畢云：「鞼」，説文云：「韋繡也。」「匏」當爲「鞄」，説文云：「柔革工也。讀若朴。」王云：「鞼」即攷工記「函鮑韗韋裘」之「韗」，非謂韋繡也。「輪」、「車」、「梓」、「匠」爲攻木之工，「陶」爲搏埴之工，「冶」爲攻金之工，然則「鞼匏」即韗鮑，爲攻皮之工也。凡文、吻、問與脂、旨、至古音多互相轉，故「韗」字或作「鞼」。「鞄」之爲「匏」，亦借字耳，故攷工記又借作「鮑」。孫云：王説近是。説文革部云：「韗，攻皮治鼓工也，或从韋作韗。」非儒篇有「鮑函車匠」，「鮑」亦「鞄」之借。

⑥ 舊本並同。以上篇校之，「諸」上疑脱「尚」字。「尚諸」，尚之也，與「則止」對文。此謂加費不加民利則止，則不加費而加民利者，或加費少而加民利多者，其當爲可知，非樂上篇所謂「利人乎即爲，不利人乎即止」者也。畢本據後文校改作「凡足以奉給民用則止，諸加費不加于民利者，聖王

弗爲」。　畢云：史記李斯列傳李斯曰「凡古聖王飲食有節，車器有數，宮室有度。出令造事，加費而無益於民利者禁」，即用此義。

⑦各本「耳目」上無「使」字，北堂書鈔一百四十二及宋本、蜀本御覽八百四十九引「耳目」上並有「使」字，「聰明」下並無「則止」二字，今據補「使」字。　畢云：太平御覽引有「使」字。

⑧畢云：「芬」字同「岎」。　○案：宋本、蜀本御覽引無「香」字。

⑨「怪」，各本作「恢」，今據畢引一本及御覽改。　畢云：「恢」，一本作「怪」，太平御覽引同。說文云：「恢，大也。」亦通。　秋山云：「恢」疑「怪」。　孫云：作「怪」是也。公羊昭三十一年傳「有珍怪之食」，何注云：「珍怪猶奇異也。」荀子正論篇云：「食飲則重大牢而備珍怪。」淮南子精神訓云「珍怪奇異，人之所美也，而堯糲粢之飯，藜藿之羹。」

⑩「阯」，吳鈔本作「趾」。　孫云：「阯」、「趾」之假字。大戴記少閒篇、韓非子十過篇、淮南子脩務訓並作「趾」，高注云：「交趾，南方之國。」荀子楊注引尸子及賈子新書並作「阯」。案「交阯」即今越南國。

⑪王云：「降」當爲「際」，爾雅：「際、接，捷也。」郭注曰：「捷謂相接續也。」際、降形似易譌。周易集解豐象傳「天降祥也」，王弼本「降祥」作「際翔」。　孫云：王校是也。莊子在宥篇云「堯流共工於幽都」，釋文引李頤云：「即幽州也，尚書作幽州，北裔也。」

⑫畢云：謂暘谷、昧谷。　孫云：荀子王霸篇楊注引尸子云：「堯南撫交阯，北懷幽都，東西至

日之所出入。」韓非子十過篇云：「昔者堯有天下，其地南至交阯，北至幽都，東西至日月之所出入者，莫不賓服。」又大戴禮記少閒篇、淮南子脩務訓、賈誼新書脩政語上亦與此文大同小異。

○案：說苑反質篇文亦略同。

⑬「逮」，道藏本、吴鈔本、陸本、唐本、茅本、堂策檻本、四庫本作「建」，誤。「厚愛」疑當作「享受」，形近而譌。

⑭孫云：詩魯頌閟宮「毛炰胾羹」，毛傳云：「胾，肉也。羹，大羹，鉶羹也。」

⑮「飯」，各本作「飲」。　王云：「塯」乃飯器，非飲器，「飲」乃「飯」字之誤。　○案：王說是。宋本、蜀本御覽七百五十九兩引，一作「飯土簋」，一作「飯土軌」，字並作「飯」，今據正。　畢云：「塯」當爲「溜」。太平御覽引此云「飯土軌」。史記李斯列傳二世責問李斯曰「吾有所聞於韓子也，曰：堯飯土匭，啜土鉶」，徐廣曰：「匭，一作溜。」說文無「塯」字，玉篇云：「力又切，瓦飯器也。」　孫云：史記秦始皇本紀云「飯土簋」，索隱本「簋」作「塯」，云：「如字，一音鏤。一作簋。」又敍傳云「食土簋」，集解：「徐廣云：一作塯。」與此字並同。韓非子十過篇云「堯飯於土簋，飲於土鉶」，即李斯傳所本。

⑯「形」，堂策檻本、四庫本作「硎」。宋本、蜀本御覽七百五十九引作「啜土鉶」，注云：「羹器，以土爲之，瓦器也。」　畢云：太平御覽引作「鉶」。鄭君注周禮云：「鉶，羹器也。」後漢書趙典傳注

引此云：「堯舜堂高三尺，土階三等，茅茨不翦，采椽不斲，飯〔一〕土簋，歠土鉶，糲粱之飯，藜藿之羹，夏日葛衣，冬日鹿裘，是約己也。」文選注亦以爲此文。案出韓非子。　顧云：秦本紀正作「土形」，太史公自序作「刑」。　孫云：史記李斯傳作「鉶」，韓非子十過篇同。韓詩外傳三又作「型」。形、刑、型並鉶之假字。土鉶，瓦器也。說文口部云：「啜，嘗也。」

⑰ 王云：「斗」上脱一字，此與下文義不相屬，「酌」下必多脱文，不可考。　孫云：詩大雅行葦云「酌以大斗」。說文木部云：「枓，勺也。」勺部云：「勺，挹取也。」此「斗」、「酌」即「枓」、「勺」之假借字。謂以枓挹酒漿也。

⑱ 畢云：說文云：「頫，低頭也。或从人免。」

⑲ 孫云：此句上，以上下文例校之，當亦有「諸加費不加於民利者」九字。　○案：即依孫說補九字，與上文氣仍不接。

⑳ 堂策檻本「紺」作「絹」。宋本、蜀本御覽七十七引「暖」作「煖」。　畢云：說文云：「紺，帛深青，揚赤色。」玉篇：「紺，古憾切。」案「緅」非古字，當爲「纔」。攷工記云「五入爲緅」，鄭君注云：「今禮俗文作爵，言如爵頭色。」說文「纔」云「帛雀頭色」，與鄭注「緅」義合。說文無「緅」字，是知當爲「纔」。

〔一〕「飯」原誤「飲」，據後漢書趙典傳注改。

㉑ 宋本、蜀本御覽引「衣」作「服」。

㉒ 「王」，畢本作「人」，舊本並作「王」，今從舊本。

㉓ 孫云：廣雅釋詁云：「狡，健也。」呂氏春秋恃君篇「服狡蟲」，高注云：「狡蟲，蟲之狡害者。」此「狡獸」與彼「狡蟲」義同。

㉔ 「折」，緜眇閣本作「柝」。道藏本、陸本、唐本、茅本、堂策檻本、四庫本作「拆」。

㉕ 孫云：「兵」疑「弁」之形誤。弁者，變之假字。考工記鄭注云：「變，隨人身便利。」○案：「兵」疑「正」之形譌。正，適合也。經說上篇「兵立反」，經說下篇「在兵人長」，「兵」字並當爲「正」，例與此同。

㉖ 「制」，諸本作「利」，寶曆本作「制」，今從之。王校同。

㉗ 「上」，舊本作「止」。孫云：廣雅釋詁云：「將，行也。」

㉘ 畢云：「上」舊作「止」，以意改。○案：寶曆本、堂策檻本、四庫本並作「上」。秋山云：「上」，一作「王」。

㉙ 孫云：說文水部云：「津，水渡也。」「津人」蓋掌渡之吏士。左傳昭二十四年「王子朝用成周之寶珪於河，甲戌，津人得諸河上」，列子黃帝篇云「津人操舟若神」。

㉚ 孫云：荀子正論篇楊注云：「三領，三稱也。」

㉛ 孫云：荀子正論篇云：「世俗之爲說者曰：太古薄葬，棺厚三寸，衣衾三領，葬田不妨田，故不掘

也。」蓋戰國時相傳有是語，不獨墨家言也。　○案：孫引正論篇文楊倞注云「是時墨子之徒說薄葬以惑當世，故以此譏之」，與孫說異。以其時考之，楊注近得其實。

畢云：說文云：「堀，兔窟也。」此「窟」字假音。　孫云：畢說非也。說文土部別有「堀」字，訓「突也」，引詩曰「蜉蝣堀閲」，段玉裁注本校改「堀」篆作「堀」，而删「堀，兔窟也」一條，最爲精審。此「堀穴」則借爲「窟」字。戰國策楚策云「堀穴窮巷」，漢書鄒陽傳「則士有伏死堀穴巖藪之中耳」，顔注云：「堀與窟同。」　○案：「堀」，吴鈔本作「掘」，下同。意林引墨子曰：「節葬之法，三領之衣足以朽肉，三寸之棺足以朽骸，深則通於泉。」疑本此文，或爲節葬上、中篇佚文。

畢云：「流」疑當爲「氣」，據下篇有云「氣無發洩於上」。

「堀」，茅本、緜眇閣本作「掘」。

王景羲云：「曰」即「者」字之爛文。

畢云：「辟」同「避」。言堀穴但可以避冬日風寒而已。

畢云：「逮」舊作「建」，以意改。　○案：沈本、寶曆本並作「逮」，緜眇閣作「建」，俗字。

「熏」，道藏本、吴鈔本、陸本、唐本、沈本、茅本、緜眇閣本作「重」，寶曆本作「垂」。「垂」、「熏」古字通。

「於」，畢本作「于」，舊本並作「於」，今從舊本。　戴云：下有脱文。

「蠲」亦絜也，見尚同中篇。

孫云：下疑有脱文。

節用下第二十二闕

節葬上第二十三闕

節葬中第二十四闕

節葬下第二十五①

子墨子言曰：仁者之爲天下度也，辟之無以異乎孝子之爲親度也②。今孝子之爲親度也，將柰何哉？曰：親貧則從事乎富之，人民寡則從事乎衆之，衆亂則從事乎治之。當其於此也，亦有力不足、財不贍③、智不智④然後已矣，無敢舍餘力，隱謀遺利，而不爲親爲之者矣⑤。若三務者⑥，孝子之爲親度也，既若此矣。雖仁者之爲天下度⑦，亦猶此也。曰：天下貧則從事乎富之，人民寡則從事乎衆之，衆而亂則從事乎治之。當其於此，亦有力不足、財不贍、智不智然後已矣，無敢舍餘力，隱謀遺利，而不爲天下爲之者矣。若三務者，此仁者之爲天下度⑧，既若此矣。

今逮至昔者三代聖王既没⑨，天下失義。後世之君子，或以厚葬久喪以爲仁也、義也、孝子之事也。或以厚葬久喪以爲非仁義、非孝子之事也。曰：二子者，言則相非，行即相反⑩，皆曰：「吾上祖述堯舜禹湯文武之道者也。」而言即相非，行即相反⑪，於此乎後世之君子皆疑惑乎二子者言也。若苟疑惑乎之二子者言，然則姑嘗傳而爲政乎國家萬民而觀之⑫，計厚葬久喪，奚當此三利者哉⑬？意若使法其言，用其謀，厚葬久喪實可以富貧、衆寡、定危、治亂乎？此仁也，義也，孝子之事也⑭，爲人謀者不可不勸也。仁者將求興之⑮，天下誰伯⑯，而使民譽之，終勿廢也。意亦使法其言，用其謀，厚葬久喪實不可以富貧、衆寡、定危、治亂乎？此非仁非義，非孝子之事也，爲人謀者不可不沮也。仁者將求除之，天下誰賈⑰，而使民非之，終身勿爲⑱。是故興天下之利⑲，除天下之害，今國家百姓之不治也⑳，自古及今未嘗之有也㉑。

何以知其然也？今天下之士君子，將猶多皆疑惑厚葬久喪之爲中是非利害也㉒。故子墨子言曰：然則姑嘗稽之。今雖毋法執厚葬久喪者言㉓，以爲事乎國家。此存乎王公大人有喪者，曰棺椁必重㉔，葬埋必厚，衣衾必多㉕，文繡必繁㉖，丘隴必巨㉗。存乎匹夫賤人死者㉘，殆竭家室㉙。存乎諸侯死者㉚，虚庫府㉛，然後金玉珠璣比乎身㉜，綸組節約，車馬藏乎壙㉝，又必多爲屋幕㉞、鼎鼓、几梴、壺濫㉟、戈劍、羽旄、齒革，寢而埋之㊱。滿意若殉從㊲，曰：天子殺殉㊳，衆者數百，寡者數十。將軍大夫殺殉㊴，衆者數十，寡者數人。處喪之法將柰何哉？曰：哭泣不秩聲㊵，翁縗絰㊶，垂涕，處倚廬，寢苫枕凷㊷。又相率强不食而爲飢㊸，薄衣而爲寒㊹，使面目陷陬㊺，顔色黧黑㊻，耳目不聰明，手足不勁强，不可用也。又曰：上士之操喪也，必扶而能起，杖而能行㊼，以此共三年。若法若言，行若道㊽，使王公大夫行此㊾，則必不能蚤朝晏退㊿，治五官六府(51)，辟草木(52)，實倉廩。使農夫行此，則必不能蚤出夜入(53)，耕稼樹藝(54)。使百工行此，則必不能修舟車，爲器皿矣。使婦人行此(55)，則必不能夙興夜寐(56)，紡績織紝(57)。細計厚葬爲多埋賦之財者也(58)，計久喪爲久禁從事者也。財以成者(59)，扶而埋之(60)。後得生者，而久禁之(61)。以此求富，此譬猶禁耕而求穫也(62)，富之說無可得焉。是故求以富國家(63)，而既已不可矣。

欲以衆人民，意者可邪？其說又不可矣(64)。今惟無以厚葬久喪者爲政(65)，君死喪之三年，父母死喪之三年(66)，妻與後子死者(67)，五皆喪之三年(68)，然後伯父、叔父、兄弟、孽子其(69)，族人五月(70)，姑姊、甥舅皆有月數(71)，則毀瘠必有制矣。使面目陷陬，顔色黧黑，耳目不聰明，手足不勁强，不可用也。又曰：上士操喪也，必扶而能起，杖而能行，以此共三年。若法若言，行若道，苟其飢約又若此矣。是故百姓冬不仞寒，夏不仞暑(72)，作疾病死者不可勝計也。此其爲敗男女之交多矣，以此求衆，譬猶使人負劒而求其壽也[73]，衆之説無可得焉。是故求以衆人民，而既以不可矣[74]。

欲以治刑政，意者可乎[75]？其説又不可矣。今惟無以厚葬久喪者爲政[76]，國家必貧，人民必寡，刑政必亂。若法若言，行若〔一〕道，使爲上者行此，則不能聽治；使爲下者行此，則不能從事。上不聽治，刑政必亂下不從事[77]，衣食之財必不足。若苟不足，爲人弟者求其兄而不得，不弟弟必將怨其兄矣；爲人子者求其親而不得，不孝子必是怨其親矣[78]；爲人臣者求之君而不得，不忠臣必且亂其上矣。是以僻淫邪行之民[79]，出則無衣也，入則無食也，内續奚吾[80]，並爲淫暴，而不可勝禁也。是故盜賊衆而治者寡。夫衆盜賊而寡治者[81]，以此求治，譬猶使人三睘而毋負己也[82]，治之説無可得焉。是故求以治刑政，而既已不可矣。

欲以禁止大國之攻小國也，意者可邪？其説又不可矣。是故昔者聖王既没，天下失義，諸侯力征[83]。南有楚越之王，而北有齊晉之君，此皆砥礪其卒伍[84]，以攻伐并兼爲政於天下。是故凡大國之所以不攻小國者，積委多[85]，城郭修[86]，上下調和，是故大國不耆攻

〔一〕「行若」原誤倒作「若行」，據畢刻本乙。

者[87]。無積委，城郭不修[88]，上下不調和，是故大國耆攻之[89]。今惟毋以厚葬久喪者爲政[90]，國家必貧，人民必寡，刑政必亂。若苟貧，是無以爲積委也，若苟寡，是修城郭溝渠者寡也[91]。若苟亂，是出戰不克，入守不固。此求禁止大國之攻小國也[92]，而既已不可矣。

欲以干上帝鬼神之福，意者可邪？其説又不可矣。今惟無以厚葬久喪者爲政[93]，國家必貧，人民必寡，刑政必亂。若苟貧，是粢盛酒醴不淨潔也；若苟寡，是事上帝鬼神者寡也；若苟亂，是祭祀不時度也。今又禁止事上帝鬼神，爲政若此，上帝鬼神始得從上撫之曰：「我有是人也，與無是人也，孰愈？」曰：「我有是人也，與無是人也，無擇也。」則惟上帝鬼神[94]降之罪厲之禍罰而棄之[95]，則豈不亦乃其所哉[96]。

故古聖王[97]制爲葬埋之法曰[98]：「棺三寸，足以朽體[99]；衣衾三領，足以覆惡[100]。以及其葬也[101]，下毋及泉，上毋通臭，壟若參耕之畝[102]，則止矣。」死者既以葬矣，生者必無久喪[103]，而疾而從事，人爲其所能，以交相利也。此聖王之法也。

今執厚葬久喪者之言曰：厚葬久喪雖使不可以富貧、衆寡、定危、治亂，然此聖王之道也[104]。子墨子曰：不然。昔者堯北教乎八狄[105]，道死，葬蛩山之陰[106]。衣衾三領，穀木之棺[107]，葛以緘之[108]，既氾而後哭[109]，滿埳無封[110]。已葬，而牛馬乘之。舜西教乎七戎[111]，道死，葬南己之市[112]。衣衾三領，穀木之棺[113]，葛以緘之。已葬，而市人乘之[114]。禹東教乎九夷[115]，道死，葬會稽之山[116]。衣衾三領[117]，桐棺三寸[118]，葛以緘之[119]，絞之不合，道之不埳[120]。土地之深[121]，下毋及泉，上毋通臭[122]。既葬，收餘壤其上[123]，壟若參耕之畝[124]，則止矣[125]。若以此若三聖王者觀之，則厚葬久喪果非聖王之道。故三王者[126]，皆貴爲天子[127]，富有天下，豈憂財用之不足哉？以爲如此葬埋之法[128]。

今王公大人之爲葬埋，則異於此。必大棺、中棺[129]，革闠三操[130]，璧玉即具[131]，戈劒鼎鼓壺濫[132]、文繡素練、大鞅萬領[133]、輿馬女樂皆具，曰必捶塗差通[134]，壟雖兄山陵[135]。此爲輟民之事，靡民之財，不可勝計也。其爲毋用若此矣[136]。是故子墨子曰：鄉者[137]吾本言曰[138]，意亦使法其言[139]，用其謀[140]，計厚葬久喪，請可以富貧、衆寡、定危、治亂乎[141]？則仁也，義也，孝子之事也。爲人謀者，不可不勸也。意亦使法其言，用其謀，若人厚葬久喪，實不可以富貧、衆寡、定危、治亂乎？則非仁也，非義也，非孝子之事也。爲人謀者，不可不沮也。是故求以富國家，甚得貧焉；欲以衆人民，甚得寡焉；欲以治刑政，甚得亂焉。求以禁止大國之攻小國也，而既已不可矣；欲以干上帝鬼神之福，又得禍焉。上稽之堯舜禹湯文武之道，而政逆之[142]；下稽之桀紂幽厲之事，猶合節也。若以此觀，則厚葬久喪，其非聖王之道也[143]。

今執厚葬久喪者言曰：厚葬久喪果非聖王之道，夫胡說中國之君子爲而不已、操而不擇哉⑭？子墨子曰：此所謂便其習而義其俗者也⑮。昔者越之東有輆沭之國者⑯，其長子生，則解而食之，謂之宜弟⑰。其大父死，負其大母而棄之⑱，曰：「鬼妻不可與居處。」此上以爲政，下以爲俗，爲而不已，操而不擇。則此豈實仁義之道哉？此所謂便其習而義其俗者也。楚之南有炎人國者⑲，其親戚死⑳，朽其肉而棄之[151]，然後埋其骨，乃成爲孝子。秦之西有儀渠之國者[152]，其親戚死，聚柴薪而焚之，燻上，謂之登遐[153]，然後成爲孝子[154]。此上以爲政，下以爲俗[155]，爲而不已，操而不擇。則此豈實仁義之道哉？此所謂便其習而義其俗者也。若以此若三國者觀之，則亦猶薄矣；若以中國之君子觀之[156]，則亦猶厚矣[157]。如彼則大厚，如此則大薄，然則葬埋之有節矣。故衣食者，人之生利也，然且猶尚有節；葬埋者，人之死利也[158]，夫何獨無節於此乎。子墨子制爲葬埋之法曰：棺三寸，足以朽骨；衣三領，足以朽肉[159]。掘地之深[160]，下無菹漏[161]，氣無發洩於上，壟足以期其所[162]，則止矣。哭往哭來，反從事乎衣食之財，佴乎祭祀[163]，以致孝於親[164]。故曰：子墨子之法，不失死生之利者，此也。故子墨子言曰：今天下之士君子，中請將欲爲仁義[165]，求爲上士，上欲中聖王之道，下欲中國家百姓之利，故當若節喪之爲政，而不可不察者此也[166]。

① 畢云：說文云：「葬，藏也。从𣦵在茻中，一其中，所以薦之。易曰：古之葬者，厚衣之以薪。」又

云：「節，竹約也。」經典借爲約之義。

② 畢云：「辟」同「譬」。

③ 「贍」，吴鈔本作「瞻」。

④ 畢云：一本作「知」。　孫云：下「智」字與「知」通，下同。　○案：潛本、緜眇閣本、陳本作「智不知」，下同。

⑤ 孫云：「隱謀」，謂隱匿其智謀，猶尚同上篇云「隱匿良道，不以相教」也。荀子王制篇云：「無隱謀，無遺善，而百事無過，非君子莫能。」

⑥ 畢云：舊脱此字，據後文增。

⑦ 畢云：舊脱「爲」字，一本有。　○案：諸本脱「爲」字，堂策檻本、四庫本有「爲」字，脱「之」字。潛本、寶曆本並有「之爲」二字。

⑧ 「度」下，畢本據上文增「也」字。

⑨ 盧云：「今逮至昔者」連下爲文，亦見下篇。

⑩ 「即」，吴鈔本、李本、緜眇閣本作「則」，字通。

⑪ 緜眇閣本「即」作「則」。

⑫ 「傅」，舊本作「傳」，形譌。「傅」讀爲詩長發「敷政優優」之「敷」。敷，布也。備城門篇「比傅薪土」，「傅」讀爲「敷」，與此例同。非命上篇「廢以爲刑政，觀其中國家百姓人民之利」，非命下篇

「發而爲政乎國家萬民而觀之」,「傳」與「廢」、「發」文異而義同。

⑬「哉」,各本作「我」,曹校作「哉」,是也,今從之。下文「意亦使法其言」凡三見,「意」上均無「我」字。

⑭畢云:舊脱此字,據前後文增。

⑮「之」字舊脱,據下文增。

⑯「誰」當爲「雖」。「伯」,諸本作「霸」,吴鈔本作「伯」。「霸」、「伯」字通,皆「怕」之借字。説文曰:「怕,無爲也。」

⑰「誰賈」當爲「雖貴」,形近而譌。

⑱自「意亦使」以下,照道藏本原文録如次:「意亦使法其言,用其謀,厚葬久喪實可以富貧、衆寡、定危、治亂乎?此非仁非義,非孝子之事也,爲人謀者不可不勸也,仁者將興之,天下誰賈,而使民譽之,終勿廢也。意亦使法其言,用其謀,厚葬久喪實不可以富貧、衆寡、定危、理亂乎?此非仁非義,非孝子之事也,爲人謀者不可不沮也,仁者將求除之,天下相廢而使人非之,終身勿爲」,凡一百二十九字。前六十四字爲本書原文,因原文有譌脱,唐人校書附記異文六十五字。觀其「治」作「理」、「民」作「人」,皆避唐諱,與上下文不類,可爲唐人附記之塙證。傳寫者不察,遂並存之耳。今綜合校訂如正文,兩節一正一反。言仁者興利除害,務期實現:事誠利矣,世俗雖懷疑,如初期之火車,仁者將求興之,使民爲之;事誠害矣,世俗雖好尚,如束胸與纏足,仁者將求

除之，使民勿爲。

⑲「是」，諸本作「且」，寶曆本作「是」，今從之。王校同。

⑳「令」，畢本作「令」，舊本並作「今」，今從舊本。

㉑天志上篇曰「未得之明知也」，公孟篇曰「未得之聞也」，孟子滕文公篇曰「未能或之先也」，管子樞言篇曰「自古及今未嘗之有也」，吕氏春秋不苟篇曰「莫肎之爲」，又分職篇曰「天下莫敢之危」，語法並與此相類。緜眇閣本作「未嘗有之也」，則爲習見常語。

㉒孫云：穆天子傳郭璞注云：「中猶合也。」

㉓「雖」，寶曆本作「唯」，字通。「毋」，語詞。

㉔畢云：「椁」舊作「槨」，以意改。　孫云：檀弓云「天子之棺四重，柏椁以端長六尺」，鄭注云：「諸公三重，諸侯再重，大夫一重，士不重。」荀子禮論篇云：「天子棺椁十重，諸侯五重，大夫三重，士再重。」楊注云：「禮記云『天子之棺四重』，今云『十重』，蓋以棺椁與抗木合爲十重也。諸侯以下與禮記多少不同，未詳也。」案莊子天下篇述喪禮作「天子棺椁七重」，餘與荀子同。

㉕孫云：喪大記云：小斂，君錦衾，大夫縞衾，士緇衾皆一，衣十有九稱。大斂，君陳衣百稱，大夫五十稱，士三十稱。

㉖「文」，緜眇閣本作「衣」。　孫云：「文繡」謂棺飾，若帷荒之屬。

㉗孫云：說文土部云：「壠，丘壠也。」禮記曲禮鄭注云：「丘，壟也。」「壟，冢也。」「隴」，「壟」之假

字。淮南子説林訓云：「或謂冢，或謂隴，名異實同也。」吕氏春秋安死篇云：「世俗之爲丘壟也，其高大若山，其樹之若林。」

㉘「匹」，各本作「正」，今依王校並據牧野謙所引一本改。王云：「正」當爲「匹」，白虎通義曰「庶人稱匹夫」。上文「王公大人」爲一類，此文「匹夫賤人」爲一類。隸書「匹」字或作「疋」，與「正」相似而譌。禮器「匹士大牢而祭謂之攘」，釋文：「匹，本或作正。」緇衣「唯君子能好其正」，注：「正當作匹。」

㉙「殆」，幾也，必也。

㉚各本無「存」字，今依畢説增。寶曆本「家室」上有闕文一格，疑當在「乎」字上。道藏本「存乎」二字作一「焉」字，「焉」訓於，屬下讀，義亦可通。畢謂「乎」當云「存乎」，與上文一律。

㉛「庫」，諸本作「車」，四庫本作「庫」，今從之。秋山儀、俞樾校同。

㉜「比」，畢本作「北」，舊本並作「比」，今據正。俞云：漢書王尊傳師古注曰：「比，周也。」「比乎身」猶言周乎身。

㉝孫云：淮南子齊俗訓云「古者非不能竭國麋民，虚府殫財，含珠鱗施，綸組節束，追送死也」，許注云：「綸，絮也。束，縛也。」案「節約」與淮南書「節束」義同。

㉞吴鈔本作「幄幙」。禮記喪服大記「畢塗屋」，鄭注云：「屋，殯上覆如屋者也。」小爾雅廣服曰：「覆帳謂之幄。」孫云：「屋」，非攻中篇作「幄」，「幄」俗字，古止作「屋」。詩大雅抑鄭箋云：

「屋，小帳也。」「幙」，俗「幕」字。

㉟「鼓」疑爲「殹」之誤字。金文「殹」通「簋」字。「几」，道藏本作「紘」。左桓二年傳曰「衡紞紘綖」，紘挻疑即紘綖。「挻」，茅本、寶曆本、李本、緜眇閣本、繹史本作「挺」，挺即挻之誤字。畢本作「梴」。　畢云：「梴」同「筵」。呂氏春秋節喪有云「鍾鼎壺濫」。　盧文弨云：「壺濫」蓋器名。呂覽慎勢篇云：「功名著乎盤盂，銘篆著乎壺鑑。」　梁履繩云：周禮「春始治鑑」，集韻：「鑑，或從水。」

㊱下文作「扶而埋之」。　孫云：呂氏春秋節喪篇云：「國彌大，家彌富，葬彌厚。含珠鱗施，夫玩好貨寶，鍾鼎壺濫，轝馬衣被戈劍，不可勝其數，諸養生之具無不從者。」

㊲「滿意」猶言極其意之所至，戰國策齊策：「君滿意殺之乎？」「殉」，諸本作「送」，道藏本作「殉」，今從之。本句冒起下節。

㊳畢云：古只爲「徇」。　孫云：「天子」下疑當有「諸侯」二字。

㊴「將軍大夫」即卿大夫，詳尚同中篇。

㊵畢云：言聲無次弟。　孫云：爾雅釋詁云：「秩，常也。」儀禮士喪記云「哭晝夜無時」，禮記雜記云：「中路嬰兒失其母焉，何常聲之有？」

㊶畢云：「翁」義未詳。說文云：「縗服長六寸，博四寸，直心。」鄭君注儀禮云：「麻在首、在要，皆曰經。」說文云：「經，喪首戴也。」　洪云：畢讀作「翁縗經」句，案「翁」字屬「聲」爲句，「聲翁」

當是「聲嗌」之譌。説文：「嗌，咽也。」籀文作「[illegible]」，與「翁」字形相近。〇案：畢讀較長。「不秩聲」猶言無常聲。「翁」即「衰」字之誤而衍者，「衰」古文作「[illegible]」，與「翁」形近。「縗絰」字古多以「衰」爲之，墨子原文蓋本作「衰絰」，誤爲「翁絰」，校者附記「縗」字，傳寫者並存之，因而致衍。

㊷ 孫云：禮喪服傳及士喪記云「居倚廬，寢苫枕塊」，鄭注云：「倚木爲廬，在中門外，東方北户。苫，編稾。塊，墣也。」釋文：「塊，本又作凷。」案「凷」本字，「塊」或體。

㊸ 孫云：禮閒傳云：「斬衰三日不食，齊衰二日不食，大功三不食，小功緦麻再不食。」

㊹ 「薄」，茅本闕文，寶曆本、李本、緜眇閣本、堂策檻本、繹史本、四庫本作「不」。

㊺ 畢云：當爲「陑」，陑之訓阪隅，言面瘦棱棱也。　盧云：玉篇有「𣩵」字，先外切，云「瘦病也」，則當爲「𣩵」。

㊻ 畢云：「黧」，古只作「黎」，詳兼愛中篇。

㊼ 孫云喪服四制云：「百官備，百物具，不言而事行者，扶而起。言而後事行者，杖而起」，鄭注云：「扶而起，謂天子諸侯也。杖而起，謂大夫士也。」

㊽ 王引之云：「若」猶此也。

㊾ 「夫」，諸本作「人」，道藏本、吴鈔本、陸本、唐本、茅本、李本、堂策檻本並作「夫」，今從之。

㊿ 各本無「晏退」二字，今依俞説增。吴説同。　俞云：「蚤朝」下脱「晏退」二字，若無「晏退」二

字，文義未完。尚賢中篇、非樂上篇、非命下篇並有「蚤朝晏退」之文。

⑤① 「治」字原脱，今依孫説增。吴説同。孫云：「『五官』者，殷周侯國之制也。史記周本紀云『古公作五官有司』，大戴禮記千乘篇云『千乘之國，列其五官』，曾子問『諸侯適天子，乃命國家五官而後行』，鄭注云：『五官，五大夫典事者。』管子大匡篇云『乃令五官行事』，商子君臣篇云『地廣民衆，故分五官而守之』，戰國策齊策云『五官之計，不可不日聽也』。曲禮『天子之五官，曰司徒、司馬、司空、司士、司寇，典司五衆。天子之六府，曰司土、司水、司木、司草、司器、司貨，典司六職』，鄭注云：『此亦殷時制也。府，主藏六物之税者。』」○案：急就篇顔注云：「古言五官者，總舉衆職以配五行，無所不苞，若今言百官也。」

⑤② 越絶書計倪内經曰：「農傷則草木不辟。」畢云：「『辟』同『闢』。『草』即『艸』字假音。」

⑤③ 畢云：「『夜』，一本作『晩』。」

⑤④ 孫云：説文丮部云：「埶，穜也。」「藝」即「埶」之俗。

⑤⑤ 吴鈔本「婦」作「媍」。

⑤⑥ 寶曆本「寐」作「寢」。

⑤⑦ 畢云：「紝」、「絍」、「絍」字同。

⑤⑧ 俞云：「細」字無義，蓋即上句「絍」字之誤而衍者。「絍」本作「紝」，因誤爲「細」矣。蘇云：「之」字衍。

⑤⑨ 畢云：「以」同「已」。

⑥⓪ 王引之云：「扶」當爲「挾」。　俞云：「扶」乃「抉」之誤。　○案：戰國策秦策「其威内扶」，注云：「扶猶持也。」文選東京賦薛注云：「持，扶也。」

⑥① 孫云：謂死者之親屬得生而禁其從事。

⑥② 「穫」，寶曆本、縣眇閣本作「獲」。

⑥③ 「國」字各本脱，下文曰「是故求以富國家」，今據補。「富國家」、「衆人民」，語法相儷。　畢云：舊「求以」二字倒，據後文改。

⑥④ 縣眇閣本「説」作「設」，誤。

⑥⑤ 吴鈔本「惟」作「唯」，「喪」下無「者」字。畢本「無」作「毋」，非是。　秋山云：「惟無」、「惟毋」同。

⑥⑥ 孫云：説苑修文篇「齊宣王謂田過曰：吾聞儒者喪親三年，喪君三年」，則戰國時非儒者蓋不盡持三年服也。　○案：孟子滕文公篇載：三年之喪，「吾宗國魯先君莫之行，吾先君亦莫之行也」，亦可證三年之喪非通制也。

⑥⑦ 畢云：「後子」，嗣子適也。　孔廣森云：「後子」者爲父後之子，即長子也。戰國策謂齊〔一〕太

〔一〕「齊」字疑誤，據齊策當作「梁」。

子申爲「後子」，荀子謂丹朱爲堯「後子」，其義並同。

(68) 畢云：左傳曰「王一歲有三年之喪二」，周禮如此。　孫云：喪服經：「父爲長子斬衰三年，夫爲妻齊衰期。」畢據左昭十五年傳證此文，是也。彼叔向語，指景王有穆后、太子壽之喪，而云有三年之喪二，是妻亦有三年之義。　王云：「者五」當爲「五者」，謂君、父母、妻與後子也。〇俞云：上文「君死」、「父母死」即已別而言之，此不當總數爲五。「五」疑「二」字之誤。〇案：「五」疑「㐅」之譌。「㐅」與其古文「㐅」均與「又」相似。

(69) 畢云：「其」同「期」。　孫云：公孟篇正作「期」，非儒篇作「其」，與此同。說文子部云：「孽，庶子也。」「孽子」即衆子，對前「後子」爲冢嫡也。

(70) 王云：「族人」當爲「戚族人」，謂族人之近者也，非儒篇正作「戚族人五月」。見儀禮喪服。今本脫「戚」字，則義不可通。公孟篇「戚族人五月」，今本亦脫「戚」字。

(71) 王云：「月數」當爲「數月」。公孟篇正作「姑姊舅甥皆有數月之喪」。　孫云：喪服：爲姑姊在室，期。適人，大功九月。甥、舅相爲緦麻三月。〇案：荀子禮論篇曰「無衰麻之服，無親疏月數之等」，與此「月數」義同。

(72) 畢云：「仞」，「忍」字假音。

(73) 孫云：「負」、「伏」通。左傳襄三年「魏絳〔一〕將伏劍」，孔疏云：「謂仰劍刃，身伏其上而取死也。」

(74) 畢云：「以」同「已」。

(75) 「乎」，上下文並作「邪」。

(76) 「惟」，吴鈔本作「唯」。

(77) 畢云：「下」下舊有「行」字，衍文。○案：繹史本無「行」字。

(78) 吴云：「是」當爲「且」。孫説同。

(79) 吴鈔本「僻淫」作「淫辟」，「民」作「人」。

(80) 吕氏春秋明理篇「夫亂世之民，長短頡㖀，百疾」，高注云：「頡猶大。㖀，逆也。」此「奚吾」猶「頡㖀」，一聲之轉。説文曰：「奚，大腹也。」「奚」與「大」意亦相近。「續」者，「黷」之借字。説文曰：「黷，握持垢也。」

(81) 「夫」，各本作「先」，今依王校改。

(82) 緜眇閣本「三」作「之」。寶曆本「睘」作「衆」。繹史本「三睘」作「之衆」。秋山云：「衆」，一作「睘」。王引之云：「睘」與「還」同，還讀周還、折還之還，謂轉折也。使人三轉其身於己前，則或轉而向己，或轉而背己，皆勢所必然。如此而欲使其毋背己，不可得也。故曰「以此求治，譬

〔一〕「絳」原誤「降」，據墨子閒詁原引改，與左傳合。

猶使人三睘而毋負己也」，亦言求治之必不可得也。「負」亦背也。孫云：莊子說劍篇說趙文王「宰人上食，王三環之」，釋文云：「環，繞也。」「睘」、「環」義同。

⑧③ 孫云：國語吳語云「以力征一二兄弟之國」，大戴禮記用兵篇云「諸侯力政，不朝於天子」，盧注云：「言以威力侵争。」案「征」、「正」、「政」通，天志上篇作「力政」，下篇及明鬼下篇並作「力正」。○案：列子說符篇曰「當今諸侯力争，所務兵食而已」，字又作「争」。

⑧④ 畢云：「礪」當爲「厲」。

⑧⑤ 周禮宰夫鄭注云：「委積謂牢米薪芻。」又小司徒鄭注云：「少曰委，多曰積。」

⑧⑥ 「修」，吳鈔本、緜眇閣本、堂策檻本、陳本作「脩」。

⑧⑦ 「者」，畢本改「之」。畢云：「之」舊作「者」，據後文改。孫云：漢書景帝紀顔注云：「耆讀曰嗜。」○案：「者」，「諸」之省文。諸，之也。

⑧⑧ 「修」，緜眇閣本、堂策檻本、陳本作「脩」。

⑧⑨ 畢云：「耆」舊作「者」，據上文改。

⑨⓪ 「惟毋」，吳鈔本作「唯無」，李本、陳本作「憔無」。

⑨① 各本無「修」字，秋山云『「城」上脱『修』』，王、蘇説同，今依增。

⑨② 「此求」二字，上文並作「是故求以」四字。

⑨③ 「惟」，吳鈔本作「唯」。

⑭ 吴鈔本「惟」作「唯」。 王云：「惟」與「雖」同。

⑮ 王云：「之禍罰」，「之」猶與也。謂罪厲與禍罰也。「之」字古或訓爲與。

⑯ 「乃」，畢本改「反」。 畢云：舊作「乃」，以意改。 王云：畢改非也。「乃其所」猶言固其宜。言以不事上帝鬼神而獲禍，固其宜也。襄二十一年左傳曰「若上之所爲，而民亦爲之，乃其所也」，是其證。

⑰ 畢云：後漢書注引作「古者聖人」。 孫云：北堂書鈔禮儀部十三引亦同。 ○案：初學記十四，蜀本、補宋鈔本御覽五百五十五，引並作「古者聖人」。

⑱ 畢云：「曰」，初學記引作「桐」，餘書亦多作「曰」。

⑲ 孫云：「棺」上當有「桐」字。左傳哀二年云：「桐棺三寸，不設屬辟，下卿之罰也。」釋文云：「棺用難朽之木，桐木易壞，不堪爲棺，故以爲罰。墨子尚儉，有桐棺三寸。」荀子禮論篇説刑餘罪人之喪，「棺厚三寸，衣衾三領」，吕氏春秋高義篇云，楚子囊死，「爲之桐棺三寸」，是皆示罰之法。墨子制爲恒典，則太儉矣。 檀弓云「夫子制於中都四寸之棺〔一〕，五寸之椁」，鄭注云：「爲民作制。」荀子楊注引墨子曰「桐棺三寸，葛以爲緘」，蓋兼用下文。 孟子公孫丑篇云「古者棺椁無度，中古棺七寸，椁稱之，自天子達於庶人」，並與此異。 ○案：後漢書趙咨傳注、明鈔本北堂書

〔一〕「棺」原誤「椁」，據墨子閒詁原引改，與禮記檀弓合。

鈔、蜀本補宋鈔本御覽引並無「桐」字。古書中記墨子及於桐棺者，疑皆涉下文「桐棺三寸」之語。此爲一般葬埋之法，故僅舉棺之厚薄，其材質之爲桐爲榖爲杉爲柏，各因方土之便。管子揆度篇曰：「若有子弟師役而死者，父母爲獨，上必葬之，衣衾三領，木必三寸。」據此，則墨子所引葬埋之法，正適合於當時一般平民也。

⑩⓪ 畢云：死者爲人惡之，故云「覆惡」。

⑩① 「以」字曹校刪。

⑩② 孫云：「參耕之畝」，謂三耦耕之畝也。考工記匠人：「爲溝洫，耜廣五寸，二耜爲耦，一耦之伐，廣尺深尺，謂之甽。」說文耒部云「耕廣五寸爲伐，二伐爲耦」，與考工說同。若然，一耦之甽其廣一尺，則三耦之甽其廣三尺也。

⑩③ 「久喪」，各本作「久哭」，今依王說改。王云：「久哭」當爲「久𠷓」。「𠷓」字從哭，亡聲。墨子原文蓋本作「器」，見玉篇、廣韻，而傳寫脱去亡字耳。節用篇曰「死者既葬，生者毋久喪用哀」，是其證。「久喪」二字見於本篇及它篇者多矣，若作「久哭」，則語不該備。

⑩④ 畢云：「之」舊作「也以」二字，據後文改。

⑩⑤ 畢云：北堂書鈔引作「北狄」。孫云：爾雅釋地有「八狄」。詩小雅蓼蕭孔疏引李巡本爾雅云「五狄在北方」。禮記王制孔疏引李巡云：「五狄：一曰月支，二曰穢貊，三曰匈奴，四曰單于，五曰白屋。」周禮職方氏又云「六狄」。○案：明鈔本北堂書鈔九十二引作「北狄」，九十四又

引作「八狄」。初學記、蜀本補宋鈔本御覽引並作「八狄」。

⑩6 畢云：「蛩」，初學記引作「鞏」，一本亦作「鞏」。北堂書鈔、後漢書注、太平御覽俱引作「邛」。呂氏春秋安死云「堯葬於穀林」，高誘曰：「堯葬成陽，此云穀林，成陽山下有穀林〔一〕。」孫云：後漢書趙咨傳注作「堯葬邛之山」。水經瓠子河注引帝王世紀云：「墨子：堯北教八狄，道死，葬鞏山之陰。」○案：「蛩」，潛本作「鞏」。明鈔本北堂書鈔九十二引作「道死叩之山」，「叩」爲「邛」之譌。蜀本、補宋鈔本御覽引作「道死邛邛之山」。

⑩7 畢云：「榖」字从木。孫云：說文木部云：「榖，楮也。」毛詩小雅鶴鳴傳云：「榖，惡木也。」禮，天子棺用梓柂，此用榖，尚儉。

⑩8 孫云：釋名釋喪制云：「棺束曰緘。緘，函也，古者棺不釘也。」喪大記鄭注云：「齊人謂棺束曰緘繩。」案禮，棺束用皮，此用葛，亦尚儉也。漢書楊王孫傳云：「昔帝堯之葬也，窾木爲匵，葛藟爲緘，其穿下不亂泉，上不泄殠。」

⑩9 畢云：「氾」當爲「犯」，「窆」字之假音也。

⑪0 畢云：古無「埳」字，當爲「坎」。北堂書鈔、後漢書注、太平御覽俱引作「坎」。玉篇云：「埳，苦感切，亦與坎同。」「封」，後漢書注引作「窆」，「封」、「窆」聲相近。俞云：窆者，葬下棺也，而云

〔一〕以上三「穀林」，畢沅刻本及本書均誤作「榖林」，據呂氏春秋改。

無窆，理不可通。「封」仍當讀如本字。禮記王制篇「不封不樹」，鄭注曰：「封謂聚土爲墳。」「無封」，言不爲墳也。檀弓曰「古也墓而不墳」。

(111) 畢云：北堂書鈔、太平御覽引俱作「犬戎」。孫云：爾雅釋地有「七戎」。詩蓼蕭孔疏引李本爾雅云「六戎在西方」。周禮職方氏又云「五戎」。○案：後漢書王符傳注引此、蜀本與補宋鈔本御覽五百五十五引尸子並作「七戎」，與本書同。

(112) 畢云：後漢書注引作「舜葬紀市」，又一引作「葬南巴之中」。太平御覽亦作「紀」。吕氏春秋安死云「舜葬於紀市，不變其肆」，高誘曰：「傳曰『舜葬蒼梧九疑之山』，此云『於紀市』，九疑山下亦有紀邑。」按「南己」實當作「南巴」，形相近，字之譌也。高誘以爲紀邑，非。九疑，古巴地。史記正義云「周地志云：南渡老子水，登巴嶺山，南回記大江。此南是古巴國，因以名山」，是已。王云：「南己」，後漢書王符傳注引作「南巴」，「巴」即「已」之誤。畢以作「巴」者爲是，且云「九疑古巴地」。案北堂書鈔及初學記禮部下引墨子並作「南己」，後漢書趙咨傳注及太平御覽並引作「南紀」，吕氏春秋安死篇「舜葬於紀市」，即所謂「南紀之市」，則「己」非誤字也。若是「巴」字，則不得與「紀」通矣。墨子稱舜所葬地，本不與諸書同，不必牽合舜葬九疑之文也。至謂九疑爲古巴地，以牽合南巴，則顯與上文「西教乎七戎」不合，此無庸辯也。孫云：劉賡稽瑞引墨子曰「舜葬於蒼梧之野，象爲之耕」，與此不同，疑誤以他書之文改此書。○案：王説「南己」是也。唯引書小誤，如初學記禮部下引墨子無「舜葬南己」之文，趙咨傳注引作「紀市」，不作「南紀」。緜眇閣本「南己之市」作「南山之市」，明鈔本北堂書鈔九十二引作「南市山之市」。古「己」通「紀」。

⑬ 畢云：後漢書注引「穀」作「款」，非。 ○案：蜀本、補宋鈔本御覽五百五十五引尸子舜葬亦作「款木之棺」。

⑭ 孫云：淮南子齊俗訓云：「昔舜葬蒼梧，市不變其肆。」

⑮ 畢云：太平御覽引作「教于越」者，以意改也。 王云：鈔本北堂書鈔及初學記引此並作「於越」，非作御覽者以意改也。今本作「九夷」者，後人因上文「七戎」、「八狄」而改之。不知此說堯舜禹所至之地，初非以「七戎」、「八狄」、「九夷」爲次序也。據下文云「葬會稽之山」，會稽正在越地，則當以作「於越」者爲是。 孫云：「九夷」詳非攻中篇。 ○案：明鈔本書鈔及蜀本、補宋鈔本御覽引並作「禹東教於越」。

⑯ 孫云：稽瑞引墨子云「禹葬會稽，鳥爲之耘」，疑此佚文。史記夏本紀云：「或言禹會諸侯江南計功而崩，因葬焉，命曰會稽。會稽者，會計也。」集解引皇覽曰：「禹冢在山陰縣會稽山上。會稽山本名苗山，在縣南，去縣七里。」 ○案：稽瑞引墨子文皆不可恃，未必爲墨子佚文。

⑰ 畢云：史記集解引「衾」作「裘」，非。 孫云：周禮職方氏賈疏引亦作「裘」，與夏本紀集解同。七患篇云「死又厚爲棺槨，多爲衣裘」，則葬有用裘者。 ○案：畢說是也，作「裘」者誤字。

⑱ 畢云：後漢書注引尸子云：「禹之喪法，死於陵者葬於陵，死於澤者葬於澤，桐棺三寸，制喪三

日。」　孫云：越絶書記地外傳、吴越春秋越王無余外傳並云「禹葬會稽，葦椁桐棺」。

119 畢云：太平御覽引「緘」作「繃」，注云「補庚切」，則此「緘」字俗改。　段玉裁云：「繃」，今墨子節葬篇此句三見，皆作「緘」，古蒸、侵二部音轉最近也。　孫云：「緘」當爲「繃」。説文系部云「繃，束也」，引墨子曰「禹葬會稽，桐棺三寸，葛以繃之」，即此文。藝文類聚十一、御覽三十七引帝王世紀亦云「禹葬會稽，葛以繃之」。　○案：御覽三十七引帝王世紀無「葛以繃之」之文，孫檢偶誤。

120 「道」，畢本作「通」，舊本並作「道」，今從舊本。

121 王云：「土地」二字文義不明，「土地」當爲「堀地」，寫者脱其右半耳。下文曰「掘地之深，下無菹漏，氣無發洩於上」，節用篇曰「堀穴深不通於泉」，皆其證。

122 孫云：後漢書趙咨傳注引作「皆下不及泉，上無遺臭」，書鈔「無」作「不」，餘並與李引同。　○案：吴鈔本「毋」並作「無」。宋本、蜀本御覽八十二引「毋」並作「不」，又五百五十五作「皆下不及泉，上無通臭」。初學記作「下不及泉，上無通臭」。孔本書鈔作「下不及泉，上毋通臭」，明鈔本書鈔作「皆下不及泉，上不道臭」。

123 孫云：説文土部云：「壤，柔土也。」

124 畢云：「壟」，前漢書注作「隴」。　孫云：藝文類聚十一、御覽三十七引帝王世紀文略同，蓋即本此書。

⑫⑤ 畢云：「則」舊作「取」，據前漢書注改。　○案：寶曆本作「則」。

⑫⑥ 潛本「三」下有「聖」字。

⑫⑦ 「爲」，陸本、茅本、寶曆本、李本誤「於」。

⑫⑧ 畢云：太平御覽引作「以爲葬埋之法也」。　王云：北堂書鈔、初學記亦如是，於義爲長。

⑫⑨ 孫云：禮記喪大記云：「君大棺八寸，屬六寸，椑四寸；上大夫大棺八寸，屬六寸；下大夫大棺六寸，屬四寸；士〔一〕棺六寸。」鄭注云：「大棺，棺之在表者也。檀弓曰：『天子之棺四重，水兕革棺被之，其厚三寸，杝棺一，梓棺二，四者皆周。』此以内說而出也。」案此「云大棺、中棺」，即大棺與屬。下云「革闠三操」，疑即所謂水兕革棺被之也。

⑬⓪ 畢云：「闠」同「鞼」，「操」同「繅」，假音字。　孫云：「繅」義亦難通，疑當爲「雜」。雜，帀也。雜、操形近而誤。　○案：儀禮聘禮「繅三采六等，朱白蒼」，鄭注云：「雜采曰繅。以韋衣木板，飾以三色再就，所以薦玉，重愼也。古文繅或作藻，今文作璪。」此蓋畢說所本。「革闠三操」，言革棺之文采繁雜也。

⑬① 王云：「即」當爲「既」。

⑬② 並詳前。

〔一〕「士」原誤「土」，據墨子閒詁原引改，與禮記喪大記合。

⑬③ 秋山云：「大」，一作「六」。

⑬④ 吴鈔本「必」作「戈」，形譌。讀者校「戈」爲衍字，非是。　孫云：「捶垛」當爲「捶除」。內則鄭注云：「捶，擣之也。」說文手部云：「擣，一曰築也。」則「捶」有堅築之義。「垛」、「除」聲義亦通，謂除道也。「差通」疑當作「羨道」。周禮冢人鄭注云：「隧，羨道也。」九章算術商功篇云「今有羨除」，劉注云：「羨除，隧道也。其所穿地，上平下邪。」史記衛世家「共伯入釐侯羨，自殺」，索隱云：「羨，墓道也。」疑此當讀「必捶垛羨道」爲句，即九章所謂「羨除」也。　〇案：孫說「羨道」近是。「垛」借爲「除」，當作動字用，非羨除也。除，修治也。「捶除羨道」，猶言築修羨道也。

⑬⑤ 「雖」當爲「脽」，或爲「碓」，形聲俱近。水經汾水注引應劭云：「脽，丘類也。」史記河渠書集解引晉灼云：「碓，古堆字。」本字作自，說文曰：「自，小阜也。」「兄」，諸本作「凡」，道藏本作「凡」，字形在「兄」、「凡」之閒，今訂作「兄」。辯過篇「凡此五者」、尚賢下篇「凡我國能射御之士」，正德本「凡」並譌「兄」，可與此互例。「兄」讀爲比況之況。呂氏春秋禁塞篇曰「爲京丘若山陵」，又安死篇曰「世之爲丘壟也，其高大若山」，即此所謂「壟脽況山陵」也。上文曰「丘隴必巨」，文意亦同。

⑬⑥ 「毋」，堂策檻本、四庫本作「無」。

⑬⑦ 畢云：「鄉」，「鼏」省文。

⑬⑧ 「吾本」，陸本、茅本、寶曆本、李本、緜眇閣本、堂策檻本、四庫本作「本吾」。

⑬⑨ 畢云：舊脱「法」字，一本有。　〇案：潛本、寶曆本並有「法」字。

句。

141 畢本「請」作「誠」。 畢云：舊作「請」，一本如此。 王云：古者「誠」與「請」通，不煩改字。 ○案：「請」，潛本、緜眇閣本作「誠」。

142 「堯舜」，茅本、寶曆本作「舜堯」。 孫云：「政」、「正」通。

143 「其」，寶曆本作「果」，吴鈔本作「果其」二字。

144 畢云：「胡説」猶言何説。「擇」同「釋」。 孫云：淮南子説山訓高注云：「釋，舍也。」 ○案：「擇」，寶曆本、李本作「釋」，下並同。

145 吴鈔本「習」作「事」，下同。 孫云：「義」讀爲「宜」。

146 「輆」，畢本改「輆」。 畢云：「輆」舊作「輆」，不成字，據太平廣記引作「輆」，音善愛反，今改。 盧云：列子湯問篇作「輒才」，新論作「軫沐」。 顧云：世德堂列子作「木」，影宋本作「沐」。 孫云：意林引列子及道藏本劉子風俗篇並作「輒沐」，博物志五引作「駭沐」，宋本列子作「輙沐」，注云：「又『休』。」道藏本殷敬順釋文及盧重玄注本並作「輒休」，殷云：「輒，説文作耴，諸涉切，耳垂也。休，美也。蓋儋耳之類是也。諸家本作輙沐者誤耳。」案：諸文舛互，此無文義可校。集韻十九代云：「輆沐，國名，在越東。」是北宋本實作「輆沐」，依殷説則「輆」當作「輒」。後魯問篇以食子爲啖人國俗，與此復不同。 ○案：「輆」，諸本同，寶曆本作「輆」。「沐」，諸本同，陸本、茅本、寶曆本、李本、緜眇閣本作「沭」。今訂從「輆沐」，存墨子古本之舊。

「輇」字蓋從軋，必聲，爲墨子書中之奇字。他書襲此，各以意改，遂致歧互耳。

⑭⑦ 盧云：「解」，魯問作「鮮」，與列子同。杜預注左傳云：「人不以壽死曰鮮。」顧云：此列子釋文之謬說。孫云：殷敬順列子釋文引杜説而釋之云「謂少也」，即盧説所本。盧校列子則謂鮮、析一聲之轉，引「析支」亦作「鮮支」爲證，説較此爲長。蓋「解」、「鮮」、「析」義並同。新論作「其長子生，則解肉而食其母」。○案：魯問篇亦當作「解」，顧説是也，詳彼注。

⑭⑧ 孫云：博物志引作「父死則負其母而棄之」，新論作「其人父死，即負其母而棄之」。

⑭⑨ 盧云：列子作「炎」，殷敬順釋文讀去聲。孫云：魯問篇作「啖人」，新論同。博物志引作「炎」。道藏本列子釋文作「啖人」，云「談去聲，本作炎」。後漢書南蠻傳亦作「噉人國」，疑當從「啖」爲是，詳魯問篇。○案：「炎」，李本、堂策檻本、顧校李本、四庫本作「啖」。

⑮⓪ 古人稱父母爲「親戚」，詳兼愛下篇。

⑮① 畢云：列子「朽」作「㱙」，同。太平廣記引作「刳」。孫云：御覽七百九十引博物志亦作「刳」。列子釋文云：「㱙，本作咼，音寡，剮肉也。又音朽。」殷作「冎」，蓋「咼」之譌。説文冎部云：「冎，剔人肉置其骨也。」新論作「拆」，尤誤。

⑮② 畢云：「渠」舊作「秉」，據列子及太平廣記改。史記正義：「括地志云：寧、原、慶三州，秦北地郡。戰國及春秋時爲義渠戎國之地。」今甘肅慶陽府也，在陝西之西。孫云：「渠」，吴鈔本作「秉」，不成字。博物志引作「義渠」，新論同。宋本列子「渠」下注云：「又『康』。」「康」與「秉」並

「渠」之形誤。周書王會篇云「義渠以茲白」，孔晁注云：「義渠，西戎國。」　俞云：史記秦本紀「厲共公三十三年伐義渠，虜其王」，即此國也。

(153) 畢云：「燻」即「熏」字俗寫。太平廣記引作「熏其煙上，謂之登煙霞」。　孫云：列子亦作「燻則煙上，謂之登遐」。新論作「煙上燻天，謂之昇霞」。博物志作「勳之即煙上，謂之登遐」。呂氏春秋義賞篇云：「氐羌之民，其虜也不憂其係累，而憂其死不焚也。」荀子大略篇説同。義渠在秦西，亦氐羌之屬。登遐者，禮記曲禮云「天子崩，告喪曰天王登假」，鄭注云：「登，上也。假，已也。上已者，若僊去云耳。」釋文云：「假音遐。」漢書郊祀志云「世有僊人，登遐倒景」，顔注云：「遐亦遠也。」案依廣記所引及新論，似皆以「遐」爲「霞」之假字，非古義也。

(154) 吴鈔本「成爲」作「謂之」。

(155) 畢云：太平廣記引有云「而未足爲非也。」　○案：「而未足爲非也」六字，或爲廣記引書加字頓住之法，非墨子原文有此句也。列子及博物志亦有加句。

(156) 各本脱「以」字，王據上文增，今從之。

(157) 王云：爾雅：「猶，已也。」言亦已薄、亦已厚也。

(158) 吴鈔本無「者」字。

(159) 孫云：韓非子顯學篇云：「墨者之葬也，冬日冬服，夏日夏服，桐棺三寸，服喪三月。」

(160) 寶曆本「掘」作「堀」。

⑯①孫云：「菹」與「沮」通。廣雅釋詁云：「沮，溼也。」　○案：「沮」、「漏」均滲溼之義。文選魏都賦曰「隰壤瀸漏而沮洳」。

⑯②寶曆本「期」作「朝」。　秋山云：「朝」，一作期。　畢云：「期」言期會。

⑯③孫云：「佴」者，次比之義，言不疏曠也。

⑯④吳鈔本「於」作「乎」。緜眇閣本、繹史本「親」作「新」。

⑯⑤「請」，舊本作「謂」，畢本以意改「誠」，今依王、顧校作「請」。　王云：「謂」即「請」之譌，請與誠通。畢徑改爲「誠」，未達假借之旨。　顧說同。

⑯⑥「不察」之「不」，茅本、寶曆本、李本、緜眇閣本並脫。　秋山云：「可」下脫「不」。　王云：「者此」當作「此者」，詳非攻下篇。

墨子校注卷之七

天志上第二十六①

子墨子言曰：今天下之士君子，知小而不知大。何以知之？以其處家者知之。若處家得罪於家長②，猶有鄰家所避逃之③。然且親戚兄弟所知識④共相儆戒⑤，皆曰：「不可不戒矣，不可不慎矣，惡有處家而得罪於家長而可爲也⑥！」非獨處家者爲然，雖處國亦然。處國得罪於國君，猶有鄰國所避逃之⑦。然且親戚兄弟所知識⑧共相儆戒，皆曰：「不可不戒矣，不可不慎矣，誰亦有處國得罪於國君而可爲也！」此有所避逃之者也，相儆戒猶若此其厚。況無所避逃之者⑨，相儆戒豈不愈厚然後可哉？且語言有之曰：「焉而晏日⑩，焉而得罪⑪，將惡避逃之⑫？」曰：無所避逃之。夫天不可爲林谷幽閒無人⑬，明必見之。然而天下之士君子之於天也⑭，忽然不知以相儆戒，此我所以知天下士君子知小而不知大也。

然則天亦何欲何惡？天欲義而惡不義。然則率天下之百姓以從事於義，則我乃爲天之所欲也。我爲天之所欲⑮，天亦爲我所欲。然則我何欲何惡⑯？我欲福禄而惡禍祟。然則率天下之百姓以從事於不義，則我乃爲天之所不欲也。我爲天之所不欲，天亦爲我所不欲，則是我率天下之百姓以從事於禍祟中也⑰。

然則何以知天之欲義而惡不義⑱？曰：天下有義則生，無義則死；有義則富，無義則貧；有義則治，無義則亂。然則天欲其生而惡其死，欲其富而惡其貧，欲其治而惡其亂，此我所以知天欲義而惡不義也⑲。

曰：且夫義者，政也⑳。無從下之政上，必從上之政下。是故庶人竭力從事，未得次己而爲政㉑，有士政之；士竭力從事，未得次己而爲政，有將軍大夫政之㉒；將軍大夫竭力從事，未得次己而爲政，有三公諸侯政之；三公諸侯竭力聽治，未得次己而爲政，有天子政之；天子未得次己而爲政，有天政之。天子爲政於三公、諸侯、士、庶人㉓，天下之士君子固明知之㉔；天之爲政於天子，天下百姓未得之明知也㉕。故昔三代聖王㉖禹湯文武，欲以天之爲政於天子明説天下之百姓，故莫不犓牛羊，豢犬彘，潔爲粢盛酒醴㉗，以祭祀上帝鬼神，而求祈福於天㉘。我未嘗聞天下之所求祈福於天子者也㉙，我所以知天之爲政於天子者也㉚。

故天子者，天下之窮貴也，天下之窮富也㉛。故欲富且貴者㉜，當天意而不可不順。順天意者，兼相愛、交相利，必得賞；反天意者，別相惡、交相賊，必得罰㉝。然則是誰順天意而得賞者？誰反天意而得罰者㉞？子墨子言曰：昔三代聖王禹湯文武，此順天意而得賞者也㉟；昔三代之暴王㊱桀紂幽厲，此反天意而得罰者也。然則禹湯文武其得賞何以也？子墨子言曰：其事上尊天，中事鬼神，下愛人。故天意曰：「此之我所愛，兼而愛之；我所利，兼而利之。愛人者此爲博焉，利人者此爲厚焉。」故使貴爲天子，富有天下，業萬世子孫㊲。傳稱其善，方施天下㊳，至今稱之，謂之聖王。然則桀紂幽厲得其罰㊴何以也？子墨子言曰：其事上詬天，中誣鬼㊵，下賊人㊶。故天意曰：「此之我所愛，別而惡之；我所利，交而賊之。惡人者此爲之博也㊷，賊人者此爲之厚也㊸。」故使不得終其壽，不歿其世㊹，至今毀之，謂之暴王。

然則何以知天之愛天下之百姓？以其兼而明之。何以知其兼而明之？以其兼而有之。何以知其兼而有之？以其兼而食焉。何以知其兼而食焉？曰：四海之內，粒食之民㊺，莫不犓牛羊、豢犬彘，潔爲粢盛酒醴，以祭祀於上帝鬼神。天有邑人㊻，何用弗愛也？且吾言殺一不辜者，必有一不祥。殺不辜者誰也？則人也。予之不祥者誰也？則天也。若以天爲不愛天下之百姓，則何故以人與人相殺，而天予之不祥㊼？此我所以知天之愛天下之百姓也㊽。

順天意者，義政也。反天意者，力政也㊾。然義政將柰何哉㊿？子墨子言曰：處大國不攻小國，處大家不篡小家，强者不劫弱，貴者不傲賤，多詐者不欺愚(51)。此必上利於天，中利於鬼，下利於人。三利無所不利，故舉天下美名加之，謂之「聖王」。力政者則與此異，言非此，行反此，猶倖馳也(52)。處大國攻小國，處大家篡小家，强者劫弱，貴者傲賤，多詐者欺愚(53)。此上不利於天，中不利於鬼，下不利於人。三不利無所利，故舉天下惡名加之，謂之「暴王」。

子墨子言曰：我有天志，譬若輪人之有規，匠人之有矩。輪匠執其規矩，以度天下之方圜，曰：中者是也，不中者非也。今天下之士君子之書不可勝載，言語不可盡計(54)，上説諸侯，下説列士，其於仁義則大相遠也(55)。何以知之？曰：我得天下之明法以度之。

①畢云：玉篇云：「志，意也。」説文「無」志字。鄭君注周禮云：「志，古文識。」則「識」與「志」同。又篇中多或作「之」，疑古文「志」亦只作「之」也。○案：詩大雅皇矣篇：「皇矣上帝，臨下有赫。監觀四方，求民之莫。」即謂天有意志之一例也。

②堂策檻本、四庫本「處家」下有「而」字。

③「逃」，陸本、茅本作「迯」，俗字。 畢云：廣雅云：「所，凥也。」玉篇云：「處所。」

④ 孫云：「親戚」即父母也。下篇云「父以戒子，兄以戒弟」。

⑤ 畢云：「共」舊作「其」，一本如此，下同。 ○案：四庫本作「共」，下同。

⑥ 上「而」字，堂策檻本、四庫本無，與下文合。

⑦「逃」，陸本、茅本作「迯」。

⑧「兄弟」，道藏本、吴鈔本、陸本、唐本、潛本、茅本、緜眇閣本、堂策檻本、四庫本作「弟兄」。

⑨「逃」，陸本、茅本作「迯」。

⑩ 句。

⑪ 句。

⑫「日」舊作「曰」，今依畢校改。「避」，翻陸本作「辟」。 俞云：「且語有之曰」，蓋述古語也。「言」字即「語」字之誤而衍者，下「曰」字當從畢改作「日」。「焉而」字疊出，文義難通，疑上「焉而」字亦爲衍文。 墨子本作「且語有之曰：晏日焉而得罪，將惡避逃之？」「晏」者，清也，明也。説文日部：「晏，天清也。」小爾雅廣言：「晏，明也。」文選羽獵賦「于是天清日晏」，淮南子繆稱篇「暉日知晏，陰蝫知雨」，並其證也。此謂人苟於昏暮得罪，猶有可以避逃之處。若晏日則人所共覩，無所逃避矣。 ○案：俞説文意是也，其校字則非。「而」並當爲「天」，「天」篆文作「兲」，或作「𠕒」，唐岱岳觀碑作「𠕒」。「而」篆文作「亓」，楷書作「而」。形並相近。今唐本上「而」字作「𠕒」，

猶仿佛「天」字形范。天志下篇「從而賊之」，諸本「而」誤「天」，可爲本書「天」、「而」互譌之例。論衡超奇篇曰「天晏，列宿焕炳；陰雨，日月蔽匿」，又宣漢篇曰「光武皇帝升封，天晏然無雲，太平之應也」，又佚文篇曰「天晏暘者星辰曉爛」，即此「天晏」之義。「焉」，於也。「惡」，於何也。「焉天得罪」，猶得罪於天也。言於天晏之日，得罪於天，將於何避逃之？極言其無所避逃之也。

⑬「閒」，各本作「門」。　畢云：「門」當爲「澗」。　顧云：明鬼篇作「澗」。　王云：「門」當爲「閒」，「閒」讀若「閑」。言天監甚明，雖林谷幽閒無人之處，天必見之也。賈子耳痺篇曰：「故天之誅伐，不可爲廣虛幽閒攸遠無人，雖重襲石中而居，其必知之乎。」淮南覽冥篇曰：「上天之誅也，雖在壙虛幽閒、遼遠隱匿、重襲石室、界障險阻，其無所逃之，亦明矣。」義皆本於墨子，則「幽門」爲「幽閒」之誤明矣。明鬼篇「雖有深谿博林幽澗毋人之所」，「幽澗」亦「幽閒」之誤。孫云：「閒」讀爲間隙之「閒」。荀子王制篇云「無幽閒隱僻之國，莫不趨使而安樂之」，楊注云：「幽，深也。閒，隔也。」　〇案：「門」，王校改「閒」是也，今從之。荀子王霸篇曰「則雖幽閒隱辟」，楊注云：「閒讀爲閑。」則又與王説同。莊子庚桑楚篇曰「爲不善乎幽閒之中者，鬼得而誅之」，春秋繁露立元神篇曰「自然之罰至，裹襲石室，分障險阻，猶不能逃之也」，文意亦與此同。

⑭王云：「舊本脱『士』字及『之於』二字，今據上下文補『士』字，又以意補『之於』二字。」今從之。

⑮吴鈔本「我」下有「乃」字。

⑯諸本無「我」字，潛本、緜眇閣本、陳本、繹史本並有，今據補。　畢云：一本「則」下有「我」字。

⑰自「率天下」至「則是」凡三十八字，各本脱，今據上文校增。此蓋因「率天下之百姓以從事於」十字上下兩見，故相涉而脱耳。王校作「若我不爲天之所欲，而爲天之所不欲，然則我率天下之百姓以從事於禍祟中也」。案王校據中篇，但中篇上文有「人爲天之所不欲，天亦且爲人之所不欲」句，故下文「從事乎禍祟之中」句有來歷。此依王校，則上無其文，遽言禍祟，語無所本。且上言「若」、下言「然」，則文氣亦不貫注，今不從。

⑱舊本無「以」字。

⑲畢云：「我」舊作「義」，以意改。○案：潛本、寶曆本、緜眇閣本、堂策檻本、顧校李本、陳本、繹史本、四庫本正作「我」。「義」、「我」古音亦同。

⑳王云：「政」與「正」同，下篇皆作「正」。孫云：意林引下篇「正」皆作「政」，二字互通。「義者正也」，言義者所以正治人也。

㉑畢云：「次」，「恣」字省文，下同。一本作「恣」，俗改。王引之云：畢説非也。「次」猶即也。次、即聲相近，而字亦相通。下文諸「次」字並同。孫云：意林引下篇「次」並作「恣」，則畢説亦通。節用上篇云「聖王既没，於民次也」，「恣」亦作「次」，可證。○案：「次」，潛本、緜眇閣本、陳本、繹史本並作「恣」，可爲畢説之證。

㉒孫云：「將軍大夫」即卿大夫也。詳尚同中篇。

㉓吴云：「諸侯」下脱「將軍大夫」四字。

㉔「之」字各本脱，今依俞、孫、曹校增。

㉕猶言未得明知之也。説詳節葬下篇「未嘗之有也」注。

㉖「王」，道藏本誤「正」。

㉗畢云：「爲粢」二字舊脱，據後文增。　秋山校同。　○案：四庫本有「粢」字，仍脱「爲」字。

㉘「祈福」疑當爲「祉福」，字之誤也。下「祈福」同。中篇曰「欲以此求福禄於天」，此言祉福，猶彼言福禄也。

㉙秋山云：「下」字衍。　顧云：據中、下二篇，「下」字衍。　蘇校同。　戴云：案中篇云「吾未知天之祈福於天子也」，則此文衍「下」字及「所求」二字及「者」字。　○案：疑衍「下」、「所」二字。

㉚句首，藤校增「此」字。

㉛抱朴子暢玄篇曰「窮富極貴」。　戴云：「窮」，極也。此二字轉相訓。

㉜「欲」，畢本作「於」，舊本並作「欲」，今據正。　宋本御覽七十七引亦作「欲」。

㉝「賊」，陸本、茅本、寶曆本、堂策檻本作「賤」，誤。

㉞「天」，道藏本誤「夫」。

㉟「者」字諸本無，繹史本有。　畢云「『賞』下當有『者』字」，今據增。

㊱「之」字，緜眇閣本闕，繹史本無。

㊲ 孫云：「業」，謂子孫纂業也。左昭元年傳「臺駘能業其官」，杜注釋爲「纂業」。

㊳ 畢云：「方」猶旁。　孫云：説文丄部云：「旁，溥也。」方施言施溥徧於天下也。

㊴ 吴云：當云「其得罰」。　孫校同。

㊵ 「誣」，畢本作「詬」，舊本並作「誣」，今據正。　畢云：據上當有「神」字。

㊶ 「賊」，諸本作「賤」。上文「交相賤」，秋山云：「賤，一作賊，下同。」今從一本作「賊」。　王校同。

㊷ 「博」，陸本、茅本、堂策檻本、四庫本作「惡」。

㊸ 「賊」，吴鈔本、畢本作「賤」，諸本並作「賊」，今從諸本。

㊹ 吴鈔本「殁」作「没」。

㊺ 尚賢下篇曰：「粒食之民，莫不勸譽」。　孫云：大戴禮記少閒篇曰：「粒食之民，昭然明視。」

㊻ 畢云：「邑」舊作「色」，非，以意改。

㊼ 「予」，道藏本、吴鈔本、陸本、唐本、沈本、茅本、堂策檻本誤「子」。

㊽ 吴鈔本「此我」下有「之」字。

㊾ 「力政」，下篇作「力正」，字通，詳節葬下篇。文選謝瞻張子房詩李注引與此同。

㊿ 畢云：舊脱「政」字，一本有。　○案：潛本、緜眇閣本、繹史本並有「政」字。

(51) 孫云：中篇及兼愛中篇、下篇文並略同，皆無「多」字，此疑衍。

(52) 畢云：「倖」，一本作「偝」。　○案：潛本、緜眇閣本、繹史本作「偝」，「偝」字是。惟以「倖」之字形校之，疑原書作「倍」。倍、背、偝聲義並同。耕柱篇「夫倍義而鄉禄者」、「倍禄而鄉義者」，「倍」字義與此同。吕氏春秋别類篇曰「驥驁緑耳背日而西走」，淮南子泰族訓曰「騏驥倍日而馳」，又主術訓曰「背風而馳易以遠」，説苑説叢篇曰「倍風而馳易以遠」，潛夫論交際篇曰「分背奔馳，窮東極西」，倍馳即背馳也。

㊳「多詐」下諸本無「者」字，寶曆本有，今據補。

㊴緜眇閣本、繹史本「計」作「記」。

㊵畢云：「相」舊作「其」，一本如此。○案：潛本、緜眇閣本、繹史本作「相」。

天志中第二十七

子墨子言曰：今天下之君子之欲爲仁義者①，則不可不察義之所從出。既曰不可以不察義之所從出，然則義何從出？子墨子曰：義不從愚且賤者出，必自貴且知者出。何以知義之不從愚且賤者出，而必自貴且知者出也？曰：義者，善政也。何以知義之善政也？曰：天下有義則治，無義則亂，是以知義之善政也②。夫愚且賤者，不得爲政乎貴且知者；貴且知者③，然後得爲政乎愚且賤者。此吾所以知義之不從愚且賤者出，而必自貴且知者出也。然則孰爲貴？孰爲知？曰：天爲貴，天爲知，而已矣。然則義果自天出矣。

今天下之人曰：當若天子之貴諸侯，諸侯之貴大夫，傐明知之④。然吾未知天之貴且知於天子也。子墨子曰：吾所以知天之貴且知於天子者，有矣。曰：天子爲善，天能賞之；天子爲暴，天能罰之。天子有疾病禍祟，必齋戒沐浴⑤，潔爲酒醴粢盛，以祭祀天鬼，則天能除去之。然吾未知天之祈福於天子也，此吾所以知天之貴且知於天子也。且吾所以知天之貴且知於天子者，不止此而已矣⑥，又以先王之書馴天明不解之道也知之⑦。曰：「明哲維天⑧，臨君下土⑨。」則此語天之貴且知於天子⑩。不知亦有貴知夫天者乎⑪？曰：天爲貴，天爲知，而已矣。然則義果自天出矣。是故子墨子曰：今天下之君子，中實將欲尊道利民⑫，本察仁義之本，天之意不可不慎也⑬。

既以天之意以爲不可不慎已，然則天之將何欲何憎⑭？子墨子曰：天之意，不欲大國之攻小國也，大家之亂小家也。强之劫弱，衆之暴寡⑮，詐之謀愚，貴之傲賤，此天之所不欲也。不止此而已⑯，欲人之有力相營⑰，有道相教，有財相分也。又欲上之强聽治也，下之强從事也。上强聽治，則國家治矣；下强從事，則財用足矣。若國家治，財用足⑱，則上有以絜爲酒醴粢盛，以祭祀天鬼⑲；外有以爲環璧珠玉，以聘撓四鄰⑳，諸侯之冤不興矣㉑，邊境甲兵不作矣；內有以食飢息勞㉒，持養其萬民㉓，則君臣上下惠忠，父子弟兄慈孝㉔。故惟毋明乎順天之意㉕，奉而光施之天下㉖，則刑政治，萬民和，國家富，財用足，百姓皆得煖衣飽食，便寍無憂㉗。是故子墨子曰：今天下之君子，中實將欲遵道利民，本察仁義之本，天之意不可不慎也㉘。

且夫天子之有天下也㉙，辟之無以異乎國君諸侯之有四境之內也㉚。今國君諸侯之有四境之內也，夫豈欲其臣國萬民之相爲不利哉㉛？今若處大國則攻小國，處大家則亂小家，欲以此求賞譽，終不可得，誅罰必至矣。夫天之有天下也，將無已異此㉜。今若處大國則攻小國㉝，處大都則伐小都㉞，欲以此求福祿於天，福祿終不得㉟，而禍祟必至矣。然有所不爲天之所欲，而爲天之所不欲㊱，則夫天亦且不爲人之所欲，而爲人之所不欲矣。人之所不欲者何也㊲？曰：病疾禍祟也㊳。若己不爲天之所欲，而爲天之所不欲，是率天下之萬民以從事乎禍祟之中也。故古者聖王明知天鬼之所福㊴，而辟天鬼之所憎，以求興天下之利，而除天下之害。是以天之爲寒熱也節，四時調，陰陽雨露也時，五穀孰㊵，六畜遂，疾菑戾疫凶饑則不至㊶。是故子墨子曰：今天下之君子，中實將欲遵道利民㊷，本察仁義之本，天意不可不慎也。

且夫天下蓋有不仁不祥者，曰：當若子之不事父，弟之不事兄，臣之不事君也。故天下之君子與謂之不祥者㊸。今夫天兼天下而愛之，撽遂萬物以利之㊹，若豪之末㊺，末非天之所爲也[46]，而民得而利之，則可謂否矣[47]。然獨無報夫天[48]，而不知其爲不仁不祥也[49]。此吾所謂君子明細而不明大也。

且吾所以知天之愛民之厚者，有矣。曰：以曆爲日月星辰[50]，以昭道之[51]；制爲四時春秋冬夏，以紀綱之；雷降雪霜雨露[52]，以長遂五穀麻絲，使民得而財利之；列爲山川谿谷，播賦百事[53]；爲王公侯伯[54]，以臨司民之善否[55]，使之賞賢而罰暴[56]；賊金木鳥獸[57]，從事乎五穀麻絲[58]，以爲民衣食之財[59]。自古及今，未嘗不有此也。今有人於此，驩若愛其子[60]，竭力單務以利之[61]。其子長，而無報乎求父[62]。故天下之君子與謂之不仁不祥[63]。今夫天兼天下而愛之，撽遂萬物以利之[64]，若豪之末，末非天之所爲[65]，而民得而利之，則可謂否矣[66]。然獨無報夫天，而不知其爲不仁不祥也。此吾所謂君子明細而不明大也[67]。

且吾所以知天愛民之厚者，不止此而已矣[68]。曰：殺不辜者，天予不祥[69]。不辜者誰也[70]？曰：人也。予之不祥者誰也？曰：天也。若天不愛民之厚，夫胡説人殺不辜而天予之不祥哉[71]？此吾所以知天之愛民之厚也[72]。且吾所以知天之愛民之厚者[73]，不止此而已矣。曰：愛人利人，順天之意，得天之賞者，有矣。憎人賊人[74]，反天之意，得天之罰者，亦有矣[75]。

夫愛人利人，順天之意，得天之賞者，誰也？曰：若昔三代聖王堯舜禹湯文武者是也⑯。堯舜禹湯文武焉所從事？曰：從事兼，不從事别。兼者，處大國不攻小國，處大家不亂小家⑰，强不劫弱，衆不暴寡，詐不謀愚，貴不傲賤。觀其事，上利乎天，中利乎鬼，下利乎人。三利無所不利，是謂天德。聚斂天下之美名而加之焉，曰：此仁也，義也，愛人利人，順天之意，得天之賞者也。不止此而已，書於竹帛⑱，鏤之金石，琢之槃盂⑲，傳遺後世子孫。曰：將何以爲？將以識夫愛人利人，順天之意，得天之賞者也。皇矣道之曰：「帝謂文王，予懷明德，不大聲以色，不長夏以革，不識不知，順帝之則⑳。」帝善其順法則也，故舉殷以賞之，使貴爲天子，富有天下，名譽至今不息。故夫愛人利人，順天之意，得天之賞者，既可得而知已㉑。

夫憎人賊人，反天之意，得天之罰者，誰也㉒？曰：若昔者三代暴王桀紂幽厲者是也。桀紂幽厲焉所從事？曰：從事别，不從事兼。别者，處大國則攻小國，處大家則亂小家，强劫弱，衆暴寡，詐謀愚，貴傲賤。觀其事，上不利乎天，中不利乎鬼，下不利乎人。三不利無所利，是謂天賊。聚斂天下之醜名而加之焉㉓，曰：此非仁也，非義也，憎人賊人，反天之意，得天之罰者也。不止此而已，又書其事於竹帛，鏤之金石，琢之槃盂，傳遺後世子孫。曰：將何以爲？將以識夫憎人賊人，反天之意，得天之罰者也。大明之道之㉔曰：「紂越厥夷居㉕，不肎事上帝，棄厥先神祇不祀㉖。乃曰：吾有命，無廖僔務㉗。天下㉘天亦縱棄紂而不葆(89)。」察天所以縱棄紂而不葆者(90)，反天之意也。故夫憎人賊人(91)，反天之意，得天之罰者，既可得而知也(92)。

是故子墨子之有天之(93)，辟之無以異乎輪人之有規(94)，匠人之有矩也。今夫輪人操其規，將以量度天下之圜與不圜也(95)，曰：「中吾規者謂之圜，不中吾規者謂之不圜。」是以圜與不圜，皆可得而知也。此其故何？則圜法明也。匠人亦操其矩，將以量度天下之方與不方也，曰：「中吾矩者謂之方，不中吾矩者謂之不方。」是以方與不方，皆可得而知之。此其故何？則方法明也。故子墨子之有天之意也(96)，上將以度天下之王公大人之爲刑政也(97)，下將以量天下之萬民爲文學、出言談也。觀其行，順天之意，謂之善意行；反天之意，謂之不善意行(98)。觀其言談，順天之意(99)，謂之善言談；反天之意，謂之不善言談。觀其刑政，順天之意，謂之善刑政；反天之意，謂之不善刑政。故置此以爲法，立此以爲儀，將以量度天下之王公大人卿大夫之仁與不仁，譬之猶分黑白也。

是故子墨子曰：今天下之王公大人士君子，中實將欲遵道利民，本察仁義之本，天之意不可不順也。順天之意者，義之法也。

① 吳鈔本「君子」下無「之」字。

②王校兩「之」字下並補「爲」字。王云：舊本脱兩「爲」字。下篇曰：「何以知義之爲正也？天下有義則治，無義則亂，我以此知義之爲正也。」今據補。俞云：三「善」字皆「言」字之誤，隸書「善」字或作「善」，見張遷碑、靈臺碑、孫叔敖碑，與「言」字相似，故「言」誤爲「善」。「義者，言政也。何以知義之言政也？曰：天下有義則治，無義則亂，是以知義之言政也」，語意甚明。下篇並無「善」字，可知此文「善」字之誤。「義之言政」，猶下篇「義之爲正」也。

③四字諸本脱。秋山云：「一本『然』上有『貴且知者』四字。」今據補。畢校同。

④畢云：「傐」當爲「碻」，言確然可知。孫云：兩「貴」字下皆當有「於」字。

⑤「齋」，翻陸本、寶曆本作「齊」。

⑥自「也且」至「天子」十四字，各本脱，今依曹校增。下文「此吾所以知天之愛民之厚也，且吾所以知天之愛民之厚者，不止此而已矣」，句法與此同。

⑦寶曆本「馴」作「訓」。秋山云：「訓」，一作「馴」。「解」、「懈」同。畢云：「馴」與「訓」同，言訓釋天之明道。

⑧畢云：舊作「大」，以意改。秋山校同。○案：緜眇閣本、四庫本作「天」。「天」、「大」古字通。

⑨「土」，各本作「出」，今依秋山及王校改。秋山云：「出」疑「土」誤。王引之云：「出」當爲「土」。「明哲維天，臨君下土」，猶詩言「明明上天，照臨下土」耳。隸書「出」字或作「士」，形與

「土」相似，故「土」譌爲「出」。

⑩ 吴鈔本「於」作「于」。

⑪ 吴鈔本「夫」作「于」。

⑫ 「尊」，寶曆本、堂策檻本、四庫本作「遵」。　秋山云：「遵」，一本作「尊」。

⑬ 孫云：「慎」與「順」同，上下文屢云「順天意」，下同。

⑭ 畢云：「之」下當有「意」字。

⑮ 各本作「強之暴寡」，脱四字，今據兼愛下篇及牧野謙校增。下文「強不劫弱，衆不暴寡」、「強劫弱，衆暴寡」，皆「強」與「弱」、「衆」與「寡」相對爲義。若作「強之暴寡」，則文義不協矣。

⑯ 諸本作「上此而已」四字，寶曆本作「不止此而已」五字，今據補正。四庫本作「止此而已」，與畢校同。王校增「不」字，與寶曆本合。

⑰ 楚辭天問王注云：「營，爲也。」

⑱ 道藏本、吴鈔本、陸本、唐本、沈本、茅本、緜眇閣本、堂策檻本脱「財」字。

⑲ 「絜」，諸本作「潔」，吴鈔本作「絜」，今從之。「上有以」，各本作「内有以」，今據尚賢中篇及非命上篇文例校改。尚賢中篇曰「上有以絜爲酒醴粢盛，以祭祀天鬼，外有以爲皮幣，與四鄰諸侯交接，内有以食飢息勞，將養其萬民」，非命上篇曰「上無以供粢盛酒醴，祭祀上帝鬼神，外無以應待諸侯之賓客，降綏天下賢可之士，内無以食飢衣寒，將養老弱」，並與此文結構相同。

⑳畢云：「撓」與「交」同音。○案：「撓」，堂策檻本、四庫本作「交」。吴鈔本「鄰」作「隣」。

㉑蘇云：「冤」讀如「怨」。孫云：一切經音義云：「古文冤、惌二形，今作怨，同。」

㉒「飢」，沈本、堂策檻本、四庫本作「饑」。

㉓王云：荀子榮辱篇楊注云：「持養，保養也。」詳非命下篇。

㉔「弟兄」，茅本、寶曆本、緜眇閣本作「兄弟」。

㉕吴鈔本「惟」作「唯」。寶曆本「順」作「慎」。

㉖孫云：「光」與「廣」通。

㉗「寍」，諸本作「寧」，吴鈔本作「寍」，今從之。説文曰：「寍，安也。」「寍」正字，「寧」借字。孫云：廣雅釋詁云：「便，安也。」

㉘孫云：「慎」亦讀爲「順」。

㉙戴云：「子」字衍。

㉚吴鈔本「辟」作「譬」。畢云：「辟」同「譬」。

㉛俞云：「臣國」當爲「國臣」，正對「國君」而言。君曰國君，故臣曰國臣也。

㉜畢云：「已」同「以」。

㉝畢云：舊脱「則」字，據下文增。

㉞吴鈔本無「則」字。

㉟ 依上文例「不」下當有「可」字。

㊱ 寶曆本「然有」作「然者」。　王樹枏云：「然有所」，「所」字衍。

㊲ 「之」，道藏本、陸本、唐本、茅本、寶曆本、緜眇閣本誤「不」。

㊳ 畢云：舊脱「禍」字，據下文增。

㊴ 「福」當爲「欲」，字之誤也。上文曰「然則天之將何欲何憎」，「欲」與「憎」相對爲義，若作「福」，則義不對矣。尚同中篇曰「故古者聖王明天鬼之所欲而避天鬼之所憎」，字正作「欲」，可證。

㊵ 「孰」，舊本作「熟」，俗字。

㊶ 孫云：「戾」、「厲」字通，詳尚同中篇。

㊷ 畢云：舊脱「道」字，一本有。　○案：堂策檻本、四庫本有「道」字。

㊸ 緜眇閣本「祥」作「詳」。　王云：「故」猶則也。　畢云：「與」同「舉」。

㊹ 吴鈔本「物」作「民」，下同。「檄」，緜眇閣本如此，諸本作「撽」。檄、撽皆激之借字。呂氏春秋恃君篇高注云：「激，發也。」「遂」者，長也，生也，育也。檄遂萬物以利之，猶言發育萬物以利之也。

㊺ 「豪」，吴鈔本、緜眇閣本作「毫」，下同。　畢云：「豪」本作「豪」，「毫」字正文。經典或從毛，非。

㊻ 「末」字各本脱。蘇云：「『非』上當有『莫』字，下同。」俞云：「『非』上脱『無』字，下文同。」今依蘇、俞意增「末」字，今本涉上文而脱耳。末，無也。「爲」，畢本作「謂」，舊本並作「爲」，今據正。

㊼蘇云：「否」疑當作「厚」。　俞云：「否」乃「后」字之誤，后讀爲厚。禮記檀弓篇「后木」，正義曰：「世本云『厚』，此云『后』，其字異耳。」是「后」、「厚」古通用。説文「厚」，古文作「垕」，本從后聲，故聲近而義通也。此言天愛民之厚也。下文「且吾所以知天之愛民之厚者有矣」，又曰「此吾以知天之愛民之厚也」，並可爲證。

㊽寶曆本「獨」作「得」。　秋山云：一本「得」作「獨」。

㊾緜眇閣本「祥」作「詳」。

㊿「以」字畢本脱，舊本並有，今據補。「曆」字諸本作「磿」，寶曆本作「曆」，今從之。　顧云：顔氏家訓：「世本『容成造磿』，以『磿』爲『碓磨』之『磨』。」　王云：「磿」當爲「曆」，曆爲日月星辰，猶大戴記五帝德篇言「歷離日月星辰也」。」　○案：「曆」、「歷」、「磿」聲同字通。

51孫云：説文日部云：「昭，明也。」

52緜眇閣本「雷」作「布」。　王云：「雷」蓋「賈」字之誤。賈與隕同。左氏春秋經莊七年「星隕如雨」，公羊「隕」作「賈」。爾雅：「隕、降，落也。」　尹桐陽云：説文「齊人謂靁爲賈」，與隕用通。

53畢云：「播」，布。　○案：「百事」猶百物也。

54「侯伯」，畢本作「諸伯」，舊本並作「侯伯」，今據正。　孫云：道藏本作「諸侯」。　○案：孫校誤。顧校道藏本亦作「侯伯」，非作「諸侯」也。

55此七字各本在「爲王公侯伯」句上，文義不順，今以意移。「爲王公侯伯，以臨司民之善否，使之賞賢而罰暴」，與上文「雷降雪霜雨露，以長遂五穀麻絲，使民得而財利之」，文例正相類。畢云：司讀如伺，俗从人。

56 畢云：「賢」，舊作「焉」，一本如此。○案：舊本並作「賢」，畢校誤。

57 秋山云：戕賊之「賊」。孟子告子篇「戕賊杞柳以爲桮棬」，此并金木鳥獸言之。孫云：「賊」當爲「賦」，形近而誤。言賦斂金木鳥獸而用之也。

58 吴鈔本作「絲麻」。

59 緜眇閣本「財」作「利」。穆天子傳「天子命虞人掠林除藪，以爲百姓材」，郭注云：「以供人之材用。」「材」、「財」字通。

60 孫云：一切經音義引三蒼云：「驩，古歡字。」

61 詩天保箋：「單，盡也。」蘇云：「單」同「殫」。

62 「乎」，各本作「子」，今依蘇校改。「求」古音讀如「其」，此蓋以求爲其。秋山云：「子」、「求父」衍。蘇云：「報子求父」當云「報乎父」。王景羲云：當作「報于其父」。「其」，墨子作「亣」，與「求」形略似。「求」、「其」聲亦近。

63 畢云：「與」同「舉」。

64 吴鈔本「以」作「而」。

65 「末」字各本不重，今以意增，說詳上。畢云：據上文當有「也」字。

(66) 依俞說「否」當作「后」，詳上。

(67) 吴鈔本無「君子」二字。

(68) 「已」，諸本作「足」，寶曆本作「已」，今從之。自上文「故天下之君子與謂之不仁不祥」至此，道藏本凡九十五字，緜眇閣本闕，附注云：「元缺九十三字。」

(69) 緜眇閣本「予」作「與」。

(70) 孫云：「不」上亦當有「殺」字。

(71) 「夫」，諸本作「天」，寶曆本作「夫」，今從之。王校同。

(72) 「所」字諸本脱，今據下句語法及吴鈔本增。「此吾所以」與「且吾所以」緊相呼應。吴鈔本此作「此吾之所以」，下作「且吾之所以」，「所」字不脱，「所」上並多「之」字。

(73) 吴鈔本作「且吾之所以知天愛民之厚者」。

(74) 畢云：二字舊脱，據下文增。〇案：寶曆本有「賊人」二字。秋山云：一本無「賊人」二字。

(75) 「得天之罰者」，寶曆本作「得罰者」。

(76) 吴鈔本無「者」字。

(77) 「處大家」，「處」字舊本無。

(78) 畢云：後漢書注引「書於」作「書其事」，據下文亦然。戴云：當依下文補脱文三字。今作

「書於竹帛」者，後人據兼愛下篇刪之。

(79) 「槃」，吴鈔本、緜眇閣本作「盤」，下同。　畢云：後漢書注引「槃」作「盤」。

(80) 毛詩大雅皇矣篇文與此同。下篇「懷」下有「而」字，疑墨子引詩原文如彼。此無「而」字，疑後人據詩刪之。

(81) 諸本作「既可得留而已」，寶曆本作「既可得知而已」，今從寶曆本，並據下文及下篇「既可得而知也」句法，校乙「知而」二字。　王云：「既可得留而已」當作「既可得而智已」，智即知也。

(82) 吴鈔本「賊」作「疾」。

(83) 「聚」，寶曆本作「衆」。

(84) 「大明」，諸本並同。四庫本剜改作「大誓」，畢本作「大誓」。　莊述祖云：墨書引大誓有去發，有大明。「去發」當爲「太子發」，爲大誓上篇。「大明」即詩所謂「會朝清明」也，詩、書皆曰「大明」，明武王之再受命，爲中篇。　孫云：此文非命上、中兩篇並作「大誓」，「明」塙爲譌字。蓋「誓」省爲「折」，「明」即隸古「折」字之譌。　顔師古匡謬正俗引書湯誓「誓」字作「𣃔」。　山井鼎七經孟子考文載古文甘誓「誓」字作「㫁」。蓋皆「𣃔」、「㫁」二字傳寫譌舛，與「明」形略相類。　莊説不足據。

(85) 江聲云：「夷居」，倨嫚也。説文尸部云：「居，蹲也。」

(86) 「祗」，諸本譌「祇」，今從道藏本。

⑧⑦ 畢云：此句非命上作「無廖排漏〔一〕」，非命中作「毋僇其務」。據孔書泰誓云「罔懲其侮」，則知「無」、「罔」音義同，「廖」、「僇」皆「懲」字之譌，「僔」則「其」字之譌，「務」音同「侮」。雖孔書僞作，作者取墨書時猶見善本，故足據也。　孫星衍云：當作「無僇其務」，言不勠力其事。或孔書「侮」字反是「務」假音，未可知也。　江聲從「毋僇其務」，云：「『僇』讀爲勠力之『勠』。言己有命，不畏鬼神，毋爲勠力於鬼神之務。明鬼篇云『古者聖王必以鬼神爲其務』，又云『今執無鬼者曰：『鬼神者固無有。』則此反聖王之務』。此非命、天志引書之意，與明鬼篇大指略同。」○案：「無廖僔務」，非命上篇作「無廖排扇」，非命中篇作「毋僇其務」。「無」、「毋」字通。「廖」、「僇」同聲，均「勠」之借字。「排」、「僔」均「彼」之借字，彼與其義近。「務」、「扇」聲轉。古文以聲爲主，三句文異義同，非有誤字也。

⑧⑧ 畢云：二字疑衍，即下「天亦」二字重文。

⑧⑨ 畢云：孔書泰誓云：「紂乃夷居，弗事上帝神祇，遺厥先宗廟弗祀，乃曰：吾有民有命，罔懲其侮。」

⑨⓪ 「所」字各本無，吴云：「『以』上脱『所』字。」今依增。

⑨① 吴鈔本「賊」作「疾」。

〔一〕「無廖排漏」，畢刻本作「無僇匪扇」，本書沿誤，據畢刻非命上篇改。

㉜「得」，諸本作「謂」，吴鈔本、寶曆本並作「得」，今從之。王校同。

㉝畢云：一本作「志」，疑俗改。　〇案：寶曆本、堂策檻本、四庫本作「志」。

㉞「辟之」，諸本作「辟人」，寶曆本作「辟之」，今從之。

㉟吴鈔本「量度」作「度量」，下同。

㊱吴云：王懷祖以「天之」下「意」字爲後人所加，下篇「天之志」，「志」字亦後人所加，「天之」即「天志」。案篇中有言「天之」者，以「之」爲「志」。有言「天之意」者，以「意」爲「志」。所云「順天之意」、「反天之意」，皆即篇名之「天志」也。以爲後人所加者，非是。下篇「天之志」亦非後人所加，蓋「之」字或借爲「志」，或爲語詞也。

㊲「大人」下「之」字畢本脱，舊本並有，今據補。

㊳「不善意行」之「行」，諸本誤「非」，寶曆本作「行」，今據正。　吴云：「意行」者，志行也。王懷祖删二「意」字，未是。

㊴舊本無「之」字。

天志下第二十八

子墨子言曰：天下之所以亂者，其説將何哉？則是天下士君子皆明於小而不明於大也①。何以知其明於小不明於大也？以其不明於天之意也。何以知其不明於天之意也？以處人之家者知之。今人處若家得罪，將猶有異家所以避逃之者②。然且父以戒子，兄以戒弟，曰：「戒之慎之，處人之家不戒不慎之，而有處人之國者乎③？」今人處若國得罪，將猶有異國所以避逃之者矣④。然且父以戒子，兄以戒弟，曰：「戒之慎之，處人之國者，不可不戒慎也。」今人皆處天下而事天，得罪於天，將無所以避逃之者矣。然而莫知以相極戒也⑤，吾以此知大物則不知者也。是故子墨子言曰：戒之慎之，必爲天之所欲，而去天之所惡。

曰：天之所欲者何也？所惡者何也？天欲義而惡其不義者也。何以知其然也？曰：義者，正也⑥。何以知義之爲正也？天下有義則治，無義則亂，我以此知義之爲正也。然而正者，無自下正上者，必自上正下。是故庶人不得次己而爲正⑦，有士正之；士不得次己而爲正，有大夫正之；大夫不得次己而爲正，有諸侯正之；諸侯不得次己而爲止，有三公正之；三公不得次己而爲正〔二〕，有天子正之；天子不得次己而爲政⑧，有天正之。今天下之士君子，皆明於天子之正天下也，而不明於天之正天子也⑨。是故古者聖人明以此説人曰：天子有善，天能賞之；天子有過，天能罰之。天子賞罰不當，聽獄不中，天下疾病禍福⑩，霜露不時。天子必且犓豢其牛羊犬彘，絜爲粢盛酒醴⑪，以禱祠祈福於天。我未嘗聞天之禱祠祈福於天子也⑫，吾以此知天之重且貴於天子也⑬。是故義者不自愚且賤者出，必自貴且知者出。曰：誰爲貴？誰爲知？曰：天爲貴，天爲知⑭。然則義果自天出也。

今天下之士君子之欲爲義者，則不可不順天之意矣。

曰：順天之意何若⑮？曰：兼愛天下之人。何以知其兼愛天下之人也⑯？以兼而食之也。何以知其兼而食之也？自古及今，無有遠靈孤夷之國⑰，皆犓豢其牛羊犬彘，絜爲粢盛酒醴，以敬祭祀上帝山川鬼神，以此知兼而食之也。苟兼而食焉，必兼而愛之。譬之若楚越之君⑱，今是楚王食於楚之四境之內⑲，故愛楚之人；越王食於越之四境之內⑳，故愛越之人。今天兼天下而食焉，我以此知其兼愛天下之人也。

且天之愛百姓也，不盡物而止矣㉑。今天下之國，粒食之民，國殺一不辜，必有一不

〔二〕以上十四字原脱，據畢刻本補。

祥㉒。曰：誰殺不辜？曰：人也。孰予之不祥㉓？曰：天也。若天之中實不愛此民也，何故而人有殺不辜而天予之不祥哉？且天之愛百姓厚矣，天之愛百姓別矣㉔，既可得而知也。何以知天之愛百姓也？吾以賢者之必賞善罰暴也㉕。何以知賢者之必賞善罰暴也？吾以昔者三代之聖王知之㉖。故昔也三代之聖王堯舜禹湯文武之兼愛天下也㉗，從而利之，移其百姓之意焉，率以敬上帝山川鬼神。天以爲從其所愛而愛之，從其所利而利之，於是加其賞焉，使之處上位，立爲天子以法也㉘，名之曰聖人。以此知其賞善之證㉙。是故昔也三代之暴王桀紂幽厲之兼惡天下也，從而賊之㉚，移其百姓之意焉，率以詬侮上帝山川鬼神。天㉛以爲不從其所愛而惡之，不從其所利而賊之，於是加其罰焉，使之父子離散㉜，國家滅亡，抎失社稷㉝，憂以及其身。是以天下之庶民屬而毁之，業萬世子孫繼嗣，毁之賁不之廢也㉞，名之曰失王㉟。以此知其罰暴之證。今天下之士君子欲爲義者，則不可不順天之意矣。

曰：順天之意者，兼也；反天之意者，別也。兼之爲道也，義正；別之爲道也，力正㊱。曰：義正者，何若？曰：大不攻小也㊲，强不侮弱也，衆不賊寡也，詐不欺愚也，貴不傲賤也，富不驕貧也，壯不奪老也。是以天下之庶國，莫以水火毒藥兵刃以相害也㊳。若事上利天，中利鬼，下利人。三利而無所不利，是謂天德。故凡從事此者，聖知也，仁義也，忠惠也，慈孝也，是故聚斂天下之善名而加之。是其故何也？則順天之意也。曰：力正者何若？曰：大則攻小也，强則侮弱也，衆則賊寡也，詐則欺愚也，貴則傲賤也，富則驕貧也，壯則奪老也。是以天下之庶國，方以水火毒藥兵刃以相賊害也。若事上不利天，中不利鬼，下不利人。三不利而無所利，是謂天賊㊴。故凡從事此者，寇亂也，盜賊也，不仁不義，不忠不惠，不慈不孝，是故聚斂天下之惡名而加之。是其故何也？則反天之意也。

故子墨子置立天之，以爲儀法㊵，若輪人之有規，匠人之有矩也。今輪人以規，匠人以矩，以此知方圜之别矣㊶。是故子墨子置立天之，以爲儀法㊷，吾以此知天下之士君子之去義之遠也㊸。何以知天下之士君子之去義遠也㊹？今之世㊺，大國之君寬者然曰㊻：「吾處大國，而不攻小國，吾何以爲大哉！」是以差論其蚤牙之士㊼，比列其舟車之卒㊽，以攻伐無罪之國㊾。入其溝境㊿，刈其禾稼，斬其樹木，殘其城郭51以御其溝池52，焚燒其祖廟，攘殺其犧牷53。民之格者54則勁拔之55，不格者56則係操而歸57。丈夫以爲僕圉胥靡58，婦人以爲舂酋59。則夫好攻伐之君，不知此爲不仁義，以告四鄰諸侯曰：「吾攻國、覆軍、殺將若干人矣。」其鄰國之君亦不知此爲不仁義也，有具其皮幣60，發其總處61，使人饗賀焉62。則夫好攻伐之君有重不知此爲不仁不義也，有書之竹帛，藏之府庫。爲人後子者63，必且欲順其先君之行，曰：「何不當發吾庫，視吾先君之法義64？」必不曰文武之爲正65。爲正者若此矣，曰：「吾攻國、覆軍、殺將若干人矣㊅。」則夫好攻伐之君不知此爲不仁不義也，其鄰國之君不知此爲不仁不義也，是以攻伐世世而不已者。此吾所謂大物則不知也。

所謂小物則知之者，何若？今有人於此，入人之場園㊆，取人之桃李瓜薑者㊇，上得且罰之，衆聞則非之，是何也？曰：不與其勞，獲其實，已非其有所取之故㊈。而況有踰於人之墻垣，格人之子女者乎㊉？與角人之府庫㊀，竊人之金玉蚤絫者乎㊁？與踰人之欄牢㊂，竊人之牛馬者乎？而況有殺一不辜人乎？今王公大人之爲政〔一〕也㊃，自殺一不辜人者，踰人之墻垣、格人之子女者㊄，與角人之府庫、竊人之金玉蚤絫者㊅，與踰人之欄牢、竊人之牛馬者㊆，與入人之場園、竊人之桃李瓜薑者㊇，今王公大人之加罰此也，雖古之堯舜禹湯文武之爲政，亦無以異此矣。今天下之諸侯，將猶皆侵凌攻伐兼并㊈，此爲殺一不辜人者數千萬矣；此爲踰人之墻垣、格人之子女者㊉，與角人府庫、竊人金玉蚤絫者，數千萬矣；踰人之欄牢、竊人之牛馬者，與入人之場園㊀、竊人之桃李瓜薑者，數千萬矣，而自曰義也㊁。故子墨子言曰：是蕡義者㊂，則豈有以異是蕡黑白甘苦之辯者哉？今有人於此，少而示之黑謂之黑，多示之黑謂白，必曰：「吾目亂，不知黑白之别。」今有人於此，能少嘗之

〔一〕「政」原作「正」，據畢刻本改。

甘⑧謂甘，多嘗謂苦⑧，必曰：「吾口亂，不知其甘苦之味⑧。」今王公大人之政也⑧，或殺人，其國家禁之，此蚤越有能多殺其鄰國之人⑧，因以爲大義⑧，此豈有異蕡白墨甘苦之別者哉⑨？

故子墨子置天之，以爲儀法⑨。非獨子墨子以天之志爲法也⑨，於先王之書大夏之道之然⑨：「帝謂文王，予懷而明德⑨，毋大聲以色，毋長夏以革⑨，不識不知，順帝之則。」此誥文王之以天志爲法也⑨，而順帝之則也。且今天下之士君子，中實將欲爲仁義，求爲上士，上欲中聖王之道，下欲中國家百姓之利者，當天之志而不可不察也。天之志者，義之經也⑨。

① 「也」字各本脱，今依曹校增。

② 「避逃」，緜眇閣本作「逃避」。

③ 孫云：「有」疑當爲「可」。　畢云：據上文當有「矣」字。「所」，處所。

④ 「避逃」，緜眇閣本作「逃避」。「逃」，陸本、茅本、寶曆本作「逊」。

⑤ 王引之云：「極戒」當爲「儆戒」，字之誤也。　俞云：「極戒」即「儆戒」也。「極」通作「亟」，荀子賦篇「出入甚極」，又曰「反覆甚極」，楊倞注並曰「極讀爲亟」，是也。廣雅釋詁：「亟，敬也。」亟

爲敬，故亦爲儆矣。亟又與苟通，見爾雅釋詁篇釋文。而敬字即從苟，是可知其義之通。説文心部：「㥛，疾也。從心，亟聲。一曰謹重貌。」謹重之義，亦與儆相近。○案：俞説是也。親士篇「交苟」即「交儆」，亦可爲證。

⑥ 上篇「正」並作「政」。

⑦ 意林引「次」並作「恣」，「正」並作「政」，古字通。

⑧ 上下文皆作「正」。

⑨ 各本作「而不明於天正也」，今依王校增三字。

⑩ 王云「禍福」當爲「禍祟」，見中篇。「下」者，降也。

⑪ 「絜」，諸本作「潔」，吴鈔本作「絜」，今從之，下同。

⑫ 「祠」字諸本脱，寶曆本有，今據補。　畢云：「禱」下當有「祠」字。

⑬ 吴鈔本「此」作「是」，「重且貴」作「貴且重」。　孫云：以此下文及中篇校之，「重且貴」當作「貴且知」。

⑭ 以上十四字，各本作「曰誰爲知天爲知」七字，今依俞、曹校增。　俞云：此上脱「誰爲貴天爲貴」六字。中篇曰「然則孰爲貴，孰爲知？曰：天爲貴，天爲知，而已矣」，是其證。　曹校作「曰：誰爲貴，誰爲知？曰：天爲貴，天爲知」。

⑮ 「順」字涉上文而衍，下文「兼愛天下之人」、「兼而食之」，均指「天」而言，非指「順天之意」而言也。

中篇曰「既以天之意以爲不可不順已，然則天之將何欲何憎」，語意與此相類。蓋上句言天意不可不順，下句問天意何若，則下句「天意」之前不當有「順」字明矣。

⑯各本無「其」字，今依下文「何以知其兼而食之也」語法增。　吴云：「知」下脱「天之」二字。

⑰孫云：「靈」疑「虚」之誤。北魏孝文帝祭比干文「虚」作「虗」，南唐本業寺記作「霊」，東魏武定二年邑主造象頌「靈」作「霊」，二形並相似。耕柱篇「評靈」亦「評虚」之誤，與此正同。

⑱吴鈔本「譬」作「辟」。

⑲王引之云：「今是」與「今夫」義同。

⑳以上十五字，諸本脱，畢本有「故愛楚之人越王食於越」十字，秋山校補「故愛楚之人越王食於越之四境之内」十五字，今從之。戴校同。

㉑王云：「物」當爲「此」，此字指上文而言。中篇曰「不止此而已矣」，又曰「不止此而已」，皆其證。

㉒以上十字，諸本作「國殺一不祥」五字，寶曆本作「國殺一不辜」五字，「國」字之外，加一□表示當删。王校作「殺一不辜者必有一不祥」十字，吴校作「殺一不辜必有一不祥」九字，曹校作「或殺一不辜必有一不祥」十字，云：「或字原譌國。」吴闓生云：『國』當是『或』字之誤，下云『或殺人』，是其證。」　○案：「國」字曹與吴闓生説近是，「國」之古字本作「或」也。

㉓「祥」，諸本誤「辜」，寶曆本作「祥」，今據正。

㉔王引之云：「别」讀爲「徧」，言天徧愛百姓也。古或以别爲徧。樂記「其治辯者其禮具」，鄭注：

㉕「辯，徧也。」史記樂書「辯」作「辨」，集解「一作別」，其證也。

「賢」當爲「天」，聲之誤也。下文「以此知其賞善之證」、「以此知其罰暴之證」，即緊承此文。「其賞善」言天之賞善也，「其罰暴」言天之罰暴也。下「賢」字同。明鬼篇曰「鬼神之能賞賢而罰暴也」，句法文意皆與此同。所異者，彼言鬼神，此言天耳。或校改「善罰暴也」四字作「暴者之必罰也」六字，義亦可通。唯增改太多，且與下文「其賞善」、「其罰暴」亦不相應。秋山云：「暴也」下脱「知之」二字。

㉖「三代之聖王」，吴鈔本作「之三代聖王」。

㉗畢本「兼愛」下有「之」字，舊本並無，今據删。

㉘戴云：「以法」疑當作「以爲儀法」，脱二字耳。「以爲儀法〔一〕」見下文。「也」當爲「世」之誤。「世名之曰聖人」句。孫云：以下文校之，此處脱文甚多。「以法也」三字乃相殘字之僅存者，戴說未塙。

㉙畢云：舊脱「知」字，據下文增。○案：寶曆本、四庫本有「知」字。

㉚「而」，寶曆本、畢本如此，諸本作「天」，誤。

㉛畢云：一本有此三字。○案：舊本並有此三字。「天」屬下句。

〔一〕「儀法」二字原脱，據墨子閒詁補。

㉜ 緜眇閣本「子」作「母」。

㉝ 畢云：説文云：「抎，有所失也。」

㉞ 王云：「賁」當爲「者」。隸書「者」字或作「⿸户日」，與「賁」相似而誤。「不之廢」，衍「之」字，「廢」者止也。〇案：「賁」，簡策也。漢金城太守殷君碑：「⿰革番韣竹賁，誕循前業。」

㉟ 蘇云：「失」字誤，上篇皆「暴王」。〇案：管子任法篇「聖君」與「失君」對舉，猶此以「聖王」、「失王」對舉也。

㊱ 「力正」，上篇作「力政」，義詳節葬下篇「諸侯力征」注。

㊲ 「攻小」，陸本、茅本、堂策檻本並作「小攻」。

㊳ 下文「害」上有「賊」字。

㊴ 「天」，各本作「之」，今依俞校改。俞云：「之」當作「天」。「是謂天賊」與「是謂天德」對文。中篇正作「天賊」。

㊵ 畢云：「之」，一本作「志」，疑俗改。考古「志」字只作「之」，説文無「志」字。〇案：寶曆本、堂策檻本、四庫本「之」作「志」，下同。

㊶ 王云：舊本脱「知」字。中篇曰「圜與不圜，方與不方，皆可得而知」，今據補。

㊷ 畢云：「之」讀爲「志」。

㊸ 「義」下「之」字，畢本脱，舊本並有，今據補。

㊹吴鈔本「義」下有「之」字。

㊺「今之世」，諸本作「今知氏」，曹箋作「今之世」，今從之。「知氏」與「之世」，俗音相溷而誤。「今之世」古人常語，大取篇「一若今之世」，備城門篇「今之世常所以攻者」。四庫本作「今知夫」，當以意改。

㊻孫云：疑當作「寬然曰」，「者」乃衍文。「寬」當爲「囂」之借字，聲義並與「讙」同。説文㗊部云：「囂，呼也。讀若讙。」寬、囂同从莧聲，古通用。○案：孫謂「者」乃衍文，是也。「寬然」者，驕泰侈肆之意。國語吴語曰「以廣侈吴王之心，將必寬然有伯諸侯之心焉」，「寬然」義與此同。韋注云「寬，緩也」，失之。

㊼「其」字本脱，今據下句語法校補。非攻中、下二篇並有「其」字。「蚤」，吴鈔本、四庫本作「爪」，非攻中、下二篇亦作「爪」。

㊽俞云：依非攻下篇，「卒」下脱「伍」字。

㊾「伐」，諸本作「罰」，四庫本作「伐」，今從之。

㊿王云：「溝境」二字不詞，當依非攻篇作「邊境」。○案：「溝境」字不誤。周禮大司徒曰「制其畿疆而溝封之」，又掌固曰「凡國都之竟有溝樹之固」。賈子新書春秋篇曰：「燕君送桓公入齊地百六十六里，桓公乃剖燕君所至而與之，遂溝以爲境而後去。」史記齊世家記事略同。是其義也。

51 孫云：史記樊酈滕灌傳集解引張晏云：「殘，有所毀也。」

52 王引之云：「御」當爲「抑」，隸書二形相似而誤。抑之言堙也。史記河渠書「禹抑鴻水」，索隱曰：「抑，漢書溝洫志作堙。堙、抑，皆塞之也。」非攻篇作「湮其溝池」，「湮」亦堙也。○案：「御」者，壅遏之義。淮南子脩務訓曰「莫能壅御」，又要略曰「所以竅窕穿鑿百事之壅遏」，又主術訓曰「水流而〔一〕土遏之」。

53 「牷」，吳鈔本、寶曆本、緜眇閣本作「牲」。

54 「格」，翻陸本作「挌」。「挌」者，挌鬥正字。作「格」者，借字。

55 畢云：「剄」舊作「勁」，從力，非。「剄拔」即「剄刜」，「拔」音同「刜」。孫云：「剄拔」疑「剄殺」之誤，非攻下篇云「剄殺其萬民」。「殺」與「拔」篆文相近而誤。

56 「格」，翻陸本、寶曆本作「挌」。

57 畢云：「係」，一本作「繫」。王引之云：「操」當爲「纍」，即孟子所謂「係累其子弟」也。「纍」誤爲「喿」，後人因改爲「操」耳。○案：堂策檻本、四庫本「係」作「繫」。

58 「丈」，諸本作「大」，寶曆本作「丈」，今從之。顧、王引之、宋翔鳳校並同。「圉」，諸本譌「園」，寶曆本、四庫本作「圉」，與畢本意改合。孫云：周禮夏官鄭注云：「養馬曰圉。」莊子庚桑楚篇釋

〔一〕「而」字原引誤重，據淮南子主術訓刪。

文引司馬彪云：「胥靡，刑徒人也。」荀子儒效篇楊注云：「胥靡，刑徒人也。胥，相。靡，繫也。謂鑠相聯相繫，漢書所謂『鋃鐺』者也。顏師古曰：聯繫使相隨而服役之，猶今囚徒以鑠連枷也。」

59 吴鈔本「婦」作「媍」，「酋」作「囚」。畢云：周禮云：「其男子入于辠隸，女子入于舂槀」。又説文云：「酋，繹酒也。禮有『大酋』，掌酒官也。」未詳婦人爲酋之義。「酋」與「舀」聲形相近，説文云：「抒臼也。」亦舂槀義與？　王云：説文：「酋，繹酒也。從酉，水半見於上。禮有『大酋』，掌酒官也。」據此則酒官謂之酋者，以其掌酒也。然則女奴之掌酒者，亦得謂之酋矣。周官酒人「女酒三十人，奚三百人」，鄭注曰：「女酒，女奴曉酒者。古者從坐男女没入縣官爲奴。其少才知，以爲奚。」是其證。惠士奇禮説曰：「酒人之奚多至三百，則古之酒皆女子爲之，即墨子所謂『婦人以爲舂酋』也」。宋翔鳳云：吕氏春秋精通篇曰：「臣之父不幸而殺人，不得生，臣之母得生，而爲公家爲酒。」則此言「舂酋」者，或爲舂或爲酒也。孫云：畢説是也。周官舂人有女舂抌二人，鄭注云：「女舂抌，女奴能舂與抌者。抌，抒臼也。」説文「舀」或作「抌」，此以「舂酋」連文，則「酋」即「抌」之假字可知。

60 孫云：「有」與「又」通，下同。

61 「総」，諸本作「緫」，吴鈔本作「総」，今從之。畢云：未詳。説文、玉篇無「緫」字。孫云：「緫處」當作「徒遽」，形近而誤。○案：「総」即「總」之俗，字亦作「緫」。「處」當爲「遽」，形聲俱近。遽者，傳車。緫者，車飾。故曰緫遽。周禮巾車車飾有朱緫、繢緫、鷖緫、組緫。漢書韓延壽傳「延壽治飾兵車，駕四馬，傅緫」，晉灼曰：「傅，著也。緫，以緹繒飾鑣錯也。」

(62) 孫云：「饗」當讀爲聘享之「享」。周禮玉人鄭注云：「享，獻也。」

(63) 孫云：「後子」即嗣子，詳節葬下篇。

(64) 「義」，各本作「美」，今依王校改。王云：「法美」二字義不相屬，「美」當爲「義」，字之誤也。法義即法儀也，前有法儀篇。「庫」上脱「府」字。「當」讀爲「嘗」。嘗，試也。言試發吾府庫，視吾先君之法儀也。

(65) 句。

(66) 「爲正」二字，畢本不重，舊本並重，今據補。四庫本亦刪去「爲正」二字，致全行僅十九字，較普通每行作二十一字者少二字，可證其所依據之底本仍重「爲正」二字也。上「爲正」二字屬上爲句，下「爲正」二字屬下讀。「爲正者」指今之爲政者。

(67) 「場園」，茅本、緜眇閣本作「場圜」。宋本、蜀本御覽九百七十八引作「場園」。孫云：毛詩豳風七月傳云：「春夏爲圃，秋冬爲場。」鄭箋云：「場圃同地，自物生之時耕治之以種菜茹，至物盡成熟築堅以爲場。」

(68) 「薑」，緜眇閣本作「姜」，下同。

(69) 孫云：疑當云「以非其所有取之故」。已」、「以」同，「所有」二字誤倒，遂不可通。○案：翻陸本作「不與其勞獲其實也，已非有所取之故」，猶言不與其勞獲其實，已無有所以取之理由也。

⑦0 「垣」下，諸本有「抯」字，吳鈔本、翻陸本有「担」字，寶曆本無，今據刪。俞校同。翻陸本「格」作「挌」。俞云「抯」字無義，當爲衍文，蓋即「垣」字之誤而複者。「格人之子女」與下「竊人之金玉蚤絫」、「竊人之牛馬」一律，曰「格」曰「竊」，皆以一字爲文也。下文「踰人之墻垣，抯〔一〕格人之子女者」，亦衍「抯」字。又下文「此爲踰人之墻垣，格人之子女者」，正無「抯」字，可證上兩處之衍矣。畢反謂其脱「抯」字，非也。「格人之子女」，謂拘執人之子女。後漢書鍾離意傳注曰「格，拘執也」，是其義。

⑦1 俞云「角」乃「穴」誤，隸書兩形相似。

⑦2 王引之云：「蚤絫」當爲「布喿」，隸書「布」、「蚤」形似而譌。荀子儒效篇「必蚤正以待之也」，新序雜事「蚤」作「布」。喿蓋繰之借字。布繰即布帛。説文：「繰，帛如紺色。或曰深繒。讀若喿。」繰、喿同音，故字亦相通。凡書傳中從喿、從參之字多相亂。故非樂篇「細布繰」今本作「布縿」，而檀弓之「繰幕魯也」，今本亦作「縿幕」，其他從喿之字，亦多變而從參。隸書「參」字作「叅」，與「絫」相似，因譌爲「絫」矣。

⑦3 孫云：「欄」，吳鈔本作「闌」，下同。義詳非攻上篇。説文牛部云：「牢，閑養牛馬圈也。」○

〔一〕「抯」字原脱，據墨子閒詁引補，與墨子原文合。

案：「牢」，茅本、寶曆本、緜眇閣本、陳本作「宔」。

(74) 畢云：「人」舊作「天」，以意改。 ○案：「人」，諸本作「夫」，寶曆本、堂策檻本、顧校李本、四庫本作「人」。

(75) 「垣」下諸本有「扭」字，翻陸本有「担」字，吳鈔本有「拒」字，寶曆本無，今據删。

(76) 「者」下諸本有「乎」字，四庫本無，與畢刻合。

(77) 畢云：舊脱「之」字，據上文增。

(78) 王引之云：舊脱「者與入人之場園竊人之」十字，當據上下文補。

(79) 緜眇閣本「皆」作「加」。

(80) 「墻垣」，吳鈔本作「垣墻」。

(81) 緜眇閣本「園」作「圜」。

(82) 吳云：「自」當爲「且」。 ○案：「自」字不誤。宋本、蜀本御覽九百七十八引亦作「自」。

(83) 「蕡」，道藏本、陸本、茅本、寶曆本作「蕢」。畢以意改「蕡」爲「責」，下同。「義」，各本作「我」，今依顧校改。 顧云：「蕡」讀若「治絲而棼」之「棼」。「我」當爲「義」。 吳云：畢改非也。「蕡」爲「紛」之借字，紛，亂也。左傳昭五年「蚡泉」，穀梁作「賁泉」，公羊作「濆泉」。左傳「苗賁皇」，晉語作「苗棼皇」，説苑作「盆」。楚辭「地方九則何以墳之」，借「墳」爲「分」。此「蕡義」、「蕡黑白甘苦之辯」，言亂義、亂黑白甘苦之辯也。 孫説同。

(84) 畢云：「能少」當爲「少而」，據上文如此。能、而音同故也。王引之云：「能」猶而也。能與而古聲相近，故義亦相通。戴説同。

(85) 王引之經傳釋詞「多誉」下增「之甘」二字。

(86) 曹校删「其」字。

(87) 戴云：「政」上當有「爲」字。曹校同。

(88) 「蚤越」疑當作「齊越」。齊或作「斉」，見齊罍敬碑，與「蚤」形近而誤。或殺人，其國家禁之。好戰之國如齊越有能多殺其鄰國之人，因以爲大義也。

(89) 「大」，諸本作「文」，寶曆本作「大」，今從之。王校同。孫云：當作「因以爲之義」，「爲」與「謂」通，「文」即「之」之譌。言因以稱之曰義也。

(90) 孫云：「別」、「辯」聲近字通。

(91) 寶曆本「之」作「志」。

(92) 王云：「志」字後人所加，「之」即「志」字也。〇案：以上句語法校之，此句疑本作「非獨子墨子以天之爲儀法也」，今本衍一「志」字，脱一「儀」字耳。

(93) 俞云：「大夏」即「大雅」也。「雅」、「夏」古字通。荀子榮辱篇曰「越人安越，楚人安楚，君子安雅」，儒效篇曰「居楚而楚，居越而越，居夏而夏」，是「夏」與「雅」通也。下文所引「帝謂文王」六句，正大雅皇矣篇文。

(94)「而」字畢本無，舊本並有，今據補。

(95) 詩大雅皇矣篇無「而」字，二「毋」字作「不」。

(96)「誥」〔一〕，吳鈔本作「告」，四庫本作「乃」。　畢云：「誥」字據上文當爲「語」。　孫云：「也」字疑衍。　○案：「法也」疑當爲「法義」。「義」俗艸書或省作「义」，與艸書「也」字形近而誤。上文曰「視吾先君之法義」，本書有法儀篇，可爲「法義」連文之證。上文「子墨子置立天之以爲儀法」凡三見，「儀法」猶法義也。

(97) 王校删兩「志」字，詳前。

〔一〕「誥」原誤「詰」，據正文改。

墨子校注卷之八

明鬼上第二十九闕

明鬼中第三十闕

明鬼下第三十一①

子墨子言曰：逮自昔三代聖王既没，天下失義，諸侯力正②，是以存夫爲人君臣上下者之不惠忠也，父子弟兄之不慈孝弟長貞良也③，正長之不强於聽治，賤人之不强於從事也。民之爲淫暴寇亂盜賊④，以兵刃毒藥水火，退無罪人乎道路率徑⑤，奪人車馬衣裘以自利者，並作由此始⑥，是以天下亂。此其故何以然也？則皆以疑惑鬼神之有與無之别，不明乎鬼神之能賞賢而罰暴也。今若使天下之人偕若信鬼神之能賞賢而罰暴也⑦，則夫天下豈亂哉！

今執無鬼者曰：「鬼神者，固無有。」旦暮以爲教誨乎天下之⑧，疑天下之衆，使天下之衆皆疑惑乎鬼神有無之别⑨，是以天下亂。是故子墨子曰：今天下之王公大人士君子，實將欲求興天下之利，除天下之害，故當鬼神之有與無之别，以爲將不可不明察此者也⑩。既以鬼神有無之别，以爲不可不察已⑪，然則吾爲明察此，其説將柰何而可？子墨子曰：是與天下之所以察知有與無之道者，必以衆之耳目之實知有與亡爲儀者也⑫。請惑聞之見之⑬，則必以爲有；莫聞莫見⑭，則必以爲無。若是何不嘗入一鄉一里而問之，自古以及今，生民以來者，亦有嘗見鬼神之物，聞鬼神之聲⑮，則鬼神何謂無乎？若莫聞莫見，則鬼神可謂有乎⑯？

今執無鬼者言曰：夫天下之爲聞見鬼神之物者⑰，不可勝計也。亦孰爲聞見鬼神有無之物哉⑱？子墨子言曰：若以衆之所同見，與衆之所同聞，則若昔者杜伯是也。周宣王殺其臣杜伯而不辜⑲，杜伯曰：「吾君殺我而不辜，若以死者爲無知，則止矣；若死而有知，不出三年，必使吾君知之。」其三年⑳，周宣王合諸侯而田於圃田，車數百乘㉑，從數千，人滿野㉒。日中，杜伯乘白馬素車，朱衣冠，執朱弓，挾朱矢，追周宣王，射之車上㉓，中心折脊，殪車中㉔，伏弢而死㉕。當是之時，周人從者莫不見，遠者莫不聞，著在周之春秋㉖。爲君者以教其臣，爲父者以儆其子㉗，曰：「戒之慎之，凡殺不辜者，其得不祥，鬼神之誅㉘，若此之憯遫也㉙！」以若書之説觀之，則鬼神之有，豈可疑哉？

非惟若書之説爲然也㉚，昔者鄭穆公㉛當晝日中處乎廟㉜，有神入門而左，鳥身㉝，素服三絶㉞，面狀正方㉟。鄭穆公見之，乃恐懼，奔㊱。神曰：「無奔㊲，帝享女明德㊳，使予錫女壽十年有九㊴，使若國家蕃昌，子孫茂，毋失。」鄭穆公再拜稽首，曰：「敢問神名㊵。」曰：「予爲句芒㊶。」若以鄭穆公之所身見爲儀，則鬼神之有，豈可疑哉？

非惟若書之説爲然也，昔者燕簡公㊷殺其臣莊子儀而不辜㊸，莊子儀曰：「吾君王殺我而不辜㊹，死人毋知亦已㊺，死人有知，不出三年，必使吾君知之。」期年㊻，燕將馳祖㊼，燕之有祖，當齊之社稷㊽，宋之有桑林㊾，楚之有雲夢也㊿，此男女之所屬而觀也(51)。日中，燕簡公方將馳於祖塗，莊子儀荷朱杖而擊之，殪之車上(52)。當是時，燕人從者莫不見，遠者莫不聞，著在燕之春秋。諸侯傳而語之曰(53)：「凡殺不辜者，其得不祥，鬼神之誅，若此其憯遫也！」以若書之説觀之，則鬼神之有，豈可疑哉？

非惟若書之説爲然也(54)，昔者宋文君鮑之時(55)，有臣曰祐觀辜(56)固嘗從事於厲(57)，袾子杖楫出，與言曰(58)：「觀辜，是何珪璧之不滿度量(59)，酒醴粢盛之不浄潔也，犧牲之不全肥(60)，春秋冬夏選失時(61)，豈女爲之與？意鮑爲之與(62)？」觀辜曰：「鮑幼弱，在荷繦之中(63)，鮑何與識焉[64]？官臣觀辜特爲之[65]。」祩子舉楫而槀之[66]，殪之壇上[67]。當是時[68]，宋人從者莫不見，遠者莫不聞[69]，著在宋之春秋。諸侯傳而語之曰：「諸不敬慎祭祀者，鬼神之誅，至若此其憯遬也[70]！」以若書之說觀之，鬼神之有，豈可疑哉？

非惟若書之說爲然也[71]，昔者齊莊君之臣[72]有所謂王里國[73]、中里徼者[74]。此二子者，訟三年而獄不斷[75]。齊君由謙殺之，恐不辜；猶謙釋之[76]，恐失有罪。乃使二人共一羊[77]，盟齊之神社[78]，二子許諾[79]。於是泏洫[80]，⿰扌惡羊而漉其血[81]，讀王里國之辭既已終矣[82]，讀中里徼之辭未半也[83]，羊起而觸之[84]，折其腳[85]，祧神之而槀之[86]，殪之盟所。當是時，齊人從者莫不見，遠者莫不聞[87]，著在齊之春秋。諸侯傳而語之曰：「諸盟矢不以其請者[88]，鬼神之誅，至若此其憯遬也！」以若書之說觀之，鬼神之有，豈可疑哉？是故子墨子言曰：雖有深谿、博林、幽澗毋人之所[89]，施行不可以不董[90]，見有鬼神視之[91]。

今執無鬼者曰：夫衆人耳目之請[92]，豈足以斷疑哉？柰何其欲爲高士君子於天下[93]，而有復信衆之耳目之請哉[94]？子墨子曰[95]：若以衆之耳目之請，以爲不足信也，不以斷疑。不識若昔者三代聖王堯舜禹湯文武者，足以爲法乎？故於此乎自中人以上皆曰：「若昔者三代聖王，足以爲法矣。」若苟昔者三代聖王足以爲法，然則姑嘗上觀聖王之事。昔者武王之攻殷誅紂也，使諸侯分其祭[96]，曰：「使親者受內祀[97]，疏者受外祀[98]。」故武王必以鬼神爲有，是故攻殷誅紂⑨⑨，使諸侯分其祭。若鬼神無有，則武王何祭分哉⑩⑩？非惟武王之事爲然也⑩①，故聖王，其賞也必於祖⑩②，其僇也必於社。賞於祖者何也？告分之均也；僇於社者何也？告聽之中也⑩③。

非惟若書之説爲然也，且惟昔者虞夏商周三代之聖王，其始建國營都⑩④，曰必擇國之正壇，置以爲宗廟⑩⑤；必擇木之脩茂者⑩⑥，立以爲菆位⑩⑦；必擇國之父兄慈孝貞良者，以爲祝宗⑩⑧；必擇六畜之腯肥倅毛⑩⑨以爲犧牲；珪璧琮璜⑪⑩，稱財爲度⑪①；必擇五穀之芳黄，以爲酒醴粢盛，故酒醴粢盛，與歲上下也⑪②。故古聖王治天下也，故必先鬼神而後人者，此也⑪③。故曰：官府選効必先⑪④，祭器祭服畢藏於府，祝宗有司畢立於朝，犧牲不與昔聚羣⑪⑤。故古者聖王之爲政若此。

古者聖王必以鬼神爲其務，其務鬼神厚矣⑪⑥。又恐後世子孫不能知也，故書之竹帛，傳遺後世子孫⑪⑦。咸恐其腐蠹絶滅⑪⑧，後世子孫不得而記，故琢之盤盂，鏤之金石，以重之。有恐後世子孫⑪⑨不能敬莙以取羊⑫⑩，故先王之書，聖人⑫①，一尺之帛，一篇之書，語數鬼神之有也，重有重之⑫②。此其故何？則聖王務之。今執無鬼者曰：「鬼神者，固無有。」則此反聖王之務，反聖王之務，則非所以爲君子之道也。

今執無鬼者之言曰：先王之書，慎無一尺之帛，一篇之書，語數鬼神之有，重有重之(123)。亦何書有之哉(124)？子墨子曰：周書大雅有之(125)，大雅曰(126)：「文王在上，於昭于天(127)。周雖舊邦，其命維新(128)。有周不顯，帝命不時(129)。文王陟降，在帝左右(130)。穆穆文王，令問不已(131)。」若鬼神無有，則文王既死，彼豈能在帝之左右哉？此吾所以知周書之鬼也。

且周書獨鬼，而商書不鬼，則未足以爲法也。然則姑嘗上觀乎商書(132)，曰：「嗚呼！古者有夏，方未有禍之時，百獸貞蟲(133)，允及飛鳥(134)，莫不比方(135)。矧隹人面(136)，胡敢異心？山川鬼神，亦莫敢不寧(137)。若能共允(138)，隹天下之合(139)，下土之葆(140)。」察山川鬼神之所以莫敢不寧者，以佐謀禹也(141)。此吾所以知商書之鬼也(142)。

且商書獨鬼，而夏書不鬼(143)，則未足以爲法也。然則姑嘗上觀乎夏書(144)，禹誓曰(145)：「大戰于甘(146)，王乃命左右六人，下聽誓于中軍(147)，曰：有扈氏(148)威侮五行，怠棄三正(149)，天用勦絶其命(150)。有曰(151)：日中，今予與有扈氏争一日之命，且爾卿大夫庶人，予非爾田野葆士之欲也(152)，予共行天之罰也(153)。左不共于左，右不共于右(154)，若不共命(155)。御非爾馬之政，若不共命(156)。是以賞于祖，而僇于社(157)。」賞于祖者何也？言分命之均也；僇于社者何也(158)？言聽獄之事也(159)。故古聖王必以鬼神爲賞賢而罰暴，是故賞必於祖，而僇必於社。此吾所以知夏書之鬼也。故尚書夏書(160)，其次商周之書，語數鬼神之有也，重有重之(161)。此其故何也？則聖王務之。以若書之説觀之，則鬼神之有，豈可疑哉？於古曰(162)：吉日丁卯(163)，周代祝社方[164]，歲于社考[165]，以延年壽。若無鬼神，彼豈有所延年壽哉？

是故子墨子曰：嘗若鬼神之能賞賢如罰暴也[166]，蓋本施之國家，施之萬民，實所以治國家、利萬民之道也[167]。若以爲不然[168]，是以吏治官府之不絜廉[169]，男女之爲無別者，鬼神見之。民之爲淫暴寇亂盜賊，以兵刃毒藥水火退無罪人乎道路[170]，奪人車馬衣裘以自利者，有鬼神見之[171]。是以吏治官府不敢不絜廉，見善不敢不賞，見暴不敢不罪[172]。民之爲淫暴寇亂盜賊，以兵刃、毒藥、水火退無罪人乎道路，奪車馬、衣裘以自利者[173]，由此止，是以莫放[174]。幽閒，擬乎鬼神之明[175]；顯明有一人，畏上誅罰，是以天下治[176]。

故鬼神之明，不可爲幽閒、廣澤、山林、深谷[177]，鬼神之明必知之。鬼神之罰，不可爲富貴衆強[178]、勇力強武、堅甲利兵，鬼神之罰必勝之。若以爲不然，昔者夏王桀貴爲天子，富有天下，上詬天侮鬼，下殃傲天下之萬民[179]，祥上帝伐元山帝行[180]，故於此乎天乃使湯至明罰焉[181]。湯以車九兩[182]，鳥陳鴈行[183]，湯乘大贊[184]，犯遂下衆人之蟜遂[185]，王乎禽推哆、大戲[186]。故昔夏王桀貴爲天子，富有天下，有勇力之人[187]推哆、大戲[188]，生列兕虎[189]，指畫殺人。人民之衆兆億[190]，侯盈厥澤陵[191]。然不能以此圉鬼神之誅[192]。此吾所謂鬼神之罰，不可爲富貴衆強、勇力強武、堅甲利兵者，此也。

且不惟此爲然。昔者殷王紂貴爲天子，富有天下，上詬天侮鬼[193]，下殃傲天下之萬民，播棄黎老⑭，誅賊孩子⑮，楚毒無罪⑯，刳剔孕婦⑰。庶舊鰥寡，號咷無告也⑱。故於此乎天乃使武王至明罰焉。武王以擇車百兩⑲，虎賁之卒四百人⑳，先庶國節窺戎㉑，與殷人戰乎牧之野。王乎禽費中㉒、惡來㉓，衆畔百走㉔。武王逐奔入宫㉕，萬年梓株，折紂而繫之赤環，載之白旗㉖，以爲天下諸侯僇。故昔者殷王紂貴爲天子，富有天下，有勇力之人費中、惡來，生捕兕虎，指寡殺人㉗。人民之衆兆億，侯盈厥澤陵。然不能以此圉鬼神之誅。此吾所謂鬼神之罰，不可爲富貴衆强、勇力强武、堅甲利兵者，此也㉘。且禽艾之道之曰㉙：「得璣無小㉚，滅宗無大。」則此言鬼神之所賞，無小必賞之；鬼神之所罰㉛，無大必罰之。

今執無鬼者曰：意不忠親之利，而害爲孝子乎㉜？子墨子曰：古之今之爲鬼㉝，非他也，有天鬼㉞，亦有山水鬼神者，亦有人死而爲鬼者。今有子先其父死，弟先其兄死者矣。意雖使然㉟，然而天下之陳物㊱，曰先生者先死。若是，則先死者非父則母，非兄而姒也㊲。今絜爲酒醴粢盛㊳，以敬慎祭祀。若使鬼神請有㊴，是得其父母姒兄而飲食之也，豈非厚利哉？若使鬼神請亡㊵，是乃費其所爲酒醴粢盛之財耳。自夫費之㊶，非特注之汙壑而棄之也㊷，内者宗族，外者鄉里，皆得如具飲食之㊸。雖使鬼神請亡，此猶可以合驩聚衆㊹，取親於鄉里。今執無鬼者言曰：「鬼神者，固請無有，是以不共其酒醴粢盛犧牲之財。吾非乃今愛其酒醴粢盛犧牲之財乎㊺，其所得者巨將何哉㊻？」此上逆聖王之書，内逆民人孝子之行。而爲上士於天下㉗，此非所以爲上士道㉘。是故子墨子曰：今吾爲祭祀也，非直注之汙壑而棄之也㉙，上以交鬼之福㉚，下以合驩聚衆，取親乎鄉里。若神有㉛，則是得吾父母姒兄而食之也㉜，則此豈非天下利事也哉！

是故子墨子曰：今天下之王公大人士君子，中實將欲求興天下之利，除天下之害，當若鬼神之有也㉝，將不可不尊明也㉞，聖王之道也。

①孫云：淮南子氾論訓作「右鬼」，高注云：「右，猶尊也。」漢書藝文志亦同，顏注引此作「明鬼神」，疑衍「神」字。「明」謂明鬼神之實有也。

②「力正」，義詳節葬下篇「諸侯力征」注。畢云：「正」同「征」。孫云：周禮禁暴氏「禁庶民之亂暴力正者」，鄭注云：「力正，以力強得正也。」

③「弟兄」，緜眇閣本作「兄弟」。

④畢云：舊脱「亂」字，據下文增。〇案：寶曆本有「亂」字。

⑤王樹枬云：吕覽仲夏「退嗜慾」注云：「退，止也。」「退」從艮，故義亦訓止。謂止阻無罪人于道路率徑之中也。「率」當爲「術」，聲之誤。後漢書馮衍傳注云：「術，路也。」「道路率徑」四字一義。孫云：「率徑」當讀爲「術徑」，率聲與朮聲古音相近。廣雅釋詁云：「率，述也。」白虎通義五

行篇云：「律之言率，所以率氣令生也。」周禮典同鄭注云：「律，述氣者也。」「述氣」即「率氣」，是其證。説文行部云：「術，邑中道也。」　○案：「退」疑當讀爲「追」。禮記檀弓「文子其中追然如不勝衣」，釋文：「追，本作退。」戰國策楚策「楚太子曰：臣有傅，請追而問傅」，「追」一作「退」，慎子亦作「退」，是其例。追，逐也。言以兵刃毒藥水火追逐無罪人于道路術徑。

⑥ 吴鈔本「由」作「以」。

⑦ 「罰暴」，畢本作「暴罰」，舊本並作「罰暴」，今據乙。　畢云：「借」，本書尚賢中作「藉」，此俗改。　王云：上言「若使」，則下不得又言「借若」。余謂「若」字涉上文而衍，「借」乃「偕」字之誤。偕與皆通。　吴云：「借若」，王以爲「偕」字之誤，非也。古人自有複語耳。上文「並作由此始」，亦複語也。　○案：史記張釋之傳「有如萬分之一，假令愚民取長陵一抔土」，亦「有如」與「假令」複用。

⑧ 「之」下，畢以意增「人」字。　王云：畢補非也。「之」字涉下句而衍。

⑨ 吴鈔本無「惑」字。陸本、茅本、緜眇閣本、堂策檻本「無」作「然」，誤。

⑩ 下「不」字，各本作「以」。　蘇云：下「以」字當作「不」。　俞云：此本作「故當鬼神之有與無之别，不可以不察者也」。　王樹枏云：當作「將不可不明察此者也」，「以爲」二字衍，下「以」字乃「不」字之誤。　非攻篇「故當若非攻之爲説，而將不可不察此者也」，節葬篇「故當若節喪之爲政，而不可不察此者也」，尚賢篇「故尚賢之爲説，而不可不察此者也」，句法與此皆一例。

〇案：蘇、王校下「以」字作「不」，是也，今依改。

⑪ 上下文「察」上有「明」字。

⑫ 吴鈔本「亡」作「無」。　孫云：「亡」，古「無」字。篇中諸有「無」字，疑古本並作「亡」。

⑬ 王云：「請」同「誠」，「惑」同「或」。

⑭ 王云：舊脱「則必」以下九字，今據下文及非命篇補。

⑮ 上「之」字陸本、茅本、緜眇閣本、堂策檻本並錯於「聞鬼」之下。

⑯ 「何」、「可」錯出，義皆可通。

⑰ 四庫本「下」作「地」。

⑱ 吴鈔本「鬼神」下有「之」字。　道藏本、唐本「鬼神」作「神鬼」。

⑲ 「子墨子言曰」舊本無「言」字。　畢云：史記索隱引作「不以罪」。　〇案：漢書郊祀志顔注及宋本、蜀本御覽八百八十三引並作「不以罪」。

⑳ 畢云：太平御覽引作「後三年」。　俞云：「其」下脱「後」字，本作「其後三年」。太平御覽引此文正作「後三年」，但删「其」字耳。　孫云：宋尤袤本文選劉孝標重答〔一〕劉秣陵書注引「其」作「期」，餘並與今本同。宋明道本國語周語韋注引周春秋、史記周本紀正義引周春秋並作「後三

〔一〕「答」原作「荅」，據文選改。

年」。據史記，宣王四十六年崩，則殺杜伯當在四十四年。通鑑外紀載殺杜伯於四十六年，非也。今本竹書紀年云「宣王四十三年，王殺大夫杜伯，其子隰叔出奔晉」，則不數所殺年，亦通。

㉑○案：搜神記作「經三年餘」，顏之推寃魂志作「後三年」。上「田」字，諸本作「用」，吳鈔本作「舍」，四庫本作「田」，與畢本同。　畢云：韋昭注國語、文選注、史記索隱引俱無「圃」下「田」字，顏師古注漢書有。　俞云：「田於圃田」者，「圃田」地名。詩車攻篇「東有甫草，駕言行狩」，鄭箋以「鄭有甫田」說之，爾雅釋地作「鄭有圃田」，即其地也。畢讀「圃」字絶句，非是。　孫云：周語云「杜伯射王於鄗」，韋注云：「鄗，鄗京也。」周禮職方氏鄭注云：「圃田在中牟。」以周地理言之，鄗在西都，圃田在東都，相去殊遠。又韋引周春秋「宣王會諸侯田於圃」，明道本「圃」作「囿」。史記封禪書索隱、周本紀正義所引並與韋同。論衡死僞篇云「周宣王將田于圃」。則漢、唐舊讀並於「圃」字斷句，皆不以「圃」爲圃田。荀子王霸篇楊注引隨巢子云「杜伯射宣王於畝田」，畝與牧聲轉字通，疑即鄗京遠郊之牧田，亦與圃田異。但隨巢子以「圃田」爲「畝田」，似可爲俞讀左證。近胡承珙亦謂此即圃田，而謂國語「鄗」即敖鄗，㡯韋以爲鄗京之誤，其說亦可通。　○案：宋本、蜀本御覽八十五引作「宣王田於圃田，從人滿野」，又三百七十一作「王田於圃田，車徒滿野」，又八百八十三作「宣王田於圃，見杜伯」。漢書郊祀志顏注所引與御覽八百八十三全文相同，惟「圃」下多一「田」字。據顏注則御覽「圃」下當脱「田」字。法苑珠林怨苦篇引作「田於甫田，從人滿野」，又賞罰篇引顏之推寃魂志作「遊於圃田，從人

滿野」，皆可爲俞讀左證。孫引論衡死僞篇文「圃」字，宋本論衡作「囿」，與明道本國語韋注合。史記魏世家「秦七攻魏，五入囿中」，索隱云：「囿即圃田。圃田，鄭藪。」據此則古書中或言「囿」，或言「圃田」，其地一也。

㉒畢云：太平御覽引作「車徒滿野」，節文。俞云：「從」乃「徒」字之誤，御覽引作「車徒滿野」，是其證。孫云：俞校近是。但此當以「徒數千」爲句，「人」屬下「滿野」爲句。○案：以法苑珠林、文選注及御覽八十五所引校之，則「從」字不誤。

㉓「射之」，各本作「射入」。畢云「文選注引作『射之』」，孫云「『之』字是也」，今依改。

㉔孫云：後漢書光武紀李注云：「殪，仆也。」

㉕畢云：「弢」，太平御覽三百七十一引作「韔」，八百八十三引作「伏弓衣」，義同。國語周語韋注曰：「杜，國。伯，爵。陶唐氏之後。」孫云：「弢」，史記索隱、文選注引並作「弢」，與今本同。論衡死僞篇作「韔」。説文弓部云：「弢，弓衣也。」○案：宋本、蜀本御覽八十五引「弢」作「弢」。

㉖孫云：國語晉語「羊舌肸習於春秋」，韋注云：「春秋，紀人事之善惡而目以天時，謂之春秋，周史之法也。時孔子未作春秋。」又楚語「教之春秋，以感勸其心」。公羊莊七年傳云「不脩春秋曰：雨星，不及地尺而復」，何注云：「謂史記也。古者謂史記爲春秋。」管子法法篇「故春秋之記」，尹注云：「春秋，即周公之凡例而諸侯之國史也。」史通六家篇、隋書李德林傳並引墨子云「吾見百

國春秋」，蓋即此。史通又云：「汲冢瑣語記太丁時事，目爲夏殷春秋。又有晉春秋，記獻公十七年事。」

㉗「識」，陸本、茅本、寶曆本、李本、緜眇閣本、堂策檻本、陳本、四庫本作「警」。畢云：說文云：「警，戒也」。「識」，異文。

㉘「誅」，諸本作「謀」，茅本作「詳」，緜眇閣本、陳本作「祥」，寶曆本、李本作「誅」，今從作「誅」。畢本亦據後文改誅。

㉙舊本無「也」字。「之」，下文並作「其」，字通。畢云：說文曰：「遬，籀文。」案「速」之籀文。

孫云：「憯」、「速」義同。玉篇手部云：「揩，側林切，急疾也。」憯與揩通。易豫「朋盍簪」，釋文云：「簪，鄭云：『速也。』京〔二〕作『揩』。」淮南子本經訓高注云：「憯猶利也。」並與此義相近。

㉚舊本無「也」字。

㉛畢云：郭璞注山海經引此作「秦穆公」，又太平御覽、太平廣記引「穆」作「繆」。孫云：郭引作「秦」，是也。玉燭寶典引墨子曰「昔秦穆公有明德，上帝使句芒賜之壽十九年也」，即約此文。論衡福虚篇云：「儒家之徒董無心，墨家之役纏子，相見講道。纏子稱墨家佑鬼神是，引秦穆公有明德，上帝賜之十九年。」又無形篇云：「傳言秦繆公有明德，上帝賜之十九年。」北齊書樊遜傳

〔二〕「京」，墨子閒詁原引作「李」，本書沿誤，據易釋文改。

遂對問禍福報應，亦云：「秦穆有道，句芒錫祥。」以諸書證之，則不當作「鄭」明矣。下文凡「鄭」字，並當作「秦」。

㉜ 吴鈔本「當」作「嘗」，字通。

㉝ 畢云：海外東經云「東方句芒，鳥身人面」。太平廣記引作「人面鳥身」。戴云：脱「人面」二字。○案：太平廣記二百九十一、楚辭遠遊洪興祖補注引並作「有神人面鳥身」，無「入門而左」四字。宋本、蜀本御覽八百七十二引與本書同，又八百八十二引作「有神入門，身鳥素服」。

㉞ 孫云：「三絶」無義，當作「玄純」。素衣玄純，蓋即深衣采純，明與凶服異也。

㉟ 秋山云：「正方」，一作「方正」。畢云：太平廣記引作「而狀方正」。戴云：「面」乃「而」字之誤。孫云：山海經郭注引作「方面」，則「面」字非誤。劉師培云：占經一百十三及楚辭遠遊補注並引作「面狀正方」。○案：御覽八百七十二引與本書同。明嘉靖談刻本太平廣記作「面狀方正」，畢據誤本，戴氏承之，疏甚。

㊱ 「奔」，諸本作「犇」，吴鈔本作「奔」，今從之。犇、奔字同。

㊲ 畢本作「神曰無懼」。畢云：舊脱此四字，據太平廣記增。太平御覽引作一「曰」字，一本作「神曰」二字。王樹枏云：開元占經一百十三引作「繆公乃懼，神曰無奔」。○案：寶曆本、李本、堂策檻本、四庫本並有「神曰」二字，御覽八百七十二引作「繆公乃懼，神曰無奔」。今據寶曆本等增「神曰」二字，據占經及御覽增「無奔」二字。國語晉語曰「公懼而走，神曰無走」，句法

與此同。

㊳ 吳鈔本「女」作「汝」。宋本、蜀本御覽兩引並作「汝」。御覽八百八十二引「享」作「饗」，字通。

㊴ 「予」，道藏本、唐本、茅本作「子」，誤。吳鈔本「錫」作「享」。

㊵ 「名」字舊本並脱，畢本補「明」字。畢云：舊脱此字，太平御覽引云「敢問神明爲何」，太平廣記引云「公問神明」，案「明」同「名」也。王云：鈔本御覽神鬼部二正作「敢問神名」，刻本「名」作「明」，誤也。「明」古讀若芒，不得與「名」通。孫云：楚辭遠遊洪興祖補注引亦作「名」。王樹枬云：開元占經引作「公問神名，神曰句芒」。○案：宋本、蜀本御覽八百八十二引作「敢問神名」，今據補「名」字。

㊶ 占經及御覽八百七十二引「曰」上並有「神」字。孫云：「句芒」，地示，五祀之木神。月令「春，其神句芒」，是也。

㊷ 畢云：案史記，「簡公」，平公子。周敬王十六年，公元年也。孫云：論衡書虛篇説此事作「趙簡子」，死僞篇作「趙簡公」，並誤。惟訂鬼篇作「燕簡公」，與此同。

㊸ 顧云：論衡訂鬼、書虛、死僞作「莊子義」。

㊹ 孫云：簡公時燕尚未稱王，此「王」字疑後人所加。

㊺ 「毋」，吳鈔本、李本、堂策檻本、四庫本作「無」。「亦」，緜眇閣、陳本作「則」。

㊻ 秋山云：「期」，一作「明」。

㊼畢云：祖道。　王云：畢説非也。法苑珠林君臣篇作「燕之有祖澤，猶宋之有桑林，國之大祀也」，據此則「祖」是澤名，故又以雲夢比之。下文「燕簡公方將馳於祖塗」，亦謂祖澤之塗也。

孫云：王説近是。顏之推還冤記又作「燕之沮澤，當國之大祀」。

㊽王引之云：「當」猶如也。（又「齊之」下校增「有」字。）　○案：此句疑本作「當齊之有社」，「社」字獨立成義，非以「社稷」連文也。左莊二十三年經〔一〕「公如齊觀社」，杜注云：「齊因祭社蒐軍實，故公往觀之。」孔疏云：「魯語説此事云『夫齊棄太公之法而觀民於社』，孔晁云：『聚民於社，觀戎器也。』左襄二十四年傳稱楚子使薳啓疆如齊，齊社，蒐軍實，使客觀之。」「社」下皆無「稷」字，可證。

㊾孫云：淮南子脩務訓云「湯旱，以身禱於桑山之林」，高注云：「桑山之林能爲雲雨，故禱之。」呂氏春秋慎大篇云：「武王勝殷，立成湯之後於宋，以奉桑林。」高注云：「桑山之林，湯所禱也，故使奉之〔二〕。」　○案：桑林爲宋歷史上勝地，故爲望祀聚衆之所。

㊿孫云：爾雅釋地云：「楚有雲夢。」周禮職方氏：「荆州，其澤藪曰雲瞢。」

(51)孫云：周禮州長鄭注云：「屬猶合也，聚也。」

〔一〕「經」字原脱，今補。案引文見莊公二十三年經文。

〔二〕「故使奉之」，墨子閒詁原引作「故所奉也」，本書沿誤，據慎大篇高誘注改。

(52) 孫云：史記十二諸侯年表燕簡公在位十二年，卒當周敬王二十七年，魯哀公二年。則殺莊子儀事當在簡公十一年也。但依左傳昭三年，北燕伯款即簡公。史表則以爲惠公，其元年當周景王元年，在位九年卒，歷悼、共、平三世而後至簡公，與左傳殊不合，未知孰是。論衡死僞篇云：「簡公將入於桓門，莊子義起於道左，執彤杖而捶之，斃於車下。」與此小異，疑兼采它書。

(53) 舊本「語」作「言」。

(54) 吳鈔本「惟」作「唯」。

(55) 吳鈔本「君」作「公」。　孫云：論衡祀義篇云「宋公鮑之身有疾」。

(56) 顧云：論衡訂鬼作「宋夜姑」。　孫云：字書無「祏」，論衡祀義篇云「祝曰夜姑」，則「祏」當即「祝」之譌。祝即周禮大、小祝也。「觀辜」疑亦「夜姑」之譌。

(57) 吳闓生云：「固」乃「辜」之異文而誤合之。論衡祀義篇作「掌將事於厲者」。　盧云：「厲」，公厲、泰厲之屬也。宋歐陽士秀以「厲」爲神祠，以管子請桓公立五厲祀堯之五吏爲證，後世統謂之廟。

(58) 「祩」，舊本作「株」。「楫」，諸本作「揖」。　秋山云：「揖，一作楫。」今從一本作「楫」。下同。畢云：「祩」，「祝」字異文。「祩子」即祝史也。　玉篇云：「祩，之俞切，呪詛也。又音注。」言神馮於祝子而言也。　孫云：「祩」疑「禂」之異文。　說文示部云：「禂，禱牲馬祭也。」周禮甸祝「禂牲禂馬」，鄭注云：「禂讀如伏誅之誅。今『侏大』字也。」畢以「祩」爲「祝」異文，說無所據。上「觀辜」已是祝，則「袾子」不當復爲祝。竊疑當是巫，巫能接神，故厲神降於其身。謂之「袾子」，猶楚辭謂巫爲靈子也。蘇校謂「揖」當作「楫」，近是。論衡祀義篇作「厲鬼杖楫而與之言」，又云「舉檝而掊之」，「檝」即「楫」之俗。

⑤⑨「珪」，舊本作「陸」，誤。論衡祀義篇曰「何而珪璧之不中度量也」。

⑥⓪畢云：「全」謂純色，與「牷」同。

⑥①「春秋冬夏」，陸本、茅本、寶曆本、李本、緜眇閣本、堂策檻本、陳本、四庫本作「春夏秋冬」。孫云：蓋言祭厲失其常時。「選」當讀爲饌具之「饌」。

⑥②王引之云：「意」與「抑」同。

⑥③畢云：「荷」與「何」同。漢書注：「李奇云：繈，絡也。以繒布爲之，絡負小兒。」師古曰：「即今之小兒綳也。居丈反。」　孫云：「繈」，吴鈔本作「襁」。「襁」正字，「繈」借字。説文衣部云：「襁，負兒衣也。」吕氏春秋明禮篇云「道多褓繈」，高注云：「褓，小兒被也。繈，褸格上繩也。」孫奭孟子音義引博物志云：「襁褓，織縷爲之，廣八寸，長一尺二寸，以負小兒於背上。」史記魯世家云：「成王少，在強葆之中。」　〇案：「荷繈」，畢説可通。又疑當爲「葆繈」，「荷」、「葆」形近而誤。論衡祀義篇作「鮑身尚幼，在襁褓」，文雖小異，「襁褓」字尚不誤，可據以訂正。「葆繈」猶「襁褓」也。「鮑幼弱，在葆繈之中」，與「成王少，在強葆之中」語法正類。

⑥④盧云：此云「在荷繈之中」，則非春秋時宋文公也。　孫云：此蓋墨子傳聞之誤。

(65) 孫云：左襄十八年傳中行獻子禱于河，偁「官臣偃」，杜注云：「守官之臣。」

(66) 「臯」，吳鈔本、緜眇閣本作「藁」，四庫本作「槀」。　秋山云：「臯」，一作「豪」。　畢云：「臯」同「敲」。　孫云：「臯」疑當讀爲「毃」，同聲假借字。　左定二年傳云「奪之杖以敲之」，釋文云：「敲，説文作『毃』，云『擊頭也』，字林同，又一曰『擊聲也』，口交反。又口卓反，訓從敲，云『横擿也』。」案今本説文攴部「擿」作「撾」。　○案：「臯」、「藁」、「槀」、「豪」並「毃」、「敲」之聲借。玉篇曰：「毃，擊頭也。或作敲。」又曰：「敲，擊也。」「楫」者，吕氏春秋明理篇曰「有若山之楫」，高注云：「楫，林木也。」本書魯問篇曰：「其子強梁不材，故其父笞之。其鄰家之父舉木而擊之。」此「舉楫而臯之」，猶彼言「舉木而擊之」也。論衡祀義篇作「厲鬼舉械而掊之」，文小異而義同。

(67) 論衡作「斃於壇下」。

(68) 畢云：舊脱此字，一本有。　○案：寶曆本、李本、堂策檻本、四庫本並有「時」字。

(69) 畢本「遠者」下注云：舊脱此字，一本有。　○案：「遠」下，舊本並有「者」字。

(70) 「也」字諸本無，寶曆本有，與畢本同。

(71) 吳鈔本「惟」作「唯」。

(72) 畢云：「君」，事類賦引作「公」。舊脱「臣」字，據太平御覽、事類賦增。　○案：蜀本、補宋鈔本御覽九百二引「君」作「公」。

73 畢云：太平御覽、事類賦引作「王國卑」，下同，疑此非。

74 畢云：太平御覽、事類賦引作「檄」，下同。○案：蜀本、補宋鈔本御覽引「徼」作「撽」，下同。

75 孫云：公羊宣元年何注云：「古者疑獄，三年而後斷。」

76 「猶」，緜眇閣本、陳本作「由」。畢云：「由」與「猶」同，故兩作。王云：「由」、「猶」皆欲也。「謙」與「兼」同。言欲兼殺之、兼釋之也。大雅文王有聲篇「匪棘其欲」，禮器作「匪革其猶」。周官小行人「其悖逆暴亂作慝，猶犯令者」，大戴記朝事篇「猶」作「欲」。是「猶」即「欲」也。「猶」、「由」古字亦通。蘇說同。

77 「二」，諸本作「之」。緜眇閣本、陳本作「二」，今從之。畢云：太平御覽、事類賦引「之」作「二」。

78 畢云：事類賦無「神」字。孫云：周禮司盟云「有獄訟者則使之盟詛，凡盟詛各以其地域之衆庶共其牲而致焉」，鄭注云：「使其邑閭出牲而來盟。」此所云與禮合。○案：蜀本、補宋鈔本御覽引亦無「神」字。

79 畢云：太平御覽、事類賦引作「二子相從」。

80 吴云：「泏」者「掘」之借字。管子小稱篇「滿者洫之[一]」，尹知章注：「洫，虛也。」廣雅「洫」、「欲」

[一]「之」字原引誤脱，據管子小稱篇補。

並訓阬。是「汕洫」即掘欿。左昭十三年傳所謂「坎用牲加書」也。曹説同。

(81) 畢云：太平御覽、事類賦引已上八字作「以羊血灑社」，則「漇」當爲「灑」字之誤。「摁」，字書無此字。王引之云：「摁」即剄字也。廣雅曰：「剄、刑、刻，剄也。」吴語「自剄於客前」，賈逵曰：「剄，剄也。」作「摁」者，或字耳。洪説同。

(82) 畢云：四字事類賦作「已盡」二字。○案：蜀本、補宋鈔本御覽亦作「已盡」二字。

(83) 蜀本、補宋鈔本御覽引「中里徼」作「終里儌」。

(84) 太平御覽、事類賦引「羊」上有「祭」字。畢云：事類賦引作「觸中里儌」。

(85) 折中里徼之腳。

(86) 上「之」字，緜眇閣本闕文，陳本無。「祧神」猶上文之「祩子」，社神馮於巫之身，謂之「祧神」也。上「之」字，往也，言祧神往而稾之也。

(87) 畢云：太平御覽引云「齊人以爲有神驗」，事類賦引云「齊人以爲有神」，疑以意改。

(88) 「諸盟矢」，各本作「請品先」。畢云：「品」當爲「盟」，下「請」當爲「情」。王引之云：畢謂「品」當作「盟」，是也。上「請」字當爲「諸」，下「請」字即「情」字也。墨子書通以「請」爲「情」，不煩改字。俞云：「先」疑「矢」字之誤。「矢」、「誓」古通用。「盟矢」即「盟誓」也。「矢」、「先」隷書相似而誤。○案：畢、王、俞説是也，今依改。

(89) 王云：「深谿博林幽澗毋人」，即天志上篇所謂「林谷幽閒無人」也。「幽澗」亦「幽閒」之誤。「幽閒毋人」正指「深谿〔一〕博林」言之，若作「幽澗」，則與「深谿」相複。

(90) 顧云：爾雅：「董，正也。」　秋山云：「董」疑「堇」。　蘇云：「董」疑「謹」字之譌。　俞云：「董」疑「堇」字之誤。堇借爲謹，言不可以不謹也。

(91)「見」猶顯也。

(92)「請」、「情」通用，下同。

(93)「士」字各本脱。　孫云：「高」疑當作「尚」。下又脱「士」字。尚士即上士也。下文云「則非所以爲君子之道也」，又云「此非所以爲上士之道也」，即遥冢此文。　○案：孫校增「士」字是也，今依增。「高」字不誤，「高士」即「上士」，兼愛下篇「高士」凡數見。

(94) 孫云：「有」讀爲「又」。「衆之」，疑當依上文作「衆人」，下同。

(95) 畢云：舊脱「墨子」二字，以意增。

(96) 孫云：非攻下篇云「王既已克殷，成帝之來，分主諸神，祀紂先王」，是也。

(97) 孫云：「受内祀」，謂同姓之國，得立祖王廟也。郊特牲孔疏引五經異義云「古春秋左氏説，天子之子以上德爲諸侯者，得祖所自出。魯以周公之故，立文王廟。左傳宋祖帝乙，鄭祖厲王，猶上祖也。」

〔一〕「谿」原作「豁」，據王念孫讀書雜志改。

98 孫云：此謂異姓之國，祭三川四望之屬。祭統說周賜魯重祭，云：「外祭則郊社是也，內祭則大嘗禘是也。」彼大祀非凡諸侯所得祀，蓋不在所受之列。

99 「誅」，畢本作「伐」，舊本並作「誅」，今據正。

100 吴鈔本「祭」作「祀」。

101 「惟」，道藏本、吴鈔本、陸本、唐本、茅本、李本、堂策檻本、四庫本作「爲」。

102 孫云：「故」當爲「古」，下文「古聖王」、「古者聖王」文屢見，可證。

103 江聲云：「分之均」，謂頒賞平均。「聽之中」，謂斷辠允當也。

104 句。

105 「曰」，諸本作「日」，緜眇閣本、陳本作「國」，寶曆本作「曰」，今從之。孫云：考工記匠人：「營國方九里，左祖右社，面〔一〕朝後市。」呂氏春秋慎勢篇云：「古之王者擇天下之中而立國，擇國之中而立宮，擇宮之中而立廟。」劉逢祿云：「壇」場，祭壇場也。「置」，措也。

106 「脩」，吴鈔本、茅本、堂策檻本、陳本、四庫本作「修」。

107 劉逢祿云：「菆位」，社也。王云：「菆」與「叢」同。「位」當爲「社」，字之誤也。急就篇「祠祀社稷叢臘奉」，「叢」一本作「菆」。顏師古曰「叢謂草木岑蔚之所，因立神祠」，即此所謂「擇木之脩

〔一〕「面」，墨子閒詁原引誤「前」，本書沿誤，據周禮考功記匠人改。

茂者立以爲菆社」也。秦策「恒思有神叢」，高注曰：「神祠叢樹也。」莊子人閒世篇曰「見櫟社樹，其大蔽牛」，呂氏春秋懷寵篇曰「問其叢社大祠」，太玄聚次四曰「牽羊示于叢社」，皆其證也。「置以爲宗廟」承上「賞於祖」而言，「立以爲菆社」承上「僇於社」而言，則「位」爲「社」字之誤明矣。史記陳涉世家「又閒令吳廣之次近所旁叢祠中」，索隱引此作「叢位」，則所見本「社」字已誤作「位」，而「菆」字作「叢」則不誤也。又耕柱篇「而祝於禁社」，「禁社」乃「藂社」之誤，藂亦與叢同。洪云：史記陳涉世家索隱引墨子作「叢位」，「菆」即「叢」字。「叢位」謂叢社之位。　孫云：王說是也。六韜略地篇云「冢樹社叢勿伐」，「社叢」即「叢社」也。　○案：「位」似非誤字。論衡明雩篇曰「社報生萬物之功，故立社爲位，主心事之」，又曰「修壇設位，敬恭祈求，效事社之義」。

108 劉逢祿云：「祝」，太祝。「宗」，宗伯也。

109 「腯」上，諸本有「勝」字，緜眇閣本「勝」字闕文，陳本無，今從之。劉校同。　畢云：「粹」字假音，作「倅」異文也。　孫云：淮南子齊俗訓云「犧牛粹毛，宜於廟牲」，此畢所本。

110 畢云：「琮」舊作「璜」，一本如此。　○案：諸本作「璜璜」，緜眇閣本、陳本、四庫本作「璜琮」，唐本作「宗璜」，吳鈔本、潛本作「琮璜」，與畢本合。

111 「度」，緜眇閣本、陳本作「宗」，誤。

112 「醴」，白雲觀道藏本、雙檻樓道藏本並作「體」，誤。日本宮內省道藏本作「醴」，不誤。　孫云：逸周書糴匡篇云「成年穀足，賓祭以盛，年饑舉祭以薄，大荒有禱無祭，祭以薄資」，即「與歲上下」之法。

(113) 「故」字，寶曆本加一外□，緜眇閣本闕文，陳本無。　王樹枏云：「故」字涉上下文而衍。孫云：「故」讀爲「固」。

(114) 王樹枏云：「必先」下疑脱「鬼神」二字。　孫云：「選」讀爲「僎」。説文人部云：「僎，具也。」廣雅釋詁云：「效，具也。」「効」，俗「效」字。

(115) 「牲」，陸本、茅本、寶曆本、李本、緜眇閣本、堂策檻本、陳本、四庫本作「牷」。　孫云：此言祭牲當特繫，不與常時所畜群聚。周禮充人云「掌繫祭祀之牲牷。祀五帝，則繫于牢，芻之三月。享先王，亦如之。凡散祭祀之牲，繫于國門，使養之」，是也。

(116) 「其務」二字各本不重，曹箋重，今從之。　王云：「爲」下當有「有」字。

(117) 畢云：文選注引作「以其所獲，書於竹帛，傳遺後世子孫」，又一引作「以其所行」，此無四字。○案：文選楊德祖答臨淄侯牋李注引作「以其所獲」，曹子建求自試表引作「以其功」，陸士衡長歌行引作「以其所行」。曰獲、曰功、曰行，均似約舉魯問篇文。畢引以校訂此文，未審。

(118) 王引之云：「咸」字文義不順，當是「或」字之誤。言或恐竹帛之腐蠹絶滅，故又琢之盤盂、鏤之金石也。

(119) 吴鈔本「有」作「又」，字通。

(120) 灊本「羊」作「災」，誤。　畢云：言敬威以取祥也。　孫云：説文云：「莙讀若威。」又云：

(121) 「羊，祥也。」秦、漢金石多以「羊」爲「祥」。

(122) 王云：此下脱二字，或當云「聖人之言」。

(123) 吴鈔本「有」作「又」。　王云：「有」與「又」同。　秋山説同。

(124) 畢云：「重有重」下舊有「亦何書」三字，衍文。　王云：「慎無」二字義不可通，「慎無」當爲「聖人」。上文曰「故先王之書，聖人，一尺之帛、一篇之書」，是其證。○案：王校未允，此爲執無鬼者之言，上文爲墨家之言，二者相反。「慎無」猶誠無也。

(125) 「有之」，畢本作「之有」，舊本並作「有之」，今據乙。

(126) 吴鈔本無「大雅」二字。　孫云：古者詩、書多互偁。

(127) 堂策檻本、四庫本無「大雅」二字。

(128) 孫云：大雅文王篇文。毛傳云：「在上，在民上也。於，歎辭。昭，見也。」鄭箋云：「文王初爲西伯，有功於民，其德著見於天，故天命之以爲王，使君天下也。崩，謚曰文。」

(129) 孫云：毛傳云：「乃新在文王也。」鄭箋云：「大王聿來，胥宇而國於周，王迹起矣，而未有天命，至文王而受命。言新者，美之也。」

(130) 孫云：毛傳云：「有周，周也。不顯，顯也。顯，光也。不時，時也。時，是也。」鄭箋云：「周之德不光明乎，光明矣。天命之不是乎，又是矣。」

(131) 孫云：毛傳云：「言文王升接天，下接人也。」鄭箋云：「在，察也。文王能觀知天意，順其所爲，從而行之。」案依墨子說，謂文王既死，神在帝之左右，則與毛、鄭義異。

131 「問」，吴鈔本、寶曆本作「聞」。詩「穆穆」作「亹亹」，「問」作「聞」。　孫云：毛傳云〔一〕：「亹亹，勉也。」鄭箋云：「勉勉乎不倦，文王之勤用明德也。其善聲聞日見，稱歌無止時也。」

132 「上」，諸本作「止」，四庫本剜改作「上」，與畢本合。

133 茅本、緜眇閣本作「虽」。　孫云：淮南子地形訓云「萬物貞蟲，各有以生」，原道訓云「蚑蟯貞蟲」，又說山訓云「貞蟲之動以毒螫」，注云：「貞蟲，細腰蜂，蜾蠃之屬。無牝牡之合曰貞。」案「貞」當爲「征」之假字，乃動物之通稱，高說未晐。　○案：「貞蟲」即征蟲，亦即蚰蟲，聲之轉也。說文：「蚰，蟲之總名也。讀若昆。」經傳多以「昆」爲之，聲轉亦作「貞」、「征」、「正」。莊子在宥篇「蝸及止蟲」，釋文：「本亦作昆蟲，崔本作『正蟲。』」可證。非樂上篇「貞蟲」義與此同。

134 王引之云：「允」猶以也。以與用同義，故「允」可訓爲用，亦可訓爲以。說文曰：「允，从儿，㠯聲。」㠯、用、允一聲之轉耳。

135 孫云：莊子田子方篇云「萬物莫不比方」，案「比方」猶言順道也。

136 畢云：「隹」，古「惟」字。舊誤作「住」。　江聲說同。　王引之云：古「惟」字但作「隹」。古鍾鼎文「惟」字作「隹」，石鼓文亦然。又夏竦古文四聲韻載道德經「惟」字作「隹」。墨子多古字，

〔一〕「毛傳云」三字原誤脫，據墨子閒詁補。

後人不識，故傳寫多誤。「矧惟」者，語詞。康誥曰「矧惟不孝不友」，又曰「矧惟外庶子、訓人」，酒誥曰「矧惟爾事，服休服采。矧惟若疇圻父，薄違農父，若保宏父」，皆其證也。鹽鐵論未通篇曰「矧惟人面，含仁保德，靡不得其所」，繇役篇曰「普天之下，惟人面之倫，莫不引領而歸其義」，後漢書章帝紀曰「訖惟人面，靡不率俾」，和帝紀曰「戒惟人面，無思不服」，並與墨子同意。顧說同。孫云：「人面」，言有面目而爲人，非百獸貞蟲飛鳥之比也。國語越語：「范蠡曰：余雖靦然而人面哉，余猶禽獸也。」

⑬⑦ 吴鈔本「寧」作「寍」，下同。說文：「寍，安也。」「寧」，借字。蘇云：二語見商書伊訓，餘略同。

⑬⑧ 江聲云：「共」讀爲「恭」。恭，恪也。「允」，誠也。

⑬⑨ 畢云：「隹」舊作「住」，亦誤。江、王說同。

⑭⓪ 孫云：「葆」、「保」字通。詩大雅崧高「南土是保」，鄭箋云：「保，守也，安也。」漢書天文志顏注引宋均云：「葆，守也。」

⑭① 越絶書請羅内傳曰：「君王動大事，群臣竭力以佐謀。」

⑭② 「商書」，道藏本、吴鈔本、唐本、畢本作「商周」，陸本、茅本、寶曆本、李本、緜眇閣本、堂策檻本、陳本、四庫本作「周商」。王、蘇據上文改作「商書」，今從之。

⑭③ 「商書」，諸本作「禹書」，寶曆本、李本、四庫本作「商書」，今從之。王、蘇校同。

(144) 「上」，諸本誤「止」，四庫本剜改作「上」，與畢本合。

(145) 畢云：此孔書甘誓文，文微有不同。書序云「啟與有扈戰于甘之野，作甘誓」，與此不同。而莊子人閒世云「禹攻有扈」，呂氏春秋召類云「禹攻曹魏、屈驁、有扈，以行其教」，皆與此合。孫云：呂氏春秋先己篇云「夏后柏啟與有扈戰於甘澤而不勝」，是呂氏春秋有兩說。或禹、啓皆有伐扈之事，故古書或以甘誓爲禹誓與？說苑政理篇云「昔禹與有扈氏戰，三陳而不服，禹於是修教三年，而有扈氏請服」，說亦與此合。○案：孫引呂氏春秋先己篇文，舊本作「夏后相」，御覽八十二引作「夏后伯」，并有「即啟也」三字，似注文。古書中「伯」、「禹」字習見，「夏后伯」似應指夏禹。編御覽者蓋因舊注而以之列入帝啟事中。

(146) 畢云：其地在今陝西鄠縣。　孫云：尚書釋文引馬融云：「甘，有扈南郊地也。甘，水名，今在鄠縣西。」

(147) 孫云：孔書云「乃召六卿」，詩棫樸正義引鄭康成云：「六卿者，六軍之將。」僞孔傳云：「天子六軍，其將皆命卿。」　孫星衍云：鄭注周禮大司馬云「天子六軍，三三而居一偏」，賈誼新書云「紂將與武王戰，紂陳其卒左臆右臆」，是天子親征，王爲中軍，六卿左右之也。

(148) 孫云：史記正義云：「地理志：『鄠縣，古扈國，有户亭。』訓纂云：『户、扈、鄠三字，一也，古今字不同耳。』」尚書釋文云：「有扈，國名，與夏同姓。馬云：似姓之國，爲無道者。」案即今陝西鄠縣。

⑭⑨「五行」即洪範之五行。　孫云：尚書釋文引馬融云：「建子、建丑、建寅，三正也。」史記夏本紀集解引鄭康成云：「五行，四時盛德所行之政也。　威侮，暴逆之。　三正，天地人之正道。」王引之謂「書及此『威』字，並當爲『烕』之誤，烕者，蔑之假借字」，亦通。

⑮⓪畢云：「勦〔一〕字同「剿」。　孫云：「勦」當从刀，舊本从力，誤。唐石經尚書亦譌「勦」。說文刀部云：「剿，絶也。」引書作「剿」。水部「灑」字注引作「勦」。

⑮①孫云：「有」讀爲「又」。

⑮②孔書無此三十二字。　孫星衍云：墨子所見古文書與今本異，或脱簡，或孔子所删也。「葆」同「保」。鄭〔二〕注月令云：「小城曰保。」俗作「堡」。言不貪其土地人民。　秋山云：「士」，恐「土」。　俞云：「士」疑「玉」字之誤。「葆玉」即寶玉也。史記周本紀「展九鼎葆玉」，徐廣曰「葆，一作寶」，即其例也。　〇案：非攻下篇「好攻伐之君飾其説曰：我非以金玉子女壤地爲不足也，我欲以義名立於天下，以德來諸侯也」，文意與此相類。「田野」即「壤地」，「葆」即「金玉」，「士」即「子女」也。

⑮③孫云：「共」，吴鈔本作「恭」。孔書云「今予惟恭行天之罰」，孔傳云：「恭，奉也。」史記夏本紀

〔一〕「勦」原作「剿」，據畢刻本改。

〔二〕「鄭」原誤「郭」，據孫星衍尚書今古文注疏改。

「恭」亦作「共」，與此同。呂氏春秋先己篇高注引書作「龔」。孫星衍云：「恭」當作「龏」〔一〕。說文：「龏，慤也。」言謹行天罰。

⑭孫云：史記集解引鄭康成云：「左，車左。右，車右。」「共」，孔書並作「攻」。又首句下多「汝不恭命」四字。孔傳云：「左，車左。左方主射。攻，治也。治其職。右，車右。勇力之士執戈矛以退敵。」

⑮孫云：孔書作「汝不恭命」。考工記鄭注云：「若，猶汝也。」段玉裁云：墨子作「共」，其義蓋亦訓供奉，如柴誓「無敢不共」也。

⑯「爾」，諸本如此，道藏本、吴鈔本、陸本、唐本、茅本作「[illegible]」。孫云：孔書作「御非其馬之正，汝不恭命」，傳云：「御以正馬爲政。三者有失，皆不奉我命。」史記夏本紀「正」亦作「政」。

⑰兩「于」字諸本作「於」。茅本、寶曆本、堂策檻本、四庫本上作「于」，下作「於」。吴鈔本、李本上下並作「于」，今從之。下二句同。「僇」，茅本、寶曆本、緜眇閣本作「廖」。

⑱孫云：孔書作「用命賞于祖，弗用命戮于社」。「戮」、「僇」字通，史記夏本紀亦作「僇」。孔傳云：「天子親征，必載遷廟之祖主行。有功則賞祖主前，示不專。又載社主，謂之社。事不用命、奔北

〔一〕「龏」，墨子閒詁原引作「龔」，本書沿誤，據孫星衍尚書今古文注疏改。

者，則戮之於社主前。社主陰，陰主殺。親祖〔一〕嚴社之義。」

159 秋山云：上文「事」作「中」。　王云：「事」者，「中」之壞字也。中者，平也，與「均」字對文。上文曰「僇于社者何也，言聽之中也」，是其證。　孫云：「事」疑當爲「衷」，篆文二字形近。中、衷通。

160 王云：「尚書夏書」文不成義。「尚」與「上」同，「書」當爲「者」。言上者則夏書，其次則商、周之書也。此涉上下文「書」字而誤。

161 孫云：「有」亦讀爲「又」。

162 「於」，李本、堂策檻本、四庫本作「于」。　孫云：疑有脱字。

163 孫云：周以子卯爲忌日，疑此「卯」當爲「丣」，二字形近而誤。漢書翼奉傳云「東方之情，怒也。怒行陰賊，亥卯主之，是以王者惡子卯也。西方之情，喜也。喜行寬大，巳酉主之，是以王者吉午酉也」，是吉丣之義。　○案：據周銅器銘文，「丁卯」應是吉日。「卯」字不誤。

164 「祝」，寶曆本作「視」。　秋山云：「視」，一作「祝」。　孫云：「方」謂秋祭四方地示后土、句芒等也。詩小雅甫田云「以社以方」，毛傳云：「方，迎四方氣於郊也。」鄭箋云：「秋祭社與四方，爲五穀成熟報其功也。」此「周代祝社方」疑當爲「用代祀社方」，「周」「用」、「祝」「祀」並形近而誤。

〔一〕「祖」原誤「主」，據墨子閒詁原引改，與尚書甘誓孔傳合。

⑯⑤「社」下，畢本有「者」字，舊本並無，今據删。孫據畢本云：「社者」當爲「祖若」。歲於祖若考，言薦歲事於祖及考也。少牢饋食禮云：「用薦歲事于皇祖伯某」。○案：孫校「社」爲「祖」，近是。漢書郊祀志「江海，百川之大者也，其令祠官以禮爲歲事」，顏注曰：「言每歲常祠之。」

⑯⑥吴鈔本「如」作「而」。畢云：「如」與「而」音義同。孫云：「嘗若」當作「當若」。此書文例多如是，詳尚同中篇。

⑯⑦吴鈔本「治」、「利」二字互易。

⑯⑧王云：此五字隔斷上下文義，蓋涉下文「若以爲不然」而衍。

⑯⑨「絜」，諸本作「潔」，吴鈔本作「絜」，今從之，下並同。

⑰⓪「退」讀爲「追」，詳前。

⑰①畢云：「見」舊作「現」，非。秋山云：「現」疑「視」。○案：吴鈔本作「見」，翻陸本作「視」。以上文「見有鬼神視之」句校之，則作「視」亦通。

⑰②自上文「民之爲淫暴」至此，凡六十一字，四庫本脱。

⑰③秋山云：「奪」下脱「人」字。○案：上文「奪」下有「人」字。

⑰④「放」，恣肆也。韓子八經篇「任吏責臣，主母不放」，王先慎注曰：「主母有所畏憚，不敢放肆。」此「莫放」，亦言莫敢放肆也。

⑰⑤句。

⑰⑥ 「擬」，茅本、寶曆本、緜眇閣本、陳本作「疑」。「擬」、「疑」皆「儗」之借字。說文曰：「儗，惶也。」字亦作「魕」，廣雅釋詁曰：「魕，懼也，恐也。」「一人」，指爲民上司誅罰者。言幽閒則懼鬼神之明，顯明則畏上之誅，是以人不敢爲惡，而天下治。易觀卦曰「聖人以神道設教，而天下服矣」，莊子庚桑楚篇曰「爲不善乎顯明之中者，人得而誅之。爲不善乎幽閒之中者，鬼得而誅之」，淮南子氾論訓曰「爲愚者之不知其害，乃借鬼神之威以聲其教」，文義並與此相類。自「是以莫放」至「畏上誅罰」三十一字，戴校爲衍文，孫氏從之，非是。

⑰⑦ 畢云：「閒」當爲「澗」。　孫云：「閒」字不誤，詳上文及天志上篇。

⑰⑧ 「爲」字諸本脱，四庫本、畢本作「恃」。　畢云：舊脱此字，一本有。　秋山云：「可」下脱「爲」。　王云：「不可」下一字乃「爲」字，非「恃」字也。下文曰「此吾所謂鬼神之罰，不可爲富貴衆強、勇力強武、堅甲利兵者，此也」，文凡兩見，是其明證矣。上文曰「鬼神之明不可爲幽閒廣澤山林深谷，鬼神之明必知之」，與此文同一例。「不可爲富貴衆強」云云，猶孔子言仁不可爲衆也。其一本作「不可恃」，「恃」字乃後人以意補之，與上下文不合。　案：王校是也，今依補「爲」字。

⑰⑨ 王云：「殃傲」二字義不相屬，是「殃殺」之誤。下文「殷王紂殃傲天下之萬民」，同。　○案：宋本、蜀本御覽八十三引下文「殷王紂」一節，亦作「殃傲」。

⑱⓪ 「伐」，吴鈔本、寶曆本作「代」。　秋山云：「代」，一作「伐」。　畢云：此句未詳。

⑱畢云：「至」同「致」。

⑱孫云：周禮夏官敘官云「二十五人爲兩」，九兩於數太少，殆非也。此「九兩」疑當作「九十兩」。吕氏春秋云「良車七十乘」，數略相近。　○案：淮南主術訓謂「湯革車三百乘，困桀鳴條」，與此亦不同。

⑱「陳」舊本作「陣」，俗字。　孫云：六韜鳥雲澤兵篇有鳥雲之陳，云：「所謂鳥雲者，鳥散而雲合，變化無窮者也。」

⑱「賛」，畢本作「贊」，舊本並作「賛」，今從舊本。　畢云：疑「輦」字。　俞云：畢説非也。「湯乘大贊」，即書序所謂「升自陑」者，枚傳云「湯升道從陑，出其不意」，是也。吕氏春秋簡選篇亦云「登自鳴條」。蓋湯之伐桀，必由閒道從高而下，故書序言「升」，吕氏春秋言「登」，墨子言「乘」。「乘」即升也、登也。詩七月篇毛傳曰：「乘，升也。」襄二十三年左傳杜注曰：「乘，登也。」升陑、登鳴條皆以地言，則「乘大贊」亦必以地言，但不能知其所在耳。

⑱畢云：疑有誤字。　孫云：當作「犯遂夏衆，入之郊遂」，「遂」、「遂」形誤，「夏」下、郊「鄗」聲誤。　○案：史記淮陰侯傳「乃敢引兵遂下」，正義云：「引兵入井陘狹道，出趙。」此「遂下」疑亦當連讀。

⑱畢云：「乎禽」當爲「手禽」。或云：「乎」同「呼」。吕氏春秋簡選云：「殷湯以良車七十乘，必死六千人，以戊子戰於郕，遂禽移、大犧。」高誘云：「桀多力，能推大犧，因以爲號，而禽克之。」案

「移」即推移。此書所染云「夏桀染於干辛、推哆」，古今人表作「雅侈」。此下又云「推哆、大戲，生列兕虎，指畫殺人」，則「推哆、大戲」是人名無疑。哆、移、侈、戲、犧，皆音相近也。高誘注呂氏春秋誤。孫云：淮南子主術訓云「桀之力能推移大犧」，高蓋本彼而誤。○案：淮南子主術訓曰「桀之力制觡伸鉤，索鐵歙金，椎移大犧，水殺黿鼉，陸捕熊羆」，孫改「椎」爲「推」，又增「能」字，以曲庇高說，非是。

(187) 畢云：舊脱「力」字、「人」字，據太平御覽增。秋山云：按下文「勇」下脱「力」，「之」下脱「人」。

(188) 孫云：晏子春秋内篇諫上云：「推侈、大戲，足走千里，手裂兕虎」。

(189) 「生列」，各本作「主別」，今依王校改。畢云：「主別」，太平御覽引作「生捕」。王云：「主別兕虎」本作「生列兕虎」。列即今裂字也。説文「列，分解也」，「裂，繒餘也」，義各不同。今分列字皆作裂，而列但爲行列字矣。鈔本太平御覽皇王部七引墨子作「生裂兕虎」，故知今本「主別」爲「生列」之譌。刻本作「生捕」者，淺人以意改之耳。劉師培云：路史夏紀注正引作「生裂兕虎」。○案：宋本、蜀本御覽八十三引作「生裂兕虎」，又三百八十六引紂事作「生捕兕虎」，疑爲畢校誤引。

(190) 句。

(191) 孫云：詩周頌下武毛傳云：「侯，維也。」

⑲② 圍、禦字通。公輸篇「子墨子之守圍有餘」，太平御覽引作「禦」。

⑲③ 畢云：太平御覽引「詬」作「訶」，「鬼」下有「神」字。

⑲④ 孫云：僞古文書泰誓云「播棄犂老」，孔傳云：「鮐背之耇稱犂老〔一〕，布棄不禮敬。」山井鼎七經孟子考文引古本書「犂」作「黎」，與此同。孔疏云：「孫炎曰：『耇面凍梨色，似浮垢也。』然則老人面色似梨，故稱梨老。」方言云：「梨，老也。燕代之北鄙曰梨。」國語吴語云「今王播棄黎老」，韋注云：「鮐背之耇稱黎老。」王引之云：「黎老」者，耆老也。古字「黎」與「耆」通〔二〕。尚書「西伯戡黎」，釋文「大傳黎作耆」，是其例也。○案：「播」、「棄」義近，吴語韋注：「播，放也。」

⑲⑤ 吴鈔本「誅」作「殺」。孫云：説文口部云：「咳，小兒笑也。」古文作「孩」。此謂紂誅殺小兒也。○案：國語吴語：「今王播棄黎老，而孩童焉比謀。」此言「孩子」，猶彼言「孩童」也。蓋少者之通稱，與「黎老」對文，不必泥作「小兒」解。

⑲⑥ 王云：「楚毒」本作「焚炙」。此因「焚」誤爲「楚」，則「楚炙」二字義不可通，後人不得其解，遂以意改爲「楚毒」耳。焚炙即所謂炮格之刑也。焚炙、刳剔皆實有其可指之刑，若改作「楚毒」，則不知爲何刑矣。北堂書鈔政術部十五出「焚炙無罪」四字，注曰「墨子云殷紂」，則墨子之本作「焚炙無

〔一〕「老」字墨子閒詁原引脱，本書沿誤，據尚書泰誓中孔傳補。

〔二〕「通」，墨子閒詁原引作「近」，本書沿誤，據王引之經義述聞三十一通説上改。

罪」甚明。僞古文泰誓「焚炙忠良，刳剔孕婦」，即用墨子而小變其文。

⑲⑦ 孫云：僞古文書泰誓同。孔傳云：「懷子之婦，刳剔視之。」孔疏云：「刳剔，謂割剥也。説文云：『刳，刲也。』今人去肉至骨謂之剔去，是則亦刲之義也。皇甫謐帝王世紀云：『紂剖比干妻，以視其胎。』即引此爲刳剔孕婦也。」

⑲⑧ 孫云：太玄經范注云：「號咷，憂聲也。」

⑲⑨ 孫云：「擇車」，猶呂氏春秋云「簡車」、「選車」。説文手部云：「擇，柬選也。」

⑳⓪ 「賁」，翻陸本作「蕡」。孫云：逸周書克殷篇云「周車三百五十乘，陳於牧野，王既誓，以虎賁戎車馳商師」，孔注云：「戎車三百五十乘，則士卒三萬六〔一〕千五百人，有虎賁三千五百人也。」書敍云「武王戎車三百兩，虎賁三百人，與受戰于牧野」，孟子盡心篇云「武王之伐殷也，革車三百兩，虎賁三千人」，史記周本紀云「遂率戎車三百乘，虎賁三千人，甲士四萬五千人」，風俗通義三王篇引尚書「武王戎車三百兩，虎賁八百人，禽紂于牧之野」，呂氏春秋簡選篇云「武王虎賁三千人，簡車三百乘，以要甲子之事於牧野，而紂爲禽」，貴因篇作「選車三百，虎賁三千」。案諸書所言數並差異，未知孰是。

⑳① 「戎」，茅本、寶曆本、緜眇閣本作「戍」。畢云：未詳。洪云：史記周本紀「乃告司馬司

〔一〕「六」，墨子閒詁原引作「一」，本書沿誤，據逸周書克殷孔晁注改。

徒司空諸節」，集解：「馬融曰：諸受符節有司也。」「庶節」即諸節，「窺戎」即觀兵，此當本於尚書泰誓篇。〇案：「先」疑爲「矢」之形誤。矢即誓也。武王伐紂，誓以戎衆。

202 畢云：「中」讀如「仲」。孫云：史記殷本紀「紂用費中爲政」，正義云：「中音仲。費，姓。仲，名也。」〇案：蜀本御覽三百七十引作「費仲」。

203 見所染篇。

204 「畔」，吴鈔本作「叛」。王引之云：「百走」〔一〕蓋「皆走」之誤。蘇云：「百」字誤，當作「而」。〇案：「百」疑「背」或「北」之譌，三字俗音相溷，百、背形亦近。孔書武成篇「前徒倒戈攻于後以北」，傳曰：「紂衆服周仁政，無有戰心，前徒倒戈，自攻于後以北走。」文意與此同。漢書高帝紀「項羽追北」，注引韋昭云：「北，古背字也。背去而走也。」

205 「逐」，翻陸本、茅本、寶曆本、緜眇閣本作「遂」。畢云：「逐」，太平御覽引作「遂」。

206 畢云：太平御覽引作「折紂而出」，「環」作「轘」，是言繫之朱輪。孫云：荀子解蔽篇云「紂縣於赤旆」，正論篇云「縣之赤旂」，並與此異。逸周書克殷篇云：「商辛奔内，登于鹿臺之上，屏遮而自燔于火。武王入適王所，擊之以輕吕，斬之以黄鉞，折縣諸太白。」孔注云：「折，絶其首。」〇案：宋本、蜀本御覽八十三引作「武王遂奔入王宫，誓紂而出，繫之赤鐶，載之白旗」，無「萬

〔一〕「百走」二字原脱，據讀書雜志補。

年梓株」四字。蓋此四字宋初已譌誤難讀，故爲引書者删去。「萬年梓株」疑當爲「商王辛株」，「商」與「萬」、「王」與「年」並形近。上文「且商書獨鬼」，諸本「商」譌「禹」，與此「商」譌「萬」例亦略似。「辛」字涉下文「株」字而誤加木旁。國語周語曰「商王帝辛，大惡於民」，逸周書曰「商辛奔内」，即此所謂「商王辛」也。或言商王辛，或言殷王紂，書中自有互文耳。「株」者，「殊」之借字。説文：「殊，死也。」據逸周書、史記及帝王世紀，皆謂紂自焚死，則此「商王辛株」當指紂自焚死事。蓋武王追入紂宫時，紂已死也。「環」者，揚雄羽獵賦「虹蜺爲繯」，韋昭注云：「繯，旗上繫也。」「繯」、「環」、「鐶」字並通。「繫之赤環」，與荀子「縣於赤旆」、「縣之赤旂」意亦相近。

⑳⑦ 畢云：「寡」、「畫」字假音。太平御覽引「中」作「仲」，「寡」作「畫」。○案：「生捕兕虎」，各本作「崇侯虎」三字，蜀本御覽三百七十引亦作「崇侯虎」。今據宋本、蜀本御覽三百八十六引作「紂有勇力之人，生捕兕虎，指畫殺人」補正。上文止出費中、惡來，無崇侯虎，此不當有，一也。文王伐崇，克之，至武王伐紂，不當復及崇侯虎，二也。「生捕兕虎」，所以形容勇力之人，上文説推哆、大戲，亦言「生列兕虎」，此當一律，三也。此蓋漫漶脱誤，校書者不達，改爲「崇侯虎」耳。晏子春秋諫上篇：「殷之衰也，有費仲、惡來足走千里，手裂兕虎。」

⑳⑧ 「勇力」，舊本作「力勇」。

⑳⑨ 翟灝云：逸周書世俘解有「禽艾侯」之語，當即此「禽艾」。

②⑩ 「璣」，緜眇閣本作「磯」。畢云：此即「[illegible]」祥字。蘇云：禽艾蓋逸書篇名。吕氏春秋報

更篇云「此書之所謂『德幾無小』者也」，「得璣」與「德幾」古字通用。孫云：蘇説是也。説苑復恩篇云「此書之所謂『德無小』者也」，疑即本此。今書僞古文伊訓亦云「惟德罔小」。

㉑① 「之」，諸本作「以」，潛本作「之」，與畢本同。

㉑② 緜眇閣本「不」誤「必」。「忠」、「中」字通。

㉑③ 潛本「古」下無「之」字。孫云：上「之」字衍文。

㉑④ 孫云：疑當有「神」字。周禮大宗伯「天神地示人鬼」，此則天神地示總曰「鬼神」，散文得通也。

㉑⑤ 「使」，畢本作「死」。畢云：一本作「使」。○案：緜眇閣本、堂策檻本、四庫本作「死」，道藏本、吴鈔本、陸本、唐本、潛本、茅本、寶曆本、李本並作「使」，今從作「使」。

㉑⑥ 謂故事陳言。

㉑⑦ 「姒」，吴鈔本作「娰」，下同。王引之云：「而」猶則也。孫云：爾雅釋親云：「女子同出，謂先生爲姒，後生爲娣。長婦謂稚婦爲娣婦，娣婦謂長婦爲姒婦。」

㉑⑧ 「絜」，吴鈔本同，諸本作「潔」。

㉑⑨ 「請」，畢本作「誠」。畢云：舊作「請」，一本如此，下依改。○案：潛本作「誠」，諸本並作「請」，今從之。「請」即「誠」也，下並同。

㉒⓪ 孫云：「亡」、「無」通。

㉒① 猶言原夫費之。

㉒畢本無「非」字。　畢云：一本作「非直注之」。「特」與「直」音近，故「特」亦作「犆」。　蘇云：「特」字上當有「非」字。　俞云：一本作「非直注之」，是也。「直」、「特」固得通用，而「非」字則必當有。　○案：潛本作「非直注之」，今據補「非」字。

㉓秋山云：「如」、「而」同。　孫云：此謂祭祀與兄弟賓客爲獻酬。又詩小雅湛露孔疏引尚書大傳云「燕私者，祭已而與族人飲」，亦是也。國語楚語云：「日月會于龍豼，家於是乎嘗祀，百姓夫婦擇其令辰，以昭祀其先祖。於是乎合其州鄉朋友婚姻，比爾兄弟親戚。」是祭祀并燕州鄉朋友等，即所云「宗族」、「鄉里」也。

㉔吳鈔本「驩」作「歡」，下同。

㉕「吾非乃今」，吳鈔本作「吾今乃非」。「牲」，陸本、堂策檻本、四庫本作「牷」。

㉖「巨」，諸本作「臣」。秋山云：「臣」，一作「巨」。「巨」疑「目」。　畢云：一本無「臣」字。○案：一本作「巨」，是也，今從之。「巨」者，發聲之詞，字亦作「詎」。字林曰：「詎，未知詞也。」

㉗潛本無「臣」字，疑以意刪。

㉘「而」下曹校增「欲」字。

㉙王云：上文曰「則非所以爲君子之道也」，與此文同一例，當據補「之」字、「也」字。

㉚堂策檻本「直」作「真」。

蘇云：「鬼」下當有「神」字。　○案：「交」訓爲要。

㉛ 畢云：「若神」當云「若鬼神」。孫云：以上文校之，疑當云「若鬼神誠有」。

㉜ 「姒兄」，諸本作「弟兄」，茅本、寶曆本、李本、緜眇閣本作「兄弟」。俞云：「弟兄」當作「兄姒」，義見上文。○案：上文作「姒兄」，今據改。

㉝ 緜眇閣本「當」作「常」。

㉞ 孫云：「尊明」，謂尊事而明著之以示人也。即明鬼之義。

非樂上第三十二

子墨子言曰，仁人之事者①，必務求興天下之利，除天下之害。將以爲法乎天下，利人乎即爲，不利人乎即止。且夫仁者之爲天下度也，非爲其目之所美，耳之所樂，口之所甘，身體之所安，以此虧奪民衣食之財，仁者弗爲也。是故子墨子之所以非樂者，非以大鍾、鳴鼓、琴瑟、竽笙之聲以爲不樂也②，非以刻鏤華文章之色以爲不美也③，非以犓豢、煎炙之味以爲不甘也④，非以高臺、厚榭、邃野之居以爲不安也⑤。雖身知其安也，口知其甘也，目知其美也，耳知其樂也，然上考之不中聖王之事⑥，下度之不中萬民之利。是故子墨子曰：爲樂非也⑦。

今王公大人雖無造爲樂器⑧，以爲事乎國家，非直掊潦水、折壤垣而爲之也⑨，將必厚措斂乎萬民⑩，以爲大鍾、鳴鼓、琴瑟、竽笙之聲。然則當用樂器⑪，譬之若聖王之爲舟車也⑫，即我弗敢非也。古者聖王亦嘗厚措斂乎萬民，以爲舟車，既已成矣⑬，曰：「吾將惡許用之⑭？」曰：「舟用之水，車用之陸，君子息其足焉，小人休其肩背焉⑮。」故萬民出財，齎而予之⑯，不敢以爲慼恨者，何也？以其反中民之利也⑰。然則樂器反中民之利亦若此，即我弗敢非也⑱。

民有三患：飢者不得食，寒者不得衣，勞者不得息，三者民之巨患也。然即當爲之撞巨鍾，擊鳴鼓⑲，彈琴瑟，吹竽笙⑳，而揚干戚㉑，民衣食之財將安可得乎㉒？即我以爲未必然也。意舍此㉓，今有大國即攻小國，有大家即伐小家，强劫弱，衆暴寡，詐欺愚，貴傲賤，寇亂盜賊並興，不可禁止也。然即當爲之撞巨鍾，擊鳴鼓，彈琴瑟，吹竽笙，而揚干戚，天下之亂也，將安可得而治與？即我以爲未必然也㉔。是故子墨子曰：姑嘗厚措斂乎萬民㉕，以爲大鍾、鳴鼓、琴瑟、竽笙之聲，以求興天下之利，除天下之害，而無補也。是故子墨子曰：爲樂非也。

今王公大人惟毋處高臺厚榭之上而視之㉖，鍾猶是延鼎也㉗，弗撞擊，將何樂得焉哉？其說將必撞擊之。惟勿撞擊㉘，將必不使老與遲者㉙，老與遲者耳目不聰明㉚，股肱不畢强㉛，聲不和調㉜，明不轉朴㉝。將必使當年㉞，因其耳目之聽明㉟，股肱之畢强，聲之和調，明之轉朴㊱。使丈夫爲之㊲，廢丈夫耕稼樹藝之時㊳；使婦人爲之，廢婦人紡績織紝之事㊴。今王公大人惟毋爲樂㊵，虧奪民衣食之財以拊樂，如此多也㊶。是故子墨子曰：爲樂非也。

今大鍾、鳴鼓、琴瑟、竽笙之聲既已具矣㊷，大人鏽然奏而獨聽之㊸，將何樂得焉哉㊹？其說將必與人㊺。不㊻與君子聽之，廢君子聽治㊼；與賤人聽之，廢賤人之從事。今王公大人惟毋爲樂，虧奪民之衣食之財以拊樂，如此多也。是故子墨子曰：爲樂非也。

昔者齊康公㊽興樂萬㊾，萬人不可衣短褐㊿，不可食糠糟(51)。曰：「食飲不美(52)，面目顔色不足視也；衣服不美，身體從容不足觀也(53)。」是以食必粱肉，衣必文繡。此掌不從事乎衣食之財(54)，而掌食乎人者也。是故子墨子曰：今王公大人惟無爲樂(55)，虧奪民衣食之財以拊樂，如此多也。是故子墨子曰：爲樂非也。

今人固與禽獸、麋鹿、蜚鳥、貞蟲異者也。今之禽獸、麋鹿、蜚鳥、貞蟲(56)，因其羽毛以爲衣裘，因其蹄蚤以爲絝屨(57)，因其水草以爲飲食。故唯使雄不耕稼樹藝(58)，雌亦不紡績織紝，衣食之財固已具矣。今人與此異者也，賴其力者生，不賴其力者不生(59)。君子不强聽治，即刑政亂；賤人不强從事，即財用不足。今天下之士君子以吾言不然，然即姑嘗數天下分事，而觀樂之害(60)。王公大人蚤朝晏退，聽獄治政(61)，此其分事也。士君子竭股肱之力，亶其思慮之智[62]，内治官府，外收斂關市、山林、澤梁之利，以實倉廩府庫，此其分事也。農夫蚤出暮入[63]，耕稼樹藝[64]，多聚叔粟[65]，此其分事也。婦人夙興夜寐[66]，紡績織紝，多治麻絲葛緒，綑布縿[67]，此其分事也。今惟毋在乎王公大人説樂而聽之，即必不能蚤朝晏退，聽獄治政，是故國家亂而社稷危矣。今惟毋在乎士君子説樂而聽之[68]，即必不能竭股肱之力，亶其思慮之智，内治官府，外收斂關市、山林、澤梁之利，以實倉廩府庫[69]，是故倉廩府庫不實。今惟毋在乎農夫説樂而聽之[70]，即必不能蚤出暮入[71]，耕稼樹藝，多聚叔粟，是故叔粟不足[72]。今惟毋在乎婦人説樂而聽之，即必不能夙興夜寐[73]，紡績織紝[74]，多治麻絲葛緒，綑布縿[75]，是故布縿不興。曰：孰爲大人之聽治而廢國家之從事，曰樂也[76]。是故子墨子曰：爲樂非也。

何以知其然也？曰：先王之書湯之官刑有之[77]，曰：「其恒舞于宫[78]，是謂巫風[79]。其刑，君子出絲二衛[80]，小人否[81]，似二伯黄徑[82]。」乃言曰[83]：「嗚呼[84]！舞佯佯[85]，黄言孔章[86]，上帝弗常[87]，九有以亡[88]。上帝不順[89]，降之百殃[90]，其家必壞喪[91]。」察九有之所以亡者，徒從飾樂也。於武觀曰[92]：「啟乃淫溢康樂[93]，野于飲食[94]，將將銘，莧磬以力[95]，湛濁于酒，渝食于野[96]，萬舞翼翼[97]，章聞于天[98]，天用弗式[99]。」故上者天鬼弗戒[100]，下者萬民弗利。

是故子墨子曰：今天下士君子，請將欲求興天下之利，除天下之害，當在樂之爲物，將不可不禁而止也[102]。

①諸本作「仁之事者」四字。　俞云：當作「仁人之所以爲事者」，見兼愛中篇。　孫云：當云「仁者之事」。　○案：潛本作「仁者之事」，可爲孫説之證。兼愛下篇曰「仁人之事者，必務求興天下之利，除天下之害」，此文與彼全同，僅「仁」下少一「人」字耳，今據補「人」字。　曹校同。

②「鍾」，沈本、緜眇閣本作「鐘」。　説文：「鐘，樂鐘也，秋分之音。」經傳多以「鍾」爲之。

③畢云：一本無「華」字。　曹云：「華」下脱「采」字。　○案：「華」下疑脱「飾」字，六韜曰「爲雕文刻鏤，技巧華飾，以傷農事」。　潛本删去「華」字，非是。

④吴鈔本「犓」作「芻」。

⑤王引之云：「野」即「宇」字也，古讀「野」如宇，故與「宇」通。周禮職方氏「其澤藪曰大野」，釋文：「野，劉音與。」與、宇古同音。楚辭招魂「高堂邃宇」，王注曰：「邃，深也。宇，屋也。」鹽鐵論取下篇曰「高堂邃宇，廣厦洞房」，易林恒之剥曰「深堂邃宇，君安其所」，皆其證。若郊野之「野」，則不得言「邃」，且上與「高臺厚榭」不倫，下與「之居」二字不相屬矣。　○案：王説是也。賈子匈奴篇亦曰「高堂邃宇」。

⑥「考」字茅本刊壞，形在「考」、「者」之間，李本作「者」，寶曆本、緜眇閣本、陳本、繹史本作「度」。

⑦文選七命李注引尸子曰：「繞梁之鳴，許史鼓之，非不樂也，墨子以爲傷義，故不聽也。」

⑧ 潛本「雖」作「惟」。 王云：「『雖』與『唯』同。『無』，語詞也。說見尚賢中篇。」

⑨ 「折壞垣」，畢本作「拆壞垣」。 畢云：「『垣』舊作『坦』，以意改。」 俞云：「畢改『坦』爲『垣』，是也。『壞』疑『壞』字之誤。『掊』者，說文手部云：『杷也。』今鹽官入水取鹽爲掊。『拆』者，說文广部云：『㡿，郤屋也。』一切經音義引說文作『卸屋也』，隸變作『斥』，俗又加手耳。行潦之水而掊取之，毀壞之垣而拆卸之，不足爲損益，若王公大人造爲樂器，豈直如此哉？故曰『非直掊潦水、拆壞垣而爲之也』。」 孫云：「『折』當讀爲『擿』，說詳耕柱篇『折金於山川』注。」 ○案：「掊」，茅本、寶曆本、李本、緜眇閣本、陳本、繹史本作「棓」，聲同字通。史記孝武紀「掊視得鼎」，「掊」字義與此同。「壞垣」，諸本作「壞坦」，翻陸本作「壞坦」，陳本、繹史本作「壞垣」，寶曆本作「壞垣」，今從之。「折」字或從畢、俞訂爲拆卸之「拆」，或從孫讀爲擿發之「擿」，義均可通。「掊潦水、折壞垣」，言其易爲，且無所費。造爲樂器，非直掊潦水折壞垣而爲之也，必將厚籍斂乎萬民而後能爲之者也。

⑩ 王云：「『措』字以昔爲聲，『措斂』與『籍斂』同。籍斂，稅斂也。」

⑪ 以上六字，各本誤入下文「民有三患」之上，今依曹校移於此。

⑫ 吴鈔本「譬」作「辟」。

⑬ 「已」，畢本作「以」，舊本並作「已」，今從舊本。

⑭ 王引之云：「言吾將何所用之也。文選謝朓在郡卧病詩李注曰：『許猶所也。』『許』、『所』聲近而

義同。說文：「所，伐木聲也。詩曰：伐木所所。」今詩作「許許」。洪說同。

⑮ 吴鈔本「休」作「息」。言舟車既成，君子小人咸受其利。

⑯ 吴鈔本「予」作「與」。說文曰：「賷，持遺也。」廣雅釋詁曰：「賷，持也，送也。」儀禮聘禮鄭注云：「賷猶付也。」義均可通。

⑰ 賈子脩政語上篇：「大禹曰：『功成而不利於民，我弗能勸也。』故鬟河而導之九牧，鑿江而導之九路，澄五湖而定東海，民勞矣。而弗苦者，功成而利於民也。」

⑱ 此間各本有「然則當用樂器」六字，今移於上文。

⑲ 荀子富國篇曰：「爲人主上者，必將撞大鐘，擊鳴鼓，吹笙竽，彈琴瑟，以塞其耳。」淮南子氾論訓曰：「撞大鐘，擊鳴鼓，奏咸池，揚干戚。」禮記學記「善待問者如撞鐘」，鄭注云：「撞，擊也。」

王引之云：「即」與「則」同。　孫云：「當」、「嘗」字通。嘗，試也。詳天志下篇。下同。

⑳ 畢云：文選注引作「吹笙竽」。

㉑ 孫云：小爾雅廣言云：「揚，舉也。」

㉒ 王引之經傳釋詞「得」下補「而具」二字，云：「安」猶於是也。言衣食之財，將於是可得而具也。

孫云：荀子勸學篇楊注云：「安，語助。」

㉓ 王云：此下有脫文，不可考。　俞云：此三字乃承上文而作轉語也。「意」通作「抑」。論語學而篇「抑與之與」，漢石經「抑」作「意」，是其證也。「抑舍此」者，言姑舍此弗論，而更論它事也。

上文言樂之無益於飢者、寒者、勞者，下文言樂之無益於大國攻小國、大家伐小家，而以此三字作轉語。王謂此下有脱文，非也。　吴云：「意舍此」，猶孟子言「姑舍是」。○案：俞、吴説是也。

㉔「以爲」二字各本脱，俞據上文補。

㉕「萬」，陸本、茅本、緜眇閣本作「莫」，誤。

㉖吴鈔本「惟」作「唯」。

㉗四庫本「鍾」作「毋」，誤。　孫云：「延鼎」，蓋謂偃覆之鼎。玉藻鄭注云：「延，冕上覆也。」是「延」有覆義。鍾上弇下侈，與鼎相反，虛縣弗擊，則與鼎偃覆相類。

㉘「惟勿」，上下文亦作「惟毋」、「惟無」，並字通。

㉙王云：「遲」讀爲「稺」。「遲」字本有稺音，遲、稺又同訓爲晚，廣雅：「遲、稺，晚也。」故「稺」通作「遲」。

㉚「不」，緜眇閣本作「必」，誤。

㉛畢云：「畢」，疾也。詳兼愛中、下兩篇。

㉜寶曆本「聲」作「擊」。

㉝「明」疑當讀爲「鳴」，古字通用，見文選陸士衡樂府李注。「朴」者，廣雅釋詁曰「猝也」，王念孫疏證云：「方言『懋朴，猝也』，郭璞注云：『謂急速也。』案今俗語狀聲響之急速者曰懋朴，是其義

也。」此文「朴」字，當用王釋聲響急速之義。明之轉朴，言歌聲之轉變與急速也。聲和調，明轉朴，皆就聲言。繁休伯與魏文帝牋曰：「都尉薛訪車子，年十四，能喉轉引聲，與笳同音。潛氣內轉，哀音外激。曲折沈浮，尋變入節。」即所謂明之轉朴也。

㉞王云：「當年」，壯年也，或曰丁年。「當」有盛壯之義。晏子外篇曰「兼壽不能殫其教，當年不能究其禮」，吕氏春秋愛類篇曰「士有當年而不耕者，女有當年而不績者」，淮南子齊俗篇曰「丈夫丁壯而不耕，婦人當年而不織」，管子揆度篇曰「老者譙之，當壯者遣之邊戍」，「當壯」即「丁壯」也，「丁」、「當」一聲之轉。

㉟「聰明」，緜眇閣本作「不聰」，誤。

㊱「明」，諸本作「眉」。畢云：「眉」，一本作「明」。案「明」、「眉」字通。穆天子傳云「眉曰西王母之山」，即名也。詩「猗嗟名兮」，爾雅曰「目上爲名」，亦即眉也。○案：「眉」，堂策檻本、四庫本作「明」，與上文一律，今從之。「明」字六朝人或書作「眀」，見三級浮圖頌，故轉譌爲「眉」也。

㊲「丈」，吴鈔本、陸本、茅本、緜眇閣本誤「大」，下同。

㊳「丈」，道藏本、唐本作「大」。「蓺」，諸本作「蓺」，吴鈔本作「蓺」，今從之。下並同。「蓺」，説文作「埶」，埶，穜也。

㊴太平御覽八百二十二引删去「績」、「絍」二字，又八百二十六引删去「廢」下「婦人」二字。「絍」字

宋本御覽同，蜀本御覽作「維」，誤。

㊵ 吳鈔本「惟」作「唯」。

㊶ 「也」，茅本、寶曆本、李本、緜眇閣本、陳本、繹史本作「矣」。孟子梁惠王篇曰「彼奪其民時，使不得耕耨」。孫云：「廣雅釋詁云：「拊，擊也。」書舜典「予擊石拊石」，僞孔傳云：「拊亦擊也。」」

㊷ 「竽笙」，堂策檻本、四庫本作「笙竽」。

㊸ 「鏞」，四庫本剜改作「肅」。畢云：「「大人」上據上文當有「王公」二字。「鏞」字說文、玉篇俱無。」王樹枏云：「「鏞」當爲「肅」。」○案：「鏞」爲「肅」之繁體字。

㊹ 「得」上吳鈔本有「獨」字。

㊺ 「與人」，諸本作「與賤人」，吳鈔本作「與人」，今從之。孟子梁惠王篇「獨樂樂，與人樂樂，孰樂？曰：不若與人」，此「與人」義與彼同。言大人無獨聽得樂之理，其說將必與人聽之也。文義甚明。

㊻ 「不」字衍文。「與人不」三字，吳鈔本如此，諸本作「與賤人不」四字，濳本作「與賤人與君子聽之」八字，畢本作「與賤人不與君子」七字。畢云：「舊脱『與君子』三字，一本有。」畢蓋據濳本校增者也。王云：「此本作『必將與賤人與君子』，今本作『不與君子』，「不」字乃後人不曉文義而妄加之。」王據畢本校删者也。孫云：「當作『不與賤人必與君子』。」孫又據畢本校乙者也。細讀本文，不唯畢本不可據，即濳本亦不可據。濳本文雖可通，而層次實紊。蓋此文先論獨聽及與人

聽，次乃於與人之中析爲與君子及與賤人。猶孟子梁惠王篇先論獨樂及與人樂，次乃於與人之中析爲與少及與衆，層次固秩然不紊也。今潛本以獨聽及與賤人聽、與君子聽並舉，層次頗嫌溷殽。比較讀之，長短立見。且以道藏本、陸本等可恃古本校之，吴鈔本三字中僅少一「賤」字，潛本八字中少一「不」字，多加五字，在校勘慣例上，與其從潛本而遠於古本，實不如從吴鈔本而近於古本。若王念孫得見吴鈔本據以校訂，決不至將文義愜適之「與人」二字校補作「與賤人與君子」六字。此黄丕烈所以有「能讀書者亦貴有藏書」之言也。故詳論之，以見今本誤據遞增之迹。

㊼「君子」下曹校增「之」字。

㊽畢云：案史記康公名貸，宣公子，當周安王時。孫云：齊康公與田和同時，墨子容及見其事。但康公衰弱，屬於田氏，卒爲所遷廢，恐未必能興樂如此之盛。竊疑其爲「景公」之誤，惜無可校諭也。○案：亡國之君喜音，其例至多，此當不誤。宋本、蜀本御覽五百六十五引亦作「齊康公」。

㊾俞云：「興」猶喜也。「興樂萬」者，喜樂萬也。「樂」即本篇「非樂」之「樂」。「萬」謂萬舞也。蘇云：此亦見太平御覽，「興樂萬萬人」作「有樂工萬人」。愚謂正文當以「興樂萬」爲句，而「萬人」當屬下爲句。蓋「萬」不可以數言，當爲萬舞之「萬」。「萬人」猶舞人也。「興樂萬」猶興樂舞也。孫云：蘇説是也。周禮鄉大夫、舞師並云「興舞」，鄭注云「興猶作也」，即此「興樂萬」之義。○案：「興樂萬萬人」五字，潛本作「興樂萬人」四字，宋本、蜀本御覽五百六十五引作

「有樂萬人」四字，蘇引御覽「樂」下有「工」字，蓋屬誤本。

⑤⓪ 孫云：「短褐」即「裋褐」之借字。説文衣部云：「裋，豎使布長襦。」「褐，粗衣。」方言云：「襜褕，其短者謂之裋褕。」又云：「複襦，江、湘之閒謂之䙠。」「䙠」即「裋」之俗。墨子書此及魯問、公輸三篇字並作「短」。韓非子説林上篇、賈子新書過秦下篇、戰國策宋策、史記孟嘗君傳、文選班彪王命論並同。史記秦始皇〔一〕本紀「夫寒者利裋褐」，徐廣云：「一作短，小襦也。」索隱云：「謂〔二〕褐布豎裁，爲勞役之衣，短而且狹，故謂之短褐，亦曰豎褐。」列子力命篇云「衣則裋褐」，殷敬順釋文云：「裋音豎。許慎注淮南子云：『楚人謂袍爲裋。』又有作「短褐」者，誤。」荀子大略篇云「衣則豎褐不完」，楊注云：「豎褐，僮豎之褐，亦短褐也。」案「短」、「豎」並「裋」之同聲假借字，唐人説或讀「短」如字，或以「短」爲字誤，或釋「豎」爲僮豎，皆非也。○案：班彪王命論韋昭注「短褐」云：「短爲裋，裋，襦也。毛布曰褐。」漢書貨殖傳顏師古注云：「裋，布長襦也。褐，編枲衣也。」

⑤① 「糠糟」，緜眇閣本作「糟糠」。畢云：「穅」字从禾，俗寫誤从米。蘇云：御覽作「糟糠」。○案：蘇據御覽八百四十九校也。宋本、蜀本御覽八百五十四引作「糠糟」，與本書同。

〔一〕「始皇」二字，墨子閒詁原引脱，本書沿誤，據史記補。引文見秦始皇本紀論引賈誼語。

〔二〕墨子閒詁原引「謂」上衍「蓋」字，本書沿誤。按索隱原文無「蓋」字，茲據刪。

(52)「食飲」，緜眇閣本作「飲食」。蘇云：御覽「食飲」作「飲酒」。○案：宋本御覽八百四十九引作「飲酒」，蜀本御覽引作「飲食」。

(53)諸本作「身體從容醜羸不足觀也」。畢云：一本作「身體容貌不足觀也」，太平御覽引作「身體從容不足觀也」。王云：「醜羸」二字，後人所加也。楚辭九章注、廣雅釋訓曰：「從容，舉動也。」古謂舉動爲從容。「身體從容不足觀」，謂衣服不美，則身體之一舉一動皆無足觀也。後人乃加入「醜羸」二字，夫衣服不美，何致羸其身體？且「身體從容不足觀」與「面目顏色不足視」對文，加「醜羸」二字則與上文不對矣。鈔本北堂書鈔衣冠部三引此作「身體從容不足觀」，無「醜羸」二字。太平御覽服章部十、飲食部七所引並同。○案：王校是也。宋本、蜀本御覽亦無「醜羸」二字，今據删。潛本作「身體容貌不足觀見」。北史李諧傳曰「長裾廣袖，從容甚美」。

(54)秋山云：「掌」，一作「嘗」。畢云：「掌」，一本作「常」。孫云：「掌」、「常」字通，下同。

(55)「無」，畢本作「毋」，舊本並作「無」，今從舊本。「樂」字諸本脱，潛本有，今據補，王校同。

(56)宋翔鳳云：「貞」通「征」。此言「蜚鳥征蟲」，即三朝記所謂「蜚征」也。孫云：宋説是也。「蜚」與「飛」通。莊子在宥篇云「災及草木，禍及止蟲」，釋文引崔譔本作「正蟲」，亦即「貞蟲」也。「征」正字，「貞」、「正」並聲近假借字。○案：「貞蟲」即征蟲，亦即昆蟲，詳明鬼下篇。自「異者也」以下十三字，茅本、寶曆本、李本、緜眇閣本脱。

(57)畢云：「蹄」即「蹢」省文，「蚤」即「爪」假音，「絝」即「⿰革夸」正文。説文云：「絝，脛衣也。」○

案：「綺」，吳鈔本作「袴，即「綺」之或體。「履」，堂策檻本、四庫本作「履」。

58 「稼」下茅本、寶曆本、李本、緜眇閣本、繹史本有「穡」字，衍文。「唯」、「雖」字通。 蘇云：「唯」當作「雖」。

59 畢云：「生」舊並作「主」，以意改。 孫云：史記高帝紀「以臣無賴」，集解：「晉灼云：賴，利也。」 ○案：「生」，繹史本、四庫本並作「生」，與畢改合。管子八觀篇曰：「民非穀不食，穀非地不生，地非民不動。民非作力，毋以致財。天下之所生，生於用力，用力之所生，生於勞身。」

60 蘇云：「即」與「則」通用。

61 孫云：文選任彥昇天監三年策秀才文李注引「退」作「罷」，「聽」作「斷」。

62 蘇云：非命篇「亶」作「殫」。 孫云：「亶」、「殫」聲近字通。太玄經范望注云：「亶，盡也。」

63 吳鈔本「暮」作「莫」，下同。「莫」即「暮」之正字。

64 「耕稼」，陸本、茅本、寶曆本、李本、緜眇閣本、堂策檻本、四庫本作「稼耕」。

65 「叔」，各本作「升」，今依王校改。下同。 王云：「升」當爲「叔」，叔與菽同。尚賢篇云「蚤出莫入，耕稼樹藝，聚菽粟」，是其證也。草書「叔」、「升」二形相似。晏子諫篇「合升㪷之微，以滿倉廩」，說苑正諫篇「升㪷」作「菽粟」。齊策「先生王斗」，文選任昉齊竟陵文宣王行狀注引作「王叔」，漢書古今人表作「王升」。後漢書周章字次叔，「叔」或作「升」。文選左思魏都賦注引張升反論，陳琳答東阿王牋注作「張叔及論」，昭七年左傳正義作「張叔皮論」，皆以字形相似而誤。非命篇「多聚升粟」，誤與此同。

⑯「寐」，吴鈔本、陸本、茅本、寶曆本、緜眇閣本作「𥨊」。下同。

⑰畢云：「綑」舊作「細」。盧云：「當爲『綑』，與『捆』同。」非命下正作「捆」。「縿」，鄭君注禮記云：「縑也。縿讀如綃。」　王云：「『縿』當爲『繰』。凡書傳中從喿之字，多變而從參，故『繰』誤爲『縿』。集韻：『綑，織也。』『綑布繰』猶言綑布帛。説文：『繰，帛如紺色。或曰深繒。從糸，喿聲，讀若喿。』玉篇：『子老切。』廣雅曰：『繰謂之縑。』檀弓『布幕，衛也。繰幕，魯也』，鄭注曰：『繰，縑也。繰讀如綃。』今本檀弓亦譌作『縿』。又説文：『縿，旌旗之游也。從糸，參聲。』玉篇：『所銜切。』兩字判然不同。　○案：「綑」，辭過篇作「摑」，詳彼注。

⑱「惟毋」，吴鈔本作「唯無」。

⑲茅本「廩」作「稟」，下同。

⑳吴鈔本「惟」作「唯」。下同。

㉑秋山云：「出」，一作「興」。

㉒各本脱「是故叔粟」四字，王據上下文補。

㉓「必不」，諸本作「不必」，緜眇閣本、繹史本作「必不」，今從之。　畢云：舊脱「能」字，以意增。

㉔吴鈔本作「織絍紡績」。

㉕「綑」，舊本誤「細」，畢依盧校改。

(76) 俞云：「而廢」二字當在「大人」之上。「國家」二字當作「賤人」，後人不達文義而誤改也。此本云「孰爲而廢大人之聽治、賤人之從事？曰樂也」，言大人聽樂則廢聽治，賤人聽樂則廢從事也。上文曰「與君子聽之，廢君子聽治；與賤人聽之，廢賤人之從事」，是其證也。

(77) 孫云：左傳昭六年「叔向曰：商有亂政，而作湯刑」，竹書紀年「祖甲二十四年，重作湯刑」，吕氏春秋孝行覽云「商書曰：刑三百，罪莫重於不孝」，高注云：「商湯所制法也。」

(78) 「恒」，諸本作「桓」，寶曆本、繹史本作「恒」，四庫本剜改「恒」，與畢本同。「舞」，吴鈔本、緜眇閣本作「武」。　孫云：「舞」、「武」字通。伊訓僞孔傳云：「常舞則荒淫。」　畢云：「其」，孔書云「敢有」。

(79) 畢云：文見孔書伊訓，「是」作「時」。

(80) 畢云：「衛」，「緯」字假音。説文云：「緯，織横絲也。」　○案：廣雅釋詁曰：「緯，束也。」「出絲二緯」，猶言出絲二束。

(81) 孫云：似言小人則無刑。此官刑，故嚴於君子而寬於小人。又疑「否」當爲「咅」，即「倍」之省，猶書吕刑云「其罰惟倍」，言小人之罰倍於君子也。

(82) 孫云：此文有脱誤。僞古文伊訓采此而獨遺「其刑」以下數句，蓋魏晉時傳本已不可讀，故置不取。非命下篇節引下文作大誓，疑此下文自是周書，與湯刑本不相冡，因有脱誤，遂淆混莫辨也。

○案：「似」通「以」。「徑」通「經」，絲也。「二伯黄徑」疑當訓爲「二帛黄絲」或「二百黄絲」。

83 孫云：後數句非命下篇别爲大誓文，疑當作「大誓曰」。

84 「呼」，畢本作「乎」，舊本並作「呼」，今從舊本。

85 吴鈔本作「洋洋」。畢云：「舞」當爲「橆」，橆與謨音同。孔書作「聖謨洋洋」，元遺山續古今考亦引作「洋洋」。顧云：此正是「舞」字，故用之以非樂。二十五篇書何足據耶？孫云：顧説是也。此猶詩魯頌閟宫云「萬舞洋洋」，毛傳云：「洋洋，衆多也。」

86 秋山云：「黄」疑「簧」誤。畢云：「黄」，孔書作「嘉」，是。王引之云：畢説非也。「舞佯佯，黄言孔章，上帝弗常，九有以亡」，即下文之「萬舞翼翼，章聞于天，天用弗式」也。此承上文，言耽於樂者必亡其國，故下文云「察九有之所以亡者，徒從飾樂也」。東晉人改其文曰「聖謨洋洋，嘉言孔彰，惟上帝不常」，則與墨子非樂之意了不相涉，而畢反據之以改原文，傎矣。○案：「黄」，「簧」之省文。文選長笛賦李注云：「大笙謂之簧。」「言」者，爾雅釋樂曰：「大簫謂之言。」「簧」、「言」皆樂器名。「黄言孔章」，言笙簫之聲甚章聞也。

87 王引之云：「常」讀大雅抑篇曰「肆皇天弗尚」之「尚」，謂天弗右也。爾雅釋詁：「尚，右也。」「尚」古通作「常」。晚出古文尚書咸有一德篇襲墨子而改之曰「厥德非常，九有以亡」，蓋未知「常」爲「尚」之借字也。

88 孫云：毛詩商頌玄鳥「奄有九有」，傳云：「九有，九州也。」文選册魏公九錫文李注引韓詩作「九域」，「有」、「域」一聲之轉。

⑧⑨畢云：孔書無此八字。

⑨⓪畢云：「百」舊作「日」，非。「殀」、「祥」字異文，郭璞注山海經音祥。玉篇云：「殀，徐羊切，女鬼也」。孫云：孔書作「惟上帝不常，作善降之百祥，作不善降之百殃」。○案：吴鈔本作「日殃」，「殃」與「殀」形、聲俱近。

⑨①「壞」舊本作「懷」。孫云：「懷」、「壞」字通。畢云：孔書云「墜厥宗」。已上文亦見伊訓。

⑨②畢云：汲郡古文云：「帝啟十一[一]年，放王季子武觀於西河。十五年，武觀以西河叛，彭伯壽帥師征西河，武觀來歸。」注：「武觀，五觀也。」楚語「士娓曰：啟有五觀」，韋昭云：「五觀，啟子，太康昆弟也。春秋傳曰：夏有觀、扈。」惠棟云：此逸書敘武觀之事，即書敘之「五子」也。周書嘗麥曰：「其在夏之五子，忘伯禹之命，假國無正，用胥興作亂，遂凶厥國。皇天哀禹，賜以彭壽，思正夏略。」「五子」者，武觀也。「彭壽」者，彭伯也。五子之歌，墨子述其遺文，周書載其逸事，與內、外傳所稱無殊。且孔氏逸書本有是篇，漢儒習聞其事，故韋昭注國語、王符撰潛夫論皆依以爲説。

⑨③惠棟云：「啟乃」當作「啟子」。「溢」與「泆」同。江聲説同。江又云：「啟子」，五觀也。啟是

[一]「一」字畢引原脱，據今本竹書紀年補。

賢王，何至淫溢？據楚語士亹比五觀于朱、均、管、蔡，則五觀是淫亂之人。故知此文當爲「啟子」，「乃」字誤也。　孫云：此即指啟晚年失德之事，「乃」非「子」之誤也。竹書紀年及山海經皆盛言啟作樂。楚辭離騷亦云：「啟九辯與九歌兮〔二〕，夏康娛以自縱。不顧難以圖後兮，五子用失乎家巷。」並古書言啟「淫溢康樂」之事。「淫溢康樂」，即離騷所謂「康娛自縱」也。王逸楚辭注云「夏康，啟子太康也」，亦失之。

94 俞云：「野于飲食」，即下文所謂「渝食于野」也。與左傳「室於怒，市於色」文法正同。

95 畢云：句未詳。「莧」疑「筦」字之誤，形聲相近。　俞云：「將將銘莧磬以力」疑有脱文，蓋亦八字作二句也。「力」字與「食」字爲韻。　王紹蘭云：「莧」、「筦」音近通用，非誤也。○案：「銘」字曹校爲「金石」二字之誤合者，近是。隋書音樂志曰「鏘鏘金石，列列匏絲」，「將將」即「鏘鏘」也。「將將金石」言樂之盛，「筦磬以力」言致力於樂也。

96 惠棟云：「湛」與「耽」同。「耽」，淫。「濁」，亂也。　江聲云：「湛濁」，沈湎也，言飲酒無度。「渝」讀當爲「輸」，轉輸饋食于野，言游田無度也。　孫星衍云：「湛」與「媅」通，「渝」與「輸」通。　○案：「濁」疑「沔」之形譌，「湛沔于酒」，沈湎于酒也。非命中篇「内沈於酒樂」，下篇「沈」作「湛」。「渝」者，「歈」之借字。楚辭招魂「吳歈蔡謳」，王逸注云：「歈、謳，皆歌也。」廣雅釋

〔二〕「兮」字墨子閒詁原引脱，本書沿誤，據離騷補。

樂曰：「歙，歌也。」禮記檀弓「爲之不以樂食」，歙食猶樂食也。

⑰ 孫云：詩商頌那云「萬舞有奕」，毛傳云：「奕奕然閑也。」「奕」、「翼」字通。小雅采薇傳亦云：「翼翼，閑也。」　○案：詩商頌那「孔舞有奕」，鄭箋云：「其干舞又閑習。」孔疏云：「言其用樂之得宜也。」孫援以釋此，義雖可通，然於上下文意不倫。疑此翼翼當從廣雅釋訓「翼翼，盛也」之訓，庶與上下文意相合。

⑱ 「天」，諸本作「大」，寶曆本、緜眇閣本、繹史本、四庫本作「天」，今從之。畢沅、惠棟、江聲校同。

⑲ 孫星衍云：萬舞之盛，顯聞于天，天弗用之。　畢云：「翼」、「式」爲韻。海外西經云「大樂之野，夏后啟于此儛九代」，大荒西經云「夏后開上三嬪于天，得九辨與九歌以下」，據此，則指啟盤于游田。

⑩⓪ 孫云：「戒」當爲「式」，此即蒙上引書「天用弗式」之文。

⑩① 「請」，畢本作「誠」。　畢云：舊作「請」，一本如此。　○案：諸本作「請」，潛本作「誠」。「請」、「誠」字通。

⑩② 寶曆本「也」作「已」。

墨子校注卷之九

非樂中第三十三闕

非樂下第三十四闕

非命上第三十五①

子墨子言曰：古者王公大人爲政國家者，皆欲國家之富，人民之衆，刑政之治。然而不得富而得貧，不得衆而得寡，不得治而得亂，則是本失其所欲，得其所惡，是故何也？子墨子言曰：執有命者以襍於民閒者衆。執有命者之言曰：「命富則富，命貧則貧；命衆則衆，命寡則寡；命治則治，命亂則亂；命壽則壽，命夭則夭。命②，雖强勁，何益哉？」上以説王公大人，下以駔百姓之從事③。故執有命者不仁，故當執有命者之言，不可不明辨④。

然則明辨此之説，將奈何哉？子墨子言曰：言必立儀⑤，言而毋儀，譬猶運鈞之上而立朝夕者也⑥，是非利害之辨，不可得而明知也。故言必有三表⑦。何謂三表？子墨子言曰：有本之者⑧，有原之者⑨，有用之者。於何本之？上本之於古者聖王之事。於何原之？下原察百姓耳目之實。於何用之？廢以爲刑政⑩，觀其中國家百姓人民之利。此所謂言有三表也。

然而今天下之士君子或以命爲有，蓋嘗尚觀於聖王之事⑪。古者桀之所亂，湯受而治之；紂之所亂，武王受而治之。此世未易，民未渝⑫，在於桀紂則天下亂⑬，在於湯武則天下治，豈可謂有命哉？

然而今天下之士君子或以命爲有，蓋嘗尚觀於先王之書⑭。先王之書，所以出國家⑮、布施百姓者，憲也⑯。先王之憲，亦嘗有曰「福不可請，而禍不可諱⑰，敬無益，暴無傷」者乎？所以聽獄制罪者，刑也。先王之刑，亦嘗有曰「福不可請，禍不可諱，敬無益，暴無傷」者乎？所以整設師旅、進退師徒者，誓也⑱。先王之誓，亦嘗有曰「福不可請⑲，禍不可諱，敬無益，暴無傷」者乎？是故子墨子言曰：吾當未盡數⑳，天下之良書不可盡計數，大方論數㉑，而五者是也㉒。今雖毋求執有命者之言，不必得㉓，不亦可錯乎㉔？

今用執有命者之言，是覆天下之義，覆天下之義者，是立命者也，百姓之誶也㉕。説百姓之誶者，是滅天下之人也。然則所爲欲義人在上者㉖，何也？曰：義人在上，天下必治，上帝山川鬼神必有幹主㉗，萬民被其大利。何以知之？子墨子曰：古者湯封於亳㉘，絶長繼短㉙，方地百里，與其百姓兼相愛、交相利，移則分㉚，率其百姓，以上尊天事鬼。是以天鬼富之㉛，諸侯與之，百姓親之，賢士歸之，未殁其世㉜，而王天下，政諸侯㉝。昔者文王封於岐周㉞，絶長繼短，方地百里㉟，與其百姓兼相愛、交相利，則㊱。是以近者安其政，遠者歸其德。聞文王者，皆起而趨之。罷不肖股肱不利者㊲，處而願之，曰：「奈何乎使文王之地及我吾㊳，則吾利豈不亦猶文王之民也哉㊴。」是以天鬼富之，諸侯與之，百姓親之，賢士歸之，未殁其世，而王天下，政諸侯㊵。鄉者言曰㊶：義人在上，天下必治，上帝山川鬼神必有幹主㊷，萬民被其大利。吾用此知之。

是故古之聖王發憲出令，設以爲賞罰以勸賢㊸。是以入則孝慈於親戚㊹，出則弟長於鄉里，坐處有度，出入有節，男女有辨㊺。是故使治官府則不盗竊，守城則不崩叛㊻，君有難則死，出亡則送。此上之所賞，而百姓之所譽也。執有命者之言曰：「上之所賞，命固且賞，非賢故賞也；上之所罰，命固且罰，不暴固罰也㊼。」是故入則不慈孝於親戚，出則不弟長於鄉里㊽，坐處不度，出入無節，男女無辨。是故治官府則盗竊，守城則崩叛，君有難則不死，出亡則不送。此上之所罰，百姓之所非毁也。執有命者言曰：「上之所罰，命固且罰，不暴故罰也；上之所賞，命固且賞，非賢故賞也㊾。」以此爲君則不義，爲臣則不忠，爲父則不慈，爲子則不孝，爲兄則不良，爲弟則不弟㊿。而强執此者[51]，此特凶言之所自生，而暴人之道也[52]。

然則何以知命之爲暴人之道？昔上世之窮民，貪於飲食，惰於從事，是以衣食之財不足[53]，而飢寒凍餒之憂至。不知曰：「我罷不肖，從事不疾。」必曰：「我命固且貧。」昔上世暴王[54]，不忍其耳目之淫、心涂之辟[55]，不順其親戚，遂以亡失國家，傾覆社稷。不知曰：「我罷不肖，爲政不善。」必曰：「吾命固失之。」於仲虺之告[56]曰：「我聞于夏人，矯天命，布命于下[57]，帝伐之惡[58]，龔喪厥師[59]。」此言湯之所以非桀之執有命也。於大誓曰：「紂夷處[60]，不肎事上帝鬼神[61]，禍厥先神禔不祀[62]。乃曰：『吾民有命[63]，無廖排扇[64]。』天亦縱之棄而弗葆[65]。」此言武王所以非紂執有命也[66]。

今用執有命者之言，則上不聽治，下不從事。上不聽治，則刑政亂；下不從事，則財用不足。上無以供粢盛酒醴[67]，祭祀上帝鬼神；外無以應待諸侯之賓客，降綏天下賢可之士[68]；內無以食飢衣寒，將養老弱[69]。故命上不利於天，中不利於鬼，下不利於人。而强執此者，此特凶言之所自生[70]，而暴人之道也。

是故子墨子言曰：今天下之士君子，忠實欲天下之富而惡其貧[71]，欲天下之治而惡其亂，執有命者之言不可不非，此天下之大害也。

①墨子主力行，故非命。

②言凡事有命。

③此有脱文，疑當作「上以説王公大人，廢大人之聽治。下以説天下百姓，駔百姓之從事」。蓋上下句脱文不同，尚可據以互校也。下文曰「今用執有命者之言，則上不聽治，下不從事」，文意與此相類。天志上篇曰「上説諸侯，下説列士」，非命中篇曰「上有以規諫其君長，下有以教順其百姓」，非命下篇曰「上以事天鬼，天鬼不使。下以持養百姓，百姓不利」，魯問篇曰「上説王公大人，次説匹夫徒步之士」，句法與此相類。畢云：駔，「阻」字假音。張純一云：此當作「上以説王公大人之聽治，下以駔百姓之從事」。「説」通「税」。史記李斯傳「吾未知所税駕」，索隱：「税駕猶解駕，言休息也。」

④「當」，緜眇閣本作「常」。「辨」，諸本作「辯」，吴鈔本、畢本作「辨」，下並同。

⑤諸本「必」上無「言」字，吴鈔本有。吴鈔本又脱「言曰」二字。案「言曰言」三字當並有，今據補。「儀」即法儀篇之「儀」。孫云：管子禁藏篇云「法者，天下之儀也」，尹注云：「儀，謂表也。」

⑥畢云：「運」，中篇作「員」，音相近。廣雅曰：「運，轉也。」高誘注淮南子云：「鈞，陶人作瓦器法，

下轉旋〔二〕者。」史記集解云：「駰案：漢書音義曰：陶家名模下圓轉者爲鈞。」索隱云：「韋昭曰：鈞木長七尺，有弦，所以調爲器具也。」言運鈞轉動無定，必不可以立表以測景。孫云：管子七法篇云「不明於則，而欲出號令，猶立朝夕於運均之上」，尹注云：「均，陶者之輪也。立朝夕，所以正東西也。今均既運，則東西不可準也。」案「運」、「員」音近古通。國語越語「廣運百里」，山海經西山經作「廣員百里」。

⑦「表」，中篇及下篇並作「法」，義近。孫云：「表」、「儀」義同。左文六年傳云「引之表儀」。

⑧孫云：「本」謂考其本始。下篇作「有考之者」。

⑨孫云：廣雅釋詁云：「謜，度也。」「原」、「謜」字通。劉歆列女傳頌小序云「原度天道」，此「原之」亦謂察度其事故也。

⑩「廢」，堂策檻本、四庫本作「發」，與中、下兩篇同。王云：「發」、「廢」古字通。

⑪「蓋」上各本有「益」字，今依王校删。王云：「或以命爲有」絶句，下文云「豈可謂有命哉」。「益」即「蓋」字之譌。「蓋」字俗書作「盖」，形與「益」相近，故「蓋」譌作「益」。史記楚世家「還蓋長城以爲防」，徐廣曰：「蓋，一作益。」今云「益蓋」者，一本作「益」，一本作「蓋」，而後人誤合之耳。「蓋」與「盍」同。盍，何不也。檀弓曰「子蓋言子之志於公乎」，孟子梁惠王篇「蓋亦反其本矣」。

〔二〕「旋」，畢刻原引誤「鈞」，本書沿誤，據淮南子原道訓高誘注改。

「嘗」，試也。「尚」與「上」同。言今天下之士君子，或以命爲有，則何不試上觀於聖王之事乎？下文曰「今天下之士君子或以命爲有，益嘗尚觀於先王之書」，「益」亦「蓋」字之譌。

⑫ 孫云：「爾雅釋言云：『渝，變也。』」

⑬ 畢云：舊脱「在」字，據下文增。

⑭ 「蓋」，各本譌「益」，王據上文改。

⑮ 畢云：舊脱「以」字，據下文增。　○案：「出」疑爲「正」之誤。

⑯ 畢云：舊脱「者」字，據下文增。　孫云：爾雅釋詁云：「憲，法也。」周禮秋官有「布憲」，管子立政篇云「布憲於國」，國語周語云「布憲施舍於百姓」。

⑰ 孫云：「諱」當讀爲「違」，同聲假借字。　禮記緇衣「太甲曰：天作孼，可違也」，鄭注云：「違猶辟也。」下同。　○案：鶡冠子近迭篇曰「天高而難知，有福不可請，有禍不可避」，疑襲此文。

⑱ 緜眇閣本「也」作「之」，誤。　聞一多云：「整設」即「整飭」。

⑲ 「請」，茅本、李本、緜眇閣本作「設」，誤。

⑳ 「當」，緜眇閣本作「嘗」。「當」、「嘗」皆「尚」之借字。「盡」，諸本作「盐」，堂策檻本、四庫本、畢本作「鹽」，寶曆本作「盡」，今從之。　秋山云：「盡」，一作「盐」。　畢云：「鹽」，「盡」字之譌。

㉑ 孫云：「大方」即大較也。　○案：呂氏春秋任地篇曰「凡耕之大方」。

㉒ 畢云：「五」當爲「三」，即上「先王之憲」、「之刑」、「之誓」是。　王樹枬云：「而」、「如」古通用。

㉓「雖毋」猶唯毋。

㉔孫云：書微子之命敍云「殷既錯天命」，釋文引馬融云：「錯，廢也。」

㉕俞云：「誶」讀爲「悴」。説文心部：「悴，憂也。」　吴云：「誶」者，「顇」之借字。爾雅：「顇，病也。」

㉖「義」下「人」字各本脱，今依孫校增。　王樹枏校同。

㉗畢云：「幹」當爲「斡」，此「管」字假音。　孫云：漢隸「榦」、「斡」皆作「幹」，經典多通用。此「幹」字似當讀如字。説文木部云：「榦，本也。」榦者本榦，對枝言之也，榦主猶言宗主。

㉘畢云：當爲「薄」。説文云：「亳，京兆杜陵亭也。从高省，乇聲。」史記集解云：「徐廣曰：京兆杜縣有亳亭。」索隱云：「秦寧公與亳王戰，亳王奔戎[一]，遂滅湯社。皇甫謐云：周桓王時，自有亳王號湯，非殷也。」此亳在陝西長安縣南。若殷湯所封，是河南偃師之薄。書傳及本書亦多作「薄」，惟孟子作「亳」，蓋假音字，後人依改亂之，顧炎武不考史記，反以此譏許君地理之謬，是以不狂爲狂也。

㉙孫云：禮記王制云「凡四海之内，絶長補短，方三千里」，孟子滕文公篇云「今滕絶長補短，將五十里也」，戰國策秦策云「今秦地形，斷長續短，方數千里」，又楚策云「今楚雖小，絶長續短，猶以數

〔一〕「戎」字畢引原脱，據史記封禪書索隱補。

千里」。此云「絶長繼短」，猶國策云「斷長續短」也。

㉚ 畢云：言財多則分也。「移」或「多」字。　劉載賡云：「移」字不可通，必是「矪」之形誤。俞曲園兒笘録云：「『利』之重文作『𥝢』，必是从二『刀』。」非儒篇「今君封之，以利齊俗」，晏子及史記皆作「移齊俗」，與此篇誤「矪」作「移」，適得其反。

㉛ 秋山云：「富」，一作「福」。

㉜ 吴鈔本「歿」作「没」，下同。

㉝ 孫云：「政」、「正」通。正猶長也。

㉞ 畢云：「岐」，岐山。「周」，周原。　孫云：孟子離婁篇云「文王生於岐周」，趙注云：「岐山下周之舊邑。」

㉟ 「方地」，畢本作「地方」，舊本並作「方地」，今據乙。

㊱ 王云：「是以」上不當有「則」字，蓋即「利」字之誤而衍者。　俞云：「則」上脱「移」字，下脱「分」字。上文曰「與其〔一〕百姓兼相愛、交相利，移則分」，是其證也。　○案：俞説近是。依上文劉校，「則」上當脱「利」字，下脱「分」字。

㊲ 孫云：荀子成相篇云「君子賢而能容罷」，楊注云：「罷，弱不任事者。」國語齊語云「罷士無伍」，

〔一〕「其」字原脱，據墨子閒詁引文補，與墨子合。

韋注云：「無行曰罷。」管子小匡篇尹注云：「罷謂乏於德義者。」

㊳句。　俞云：「則」上「吾」字、「豈」上「利」字並衍文。

㊴蘇云：「我」字衍文。或去上「吾」字，亦可。

○案：「我吾」之「吾」爲「圄」之省文。公孟篇「厚攻則厚吾」，孫注云「吾當爲圄之省」，是其例。詩大雅桑柔「孔棘我圉」，又召旻「我居圉卒荒」，毛傳並云：「圉，垂也。」左隱十一年傳「亦聊以固吾圉也」，杜注云：「圉，邊垂也。」段玉裁云：「說文：『圄，守之也。』邊垂者可守之地，疑『圄』字引申之義，各書假『圉』爲之耳。」據段說「圄」即邊圉正字。「豈不」上「利」字，俞校爲衍文，是也，蓋即上文「利則分」之「利」字錯出於此者。「奈何乎使文王之地及我圄，則吾豈不亦猶文王之民也哉」，猶書曰「徯我后，后來其蘇」也。

㊵「政」，畢本作「征」，舊本並作「政」，今後舊本。　蘇校同。

㊶「鄉」，道藏本、吴鈔本、陸本、唐本、茅本、緜眇閣本、堂策檻本作「卿」，誤。　畢云：鄉，同嚮。

㊷「主」，吴鈔本、翻陸本、茅本、緜眇閣本作「王」。

㊸畢云：中篇作「勸沮」，是。　王云：「勸賢」下當有「沮暴」二字。

㊹孫云：「親戚」即父母也，詳兼愛下篇。

㊺孫云：「辨」、「别」同。尚賢中篇云「男女無别」。

㊻孫云：「崩」當爲「倍」之假字。尚賢中篇云「守城則倍畔」，猶此下文云「守城則崩叛」也。「倍」與

㊼「崩」一聲之轉，古字通用。説文人部「倗，讀若倍位」、邑部「鄘，讀若陪」，即「崩」、「倍」相通之例。王引之云：「不」與「非」同義，故互用。　俞云：「上之所罰，命固且罰，不暴故罰也」十三字當爲衍文，説詳下。　○案：「且」古通「宜」。

㊽「弟」，陸本、茅本、李本、緜眇閣本、堂策檻本、四庫本作「治」。

㊾俞云：「上之所賞，命固且賞，非賢故賞也」十三字當爲衍文。蓋上文説賞事，故述執有命者之言曰「上之所賞，命固且賞，非賢故賞也」。此文是説罰事，故述執有命者之言曰「上之所罰，命固且罰，不暴故罰也」。今上文衍「上之所罰云云」，此文衍「上之所賞云云」，皆於文義未合。即此文之「罰」、「賞」倒置，而其傳寫誤衍之跡居然可見矣。　○案：俞校是也。

㊿孫云：「良」當爲「長」。逸周書謚法篇云「教誨不倦曰長」，即其義也。此以「兄長」對「弟弟」，亦即冢上云「出則弟長於鄉里」爲文。

51「而」，茅本、寶曆本、李本、緜眇閣本作「爲」。

52畢云：「也」，舊作「者」，據下文改。　王云：呂氏春秋忠廉篇注曰：「特猶直也。」言此直是凶人之言、暴人之道也。下文同。　○案：「也」，諸本作「者」，道藏本、吳鈔本、陸本、唐本、茅本、緜眇閣本作「昔」，寶曆本作「也」，與畢本合。「特」，諸本作「持」，寶曆本、李本作「特」，今從之。

53畢云：舊脱「食」字，據上文增。　○案：寶曆本、李本有「食」字。

㊴「昔」，舊本作「苦」，畢本作「若」，王據上文改「昔」，今從之。

㊵畢云：「涂」猶術。　王引之云：畢説非也。「心涂」本作「心志」，「耳目之淫、心志之辟」並見中篇。下篇作「心意」，亦「心志」之譌。　○案：畢説是也。漢書禮樂志「然後心術形焉」，師古曰：「術，道徑也。心術，心之所由也。」「涂」亦訓道徑，故「心涂」猶「心術」。「涂」與「志」形聲俱遠，若本是「志」，無緣誤而爲「涂」。

㊶孫云：書敍云：「湯歸自夏，至于大坰，仲虺作誥。」禮記緇衣「尹吉曰」，鄭注云：「吉當爲告。告，古文誥。字之誤也。」

㊷畢云：孔書作「夏王有罪，矯誣上天，以布命于下」。

㊸畢云：非命中作「式是惡」，「式」、「伐」形相近，「之」、「是」音相近也。　秋山云：「伐」當作「式」。

㊹畢云：孔書作「帝用不臧，式商受命，用爽厥師」。「龔用、「喪爽音同。　江聲云：「師，衆也。言桀執有命，天用是憎惡之，用喪其衆。　孫星衍云：「用」爲「龔」，聲相近。

㊺中篇作「紂夷之居」。　天志中篇作「紂越厥夷居」。

㊻畢云：孔書作「乃夷居，弗事上帝神祇」。　案中篇及天志中篇並無「鬼神」二字。

㊼畢云：孔書作「遺厥先宗廟弗祀」。　禔同示。　孫云：天志中篇「禍」作「棄」，「禔」作「祇」。　説文示部云：「禔，安也。易曰：禔既平。」今易坎九五作「祇既平」，釋文云：「祇，京作禔。」是祇、

禔聲近古通用之證。　○案：中篇「禍」作「棄」。

63 孫云：天志中篇無「民」字。　孔書「民」上有「有」字。　○案：「民」字疑衍，當據天志中篇訂正。此與中篇俱有「民」字者，或後人據孔書增之也。

64 畢本作「無廖排漏」，寶曆本作「無僇無扁」，李本作「無僇排扁」，道藏本、吳鈔本、陸本、唐本、茅本、緜眇閣本、堂策檻本、四庫本作「無廖排扁」，今從之。中篇作「毋僇其務」，天志中篇作「無廖僔務」，並字異義同，説詳彼注。　秋山云：下「無」，一作「排」。　畢云：孔書作「乃曰吾有民有命，罔懲其侮」。

65 吳鈔本「葆」作「保」。　畢云：孔書無此文。　王云：「縱之棄」當作「縱棄之」。縱棄猶放棄也。中篇作「天不亦棄縱而不葆」，天志篇作「天亦縱棄紂而不葆」，皆其證。

66 畢云：「紂」下，據上文當有「之」字。

67 「供」，道藏本、吳鈔本、陸本、唐本、茅本、寶曆本、李本、堂策檻本、四庫本作「共」。

68 孫云：爾雅釋詁云：「綏，安也。」　○案：「降綏天下賢可之士」，各本在「外無以」之上，今校移於此。尚賢中篇曰「上有以絜爲酒醴粢盛，以祭祀天鬼，外有以爲皮幣，與四鄰諸侯交接，內有以食飢息勞，持養其萬民，外有以懷天下之賢人」，與此文意相同。以彼例此，知「降綏天下賢可之士」屬於「外」。蓋諸侯之賓天下之賢，皆有待於外也。王於「降綏」之上增「下無以」三字。檢尚賢中篇、天志中篇皆有與此相類似之文，僅言及「上」、「內」、「外」，無言及「下」者，未敢輒增。

㊾ 俞云：「將養」當爲「持養」。○案：「將」，養也。「將養」、「持養」，義皆可通。

⑦⓪ 「特」，諸本作「持」，寶曆本、李本作「特」，今從之。王校同。

⑦① 畢云：「忠」，下篇作「中」。

非命中第三十六

子墨子言曰：凡出言談、由文學之爲道也①，則不可而不先立義法②。若言而無義，譬猶立朝夕於員鈞之上也③，則雖有巧工，必不能得正焉。然今天下之情僞，未可得而識也，故使言有三法。三法者何也？有本之者，有原之者，有用之者。於其本之也，考之天鬼之志，聖王之事。於其原之也，徵以先王之書。用之奈何？發而爲刑政④。此言之三法也。今天下之士君子⑤，或以命爲亡⑥。我所以知命之有與亡者，以衆人耳目之情知有與亡。有聞之，有見之，謂之有；莫之聞，莫之見，謂之亡。然胡不嘗考之百姓之情⑦？自古以及今，生民以來者⑧，亦嘗有見命之物、聞命之聲者乎⑨？則未嘗有也。若以百姓爲愚不肖，耳目之情不足因而爲法。然則胡不嘗考之諸侯之傳言流語乎⑩？自古以及今，生民以來者，亦嘗有聞命之聲、見命之體者乎？則未嘗有也。然胡不嘗攷之聖王之事？古之聖王，舉孝子而勸之事親，尊賢良而勸之爲善，發憲布令以教誨，明賞罰以勸沮⑪。若此，則亂者可使治，而危者可使安矣。若以爲不然，昔者桀之所亂，湯治之；紂之所亂，武王治之。此世不渝而民不改，上變政而民易教⑫。其在湯武則治，其在桀紂則亂。安危治亂⑬在上之發政也，則豈可謂有命哉⑭？夫曰有命云者，亦不然矣。

今夫有命者言曰⑮：我非作之後世也，自昔三代有若言以傳流矣。今故先生對之⑯？曰：夫有命者⑰，不志昔也三代之聖善人與⑱？意亡昔三代之暴不肖人也⑲？何以知之⑳？初之列士桀大夫㉑，慎言知行，此上有以規諫其君長，下有以教順其百姓㉒，故上得其君長之賞，下得其百姓之譽。列士桀大夫聲聞不廢，傳流至今㉓，而天下皆曰其力也，一㉔見命焉㉕。

是故昔者三代之暴王，不繆其耳目之淫㉖，不慎其心志之辟㉗，外之敺騁田獵畢弋㉘，内沈於酒樂㉙，而㉚不顧其國家百姓之政。繁爲無用，暴逆百姓，使下不親其上。是故國爲虚厲㉛，身在刑僇之中。必不能曰㉜：「我罷不肖㉝，我爲刑政不善㉞。」必曰：「我命故且亡㉟。」雖昔也三代之窮民㊱，亦由此也㊲。内之不能善事其親戚㊳，外之不能善事其君長㊴，惡恭儉而好簡易，貪飲食而惰從事，衣食之財不足，使身至有飢寒凍餒之憂㊵。必不能曰㊶：「我罷不肖，我從事不疾。」必曰：「我命固且窮。」雖昔也三代之僞民，亦猶此也。

繁飾有命，以教衆愚樸之人矣㊷。聖王之患此也，故書之竹帛，琢之盤盂，鏤之金石㊸。於先王之書仲虺之告曰：「我聞有夏人矯天命，布命于下，帝式是惡，用闕師㊹。」此語夏王桀之執有命也，湯與仲虺共非之。先王之書太誓之言然㊺，曰：「紂夷之居，而不肎事上帝，棄闕其先神而不祀也㊻。曰：『我民有命㊼，毋僇其務㊽。』天不亦棄縱而不葆㊾。」此言紂之執有命也，武王以太誓非之㊿。有於三代、不國有之(51)，曰：「女毋崇天之有命也。」命三、不國亦言命之無也(52)。於召公之執令於然(53)，且(54)：「敬哉！無天命，惟予二人(55)，而無造言(56)，不自降天之，哉得之(57)。」在於商夏之詩書，曰(58)：「命者，暴王作之。」且今天下之士君子，將欲辯是非利害之故(59)，當天有命者(60)，不可不疾非也(61)。執有命者，此天下之厚害也，是故子墨子非之也(62)。

① 孫云：「由」、「爲」義相近，下篇云「今天下之君子之爲文學出言談也」。

② 緜眇閣本無「而」字、「法」字。上篇、下篇「義」並作「儀」，「儀」下俱無「法」字。「不可而」猶言不可以。畢云：「義」同「儀」。

③ 吳鈔本「譬」作「辟」。緜眇閣本「員」譌「負」。孫云：「員」，上篇作「運」，聲義相近。

④ 「政」字各本無，今依畢校增。畢云：據上篇有「政」字。

⑤ 盧云：此下當有「或以命爲有」五字。

⑥ 「亡」疑「有」之誤，上篇曰「今天下之士君子或以命爲有」。

⑦ 畢云：舊脱「不」字，據下文增。　秋山説同。

⑧ 上「以」字，緜眇閣本無。　兼愛下篇曰「自古之及今生民而來」，明鬼下篇曰「自古以及今生民以來者」，管子霸言篇曰「自古以至今」，句法並與此同。

⑨ 「嘗」下「有」字各本脱，今依秋山校增。　孫、曹校同。

⑩ 吴鈔本「流」作「沶」。　玉篇曰：「沶，古文流字。」

⑪ 各本無「明」字，卷子本治要同。　長短經運命篇引作「發憲令以教誨，明賞罰以沮勸」，今據補「明」字。　吴鈔本「勸」作「賞」，誤。

⑫ 孫云：「政」，治要、長短經並作「正」。

⑬ 孫云：「安危」上，長短經有「則」字。

⑭ 孫云：長短經無「則」字。

⑮ 「夫」當爲「丮」，字之誤也。　隸書「丮」字與「夫」形近。　説文丮部曰：「丮，持也。」「執，捕罪人也。」「丮」爲執持正字，「執」爲後起字，今經典通以「執」爲之，「執」行而「丮」廢矣。「丮有命者」即執有命者也。　下文曰「夫有命者」之「夫」字，及「當天有命者」之「天」字，皆爲「丮」字之誤。　下篇「今夫有命者」，「夫」亦「丮」字之誤。　潛本、緜眇閣本、陳本並作「執」。

⑯「生」，吴鈔本、堂策檻本，顧校李本、四庫本作「王」。「故」、「胡」字通。「先生」，人稱墨子也。「對」爲「懟」之省文，廣雅釋詁曰：「懟，恨也。」　畢云：未詳。「生」當爲「王」。　孫云：當作「今胡先生非之」。

⑰「夫」當爲「禿」，說詳上文。

⑱畢云：下篇作「不識昔也」，「志」即「識」字。「與」讀如「歟」。

⑲孫云：「意」與「抑」同。「意亡」，語詞，詳非攻下篇。

⑳畢云：言有命之說，不識出之昔者聖善人乎，意亡此言出之暴不肖人乎，彼固亡知之妄言。

〇案：此言執有命者不識昔之聖善人歟，抑亡昔之暴不肖人也，何以知其爲暴不肖人？第一句疑問，第二句肯定，第三句故作問語，起下文。與下篇「不識昔也三代」以下數句以兩「與」字爲疑問詞，兩「也」字爲斷定詞者，繁簡有別。「何以知之」與上篇「何以知命之爲暴人之道」文意相類。此用代詞「之」字作賓詞，故語較簡耳。　畢釋爲「彼固亡知之妄言」，失之遠矣。

㉑王樹枏云：「初之」猶古之。　孫云：說苑臣術篇云「列士者所以參大夫也」。「桀」與「傑」字通。說文人部云：「傑，執也，材過萬人也。」　〇案：此「列士」與「傑大夫」並舉，疑當讀爲「烈士」，與天志上篇「列士」與「諸侯」對文者微別。

㉒諸本此下有「故上有以規諫其君長，下有以教順其百姓」十七字，寶曆本於此十七字加一括弧，蓋表示衍文之意。秋山云：「『故上』以下十七字疑衍。」盧校同。吴鈔本正無此十七字，今據删。

㉓「傳流」，畢本作「流傳」，舊本並作「傳流」，今從舊本。

㉔自此以下，各本錯簡。畢本輕加增改，王、孫依據校移，因而致誤。此文古本可貴處，在「內沈於酒樂而罷不肖」之「而」字。「而」字道藏本、吴鈔本、陸本、唐本、茅本、寶曆本、緜眇閣本並同，堂策檻本、顧校李本、四庫本作「我」。畢氏據明萬曆以後本改古本之「而」爲「我」，已屬錯誤，王、孫「而」、「我」並存，亦爲蛇足。又「必不能曰我罷不肖」句，原文俱在，因簡帛錯亂，致「必不能曰我」五字與「罷不肖」三字分離。諸家見「罷不肖」三字文義未足，遞增「不肯曰我」四字以彌縫之，雖甚費苦心，而卒無是處。王樹枬删去「必不能曰我見命焉是故」十字，尤非。今謹遵道藏本，一字不改，校移如次。

㉕「一見」之間，舊有自「不顧」至「曰我」四十字，爲下文錯入此間者，今校移彼處。「一見命焉」四字當爲「不曰亓命焉」五字。「一」爲「不」之壞字，「見」爲「曰亓」二字之誤合者。亓爲古「其」字，墨子書多如此。吴鈔本脱「見」字，但下文「驅騁其田獵畢弋」句衍一「其」字，疑即此處「其」字錯衍於彼處者。「不曰其命焉」與「皆曰其力也」相反爲義。此句王移作「必不能曰我見命焉」，若據古本，則「必不能曰我」五字既移於此，則下文「罷不肖」三字將無所屬。今姑置下文不顧，就此句論，亦不可通。蓋此爲天下人稱列士桀大夫者，當曰「其」，不當曰「我」也。俞氏見文不可通，謂「必不能曰」下有闕文，不知其不通之故不在本書之闕，而在王移之誤也。

㉖畢云：言不糾其繆。孫云：「繆」即「糾」之假字。

㉗「辟」，治要作「僻」。　畢云：「僻」同。

㉘「歐」，吴鈔本作「驅」，寶曆本作「毆」，卷子本治要作「歐」，其上闌外有批云：「驅，古作歐。」「騁」，畢本譌「聘」，舊本並作「騁」，今據正。「驅騁」下，吴鈔本衍「其」字。「畢弋」，寶曆本及卷子本治要並作「畢戈」。　畢云：説文云：「古文驅从攴。」　孫云：孟子盡心篇云「驅騁田獵」，國語齊語云「田狩畢弋」，韋注云：「畢，掩雉兔之網也。」「弋」，「𨿽」之借字，説文云：「𨿽，繳射飛鳥也。」　○案：管子小匡篇曰「湛樂飲酒，田獵畢弋，不聽國政」，莊子則陽篇曰「飲酒湛樂，不聽國家之政，田獵畢弋，不應諸侯之際」。

㉙「沈」，下篇作「湛」。

㉚「而」，諸本並同。堂策檻本、顧校李本、四庫本作「我」，蓋以意改。畢本改從「我」字，非是，説詳上文。

㉛畢云：陸德明莊子音義云：「李云：居宅無人曰虛，亡而無後曰厲。」　孫云：「厲」，公孟、魯問二篇並作「戾」，字通。

㉜自「不顧其國家」以下至此凡四十字，各本錯入上文「其力也二」之下，今移置於此。「我」字屬下讀。

㉝下文曰「必不能曰我罷不肖」，與此文正同，承接自然，何須意爲增省。

㉞卷子本治要「刑」作「形」，校者旁注「刑」字。

㉟孫云：「故」，下文作「固」，同。

㊱孫云：治要「窮」作「僞」，與下同。○案：治要引作「雖昔也三代之僞民亦猶此也，繁飾有命以教衆愚」，是引下文，非引此文也，孫校未審。

㊲「由」，堂策檻本、四庫本作「猶」。蘇云：「由」與「猶」同。

㊳畢云：「事」，一本作「視」。孫云：「親戚」謂父母，詳兼愛下篇。

㊴諸本「之」字脱，吴鈔本有，今據補。

㊵「飢」，諸本作「饑」，吴鈔本、茅本、寶曆本作「飢」，今從之。

㊶畢云：「必」舊作「心」，以意改。○案：寶曆本、堂策檻本、顧校李本、四庫本正作「必」。

㊷卷子本治要引至「愚」字止。「之人」二字，諸本作「人久」，陸本、茅本、緜眇閣本作「久人」，寶曆本作「之人」，文義較長，今從之。

㊸以上八字，原作「琢之金石」四字。檢本書尚賢下、兼愛下、天志中、明鬼下、非命下、貴義、魯問諸篇，皆有與此類似之文，於金石則曰「鏤」，於盤盂則曰「琢」，此文當與彼同例，今本涉兩「之」字脱去四字耳。今據諸篇文例，補「盤盂鏤之」四字。下篇作「書之竹帛，鏤之金石，琢之盤盂，傳遺後世子孫」，文義較完。

㊹畢云：「闕」當是「喪厥」二字，下篇作「用爽厥師」。孫星衍云：「厥」爲「闕」，形相近。○案：吴鈔本「闕」作「缺」，字通。「闕」者，示有缺文之意，畢説近是。上篇作「龔喪厥師」。

㊺「太」，寶曆本作「大」，縣眇閣本作「泰」。

㊻上篇作「禍厥先神禔不祀」，天志中篇作「棄厥先神祇不祀」。孫云：「闕」亦當讀爲「厥」。與上「闕師」同。此當云「棄闕先神示而不祀也」，「示」誤作「亓」，改爲「其」，復誤移箸「先神」上，不知「闕」即「厥」字，不當更云「其」也。

㊼「民」字疑後人妄加，當據天志中篇訂正，説詳上篇。

㊽此句又見上篇，與天志中篇並字異義同。説詳彼注。畢云：言毋勠力其事也，上二篇俱當從此。孔書作「罔懲其侮」，義異。或云僞泰誓不足據，不如此文。

㊾「不亦」，畢本作「亦不」，舊本並作「不亦」，今從舊本。「葆」，吴鈔本作「保」。畢云：文與上篇小異。王云：孟子滕文公篇注曰：「不亦者，亦也。」畢本「不亦」作「亦不」，非。

㊿「太」，吴鈔本、寶曆本作「大」。

51蘇云：所引蓋古逸書，「不」字疑誤。孫云：上「有」字當讀爲「又」。「不」疑當作「百」，「三代、百國」或皆古史記之名。隋書李德林傳引墨子云：「吾見百國春秋。」

52王樹枏云：「三」下當脱一「代」字。孫説同。孫又云：「命」疑當爲「令」。

53執令，蓋古書篇名。「於然」，曹校改「亦然」。孫云：此有脱誤，疑當作「於召公之非執有命亦然」，「召公」蓋即召公奭，亦周書逸篇之文。「令」與「命」字通。「於」，「亦」字誤。上篇云「此言湯之所以非桀之執有命也」，又云「此言武王所以非紂執有命也」，是其證。

54 畢云：當爲「曰」。

55 予讀爲與。「二人」疑「仁人」之爛文。

56 孫云：周禮大司徒有「造言」之刑，鄭注云：「造言，訛言惑衆。」

57 疑當作「不自天降之，我得之」。　孫云：當作「不自天降，自我得之」。

58 寶曆本「詩」作「時」。

59 吴鈔本「辯」作「辨」。

60 「天有命」，翻陸本、茅本　寶曆本、緜眇閣本、堂策檻本、四庫本作「有天命」。　畢云：「天」當爲「夫」。　○案：「天」當爲「丮」，説詳上文。下文「執有命者」，即承此「丮有命者」而言。

61 王云：吕氏春秋尊師篇注云：「疾，力也。」

62 「之」字各本脱，今依孫校增。　孫云：「非」下當有「之」字。

非命下第三十七

子墨子言曰：凡出言談，則不可而不先立儀而言①。若不先立儀而言，譬之猶運鈞之上而立朝夕焉也，我以爲雖有朝夕之辯②，必將終未可得而從定也。是故言有三法。何謂三法？曰：有考之者，有原之者③，有用之者。惡乎攷之④？考先聖大王之事。惡乎原之？察衆之耳目之請⑤。惡乎用之？發而爲政乎國家萬民而觀之⑥。此謂三法也。

故昔者三代聖王禹湯文武方爲政乎天下之時，曰：「必務舉孝子而勸之事親，尊賢良之人而教之爲善。」是故出政施教，賞善罰暴。且以爲若此，則天下之亂也⑦，將屬可得而治也⑧；社稷之危也⑨，將屬可得而定也。若以爲不然，昔桀之所亂，湯治之；紂之所亂，武王治之。當此之時，世不渝而民不易⑩，上變政而民改俗。存乎桀紂而天下亂，存乎湯武而天下治。天下之治也，湯武之力也；天下之亂也，桀紂之罪也。若以此觀之，夫安危治亂存乎上之爲政也，則夫豈可謂有命哉？故昔者禹湯文武方爲政乎天下之時，曰：「必使飢者得食，寒者得衣，勞者得息，亂者得治。」遂得光譽令問於天下⑪，夫豈可以爲命哉⑫？故以爲其力也⑬。今賢良之人⑭，尊賢而好功道術⑮，故上得其王公大人之賞，下得其萬民之譽，遂得光譽令問於天下，亦豈以爲其命哉？又以爲力也⑯。然今執有命者⑰，不識昔也三代之聖善人與？意亡昔三代之暴不肖人與⑱？若以説觀之⑲，則必非昔三代聖善人也，必暴不肖人也。

然今以命爲有者，昔三代暴王桀紂幽厲，貴爲天子，富有天下。於此乎不而矯其耳目之欲⑳，而從其心意之辟㉑，外之歐騁田獵畢弋㉒，内湛於酒樂㉓，而不顧其國家百姓之政。

繁爲無用，暴逆百姓，遂失其宗廟㉔。其言不曰：「吾罷不肖，吾聽治不强。」必曰：「吾命固將失之。」雖昔也三代罷不肖之民，亦猶此也。不能善事親戚君長，甚惡恭儉而好簡易，貪飲食而惰從事，衣食之財不足，是以身有陷乎飢寒凍餒之憂㉕。其言不曰：「吾罷不肖，吾從事不强。」必曰：「吾命固將窮㉖。」昔三代僞民，亦猶此也。

昔者暴王作之，窮人術之㉗，此皆疑衆遲樸㉘，先聖王之患之也，固在前矣。是以書之竹帛，鏤之金石，琢之盤盂，傳遺後世子孫㉙。曰：何書焉存㉚？禹之總德有之㉛，曰：「允不著惟天㉜，民不而葆㉝。既防凶心㉞，天加之咎㉟。不慎厥德，天命焉葆？」仲虺之告曰：「我聞有夏人矯天命于下㊱，帝式是增㊲，用爽厥師㊳。」彼用無爲有，故謂矯㊴。若有而謂有，夫豈謂矯哉㊵？昔者桀執有命而行，湯爲仲虺之告以非之。太誓之言也㊶，於去發㊷曰：「惡乎君子㊸，天有顯德，其行甚章㊹。爲鑑不遠㊺，在彼殷王㊻。謂人有命，謂敬不可行，謂祭無益㊼，謂暴無傷㊽。上帝不常，九有以亡㊾；上帝不順，祝降其喪㊿。惟我有周，受之大帝(51)。」昔者紂執有命而行(52)，武王爲太誓去發以非之。曰：子胡不尚考之乎商周虞夏之記，從卜簡之篇以尚皆無之(53)也？

是故子墨子曰：今天下之君子之爲文學、出言談也(54)，非將勤勞其喉舌(55)，而利其脣呡也(56)，中實將欲爲其國家邑里萬民刑政者也(57)。今也王公大人之所以蚤朝晏退(58)，聽獄治政，終朝均分而不敢怠倦者，何也⑲？曰：彼以爲强必治，不强必亂，强必寧，不强必危，故不敢怠倦。今也卿大夫之所以竭股肱之力⑳，殫其思慮之知㉑，内治官府，外斂關市、山林、澤梁之利，以實官府，而不敢怠倦者，何也？曰：彼以爲强必貴，不强必賤，强必榮，不强必辱，故不敢怠倦。今也農夫之所以蚤出暮入㉒，强乎耕稼樹藝㉓，多聚叔粟㉔，而不敢怠倦者，何也？曰：彼以爲强必富，不强必貧，强必飽，不强必飢，故不敢怠倦。今也婦人之所以夙興夜寐㉕，强乎紡績織紝，多治麻絲葛緒㉖，捆布縿㉗，而不敢怠倦者，何也？曰：彼以爲强必富，不强必貧，强必煖，不强必寒，故不敢怠倦。今雖毋在乎王公大人㉘，蕢若信有命而致行之㉙，則必怠乎聽獄治政矣，卿大夫必怠乎治官府矣，農夫必怠乎耕稼樹藝矣，婦人必怠乎紡績織紝矣。王公大人怠乎聽獄治政㉚，卿大夫怠乎治官府，則我以爲天下必亂矣。農夫怠乎耕稼樹藝㉛，婦人怠乎紡績織紝，則我以爲天下衣食之財將必不足矣。若以爲政乎天下，上以事天鬼，天鬼不使㉜；下以持養百姓㉝，百姓不利，必離散不可得用也。是以入守則不固，出誅則不勝。故雖昔者三代暴王桀紂幽厲之所以失抎其國家㉞，傾覆其社稷者，此也。

是故子墨子言曰：今天下之士君子，中實將欲求興天下之利，除天下之害，當若執有命者之言，不可不强非也㉟，曰：命者，暴王所作，窮人所術㊱，非仁者之言也㊲。今之爲仁義者，將不可不察而强非者此也。

①諸本作「則必可而不先立儀而言」。　畢云：一本作「則必先立義而言」。　蘇云：「必」爲「不」誤，上「而」字衍。　俞云：「則必可」當作「則不可」，中篇曰「則不可而不先立義法」，是其證也。「不可而」者，不可以也。　○案：潛本、緜眇閣本、陳本作「則必先立儀而言」，茅本、寶曆本作「則此可而不先立儀而言」，秋山云：「『此』當作『不』。」與蘇、俞校合，今從之。

②「辯」，吴鈔本、四庫本作「辨」。

③畢云：舊脱「有」字，一本如此。　○案：潛本、緜眇閣本　陳本「有」字不脱。

④「惡」讀爲「烏」。

⑤「請」、「情」字通。上篇作「實」，「實」亦情也。

⑥「家」，各本作「察」，字之誤也。節葬下篇曰「姑嘗傅而爲政乎國家萬民而觀之」，與此文同，今據以訂正。上篇言「國家百姓人民」，猶此言「國家萬民」也。

⑦吴鈔本無「也」字。

⑧孫云：國語魯語韋注云：「屬，適也。」

⑨吴鈔本無「也」字。

⑩畢云：文選石闕銘注引此「治」作「理」、「世」作「時」、「民」作「人」，皆唐人避諱改。

⑪「問」，寶曆本、堂策檻本、四庫本作「聞」。卷子本治要原作「問」，改作「聞」，銅活字本、天明本治要遂相承作「聞」，下同。「問」、「聞」字通，亦見尚同下篇。

⑫孫云：據下文，「命」上當有「其」字。

⑬孫云：「故」、「固」通。

⑭卷子本治要「今」作「命」。

⑮畢云：一本無「功」字。吴云：「功」、「攻」同字，治也。〇案：濳本、緜眇閣本、陳本無「功」字。卷子本治要「功」作「蓄」。

⑯孫云：「力」上亦當有「其」字。

⑰「執」，道藏本、吴鈔本、陸本、唐本、茅本、堂策檻本、四庫本作「天」，寶曆本、畢本作「夫」，濳本、緜眇閣本、陳本作「執」，今從之。作「天」、作「夫」並「丮」之誤字，「丮有命者」即執有命者，説詳中篇。

⑱「意」、「抑」同。「亡」，語詞。

⑲小取篇曰「以説出故」。「之」，茅本、寶曆本作「以」。秋山云：「以」疑「之」。

⑳「而」字濳本、緜眇閣本、陳本無。文選長笛賦李注引蒼頡曰：「嬌，正也。」畢云：「而」讀如「能」，一本無「而」字，非。陳壽祺説同。

㉑「心意」，中篇作「心志」，義同。

㉒「弋」，翻陸本、寶曆本誤「戈」。

㉓畢云：中篇「湛」作「沈」。

㉔孫云：「遂」與「隊」通。法儀篇云「遂失其國家」。○案：以上篇「遂以亡失國家、傾覆社稷」文例校之，此「遂」字當與彼同。「遂」猶因也，與法儀篇「使遂失其國家」句「遂失」二字平列者有別。

㉕「有」字陸本、茅本、寶曆本、堂策檻本、四庫本無。

㉖「必」，諸本作「又」，寶曆本、堂策檻本、四庫本作「必」，今從之。戴校同。

㉗畢云：舊脱「人」字，一本有。「術」同「述」。○案：潛本、緜眇閣本、陳本並有「人」字。

㉘畢云：言沮樸實之人。王引之云：「遲」字義不可通，「遲」當爲「遇」，字之誤也。遇與愚同。言此有命之説，或作之，或述之，皆足以疑衆愚樸。「樸」謂質樸之人也。中篇作「教衆愚樸」，是其證。畢説非。孫云：「遲」疑當爲「稺」。稺，驕也。「遲樸」即驕稺愿樸之意。○案：孫説未允。執有命以教人，與驕之之意相去甚遠。「遲」字如漢書杜周傳「周少言重遲」之「遲」，顔注云：「遲謂性非敏速也。」性非敏速〔二〕，與中篇「愚」字義正相近。

㉙吴鈔本「遺」作「示」。孫云：此文亦見兼愛下、天志中、貴義、魯問諸篇，並作「遺」，則吴本非

〔二〕「速」原誤「遠」，據上文顔注改。

是。○案：尚賢下、明鬼下亦有之，字並作「遺」。

㉚王云：「焉」猶於也。　孫云：此倒句，猶云存於何書。

㉛「禹」，茅本、寶曆本作「息」。　蘇云：「總德」，蓋逸書篇名。

㉜吴鈔本「惟」作「唯」。「允」，信也。「不著」，著也。言信乎天之顯著也。詩周頌曰「敬之敬之，天維顯思，命不易哉」，與本節文意略同。

㉝畢云：「而」同「能」，「葆」同「保」。

㉞「防」讀如尚賢下篇「百姓皆放心解體」之「放」。

㉟不能保民，既放凶心，于是天加之咎。

㊱孫云：「天命」下，當依上、中二篇補「布命」二字。　王樹枏説同。

㊲畢云：當作「惡」或「憎」字。　江聲云：「式」，用也。「增」讀當爲「憎」。説文：「憎，惡也。」或作「帝式是惡」，或作「帝伐之惡」，「伐之」字誤，當從「式是」。孟子盡心下篇云：「士憎兹多口」，趙岐注解「憎」爲增多之「增」，則「增」、「憎」字通。　顧云：「增」即「憎」字。明道本晉語「懼子之應且增也」，今本作「憎」。易林涣之蠱「獨宿增夜」，道藏本韓非子説難「論其所增」。○案：「增」，潛本、寶曆本、緜眇閣本作「憎」。

㊳「爽」，上篇作「喪」。　惠棟云：周語「單襄公曰：晉侯爽二」，韋昭曰：「爽當爲喪，字之誤也。」

㊴ 孫云：公羊僖三十三年何注云：「詐稱曰矯。」

㊵ 「謂」，畢本作「爲」，舊本並作「謂」，今從舊本。

㊶ 寶曆本「太」作「大」。下同。

㊷ 孫星衍云：或「太子發」三字之誤。　莊述祖云：「去發」當爲「太子發」。武王受文王之事，故自稱太子，述文王伐功，告諸侯，且言紂未可伐，爲太誓上篇。　俞云：古人作書，或合二字爲一，如石鼓文「小魚」作「𩵋」，散氏銅盤銘「小子」作「𡥈」，是也。此文「大子」字或合書作「𡗝」，其下缺壞，則似「厺」字，因誤爲「去」耳。詩思文篇正義引太誓曰「惟四月，太子發上祭於畢，下至於孟津之上」，又云「太子發升舟，中流白魚入於王舟，王跪取，出涘以燎〔一〕之」，注曰：「得白魚之瑞，即變稱王，應天命定號也。」疑古大誓三篇，其上篇以「太子發上祭於畢」發端，至中、下兩篇則作於得魚瑞之後，無不稱王矣。故學者相承稱大誓上篇爲太子發，以別於中、下兩篇，亦猶古詩以篇首字命名之例也。

㊸ 「惡乎」，今作「嗚呼」。「惡」，莊校改「於」。

㊹ 「其」，茅本、寶曆本作「則」。　莊云：「有」當爲「右」，助也。言天之助明德，其行事甚章著。　蘇云：書泰誓曰：「嗚呼，我西土君子，天有顯德，厥類惟彰。」

〔一〕「燎」，本書誤「潦」，據墨子閒詁引改，與詩周頌思文正義原引合。

㊺ 吴鈔本「鑑」作「監」。　莊云：「鑑」當爲「監」。

㊻ 蘇云：「殷」宜作「夏」。　泰誓曰「厥鑑惟不遠，在彼夏王」。　孫云：僞古文不足據，蘇説非也。詩大雅蕩云「殷鑑不遠，在夏后之世」，鄭箋云：「此言殷之明鏡不遠也。近在夏后之世，謂湯誅桀也。後武王誅紂，今之王者何以不用爲戒。」此書與彼詩文異而意則同。　○案：荀子解蔽篇曰「文王監於殷紂」。

㊼ 「祭」，茅本、寶曆本作「全」。

㊽ 蘇云：此四句今書泰誓在「厥鑑惟不遠」之上，上二句作「謂己有天命，謂敬不足行」。下同。

㊾ 「常」，茅本、寶曆本作「帝」。　蘇云：二語今泰誓無之，上句見伊訓，下句見咸有一德。○案：非樂上篇曰「上帝弗常，九有以亡」，「弗」、「不」字通，義詳彼注。

㊿ 莊云：「祝」，斷也。言天將斷棄其身。　蘇云：今泰誓「不」作「弗」，「其」作「時」。　孫云：非樂上篇引湯官刑亦有此四語，末句作「降之百殃」。

51 畢云：文略見孔書泰誓。　蘇云：今泰誓下句作「誕受多方」。莊校改「帝」爲「商」，云：言天改殷之命，而周受之。陳喬樅校同，云：「商」字作「帝」，非是。此節皆有韻之文，作「商」則與上文叶。

52 「者」字畢本無，舊本並有，今據補。

53 「卜」，畢本作「十」，諸本作「卜」，今從之。諸書「卜」字或作「十」，與「十」相混，唯「卜」字垂畫較長，横畫左畔較短，是其異也。陸本、茅本、堂策檻本、四庫本作「卜」，形甚明瞭。道藏本似原作「卜」，後加長其左畔作「十」者。「卜簡之篇」，蓋古代卜筮之書，如易、連山、歸藏之類。　秋山云：「尚」、「上」同。　蘇、俞説同。　孫云：「皆無之」，謂皆以命爲無也。

(54) 吴鈔本「天下」下無「之」字。

(55) 「喉」，諸本作「惟」，潛本、緜眇閣本作「頬」，寶曆本作「喉」，今從之。　畢云：「惟」，一本作「頬」〔一〕。　王云：「惟」與「頬」形聲俱不相近，若本是「頬」字，無緣誤而爲「惟」。一本作「頬」者，後人以意改之耳。「惟舌」當爲「喉舌」，「喉」誤爲「唯」，因誤爲「惟」耳。潛夫論斷訟篇「慎己喉舌，以示下民」，今本「喉」作「唯」，其誤正與此同。凡從「侯」、從「隹」之字，隸書往往譌溷。

(56) 畢云：「呡」、「脗」字省文。説文云：「吻，口邊也。」又有「脗」字，云：「或从月从昬。」此省「日」耳。

(57) 「爲」字畢本脱，舊本並有，今據補。

(58) 「蚤」，諸本作「早」，吴鈔本作「蚤」，與本書文例合，今從之。

(59) 諸本「敢」下有「息」字，潛本、緜眇閣本無，今據删。　秋山云：「息」恐衍。　畢云：一本無「息」字，是。

〔一〕「頬」下原衍「者」字，據畢刻本删。

⑥⓪「卿」，茅本、寶曆本作「以」。

⑥①吴鈔本「知」作「智」。

⑥②吴鈔本「暮」作「莫」。

⑥③「埶」，諸本作「蓺」，吴鈔本作「埶」，今從之。

⑥④「叔」，各本作「升」，今依王校改。

⑥⑤畢云：舊脱「以」字，據上文增。○案：吴鈔本「以」字不脱，沈本並脱「所以」二字。「寐」，吴鈔本、陸本、潛本、茅本、寶曆本、緜眇閣本作「寐」。

⑥⑥「絲」，諸本作「統」，茅本作「統」，寶曆本作「絲」，今從之。王云：「統」當爲「絲」，非樂篇作「多治麻絲葛緒」，是其證。墨子書言「麻絲」者多矣，未有作「麻統」者。蘇校同。畢云：「緒」，「紵」字假音。孫云：「緒」畢讀如「紵」，是也。說文糸部〔一〕云：「緒，絲耑也。」「紵，檾屬。細者爲絟，布白而細曰紵。」重文「縍」，云「紵或从緒省」。此與說文或體聲同。

⑥⑦畢云：說文云：「稛，絭束也。」此俗寫。王云：「縿」當作「繰」，詳非樂上篇。○案：「捆」，道藏本、吴鈔本、陸本、唐本、茅本、堂策檻本作「捆」。此文本書屢見。辭過篇諸本作「梱」、「捆」、「棞」、「捆」四形，非樂上篇作「緭」，此作「捆」、作「捆」。「捆」正字，「捆」或體，其餘均「捆」、

〔一〕「部」下原衍「緒」字，據墨子閒詁删。

「捆」形聲之譌變，詳辭過篇。

⑥⑧ 「雖」，潛本、緜眇閣本作「惟」。

⑥⑨ 寶曆本「蕢」作「貴」。俞云：「蕢」字乃「藉」字之誤。藉若，猶言假如也，本書屢見。

⑦⓪ 「人」，道藏本、唐本、沈本、潛本、緜眇閣本誤「夫」。

⑦① 「埶」，諸本作「藝」，吴鈔本作「埶」，今從之。

⑦② 王云：爾雅：「使，從也。」「天鬼不從」，猶上文言「上帝不順」耳。小雅雨無正篇「云不可使，得罪于天子」，鄭箋訓「使」爲「從」。管子小匡篇「魯請爲關内之侯而桓公不使」、「邢請爲關内之侯而桓公不使」，「不使」謂不從也。

⑦③ 「持」，各本作「待」，今依王校改。王云：「待」字義不可通，「待養」當爲「持養」，字之誤也。周官服不氏「以旌居乏而待獲」，注：「待當爲持。」天志篇曰「食飢息勞，持養其萬民」，荀子勸學篇曰「除其害者以持養之」，榮辱篇曰「以相群居，以相持養」，楊倞注：「持養，保養也。」蘇校同。

⑦④ 「失」，各本作「共」，今依王校改。畢云：「抎」，失。王云：「共」字義不可通，當是「失」字之誤。隸書「失」字或作「失」，與「共」相似。説文：「抎，有所失也。」尚賢篇云「失損其國家，傾覆其社稷」，抎、損古字通。天志篇云「國家滅亡，抎失社稷」，齊策云「守齊國唯恐失抎之」，皆其證。

⑮ 各本作「當若有命者言也」七字。王云：此本作「當若有命者之言不可不強非也」。淮南脩務訓注曰：「強，力也。」言有命之言，士君子不可不力非之也。中篇作「不可不疾非」，疾亦力也。下文曰「將不可不察而強非者此也」，是其證。○案：王校是也，今依補，更據上文及上、中兩篇於「有命者」之上補「執」字。

⑯「術」，同「述」，見上。

⑰「仁」，畢本作「人」，舊本並作「仁」，今據正。

非儒上第三十八 闕

非儒下第三十九①

儒者曰：「親親有術，尊賢有等②。」言親疏尊卑之異也。其禮曰：「喪父母三年，妻、後子三年③，伯父、叔父、弟兄、庶子其④，戚族人五月⑤。」若以親疏爲歲月之數，則親者多而疏者少矣，是妻、後子與父同也⑥。若以尊卑爲歲月數，則是尊其妻子與父母同，而親伯父、宗兄而卑子也⑦。逆孰大焉⑧？其親死，列尸弗斂⑨，登屋，窺井，挑鼠穴，探滌器，而求其人焉⑩。以爲實在，則贛愚甚矣⑪。如其亡也，必求焉，僞亦大矣⑫。取妻身迎⑬，祗褍爲僕⑭，秉轡授綏⑮，如仰嚴親⑯。昏禮威儀，如承祭祀。顛覆上下，悖逆父母⑰，下則妻子⑱，妻子上侵⑲。事親若此，可謂孝乎？儒者迎妻⑳：妻之奉祭祀㉑，子將守宗廟，故重之㉒。應之曰：此誣言也。其宗兄守其先宗廟數十年，死，喪之其㉓，兄弟之妻奉其先之祭祀，弗服㉔。則喪妻子三年，必非以守奉祭祀也㉕。夫憂妻子，以大負絫㉖，有曰㉗：「所以重親也。」爲欲厚所至私㉘，輕所至重㉙，豈非大姦也哉？

有强執有命以説議曰㉚：「壽夭貧富，安危治亂，固有天命，不可損益㉛。窮達賞罰，幸否有極㉜，人之知力㉝，不能爲焉。」羣吏信之，則怠於分職；庶人信之，則怠於從事。不治則亂㉞，農事緩則貧，貧且亂政之本㉟。而儒者以爲道教，是賊天下之人者也㊱。

且夫繁飾禮樂以淫人㊲，久喪僞哀以謾親㊳，立命緩貧而高浩居㊴，倍本棄事而安怠徹㊵。貪於飲食㊶，惰於作務㊷，陷於飢寒，危於凍餒，無以違之㊸。是苦人氣㊹，鼸鼠藏㊺，而羝羊視㊻，賁彘起㊼。君子笑之，怒曰：「散人，焉知良儒㊽！」夫夏乞麥禾㊾，五穀既收，大喪是隨㊿，子姓皆從㊿，得厭飲食，畢治數喪，足以至矣㊿。因人之家以爲翠㊿，恃人之野以爲尊㊿，富人有喪，乃大説喜，曰：「此衣食之端也㊿。」

儒者曰：君子必古服言，然後仁㊿。應之曰：所謂古之服言者，皆嘗新矣㊿，而古人服之、言之[58]，則非君子也[59]。然則必法非君子之服，言非君子之言，而後仁乎[60]？

又曰：君子循而不作[61]。應之曰：古者羿作弓[62]，伃作甲[63]，奚仲作車[64]，巧垂作舟[65]。然則今之鮑、函、車、匠皆君子也[66]，而羿、伃、奚仲、巧垂皆小人邪？且其所循[67]，人必或作之[68]，然則其所循皆小人道也[69]。

又曰[70]：君子勝不逐奔[71]，揜函弗射[72]，强則助之胥車[73]。應之曰：若皆仁人也，則無説而相與[74]。仁人以其取舍是非之理相告，無故從有故也，弗知從有知也，無辭必服，見善必遷，何故相與[75]？若兩暴交争[76]，其勝者欲不逐奔，揜函弗射，施則助之胥車[77]，雖盡能猶且不得爲君子也。意暴殘之國也，聖將爲世除害[78]，興師誅罰，勝將因用儒術令士卒曰[79]：「毋逐奔，揜函勿射，施則助之胥車[80]。」暴亂之人也得活，天下害不除[81]，是爲羣殘父母而深賊世也[82]，不義莫大焉。

又曰：君子若鍾[83]，擊之則鳴，弗擊不鳴[84]。應之曰：夫仁人事上竭忠，事親得孝，務善則美，有過則諫[85]，此爲人臣之道也。今擊之則鳴，弗擊不鳴，隱知豫力[86]，恬漠待問而後對[87]，雖有君親之大利，弗問不言[88]。若將有大寇亂，盜賊將作，若機辟將發也[89]，他人不知，己獨知之，雖其君親皆在，不問不言，是夫大亂之賊也。以是爲人臣不忠，爲子不孝，事兄不弟[90]，交遇人不貞良[91]。夫執後不言之朝[92]，物見利使，己雖恐後言[93]，君若言而未有利焉，則高拱下視⑭，會噎爲深⑮，曰：「惟其未之學也⑯。」用誰急⑰，遺行遠矣⑱。

夫一道術學業，仁義也。皆大以治人⑲，小以任〔一〕官，遠用徧施⑳，近以脩身㉑，不義不處，非理不行，務興天下之利，曲直周旋，利則止㉒，此君子之道也。以所聞孔丘之行㉓，則本與此相反謬也㉔。

齊景公問晏子曰：「孔子爲人何如？」晏子不對，公又復問，不對㉕。景公曰：「以孔丘語寡人者衆矣，俱以爲賢人也㉖。今寡人問之，而子不對，何也？」晏子對曰：「嬰不肖，不足以知賢人。雖然，嬰聞所謂賢人者，入人之國，必務合其君臣之親，而弭其上下之怨。孔丘之荆㉗，知白公之謀，而奉之以石乞㉘，君身幾滅，而白公僇㉙。嬰聞賢人得上不虛，得下不危，言聽於君必利人，教行下必於上㉚，是以言明而易知也，行易而易從也㉛，行義可明乎民，謀慮可通乎君臣。今孔丘深慮同謀以奉賊㉜，勞思盡知以行邪，勸下亂上，教臣殺君㉝，非賢人之行也。入人之國，而與人之賊，非義之類也。知人不忠，趣之爲亂㉞，非仁義之也㉟。逃人而後謀，避人而后言㊱，行義不可明於民㊲，謀慮不可通於君臣，嬰不知孔丘之有異於白公也，是以不對。」景公曰：「嗚呼㊳！貺寡人者衆矣㊴，非夫子，則吾終身不知孔丘之與白公同也。」

〔一〕「任」原誤「治」，據畢刻本改，與墨子舊本原文合。

孔丘之齊，見景公[120]。景公說，欲封之以尼谿[121]，以告晏子。晏子曰：「不可。夫儒，浩居而自順者也[122]，不可以教下；好樂而淫人[123]，不可使親治；立命而怠事，不可使守職；宗喪循哀[124]，不可使慈民[125]；機服勉容[126]，不可使導衆。孔丘盛容脩飾以蠱世[127]，弦歌鼓舞以聚徒，繁登降之禮以示儀，務趨翔之節以觀衆[128]，博學不可使議世[129]，勞思不可以補民[130]，絫壽不能盡其學，當年不能行其禮[131]，積財不能贍其樂[132]，繁飾邪術以營世君[133]，盛爲聲樂以淫遇民[134]，其道不可以期世[135]，其學不可以導衆[136]。今君封之，以利齊俗[137]，非所以導國先衆。」公曰[138]：「善[139]。」於是厚其禮[140]，留其封，敬見而不問其道[141]。孔丘乃志怒於景公與晏子[142]，乃樹鴟夷子皮於田常之門[143]，告南郭惠子以所欲爲[144]，歸於魯。有頃，閒齊將伐魯[145]，告子貢曰：「賜乎！舉大事於今之時矣。」乃遣子貢之齊，因南郭惠子以見田常，勸之伐吳，以教高、國、鮑、晏，使毋得害田常之亂，勸越伐吳。三年之內，齊吳破國之難[146]，伏尸以言術數[147]，孔丘之誅也[148]。

孔丘爲魯司寇[149]，舍公家而於季孫[150]，季孫相魯君而走[151]，季氏與邑人爭門關[152]，決植[153]。

孔丘窮於蔡陳之閒[154]，藜羹不糂[155]，十日[156]，子路爲享豚[157]，孔丘不問肉之所由來而食。褫人衣[158]以酤酒[159]，孔丘不問酒之所由來而飲。哀公迎孔丘[160]，席不端弗坐[161]，割不正弗食[162]。子路進，請曰：「何其與陳蔡反也[163]？」孔丘曰：「來，吾語女[164]。曩與女爲苟生[165]，今與女爲苟義[166]。」夫飢約則不辭妄取以活身[167]，贏飽則僞行以自飾[168]，汙邪詐僞[169]，孰大於此？

孔丘與其門弟子閒坐，曰：「夫舜見瞽叟就然[170]，此時天下圾乎[171]！周公旦非其人也邪[172]？何爲舍亓家室而託寓也[173]？」孔丘所行，心術所至也。其徒屬弟子皆效孔丘[174]，子貢、季路輔孔悝亂乎衛[175]，陽虎亂乎齊[176]，佛肸以中牟叛[177]，桼雕刑殘[178]，莫大焉[179]。夫爲弟子，後生其師[180]，必脩其言[181]，法其行，力不足、知弗及而後已。今孔丘之行如此，儒士則可以疑矣。

① 畢云：孔叢子詰墨篇多引此詞，此述墨氏之學者設師言以折儒也。故親士諸篇無「子墨子言曰」者，翟自著也；此無「子墨子言曰」者，門人小子臆說之詞，并不敢以誣翟也。例雖同而異事，後人以此病翟，非也。說文云：「儒，柔也，術士之稱。」　○案：儒、墨道不同，交相非毁，誠無足怪，於諸子書中可考見之。此篇所舉，或涉瑣細，又無「子墨子言曰」，與尚賢等有上、中、下三篇者亦不同，明非盡本墨子。自「以所聞孔丘之行」以下，與上文就事立論者顯然有別，不類一篇文字，疑經後人補綴竄亂，非墨書之舊也。

②王引之云：此即中庸所謂「親親之殺，尊賢之等」，今云「親親有術」者，「殺」與「術」聲近而字通也。說文「殺」字「从殳，杀聲」，而無「杀」字。五經文字曰：「杀，古殺字。」今案「杀」字蓋从乂，朮聲。說文：「乂，芟艸也。從丿乀相交。」或从刀作「刈」。廣雅：「刈，殺也。」哀元年左傳「艾殺其民」，「艾」與「乂」、「刈」同。是「乂」即「殺」也。故「杀」字从乂，而以朮爲聲。「乂」字篆文作「㐅」，今在「朮」字之上，故變曲爲直而作「乂」，其實一字也。說文無「乂」部，故「杀」字無所附而不收。「杀」與「術」並從朮聲，故聲相近。轉去聲則「殺」音色介反，「術」音遂，聲亦相近。故墨子書以「術」爲「殺」。孫云：孔穎達禮記正義云：「五服之節，降殺不同，是親親之衰殺。公卿大夫，其爵各異，是尊賢之等。」

③「妻」，舊本並作「其」，畢本「其」下增「妻」字。畢云：舊脱「妻」字，據下文增。王云：「其」字涉下文而衍。節葬篇「父母死，喪之三年」下無「其」字，是其證。○案：王說是也，今依刪「其」字。「其」即「妻」字之誤，形聲相近。

④畢云：「其」與「期」同。孫云：公孟篇正作「期」。

⑤孫云：以上述喪服，並詳節葬篇。

⑥王樹枏云：「父」下脱「母」字。

⑦王念孫云：「親」當爲「視」之誤。王引之云：「而卑子也」當作「卑而庶子也」，「而」讀爲「如」，言卑其伯父宗兄如庶子也。俞云：王氏念孫謂「親伯父宗兄」，「親」當爲「視」，其說是

也。王氏引之謂「而」讀爲「如」，亦當從之。惟謂當作「卑如庶子」，則以意增益，未爲可據。今按「視伯父宗兄如卑子者」，「卑子」即庶子，乃取卑小之義。僖二十二年左傳「公卑邾」，杜注曰：「卑，小也。」孫云：「宗兄」見曾子問，言適長爲宗子者，故下文云「其宗兄守其先宗廟數十年」。

⑧吴鈔本「逆孰」倒。

⑨「尸」，舊本譌「户」。「斂」字各本脱，今依王校補。王云：此本作「列尸弗斂」，今本脱「斂」字耳。死三日而後斂，則前二日猶未斂也，故曰「列尸弗斂」。「列」者，陳也。鈔本北堂書鈔地部二引此正作「列尸弗斂」。○案：明鈔本書鈔引作「列户弗險」，孔本書鈔作「列尸弗殮」。「殮」爲「斂」之俗，「險」即「殮」誤。

⑩孫云：此非喪禮之復也。士喪經云「復者，升自前東榮中屋，北面招以衣，曰：皋某復」，是「登屋」也。説文水部云：「滌，洒也。」「滌器」，洒濯之器，若槃、匜之屬。「窺井」以下，並喪禮所無。○案：「挑」，寶曆本作「桃」，明鈔本書鈔、孔本書鈔作「逃」。説文：「挑，撓也。」段注云：「挑者，謂撥動之。」「登屋、窺井、挑鼠穴、探滌器」，四者蓋當時儒者代人治喪用以招魂之儀節也。

⑪孔本書鈔「實」作「誠」，無「戆」字。明鈔本書鈔作「以誠在焉，愚甚矣」。畢云：説文云：「戆，愚也。」「愚，戆也。」

⑫王引之云：「如」當爲「知」。言既知其亡而必求之，則僞而已矣。蘇説同。○案：「如」字不誤。此言親死而登屋窺井以求之，以爲實在，則愚，如以爲無，則僞，二者必居其一。明鈔本

書鈔、孔本書鈔引並作「如」，則唐時傳本亦作「如」也。

⑬ 吴云：「身迎」即親迎。

⑭ 畢云：説文云：「祇，敬也。」「褍，衣正幅。」則「褍」亦正意，與「端」同。　王云：畢説非也。「祇褍爲僕」，「祇」當爲「袨」，隸書相似而誤。袨褍即玄端也。周官司服「其齊服有玄端素端」，鄭注曰：「端者，取其正也。」　○案：偏檢古本無作「袛」者，玄端亦非親迎之服，王説似求之太深。「褍」疑「顓」之聲借。説文曰：「顓，頭顓顓謹貌。」「祇褍爲僕」，猶言敬謹爲僕也。

⑮ 孫云：士昏禮云「壻御婦車，授綏」，鄭注云：「壻御者，親而下之。綏，所以引升車者。僕人必授人綏。」此上云「爲僕」，即指親御之事。

⑯ 俞云：「仰」當作「御」，隸書形似而誤。　○案：「仰」者，「迎」之借字。俞校改「御」，御亦訓迎。

⑰ 「悖」，陸本、茅本作「惇」。

⑱ 王樹枏云：本書「則」、「即」二字通用。「下則妻子」者，下即妻子也。即，就也。

⑲ 句。

⑳ 畢云：「儒」舊作「傳」，據下文改。當云「儒者曰」。　○案：吴鈔本無「妻」字。「迎」疑當爲「曰」，涉上文「迎」字而誤。

㉑ 「妻之奉祭祀」，猶妻者奉祭祀也。經説下篇「若瘧病之之於瘧也」，亦以「之」爲「者」。

㉒孫云：禮記哀公問：「孔子曰：妻也者，親之主也，敢不敬與？子也者，親之後也，敢不敬與？」

㉓畢云：同「期」。

㉔「服」，各本作「散」，今依盧校改。

㉕孫云：「守」下，據上文當有「宗廟」二字。

㉖孫云：「憂妻子」謂憂厚於妻子，猶下文云「厚所至私」也。國策趙策云「夫人優愛孺子」。説文夊部云：「憂，和之行也。」引詩曰「布政憂憂」，今詩商頌長發作「優」。案古無「優」字，優厚字止作「憂」。今別作「優」，而以「憂」爲㥑愁字。墨子書多古字，此亦其一也。「以」與「已」同。言偏厚妻子已爲大負悠絫，乃又飾辭文過，託之奉祭祀、守宗廟，故下云「又日所以重親也」。

㉗孫云：「有」當讀爲「又」。

㉘畢云：舊作「和」，以意改。

㉙李本「至」作「生」，誤。

㉚孫云：上「有」字亦讀爲「又」。

㉛孫云：莊子至樂篇：「孔子曰：命有所成而形有所適也，夫不可損益。」

㉜孫云：廣雅釋詁云：「極，中也。」逸周書命訓篇云：「天生民而成大命，命司德，正之以〔一〕禍福，

〔一〕「以」字，墨子閒詁原引脱，本書沿誤，據逸周書命訓篇補。

立明王以順之。曰：大命有常，小命日成。成則敬，有常則廣。廣以敬命，則度至于極。」此古説有命之遺言也。　○案：孫説未允。命訓篇下文云「司義而賜之福禄，司不義而降之禍」，是周書文意爲主禍福由人説者，與此所謂「人之知力不能爲焉」正相反也。

㉝吴鈔本、繹史本「知」作「智」。

㉞「不治」上，王校增「吏」字。

㉟王云：此句有脱文。　孫云：疑當作「倍政之本」，下文云「倍本棄事而安怠傲〔一〕」。○案：「倍本棄事」指儒者不力田、不事生産而言，與「政之本」似乎有別。「政之本」上疑脱「失」字，尚賢下篇「王公大人本失尚賢爲政之本也」。

㊱「賊」，諸本作「賤」，翻陸本、緜眇閣本　陳本、繹史本作「賊」，今從之。王、蘇校同。

㊲「樂」字畢本脱，舊本並有，今據補。

㊳畢云：説文云：「謾，欺也。」

㊴畢云：同「傲倨」。説文云：「居，蹲也。」　曹云：「浩」爲「泆」訛。「泆」與「佚」同。佚居謂不勤身以從事也。儒者以佚居爲高，如易云「不事王侯，高尚其事」，雖貧困而不爲生業，周末齊魯之儒「褒衣姁步」，後世若晉人之清談養望、宋儒半日静坐之類是。　○案：「浩居」讀爲「敖

〔一〕「傲」原誤「徹」，據墨子閒詁改。按：孫從畢刻本，字作「傲」，見注㊵。

㊵ 居」，即逸居之意。漢書食貨志「邑無敖民。」師古云：「敖，謂逸遊也。」淮南子說山訓曰「爲儒而踞里閭，爲墨而朝吹竽，是非所行而行所非」，注云：「儒尚禮義，踞里閭，非也。」可見儒者固不傲倨，墨家當不至以傲倨非儒，猶之儒家不以好樂非墨也。

孟子公孫丑篇引詩「徹彼桑土」，趙注云：「徹，取也。」廣雅釋詁曰：「撤，取也。」均此「徹」字之義。下文「夏乞麥禾」、「因人之家以爲翠，恃人之野以爲尊」，皆可爲「怠徹」注脚。天志下篇所謂「不與其勞獲其實」，過其寄生生活也。「徹」，畢本以意改「傲」，今仍從舊本。

㊶ 「食」，畢本誤「酒」，舊本並作「食」，今據正。

㊷ 孫云：荀子非十二子篇云：「偷儒憚事，無廉恥而耆飲食，必曰君子固不用力，是子游氏之賤儒也。」此所非與彼相類。

㊸ 孫云：禮記緇衣鄭注云：「違猶辟也。」

㊹ 「苦」，畢本作「若」，舊本並作「苦」，今據正。　孫云：「人氣」疑當作「乞人」。「氣」與「乞」通，古「乞」作「气」，即雲气字。下文云「夏乞麥禾」，是其證。　○案：孫乙非是。此及以下三句平列，皆以上二字爲主詞，末一字爲動詞。廣雅釋詁曰：「苦，窮也。」「苦人乞」，蓋謂儒者游食乞貸，猶窮苦人乞食矣。

㊺ 「鼸」，舊本作「覝」。　秋山云：「覝」，一作「歉」。　畢云：爾雅有「鼸鼠」，陸德明音義云：「孫炎云：『鼸者，頰裹也。』郭云：『以頰内藏食也。』字林云：『即䶆鼠也。』」說文云：「鼸，䶆

也。」玉篇云：「鼸，胡簟切，田鼠也。」「⿰兼鼠」舊作「⿰兼兒」，誤。　孫云：夏小正云：「正月，田鼠出。田鼠者，嗛鼠也。」「嗛」、「⿰兼鼠」字通。謂儒者得食則藏之，若⿰兼鼠鼠裹藏食物矣。

㊻畢云：爾雅云「羊：牡，羒。」注：「羝」，廣雅云：「二歲曰羝。」說文云：「羝，牡羊也。」陸德明音義云：「字林云：牂羊也。」然則「羝」、「羒」、「牂」皆牡羊。

㊼畢云：易大畜云「豶豕之牙」，崔憬曰：「說文：『豶，劇豕。』今俗猶呼劇豬是也。」　○案：說文作「⿰豕夷豕」，崔以意改之。⿰豕夷與犗義同。劇者，犗假音。玉篇云：「豶，扶云切，犗也。」文心雕龍奏啟篇「墨翟非儒，目以羊彘」，或即指此。

㊽畢云：「散人」猶冗人。　孫云：莊子人間世篇「匠石夢櫟社曰：而幾死之散人」。此述儒者詬君子之語。　○案：莊子人間世篇以無用之木爲「散木」，其「散人」義亦當一例。荀子勸學篇亦以不隆禮者爲「散儒」，「散」字皆示貶抑輕蔑之意，故儒者詬笑己者則曰「散人」，自稱則曰「良儒」。

㊾孫云：疑脱「春乞」云云。「夫」似即「春」字上半缺剥僅存者。

㊿孫云：言秋冬無可乞，則爲人治喪以得食也。

51孫云：喪大記云「卿大夫父兄子姓立于東方」，鄭注云：「子姓，謂衆子孫也。姓之言生也。」

52吴闓生云：「至」疑當作「生」。

53「以爲翠」，各本作「翠以爲」，今依孫校移。　畢云：廣雅：「臎，肥也。」此古字。　王引之云：「翠」當讀爲「睟」。廣韻云：「睟，貨也。」韓子說疑篇「破家殘睟」是也。

54 畢云：言禾麥在野。

55 孫云：此與荀子儒效篇所謂「得委積足以揜其口，則揚揚如也」者相類。

56 各本作「君子必服古言然後仁」。王云：「當依公孟篇作『必古言服然後仁』。」俞云：「此本作『君子必古服古言然後仁』，此與公孟篇互脫一『古』字。」今兼依王、俞說，移爲「古服言」。孝經曰「非先王之法服不敢服，非先王之法言不敢道」。

57 「服言」二字各本無，今參王引之說校增。今之所謂古，即古之所謂新也。

58 「言之」二字各本無，王引之校增「言之」二字於「服之」之上，今依增「言之」二字，而置於「服之」之下。

59 「非」字各本脫，今依王引之校增。

60 「法」字王引之校改「服」。

61 顧云：廣雅釋言：「循，述也。」論語曰「君子述而不作」。

62 畢云：「羿」，「羿」省文。說文云：「羿，古諸侯也。一曰：射師。」孫云：呂氏春秋勿躬篇云「夷羿作弓」。

63 畢云：「仔」即杼，少康子。盧云：世本作「興」。孫云：史記夏本紀「帝少康崩，子帝予立」，索隱云：「予音宁。系本云『季杼作甲』者也。」又書費誓正義引世本亦作「杼」。盧據玉海所引，未塙。

64 孫云：呂氏春秋君守篇同，高注云：「奚仲，黄帝之後，任姓也。傳曰：爲夏車正，封於薛。」説文車部云：「車，夏后時奚仲所造。」山海經海内經云「奚仲生吉光，吉光是始以木爲車」，郭注云：「世本云『奚仲作車』，此言吉光，明其父子共創作意，是以〔一〕互稱之。」續漢書輿服志劉注引古史考云：「黄帝作車，引重致遠，其後少昊時駕牛，禹時奚仲駕馬。」依譙周説，奚仲駕馬，車非其所作。司馬彪、劉昭並從之，於義爲長。

65 畢云：北堂書鈔引作「倕」，太平御覽作「錘」，事類賦引作「工倕」。太平御覽引有云「禹造粉」，疑在此。　俞云：「巧垂」當作「功垂」。功垂即工垂也。莊子胠篋篇「攦工錘之指」，釋文曰：「錘音垂，堯時巧者也。」堯典「咨！垂，女共工」，是稱工垂者，工其官，垂其名。　孫云：山海經海内經云「義均是〔二〕始爲巧倕」，楚辭九章亦云「巧倕」，又見七諫，俞説未塙。　○案：北堂書鈔一百三十引，鈔本作「巧倕」，陳本作「工垂」。初學記二十五引作「巧倕」，蜀本御覽七百六十八引作「工倕」，廣韻十八尤「舟」字注引作「工倕」。「垂」、「倕」字通，作「工」、作「巧」，古書中兩有之。藝文類聚七十一引作「棄作舟」，與此異。

〔一〕「是以」，墨子閒詁原引誤倒，本書沿誤，據山海經海内經郭璞注乙。

〔二〕「是」字原脱，據墨子閒詁原引補，與山海經海内經合。

66 畢云：考工記有「函、鮑」，鄭君注云：「鮑讀爲鮑魚之鮑，書或作鞄，蒼頡篇有『鞄甆』。」陸德明音義云：「劉音僕。」説文云：「鞄，柔革工也。从革，包聲，讀若朴。周禮曰『柔皮之工鮑氏』，鞄即鮑也。」

67 寶曆本「其」作「夫」。

68 孫云：言所述之事，其始必有作之之人也。

69 其所循，人必或作之。若作者皆小人，則其所循者皆小人道也。是儒家循而不作之理論，已自相矛盾。吴鈔本「也」作「耶」。

70 畢云：「又」舊作「人」，以意改。　○案：寶曆本、繹史本作「又」。

71 明鬼下篇曰「武王逐奔入宫」。　孫云：穀梁隱五年傳云「伐不踰時，戰不逐奔」，司馬法仁本篇云「古者逐奔不過百步〔二〕」，又天子之義篇云「古者逐奔不遠」，墨子所述儒者之言與穀梁同。

72 吴鈔本「揜」作「掩」。　孫云：禮記表記鄭注云：「揜猶困迫也。」「函」疑「亟」之形誤。揜亟，謂敵困急則不忍射之也。　曹云：「揜函」，謂奔者以甲自蔽也，畏射故揜函。　牧野謙引諸葛蠡云：「揜函」謂揜藏其甲。　尹桐陽、張純一説同。　○案：軍敗止有棄甲，似無藏甲之理。疑「函」當訓含藏，與「揜」字平列。「揜函」者，藏匿隱蔽之意。韓子主道篇曰「函掩其跡，匿

〔二〕「步」，墨子閒詁原引作「里」，本書沿誤，據司馬法仁本改。

其端」，此言「拚函」，猶彼言「函掩」也。古人自有複語耳。

(73)「强」，下文作「施」，堂策檻本、四庫本、畢本此亦作「施」，蓋即據下文校改。案「强」字是，下文作「施」，皆「强」之形譌。「强」借爲「僵」。凡敗軍有傷病僵仆者，均可謂之僵。胥與犀聲相近。史記匈奴傳「漢遺單于黄金胥紕一」，集解引徐廣曰「或作犀毗」，漢書作「犀毗」，是其例。漢書馮奉世傳注引晉灼云：「犀，堅也。」韓子姦劫弑臣篇「託於犀車良馬之上」，彼言「犀車良馬」，猶本書辭過篇所謂「堅車良馬」也。是「胥車」即「犀車」，亦即「堅車」矣。言敗軍有僵仆者，則以堅車助之，俾利於行。司馬法仁本篇所謂「哀憐傷病」，意與此相類。

(74)句。

(75)「與」字各本脱，今依王校增。王云：「何故相」下當有「與」字，而今本脱之，則義不可通。「相與」，謂相敵也。古謂相敵爲相與。襄二十五年左傳「一與一，誰能懼我」，哀九年傳「宋方吉，不可與也」，越語「彼來從我，固守勿與」，「與」字並與「敵」同義。言既爲仁人，則無辭必服，見善必遷，何故兩相敵也。上文曰「若皆仁人也，則無説而相與」，是其明證矣。

(76)「兩」，道藏本、吴鈔本、陸本、唐本、茅本、緜眇閣本作「雨」，誤。

(77)「施」，當依上文作「强」，説詳上。古鈔本於「弓」旁多作「方」，故「强」誤爲「施」。

(78)孫云：「聖」下疑脱「人」字。

(79)「傳」，諸本作「傳」，緜眇閣本、繹史本作「儒」，今從之。王校同。

⑧⓪「施」當作「强」。

⑧①王云：「也」字涉上下文而衍。

⑧②「賊」，諸本作「賤」，寶曆本作「賊」，今從之。戴校同。

⑧③畢云：「君」舊作「吾」，據上文改。

⑧④孫云：此亦見公孟篇公孟子告墨子語。學記云：「善待問者如撞鐘，叩之以小者則小鳴，叩之以大者則大鳴。」　○案：荀子勸學篇曰「不問而告謂之傲，問一而告二謂之囋。傲，非也；囋，非也。君子如嚮矣」，文意類此。

⑧⑤俞云：「得」字、「務」字傳寫互易。「事親務孝」，言事親者務爲孝也，與「事上竭忠」相對。「得善則美」，言有善則美之也，與「有過則諫」相對。

⑧⑥俞云：「豫」猶儲也。　吴説同。　孫云：「豫」當爲「舍」之假字。「豫」从予聲，古音與「舍」同部。節葬下篇云「無敢舍餘力、隱謀遺利而不爲親爲之者矣」，「隱知」猶彼云「隱謀」，「豫力」即彼云「舍餘力」也。　○案：「豫」即書洪範「豫，恒燠若」之「豫」，鄭、王本「豫」作「舒」，鄭玄云：「舉遲也。」王肅云：「舒，惰也。」易雜卦「謙輕而豫怠也」，是「豫」者怠惰之義。「隱知豫力」，言隱匿其知，怠惰其力也。

⑧⑦説文曰：「恬，安也。」「漠，一曰清也。」「嗼，啾嗼也。」莊子刻意篇「恬惔寂寞」。　孫云：淮南子詮言訓云「故中心常恬憺」，泰族訓云「静莫恬淡」，宋本「莫」作「漠」。「漠」、「憺」、「莫」字並通。

⑧⑧「不」，緜眇閣本、陳本、繹史本作「弗」。

⑧⑨孫云：莊子逍遥遊篇云「中於機辟，死於罔罟」，釋文引司馬彪云：「辟，罔也。」又山木篇云「然且不免於罔羅機辟之患」，鹽鐵論刑德篇云「罻羅張而縣其谷，辟陷設而當其蹊」，則「機辟」蓋掩取鳥獸之物。「辟」字又作「臂」，楚辭哀時命云「外迫脅於機臂兮，上牽聯於矰隿」，王注云：「機臂，弩身也。」王説與司馬義異，未知孰是。　○案：「機辟」蓋能自動獵禽之具，方與本文「發」字適合，則王説義長。今獵人安設弩箭射獸，皆有一定蹊徑，與鹽鐵論所述亦不悖。

⑨⓪句。

⑨①「交」字，孫校爲「友」之誤，屬上爲句，義亦可通。

⑨②孫云：「執後不言」，謂拘執居後，不肯先言之。「朝物」疑有脱誤。　案：「執」，持也，守也。「執後」猶道家言「取後」。「物」字屬下讀。

⑨③儀禮既夕禮「冢人物土」，鄭注云：「物猶相也。」相者，視察之義。離騷「相觀民之計極」，彼「相觀」，此「物見」，皆複語也。　蘇云：「使」當作「便」，「雖」當作「唯」。　俞云：「雖」、「唯」古字通。蓋言利之所在，唯恐後言也。

⑨④孫云：説文手部云：「拱，斂手也。」

⑨⑤畢云：説文云：「噲，咽也。讀若快。」「噎，飯窒也。」「會」與「噲」同，不言之意。

⑨⑥吴鈔本「惟」作「唯」。

(97) 句。

(98) 孫云：「誰」當作「雖」。蓋言事急則退避而遠行。荀子非十二子篇云：「正其衣冠，齊其顏色，嗛然而終日不言，是子夏氏之賤儒也。」此所非與彼相類。○案：賈子階級篇曰「見利則逝，見便則奪，主上有患，則吾苟免而已，立而觀之耳」，文意與此略同。

(99) 「皆」，各本作「昔」，今依王校改。

(100) 「徧」，道藏本、陸本、唐本、茅本、緜眇閣本、堂策檻本、繹史本、四庫本作「偏」，古字通用。「遠用徧施」，各本作「遠施用徧」，王云：「當作『遠施周偏』。」曹云：「當作『遠用徧施』。」今從曹校。「遠用徧施」猶遠以博施也，與下文「近以脩身」對文。

(101) 「脩」，各本作「循」，今依王校改。

(102) 俞云：「利則止」當作「不利則止」，傳寫脱「不」字耳。○案：「止」當作「上」，形近而譌。上即尚賢之尚。言曲直周旋，唯利則尚也。墨家務興天下之利，故尚利。國語楚語：「左史倚相曰：君子之行，欲其道也，故進退周旋，唯道是從」，句法與此略同。

(103) 「丘」字，畢本避孔子諱作「某」，舊本並作「丘」，今從舊本，下仿此。

(104) 吴鈔本「謬」作「繆」。

(105) 吴鈔本無「復」字。王景羲云：當作「公又問，復不對」。

(106) 「爲」字各本脱，孫據孔叢子詰墨篇增，今從之。

107 孫云：史記孔子世家楚昭王迎孔子至楚，事在哀公六年。

108 孫云：「白公」，楚平王孫，名勝。其與石乞作亂事，見哀十六年左傳。此事不可信。列子説符篇、呂氏春秋精諭篇、淮南子道應訓並載白公與孔子問答，或因彼而誤傳與？

109 畢云：孔叢詰墨云：「白公亂在魯哀公十六年秋也，孔子已卒十旬。」蘇云：白公之亂在景公卒後十二年，而晏子之卒更在景公之先，又安能預知後事，而先與景公言之？

110 呂氏春秋不侵篇「豫讓，國士也，而猶以人之於己也爲念」，高注云：「於猶厚也。」即此「於」字之義。下文「舍公家而於季孫」，義與此同。俞云：此本作「教行於下必利上」。

111 「而」下「易」字各本脱，曹據上句補，今從之。大戴記子張問政篇「善政行易則民不怨」，「行易」言其行平易也。司馬長卿封禪文曰：「故軌迹夷易，易遵也。」鹽鐵論刑德篇：「故德明而易從，法約而易行。」王云：當作「行明而易從」。下文曰「行義可明乎民」，又曰「行義不可明於民」，皆其證。

112 俞云：「同」乃「周」字之誤。「深慮、周謀」相對爲文，言其慮深沈，其謀周密也。

113 畢云：孔叢引「殺」作「弑」。

114 畢云：「趣」讀「促」。

115 畢云：脱字。○案：疑當作「非仁之義也」，義訓爲宜。

116 「逃」，陸本、茅本、寶曆本、緜眇閣本作「逊」。「后」，吴鈔本、緜眇閣本，堂策檻本、陳本四庫本作

「後」。

⑪⑦ 吳鈔本「明」作「謀」。

⑪⑧ 「呼」，畢本作「乎」，舊本並作「呼」，今從舊本。

⑪⑨ 畢云：「貺」當爲「況」，此俗寫。 孫云：儀禮士昏禮記云「吾子有貺命」，鄭注云：「貺，賜也。」

⑫⓪ 孫云：史記孔子世家以此爲昭公二十五年魯亂、孔子適齊以後事。

⑫① 史記孔子世家作「尼谿田」，晏子春秋外篇作「爾稽」，孫星衍云：「『尼』『爾』、『谿』『稽』聲皆相近。」 孫云：「尼谿」地無考。 呂氏春秋高義篇又作「景公致廩丘以爲養」。 ○案：淮南子氾論訓「孔子辭廩丘」，高注云：「廩丘，齊邑，今屬濟陰。」疑爲一事而傳聞各異。

⑫② 盧云：晏子外篇與此多同，「浩居」作「浩裾」。 畢云：史記作「倨傲自順」。 顧云：「居」，漢書酷吏郅都傳「丞相條侯，至貴居也」，讀作「倨」。 孫云：大戴禮記文王官人篇云「自順而不讓」，又云「有道而自順」，孔廣森云：「自順，謂順非也。」 ○案：「浩居」，宋本孔叢子作「泆居」，曹箋亦改作「泆居」。

⑫③ 孫云：晏子作「好樂緩於民」。

⑫④ 史記、孔叢作「崇喪遂哀」。 孫云：「宗」、「崇」字通。 王云：「循」、「遂」一聲之轉。「遂哀」謂哀而不止也。 三年問曰：「三年之喪，二十五月而畢，若駟之過隙。然而遂之，則是無窮也。」

⑫⑤ 晏子作「子民」。

⑫⑥ 盧云：晏子作「異于服，勉于容」。　曹云：「機」，異也。「勉容」，強爲容儀也。　○案：管子任法篇曰「無偉服，無奇行〔一〕」，「機」、「偉」音近，「機服」猶「偉服」。偉，奇也，異也。

⑫⑦ 吴鈔本「脩」作「修」。　孫云：晏子作「盛聲樂以侈世」。文選西京賦薛綜注云：「蠱，惑也。」

⑫⑧ 吴鈔本「趨」作「趍」。畢本「觀」譌「勸」，舊本並作「觀」，今據正。晏子亦作「觀」。

⑫⑨ 「博」，各本作「儒」，今依王校改。　畢云：晏子「儒」作「博」，「議」作「儀」。　王云：作「博」者是，此言孔子博學而不可以爲法於世，非譏其儒學也。今本作「儒學」者，「博」誤爲「傳」，又誤爲「儒」耳。隸書傳、儒相似。「儀」、「議」古字通。

⑬⓪ 畢云：三字舊脱，盧據晏子增。

⑬① 孫云：「當年」，壯年也，詳非樂上篇。抱朴子外篇省煩引墨子作「累世不能盡其學，當年不能究其事」，與史記略同。

⑬② 「贍」，晏子作「瞻」，説文無「贍」字。

⑬③ 畢云：説文云：「瞀，惑也。」家語云「營惑諸侯」，高誘注淮南子曰：「營，惑也。」「營」同「瞀」。

⑬④ 寶曆本「遇」作「愚」，字通。晏子亦作「愚」。　畢云：當爲「愚民」。

〔一〕「行」原誤「容」，據管子任法改。

⑬⑤ 俞云：晏子「期」作「示」，此文「期」字亦「示」字之誤。古文「其」字作「亓」，見集韻，「示」誤爲「亓」，因誤爲「期」矣。

⑬⑥ 畢云：「衆」，孔叢作「家」，非。

⑬⑦ 晏子、史記「利」並作「移」。　畢云：作「移」是。

⑬⑧ 畢云：二字舊脱，據孔叢增。

⑬⑨ 吴鈔本並脱「善」字，晏子亦有「公曰善」三字。

⑭⓪ 畢云：「厚其」二字舊脱，盧據晏子增。

⑭① 吴鈔本「問」誤「利」。

⑭② 十一字作一句讀。「丘」字畢本脱，舊本並有，今據補。「志」讀如論語「默而識之」之「識」。畢本從盧校改「恙」。

⑭③ 「皮」，諸本作「及」，寶曆本作「皮」，與畢本合。　畢云：「鴟夷子皮」即范蠡也。韓非子云：「鴟夷子皮事田成子，成子去齊，走而之燕，鴟夷子皮負傳而從。」按史記貨殖傳云：「范蠡變名易姓，適齊，爲鴟夷子皮。」　蘇云：據史記，范蠡亡吴後，乃變〔一〕易姓名適齊，爲鴟夷子皮。然亡吴之歲，乃孔子卒後六年，景公卒後十七年，又安知蠡之適齊而樹之田氏之門乎？此與莊周所

〔一〕「變」原誤「言」，據蘇時學墨子刊誤卷一改。

言孔子見盜跖無異，真齊東野人之語也。　孫云：淮南子氾論訓云：「昔者齊簡公釋其國家之柄而專任大臣，故使陳成田常、鴟夷子皮得成其難。」說苑指武篇又云：「田成子常與宰我爭，宰我夜伏卒，將以攻田成子。鴟夷子皮聞之，告田成子。」即此。「田常」即陳恒，見春秋哀十四年經。公羊「恒」作「常」。莊子盜跖篇云「田成子常殺君竊國而孔子受幣」，蓋戰國時有此誣妄之語。　○案：據史記，田常殺簡公在周敬王三十九年，魯哀公十四年。其時越未滅吴，范蠡尚在越。此鴟夷子皮助田常作亂，當别爲一人，非范蠡也。

⑭④ 孫云：荀子法行篇有南郭惠子問於子貢，楊注云：「未詳其姓名。蓋居南郭，因以爲號。」案「南郭惠子」，尚書大傳略説作「東郭子思」，説苑雜言篇作「東郭子惠」。史記索隱引世本陳成子弟有惠子得，或即其人。

⑭⑤ 爾雅釋言：「閒，俔也。」廣雅釋詁：「閒，覗也。」　畢云：言伺其閒。　蘇云：「閒」當作「聞」。

⑭⑥ 秋山云：「教」，一作「殺」。　孫云：史記孔子弟子列傳載田常欲作亂於齊，憚高、國、鮑、晏，故移其兵欲以伐魯。孔子聞之，使子貢至齊，説田常伐吴。又説吴救魯伐齊，與齊人戰於艾陵，大敗齊師。越王聞之，襲破吴。越絶書陳成恒内傳所載尤詳，云「子貢一出，存魯、亂齊、破吴、強晉、霸越」，即其事。

⑭⑦ 吴鈔本無「言」字。　秋山云：「數」，一作「教」。　孫云：依吴本，則「術」當讀爲「遂」。月

令「審端徑術」，鄭注云：「術，周禮作遂。」此當爲「隧」之假字，謂伏尸之多，以隧數計，猶言以澤量也。或云當作「以意術數」，「意」、「言」篆文相近，即「億」之省。「術」、「率」通，詳明鬼下篇。廣雅釋言云：「率、計，校也。」猶言以十萬計。

148 畢云：言孔子之責也。　蘇云：「誅」當作「謀」。

149 孫云：史記孔子世家云：「定公九年，由司空爲大司寇。」

150 「於」猶厚也，詳上文。　吳云：於，依也。畢據孔叢改「奉」，非是。

151 孫云：經傳無此事。

152 句。

153 畢云：列子云「孔子勁能招國門之關，而不肯以力聞」，呂氏春秋慎大篇云「孔子之勁，舉國門之關，而不肯以力聞」，此云「決植」，即其事也。　說文云：「植，户植也。」似言季氏爭關而出，孔子決門植以縱之。　孫云：「決植」上疑有脱文。左傳襄十年「縣門發，郰人紇抉之，以出門者」，孔疏：「服虔云：抉，撅也。謂以木撅抉縣門使舉，令下容人出也。」「決」疑「抉」之借字。　淮南子道應訓「孔子勁杓國門之關」，又主術訓「孔子力招城關」。　○案：論衡効力篇曰「孔子能舉北門之關，不以力自章」。

154 畢云：孔叢「窮」作「戹」。　○案：「窮」，宋本、蜀本御覽八百六十三引作「厄」。「蔡陳」，類聚九十四引、書鈔百四十四又百四十五引、御覽凡四引、孔叢子引並作「陳蔡」。

⑮⑤ 畢云：藝文類聚引作「藜蒸不糂」，北堂書鈔作「不糝」，太平御覽作「糂」，一作「糝」。荀子云「七日不火食，藜羹不糂」，楊倞云：「糂與糝同，蘇覽反。」説文云：「糂，以米和羹也。一曰粒也。古文糂從參。」則「糝」、「糂」古今字。　○案：書鈔兩引並作「藜蒸不糝」，宋本、蜀本御覽四百八十六引作「藜羹不糝」，又八百五十九引作「藜蒸不糂」，蜀本、補宋鈔本御覽九百三引作「藜菾不糂」，菾即「蒸」之省文。廣韻四十八感「糂」字注引作「藜羹不糂」，又曰「或作糝」。莊子讓王篇、呂氏春秋慎人篇、韓詩外傳卷七、説苑雜言篇、風俗通義窮通篇並作「藜羹不糝」。呂氏春秋任數篇作「藜羹不斟」，「糂」、「斟」音同。孔叢子作「藜羹不粒」。

⑮⑥ 莊子天運篇、讓王篇、荀子宥坐篇並曰「七日不火食」。呂氏春秋、韓詩外傳、説苑、風俗通義、孔叢文皆小異，而作「七日」則同。此「十日」疑「七日」之形誤。

⑮⑦ 吴鈔本「享」作「亨」。　畢云：孔叢、太平御覽引「亨」作「烹」，俗寫耳，「亨」即「烹」字。　王云：「爲」字後人所加。孔叢子詰墨篇、藝文類聚獸部中、太平御覽人事部百二十七、飲食部二十一、獸部十五引此皆作「子路烹豚」，無「爲」字。　吴云：「爲」去聲，王删此字，非是。○案：蜀本御覽九百三引，「豚」作「豕」。

⑮⑧ 「褫」，諸本作「號」，寶曆本作「褫」，今從之。　畢云：「號」，「褫」字之誤。孔叢作「剥」。孫云：説文衣部云：「褫，奪衣也。」非攻上篇云「拕其衣裘」，「拕」、「褫」字同。

⑮⑨ 吴鈔本「酤」作「沽」。　畢云：孔叢「酤」作「沽」，同。

⑯0 孫云：孔子窮於陳蔡之閒，在哀公六年。十一年，季康子迎孔子自衛反魯，即其時也。

⑯1 吴鈔本「弗」作「不」，下句仍作「弗」。　孫云：論語鄉黨篇云「席不正不坐」。

⑯2 孫云：文選王昭君詞李注引兩「弗」字並作「不」。　論語鄉黨篇文同，皇侃疏云：「古人割肉必方正，若不方正割之，故不食也。」

⑯3 畢云：文選注引「反」作「異」。

⑯4 「語」，畢本作「與」，舊本並作「語」，今據正。「女」，吴鈔本作「汝」。　畢云：當爲「語女」。

⑯5 畢云：苟且。　王云：畢説非也。「苟」讀爲「亟其乘屋」之「亟」。亟，急也。説文：「苟，自急敕也。從羊省，從勹口。勹口猶慎言也。與『苟且』之『苟』從艸者不同。」「曩與女爲苟生，今與女爲苟義」者，「曩」謂在陳蔡時也，「今」謂哀公賜食時也。「苟」，急也，言曩時則以生爲急，今時則以義爲急也。若以「苟」爲「苟且」之「苟」，則「苟義」二字義不可通矣。文選石崇王昭君詞注引此亦誤以爲「苟且」之「苟」。案「苟」字不見經典，惟爾雅「亟，速也」，釋文曰：「亟字又作苟，同居力反。」此釋文中僅見之字。釋文而外，則唯墨子書有之，亦古文之僅存者，良可貴也。　俞云：「苟」字仍當爲「苟且」之「苟」。「苟生」者，苟可以得生而止也。「苟義」者，苟可以得義而止也。儀禮燕禮、聘記並有「賓爲苟敬」之文，此言「爲苟生」、「爲苟義」，正與「爲苟敬」一律。淮南子繆稱篇云：「小人之從事也，曰苟得；君子之從事也，曰苟義」，文義正與此相近。　○案：王説義長，俞引淮南子文，亦可以王説釋之。

⑯⑥ 畢云：舊云「曩與女爲苟義」，脱五字，據文選注增。

⑯⑦ 畢本「辭」下有「忘」字，舊本並無，今據删。　畢云：「忘」字衍。

⑯⑧ 「𣎆」，諸本作「𣎆」，吴鈔本作「𣎆」，緜眇閣本、陳本作「𣎆」。「𣎆」、「𣎆」字通，今從作「𣎆」。秋山校、王校並同。「則」字各本脱，今依王校增。　王云：「𣎆」之言盈也。僖二十八年左傳「我曲楚直，其衆素飽」，杜注曰：「直，氣盈飽。」「盈飽」即「𣎆飽」，正對上文「飢約」而言。今本「飽」下脱「則」字，「𣎆飽」又譌作「𣎆飽」，則義不可通。

⑯⑨ 吴鈔本「汙邪」倒。

⑰⓪ 畢云：舊作「然就」，孫以意改。　孟子云「舜見瞽叟，其容有蹙」，韓非子忠孝曰「記曰：舜見瞽叟，其容造焉，孔子曰：當是時也，危哉，天下岌岌」，荀子亦同作「造」。案「就」、「蹙」、「造」三音皆相近。　孫云：禮記曲禮「足蹙」，釋文云：「蹙，本又作蹴。」大戴禮保傅篇「靈公造然失容」，賈子胎教篇作「戚然易容」，新序雜事篇作「靈公蹴然易容」。此書以「就」爲「蹙」、爲「造」，猶新序以「蹴」爲「戚」、爲「造」也。　孟子趙注云：「其容有蹙踖，不自安也。」又公孫丑篇「曾西蹵然」，注云：「蹵然，猶蹙踖也。」

⑰① 畢云：「圾」舊作「坡」，以意改。　孟子、韓非子作「岌岌」。　孫云：孟子萬章篇云「孔子曰：於斯時也，天下殆哉，岌岌乎」，趙注云：「孔子以爲君父爲臣。岌岌乎，不安貌也，故曰殆哉。」莊子天地篇曰「殆哉，圾乎天下」，郭注云：「圾，危也。」管子小問篇云「危哉，君之國岌乎」。義並同。

⑰② 孫云：「非其人」疑當作「其非人」。「人」與「仁」字通。言周公不足爲仁，即指下「舍其家室」而言。三國志魏志裴松之注及長短經懼誡篇並引尸子云：「昔周公反政，孔子非之曰：周公其不聖乎？以天下讓，不爲兆民也。」「非仁」與「不聖」之論略同。蓋戰國時流傳有是語。又案詩小雅四月云「先祖匪人，胡寧忍予」，「人」亦即「仁」字，言先祖於我其不仁乎。彼「匪人」與此「非人」文意字例並同。鄭詩箋云：「我先祖非人乎？」則詁「人」如字，失其恉趣，此可以證其誤。

○案：此文似無錯字。莊子養生主篇：「老聃死，秦失弔之，曰：始也吾以爲其人也，而今非也。」彼「其人」字正與此同。

⑰③「舍亓」舊作「舍亦」，今依王校改。畢本從盧校作「亦舍」。王云：「亦」字義不可通，「亦」當爲「亓」，「亓」，古其字也。墨子書「其」字多作「亓」，説見公孟篇。耕柱篇曰「周公旦辭三公，東處於商奄」，蓋即此所謂舍其家室而託寓者。盧改「舍亦」爲「亦舍」，非是。孫云：以上並謂孔子誣舜與周公也。

⑰④ 孫云：「徒屬」猶言黨友，故後兼舉「陽虎」、「佛肸」言之。呂氏春秋有度篇云「孔、墨之弟子徒屬充滿天下」。

⑰⑤ 畢云：舊脱「亂」字，據孔叢云「以亂衛」增。孫云：莊子盜跖篇：「跖曰：子路欲殺衛君，而事不成，身葅於衛東門之上，是子教之不至也。」案子貢未聞與孔悝之難，亦謾語也。鹽鐵論殊路篇云：「子路仕衛，孔悝作亂，不能救君，出亡，身葅於衛。子貢、子皋遁逃，不能死其難。」然則時

子貢或適在衛與？ 秋山云：「子貢」當作「子羔」，音誤。孔子家語及史記、説苑皆作「羔」，是。 ○案：秋山説近是。哀十五年左傳「孔子聞衛亂，曰：柴也其來，由也死矣」，正指此事，則「子貢」之當作「子羔」甚明。孫引鹽鐵論殊路篇，其「子貢、子皋遁逃」句，似總承上文宰我身死於齊，子路身菹於衛而言。蓋謂宰我死而子貢逃，子路死而子皋逃，同遇一難，或死或亡，所謂殊路是也。惟據左傳、史記，其時子貢在魯，仁衛、仕齊兩無徵耳。

⑯ 畢云：孔叢作「魯」。 孫云：此當從孔叢作「魯」。左傳定九年陽虎奔齊，又奔晉，無亂齊之事。 ○案：韓子外儲説左篇曰：「陽虎去齊走趙，簡主問曰：『吾聞子善樹人。』虎曰：『臣居齊，薦三人，一人得近王，一人爲縣令，一人爲候吏。及臣得罪，近王者不見臣，縣令者迎臣執縛，候吏者追臣至境上，不及而止。』」此或即亂齊事也。

⑰ 孫云：論語陽貨篇云：「佛肸召，子欲往。子路曰：佛肸以中牟畔，子之往也，如之何？」集解：「孔安國云：晉大夫趙簡子之邑宰。」史記孔子世家：「佛肸爲中牟宰，趙簡子攻范、中行，伐中牟。佛肸畔，使人召孔子。」左傳哀五年：「夏，趙鞅伐衛，范氏之故也，遂圍中牟。」即其時也。「肸」蓋范、中行之黨，孔安國以爲趙氏邑宰，誤也。

⑱ 「刑」，吴鈔本作「形」。「桼」，舊本作「求」，畢本作「桼」，蓋據孔叢改。「桼」、「漆」字通。 畢云：孔叢作「漆雕開形殘，詰曰非行己之致」。 孫云：孔子弟子列傳尚有漆雕哆、漆雕徒父二人，此所云或非開也。韓非子顯學篇云「孔子卒後，儒分爲八，有漆雕氏之儒」，又云「漆雕之

議，不色撓，不目逃，行曲則違於臧獲，行直則怒於諸侯」，此亦非漆雕開明甚。孔叢僞託，不足據也。　○案：孫謂孔叢不足據，是也。此「桼雕」疑即韓子所載之漆雕。「桼雕刑殘」，猶言桼雕刑殺殘暴也。韓子下文又曰「是宋榮之寬，將非漆雕之暴也」，正與此文意相類。

(179) 畢云：「莫」上當脱一字。

(180) 「後生其師」猶言後繼其師。公羊莊三十一年傳「一生一及」，何注云：「父死子繼曰生。」

(181) 吴鈔本「脩」作「修」。

墨子校注卷之十(上)

經上第四十①

經說上第四十二

一、故,所得而後成也②。

說故③:小故,有之不必然④,無之必不然,體也,若有端。大故,有之必然,無之必不然⑤,若見之成見也⑥。

二、體,分於兼也⑦。

說體:若二之一,尺之端也⑧。

三、知,材也⑨。

說知材。知也者,所以知也,而不必知⑩,若明⑪。

四、慮，求也⑫。

說慮：慮也者，以其知有求也，而不必得之，若睨⑬。

五、知，接也⑭。

說知：知也者，以其知遇物，而能貌之⑮，若見⑯。

六、恕，明也⑰。

說恕⑱：恕也者，以其知論物，而其知之也著，若明⑲。

七、仁，體愛也⑳。

說仁：愛民者，非爲用民也㉑，不若愛馬者㉒，若明㉓。

八、義，利也㉔。

說義：志以天下爲芬㉕，而能能利之㉖，不必用㉗。

九、禮，敬也。

說禮：貴者公，賤者名，而俱有敬僈焉㉘，等異論也㉙。

十、行，爲也。

說行：所爲不善名，行也㉚；所爲善名，巧也，若爲盜㉛。

一一、實，榮也㉜。

說實：其志氣之見也㉝，使人如己㉞，不若金聲玉服㉟。

一二、忠，以爲利而强低也㊱。

說忠：不利弱子亥足將入止容㊲。

一三、孝，利親也㊳。

說孝：以親爲芬㊴，而能能利親，不必得㊵。

一四、信，言合於意也。

說信：不以其言之當也，使人視城得金㊶。

一五、佴，自作也㊷。

說佴：與人、遇人，衆循㊸。

一六、謂，作嗛也㊹。

說謂：爲是爲是之台彼也，弗爲也㊺。

一七、廉，作非也㊻。

說廉：己惟爲之，知其也䫥也㊼。

一八、令，不爲所作也㊽。

說：所令，非身弗行㊾。

一九、任，士損己而益所爲也㊿。

說任：爲身之所惡，以成人之所急(51)。

二十、勇，志之所以敢也(52)。

說勇：以其敢於是也，命之，不以其不敢於彼也，害之(53)。

二一、力，刑之所以奮也(54)。

說力：重之謂下(55)，與重奮也(56)。

二二、生，刑與知處也(57)。

說生：楹之生，商不可必也(58)。

二三、臥，知無知也(59)。

說臥。

二四、夢，臥而以爲然也(60)。

說夢(61)。

二五、平，知無欲惡也(62)。

說平：淡然(63)。

二六、利，所得而喜也。

說利：得是而喜，則是利也。其害也(64)，非是也(65)。

二七、害，所得而惡也。

說害：得是而惡，則是害也。其利也(66)，非是也(67)。

二八、治，求得也。

說治：吾事治矣，人有治南北(68)。

二九、譽，明美也。

說：原文譽之必其行也其言之忻使人。

校正譽之，必其行也、其言也使人忻(69)。

三十、誹，明惡也。

說：原文督之誹必其行也其言之忻。

校正誹之，必其行也、其言也使人督(70)。

三一、舉，擬實也(71)。

說舉(72)：告以文名，舉彼實也(73)。

三二、言，出舉也。

說故(74)：言也者，諸口能之出民者也(75)。民若畫俿也(76)。言也謂言(77)，猶名致也(78)。

三三、且，且言然也⑲。

說且：自前曰且，自後曰已，方然亦且⑳。

三四、君，臣萌通約也㉑。

說：原文若石者也君以若名者也。

校正君：君也者，以若名者也㉒。

三五、功，利民也。

說：功不待時，若衣裘㉓。

三六、賞，上報下之功也㉔。

說：賞，上報下之功也㉕。

三七、罪，犯禁也。

說：罪不在禁，惟害無罪殆姑㉖。

三八、罰，上報下之罪也㉗。

說：罰，上報下之罪也。

三九、同，異而俱於之一也㉘。

說侗㉙：二人而俱見是楹也㉚，若事君㉛。

四十、久，彌異時也⑫。
說：久今古、今、且⑬。
四一、宇，彌異所也⑭。
說：宇，莫東、西、家、南、北⑮。
四二、窮，或有前不容尺也⑯。
說窮：或不容尺，有窮。莫不容尺，無窮也⑰。
四三、盡，莫不然也。
說：盡，但止動⑱。
四四、始，當時也。
說始：時或有久，或無久，始當無久⑲。
四五、化，徵易也⑳。
說化：若鼃爲鶉㉑。
四六、損，偏去也。㉒
說損。偏也者，兼之體也㉓。其體或去或存，謂其存者損㉔。
四七、大益㉕。

四八、儇：稹秖[106]。

說。儇，昫民也[107]。

四九、庫，易也[108]。

說庫：區穴若斯[109]，貌常[110]。

五十、動，或徙也[111]。

說動：偏、祭徙[112]，若戶樞、免、瑟[113]。

五一、止，以久也。

說止：無久之不止，當牛非馬，若矢過楹[114]；有久之不止，當馬非馬，若人過梁[115]。

五二、必，不已也。

說。必，謂臺執者也[116]，若弟兄。一然者一不然者，必不必也[117]，是非，必也[118]。

五三、平，同高也[119]。

五四、同長，以缶相盡也[120]。

說同：捷與狂之同長也心[121]。

五五、中，同長也。

說中：自是往，相若也[122]。

五六、厚，有所大也。

說厚：惟無所大⑫③。

五七、日中，缶南也⑫④。

五八、直，參也⑫⑤。

五九、圜，一中同長也。

說圜：規寫交也⑫⑥。

六十、方，柱隅四讙也⑫⑦。

說方：矩見交也⑫⑧。

六一、倍，爲二也。

說倍：二尺與尺，但去一⑫⑨。

六二、端，體之無序而最前者也⑬⓪。

說端：是無同也⑬①。

六三、有閒，中也⑬②。

說：有閒，謂夾之者也⑬③。

六四、閒，不及旁也。

說：閒，謂夾者也⑭。尺前於區穴而後於端，不夾於端與區内⑮。及，及非齊之及也⑯。

六五、纑，閒虛也⑰。

說纑：虛也者，兩木之閒，謂其無木者也⑱。

六六、盈，莫不有也⑲。

說盈：無盈，無厚。於尺無所往而不得得二⑳。

六七、堅白，不相外也。

說堅：異處不相盈，相非，是相外也㉑。

六八，攖，相得也㉒。

說攖：尺與尺，俱不盡；端與端，俱盡㉓；尺與端㉔，或盡或不盡。堅白之櫻，相盡；體攖，不相盡㉕。

六九、似，有以相攖，有不相攖也。

說似：兩目端，而后可㉖。

七十、次，無閒而不攖攖也㉗。

說次：無厚而厚，可㉘。

七一、法，所若而然也。

說法：意、規、員，三也，俱可以爲法⑭⑨。

七二、佴，所然也⑮⓪。

說佴：然也者，民若法也⑮①。

七三、説，所以明也⑮②。

七四、彼，不可兩⑮③，不可也⑮④。

說彼：凡牛⑮⑤，樞非牛⑮⑥，兩也，無以非也⑮⑦。

七五、辯，争彼也⑮⑧。辯勝，當也。

說辯：或謂之牛，或謂之非牛⑮⑨，是争彼也。是不俱當。不俱當，必或不當〔一〕。不當，若犬⑯⓪。

七六、爲，窮知而縣於欲也⑯①。

說爲：欲𩡧其指⑯②，智不知其害，是智之罪也。若智之、慎之也⑯③，無遺於其害也。而猶欲𩡧之，則離之⑯④。是猶食脯也，騷之利害，未知也⑯⑤，欲而騷⑯⑥，是不以所疑止所欲也。廧外之利害未可知也⑯⑦，趨之而得刀，則弗趨也⑯⑧，是以所疑止所欲也⑯⑨。觀爲窮知而縣

〔一〕「必」上畢刻原有「不」字，孫依道藏本删，吴氏從之，但注中未説明。

於欲之理。𩟐脯而非恕也(170)，𩟐指而非愚也(171)，所爲與所不爲，與相疑也(172)，非謀也(173)。

七七、已，成、亡(174)。

説已：爲衣，成也。治病，亡也(175)。

七八、使，謂、故(176)。

説使：令謂(177)，謂也，不必成濕(178)。故也，必待所爲之成也(179)。

七九、名，達、類、私。

説名：物，達也(180)：，有實，必待文名也(181)命之。馬，類也(182)：，若實也者，必以是名也命之。臧，私也：，是名也，止於是實也(183)。聲出口，俱有名，若姓字灑(184)。

八十、謂，移、舉、加(185)。

説謂：狗犬，命也。狗犬，舉也。叱狗，加也(186)。

八一、知，聞、説、親(187)。

説知：傳受之，聞也。方不㢓(188)，説也。身觀焉(189)，親也(190)。

八二、名，實、合、爲。

説：所以謂，名也。所謂，實也。名實耦，合也。志行，爲也(191)。

八三、聞，傳、親(192)。

說聞：或告之，傳也。身觀焉，親也⑬。

八四、見，體、盡。

說見：時者，體也。二者，盡也⑭。

八五、合，缶、宜、必。

說：合，正立反⑮。中志、工⑯，正也。臧之爲⑰，宜也。非彼必不有，必也。聖者用，而勿必。必也者，可勿疑⑱。

八六、欲缶權利，且惡缶權害⑲。

說：仗者，兩而勿偏⑳。

八七、爲，存、亡、易、蕩、治、化㉑。

說爲：早臺㉒，存也。病，亡也㉓。買鬻㉔，易也。霄盡㉕，蕩也。順長，治也。鼃買㉖，化也㉗。

八八、同，重、體、合、類㉘。

說同：二名一實，重同也㉙。不外於兼，體同也㉚。俱處於室，合同也㉛。有以同，類同也㉜。

八九、異，二、不體、不合、不類㉝。

說異：二必異，二也㉔。不連屬，不體也㉕。不同所，不合也㉖。不有同，不類也㉗。

九十、同異交得，放有無㉘。

說同異交得㉙：於福家良恕㉚，有無也。比度，多少也㉛。免蚓還園，去就也㉜。鳥折用桐㉝，堅柔也。劒尤早㉞，死生也。處室子㉟、子母㊱，長少也。兩絶勝，白黑也㊲。中央、旁也㊳。論、行、學、實，是非也㊴。難宿㊵，成未也。兄弟，俱適也㊶。身處、志往，存亡也㊷。霍、爲㊸，姓故也㊹。賈宜，貴賤也㊺。超城，員止也㊻。

九一、聞，耳之聰也㊼。

九二、循所聞而得其意，心之察也㊽。

九三、言，口之利也。

九四、執所言而意得見，心之辯也㊾。

九五、諾，不一利用㊿。

說諾(242)：相從，相去，先知，是，可，五色(243)，長短，前後，輕重(244)。

九六、服執說(245)巧轉，則求其故(246)。

說：援執服(247)，難成言(248)，務成之九，則求執之法(249)。

九七、法同，則觀其同。

說法：取同，觀巧傳[250]。

九八、法異，則觀其宜。

說法：取此擇彼[251]，問故觀宜。以人之有黑者有不黑者也，止愛黑人[252]，有愛於人有不愛於人。與以心愛人[253]，是孰宜[254]？

九九、止，因以別道[255]。

說止[256]：彼舉然者以爲此其然也，則舉不然者而問之[257]。

一百、𤴓，無非。

說：若聖人，有非而不非。正，互諾[258]。皆人於知有說[259]，過互諾，若員無直[260]，無說，用互諾若自然矣[261]。

讀此書旁行[262]。

經上篇旁行句讀

〔一〕故，所得而後成也。　〔五一〕止，以久也。

〔二〕體，分於兼也。　〔五二〕必，不已也。

〔三〕知，材也。
〔四〕慮，求也。
〔五〕知，接也。
〔六〕恕，明也。
〔七〕仁，體愛也。
〔八〕義，利也。
〔九〕禮，敬也。
〔一〇〕行，爲也。
〔一一〕實，榮也。
〔一二〕忠，以爲利而强低也。
〔一三〕孝，利親也。
〔一四〕信，言合於意也。
〔一五〕佴，自作也。
〔一六〕譝，作嗛也。
〔一七〕廉，作非也。

〔五三〕平，同高也。
〔五四〕同長，以㱏相盡也。
〔五五〕中，同長也。
〔五六〕厚，有所大也。
〔五七〕日中，㱏南也。
〔五八〕直，參也。
〔五九〕圜，一中同長也。
〔六〇〕方，柱隅四讙也。
〔六一〕倍，爲二也。
〔六二〕端，體之無序而最前者也。
〔六三〕有閒，中也。
〔六四〕閒，不及旁也。
〔六五〕纑，閒虛也。
〔六六〕盈，莫不有也。
〔六七〕堅白，不相外也。

〔一八〕令，不爲所作也。
〔一九〕任，士損己而益所爲也。
〔二〇〕勇，志之所以敢也。
〔二一〕力，刑之所以奮也。
〔二二〕生，刑與知處也。
〔二三〕卧，知無知也。
〔二四〕夢，卧而以爲然也。
〔二五〕平，知無欲惡也。
〔二六〕利，所得而喜也。
〔二七〕害，所得而惡也。
〔二八〕治，求得也。
〔二九〕譽，明美也。
〔三〇〕誹，明惡也。
〔三一〕舉，擬實也。

〔六八〕攖，相得也。
〔六九〕似，有以相攖，有不相攖也。
〔七〇〕次，無間而不相攖也。
〔七一〕法，所若而然也。
〔七二〕佴，所然也。
〔七三〕説，所以明也。
〔七四〕彼，不可兩，不可也。
〔七五〕辯，争彼也。辯勝，當也。
〔七六〕爲，窮知而縣於欲也。
〔七七〕已，成、亡。
〔七八〕使，謂、故。
〔七九〕名，達、類、私。
〔八〇〕謂，移、舉、加。
〔八一〕知，聞、説、親。
〔八二〕名、實、合、爲。

〔三二〕言，出舉也。

〔三三〕且，且言然也。

〔三四〕君，臣萌通約也。

〔三五〕功，利民也。

〔三六〕賞，上報下之功也。

〔三七〕罪，犯禁也。

〔三八〕罰，上報下之罪也。

〔三九〕同，異而俱於之一也。

〔四〇〕久，彌異時也。

〔四一〕宇，彌異所也。

〔四二〕窮，或有前不容尺也。

〔四三〕盡，莫不然也。

〔四四〕始，當時也。

〔四五〕化，徵易也。

〔四六〕損，偏去也。

〔八三〕聞，傳、親。

〔八四〕見，體、盡。

〔八五〕合，⿰止攵、宜、必。

〔八六〕欲⿰止攵權利，且惡⿰止攵權害。

〔八七〕爲，存、亡、易、蕩、治、化。

〔八八〕同，重、體、合、類。

〔八九〕異，二、不體、不合、不類。

〔九〇〕同異交得，放有無。

〔九一〕聞，耳之聰也。

〔九二〕循所聞而得其意，心之察也。

〔九三〕言，口之利也。

〔九四〕執所言而意得見，心之辯也。

〔九五〕諾，不一利用。

〔九六〕服執說巧轉，則求其故。

〔四七〕大益。

〔四八〕儇，稘秖。

〔四九〕庫，易也。

〔五〇〕動，或徙也。

〔九七〕法同，則觀其同。

〔九八〕法異，則觀其宜。

〔九九〕止，因以別道。

〔一〇〇〕正，無非。

讀此書旁行。

① 墨經古鈔帛本當爲旁行，兩截分讀。今復其旁行之舊，先上截，次下截，並引說就經，用便參稽。關於此數篇時代問題，意見頗爲紛歧，說詳附録。

② 大取篇曰「夫辭以故生」，小取篇曰「以說出故」，呂氏春秋審己篇曰「凡物之然也，必有故」，「故」字義與此同。畢云：說文云：「故，使爲之也。」

③ 標經目，餘仿此。

④ 「不必」，吴鈔本作「必不」。

⑤ 以上九字本作「有之必無然」，今依孫校增。

⑥ 「故」爲事物得之而後成之原因，原因常不單純。「小故」是一部分之因，故曰「體也，若有端」。若人見物，簡言之，(一)須有所見之物，(二)物與目在適當之位置，(三)助見之光，(四)可見之眼，

(五)能領會之心知。第一、二、三、四、五各項之一，均可謂之「小故」。偏有小故，不必成見。無一小故，必不成見。故曰「小故有之不必然，無之必不然」。「大故」是全部之因，是上文所舉第一、二、三、四、五各項之總和。有此大故必可成見，無此大故必不成見。故曰「大故有之必然，無之必不然」。

⑦畢云：孟子云「有聖人之一體」。

⑧「兼」謂全部，「體」謂全部中之一部分。舉象數以説明兼、體關係，則二爲一之兼，一爲二之體。尺爲端之兼，端爲尺之體。尺與端即幾何學上之線與點。

⑨「材」，茅本、寶曆本、緜眇閣本作「財」。

⑩「不」字本脱，今依胡適之校增。

⑪禮記檀弓「子夏喪其子而喪其明」，注云：「明，目精也。」本條「知」字指所以知之材質，故曰「知，材也」。有此材質，不必便有知識。若「明」爲人所以見之材質，不必便成見也。禮記大學曰「心不在焉，視而不見」，荀子王制篇曰「心不使焉，則白黑在前而目不見」，莊子天下篇曰「目不見」。

⑫孫云：説文云：「慮，謀思也。」

⑬楊葆彝云：莊子庚桑楚篇：「知者之所不知，猶睨也。」　孫云：説文云：「睨，衺視也。」

○案：思慮者，以其既有知識，更求其所未知之知識也。人類識域之擴大，文化之進步，胥由於無量數人之深思遠慮。有思慮而得結果者，亦有思慮而終無所得者。研求電學者以千萬計，得良果者不過數十人。思慮者不必盡得，若晼視者之不必盡見也。

⑭ 呂氏春秋知接篇曰：「瞑者，目無由接也。無由接而言見，謊。……自以爲智，智必不接。今不接而自以爲智，悖。」楊云：莊子庚桑楚篇：「知者，接也。」孫云：淮南子原道訓云：「物至而神應，知之動也。知與物接，而好憎生焉。」

⑮ 「遇」，諸本作「過」，寶曆本作「遇」，今從之。吴鈔本「貌」作「皃」。

⑯ 人具所以知之感官（即第三條之「知材」），接遇可知之感覺與料〔一〕，即能發生印象，成爲感覺。若人見物，一經接遇，即能擬象之也。

⑰ 「恕」，畢本、四庫本作「恕」，明以前本並作「恕」，今從之。「恕」蓋墨家用以代表心知之專名。秋山云：「恕」，一作「知」。顧云：「恕」即「智」字。

⑱ 「恕」本作「恕」，顧云「當從經作『恕』」，是也，今依改。下同。

⑲ 春秋繁露仁義法篇曰：「夫目不視，弗見。心弗論，不得。雖有聖人之至道，弗論，不知其義也。」淮南子覽冥訓曰：「知不能論，辯不能解。」諸「論」字義與此同。感覺所得之印象，須經過心知綜合理會，始能著明知之。蓋接知僅能知直接感覺之一部分，須有心知，方能將知覺中之非感覺部分完全明瞭。人視石白而知其堅，即賴有心知作用，若日月之明，普照無遺也，故曰「若明」。

〔一〕「感覺與料」，原文如此，當作「感覺材料」。

⑳大取篇曰「仁而無利愛」，「體愛」與「利愛」相反。後漢書王良傳論曰：「夫利仁者，或借仁以從利。體義者，不期體以合義。季文子妾不衣帛，魯人以爲美談。公孫弘身服布被，汲黯譏其多詐。事實未殊而譽毁别議，何也？將體之與利之異乎？」「體」、「利」字義與此同。孫云：國語周語云「博愛於人爲仁」，説苑修文篇云「積愛爲仁」。

㉑兩「民」字本作「巳」，依孫校改。孫云：「巳」或當爲「民」。民，唐人避諱闕筆，與「巳」形近，因而致誤。

㉒「者」，諸本作「著」，寶曆本作「者」，今從之。

㉓孫云：「若明」疑衍。○案：大取篇曰「愛人非爲譽也」，易文言曰「體仁足以長人」，莊子則陽篇曰「聖人之愛人也，不知其愛人也，其愛人也終無已，性也」，荀子富國篇曰「愛而後用之，不如愛而不用者之功也」，韓子解老篇曰「仁者，謂其中心欣然愛人也，其喜人之有福而惡人之有禍也，生心之所不能已也，非求其報也」，賈子道術篇曰「心兼愛人謂之仁」，韓詩外傳曰「愛由情出謂之仁」，淮南子繆稱訓曰「慈父之愛子非爲報也，不可内解於心。聖人之養民非求用也，性不能已。有以爲則恩不接矣」，又人間訓曰「聖王布德施惠，非求其報於百姓也」，其義均與體愛相類。本書尚賢中篇曰「此非中實愛我也，假藉而用我也」，管子法法篇曰「計上之所以愛民者，爲用之愛之也」，韓子備内篇曰「王良愛馬，越王句踐愛人，爲戰與馳」，此皆有所爲而愛，所謂利愛也。墨家愛人純由情出，毫無所爲，不若愛馬者之爲其馳也，故曰「不若愛馬者」。

㉔ 畢云：易曰「利者義之和」。 孫云：左昭十年傳云「義，利之本也」。 ○案：國語周語曰「夫義，所以生利也」，又曰「言義必及利」，又晉語曰「義以生利」，又曰「夫義者，利之足也」，大戴記四代篇曰「義，利之本也」，莊子徐无鬼篇曰「愛利出乎仁義」，吕氏春秋無義篇曰「義者，萬利之本也」，又尊師篇曰「義之大者，莫大於利人」。

㉕ 「分」讀爲淮南子本經訓「各守其分」之「分」，注云：「分猶界也。」有境界範圍之義。

㉖ 孫云：漢書百官公卿表顏注云：「能，善也。」「能能利之」，言能善利之也。

㉗ 曹云：「用」者，見用於世也。「不必用」者，不必在上位，隨分而能利人。

㉘ 「俱」，茅本、寶曆本作「惧」，緜眇閣本作「懼」。「傴」，緜眇閣本作「慢」。

㉙ 畢云：「傴」，「慢」字異文。 張云：「公」，君也。「名」當作「民」，古字通用。「論」讀爲「倫」。 ○案：「等」，齊同也。禮毋不敬，人所共履，貴賤之倫雖殊，齊之以禮則一，而俱有敬傴焉。墨家蓋以禮爲上下共同遵守之秩序，與禮記曲禮所謂「禮不下庶人」者殊科也。

㉚ 荀子正名篇曰「正義而爲謂之行」。

㉛ 「善」猶好尚也。「巧」，詐僞也。所爲不好名，是身體力行者也。所爲好名，是貌飾詐僞者也。無其實而好其名，無異盜名，故曰「若爲盜」。說苑政理篇曰：「取人善以自爲己，是謂盜也。君子之盜，豈必當財幣乎！」

㉜ 國語晉語曰「華則榮矣，實之不知，請務實乎」，申鑒政體篇曰「守實者益榮」。

㉝ 四庫本「也」作「焉」。

㉞ 張云：見其外而知其内。

㉟ 務實之人，其志氣之見於外也，質實無華，使人衡量己者適如其分，不至過情，不若金聲玉服，英華外眩也。論衡驗符篇曰：「金聲玉色，人之奇也。」

㊱ 説文無「低」字。「低」疑「民」或「氓」之形譌。左氏桓六年傳曰「所謂道，忠於民而信於神也。上思利民，忠也」，賈子道術篇曰「愛利出中謂之忠」，義或類此。

㊲ 未詳。

㊳ 孫云：賈子道術篇云：「子愛利親謂之孝。」

㊴ 「芬」字義見第八條注。

㊵ 「孝」爲子對於親之德行，非泛施於一般人者，故曰「以親爲芬」。能善利親者，不必得親心也。莊子外物篇曰「孝未必愛，故孝己憂而曾參悲」，荀子大略篇曰「虞舜、孝己孝而親不愛」，國語晉語曰「爲人子者，懼不孝，不懼不得」，「得」字義與此同。

㊶ 言與意合，斯之謂「信」。「信」者，不僅在其言之當，尤在有事實證明。若告人城上有金，視之果得金。賈子道術篇曰「期果言當謂之信」，亦謂信不僅言當，又須期果也。漢書地理志有金城郡，應劭注曰：「初築城得金，故曰金城。」

㊷ 説文曰：「佴，佽也。」「佽，便利也。」詩杕杜「胡不佽焉」，傳曰：「佽，助也。」佴者，佽助他人，便利

他人，同時即得他人之便利與佽助，與自爲無異，故曰「佴，自作也」。

㊸「與人」，義如老子「既以與人己愈多」之「與人」。「遇」，謂以恩相接也。「循」字字書不載，蓋「循」之異文。循，順也。「與人、遇人」者，衆人順從之。易曰「與人同者，物必歸焉」，淮南子兵略訓曰「舉事以爲人者，衆助之」。

㊹孫云：「詯」當爲「獧」之借字，字又作「狷」。論語云「狷者有所不爲也」，「狷」，孟子作「獧」，同。○案：荀子仲尼篇「滿則慮嗛」，注云「嗛，不足也。」漢書郊祀志「今穀嗛未報」，注云：「嗛，少意也。」狷者有所不爲，故曰「詯作嗛」。

㊺「台」，堂策檻本、顧校李本、四庫本作「治」。畢云：「台」，一本作「治」。孫云：下「爲是」二字蓋誤衍。○案：「台」讀爲「殆」，危殆也。狷者謹介守分，義不危殆他人。爲是而危殆彼也，不爲也。

㊻非猶彼也。

㊼「⿰思耳」，翻陸本作「⿺鬼耳」。堂策檻本、顧校李本、四庫本並作「知其思耳也」。畢云：一本作「知其思耳也」，是。○案：「思」，疑當爲「悳」。六朝人書「德」字或作「悳」，與「思」形近。德、得字通。「其也」之「也」讀爲「他」。莊子讓王篇曰：「人犯其難，我享其利，非廉也。」反言之，則我犯其難，人享其利，可謂廉矣。韓子解老篇曰：「所謂廉者，必生死之命也，輕恬資財也。」是廉者輕恬貨利，犯難爲人。己惟爲之，己即無所得，他人必有食其果者，故曰「己惟爲之，知其他悳耳

也」。禮記禮運篇曰「貨惡其棄於地也，不必藏於己。力惡其不出於身也，不必爲己」，立義與此相似。

㊽ 畢云：言使人爲之，不自作。

㊾ 吴鈔本「弗」作「不」。言欲所令必行，非以身先之不可。論語曰「其身正，不令而行。其身不正，雖令不從」，禮記緇衣曰「下之事上也，不從其所令，從其所行」，又大學曰「其所令反其所好，而民不從」，管子法法篇曰「信而不行，則不以身先之也，故曰：禁勝於身則令行於民矣」，又曰「上不行則民不從」。

㊿ 畢云：「任」謂任俠。說文云：「甹，俠也。三輔謂輕財者爲甹。」「甹」與「任」同。

(51) 莊子秋水篇曰「仁人之所憂，任士之所勞」，「任士」即指士之有任行者。大取篇曰「斷指與斷腕，利於天下相若，無擇也」，孟子曰「墨子兼愛，摩頂放踵利天下，爲之」，可爲本條事例。

(52) 論語曰「勇者不懼」。孫云：賈子道術篇云「持節不恐謂之勇」。

(53) 「害」，茅本、寶曆本、緜眇閣本作「古」。敢於爲是命之曰勇，不敢於爲彼亦不害其爲勇。摩頂放踵利天下，爲之，此敢之勇也。左氏成十一年傳「勇不作亂」，此不敢之勇也。孟子公孫丑篇「自反而不縮，雖褐寬博，吾不惴焉。自反而縮，雖千萬人，吾往矣」，亦謂勇有積極、消極兩面也。老子曰「勇於敢則殺，勇於不敢則活」，止主勇之消極一面，與儒、墨異趣。

(54) 畢云：「刑」同「形」。○案：緜眇閣本「刑」作「行」。廣雅釋詁：「奮，動也。」凡物之所以動者，力也。故曰「力，形之所以奮也」。

55 「謂」爲「請」之形譌。請即情也。節葬下篇「中請將欲爲仁義」，諸本「請」亦作「謂」，誤與此同。

56 舊本「奮」作「舊」。「與重」讀爲「舉重」。重之性下墜，舉重則使重體由下而上，即用力使動之一例。

57 畢云：「刑」同「形」。

58 「楹」，吴鈔本作「盈」。「之生」，「生」字寶曆本作「主」。畢云：「楹」當爲「形」。○案：「之」猶與也。説苑脩文篇曰：「商者，常也。」説文「必，分極也」，是「必」有分離義。形體與知覺合并則爲生，此就人與其他動物言也。若更就植物言，則有形無知而亦有生，故荀子王制篇曰「草木有生而無知」，是知與生猶可分離。形與生則不可分離，無形即無生也，故曰「形與生常不可必也」。莊子達生篇曰「有生必先无離形」，義與此近。

59 「卧」者，知材暫時休止其接知之謂。釋名曰：「眠，泯也，無知泯泯也。」

60 畢云：言夢中所知，以爲實然。孫云：説文云：「㝱，寐而有覺也。」「夢，不明也。」經典通假「夢」爲「㝱」。○案：莊子齊物論曰「莊周夢爲胡蝶，栩栩然胡蝶也」，即「卧而以爲然也」。

61 孫云：「卧」、「夢」義易明，故述而不説。

62 淮南子原道訓曰「無所好憎，平之至也」，又詮言訓曰「心常無欲，可謂恬矣」。

63 一切經音義引蒼頡篇曰：「惔，恬也。」字本作「倓」，説文曰：「倓，安也。」廣雅釋詁曰：「倓，静也。」玉篇曰：「倓，静也，恬也。」字或作「憺」，説文曰：「憺，安也。」莊子刻意篇曰：「平易則恬惔矣。」

64 曹箋作「他」。

65 利基於主觀之喜悦，同時以不妨害他人爲限，若妨害他人，己雖喜之，仍非利也。

66 曹箋作「他」。

67 害基於主觀之憎惡，同時尚須以能否福利他人爲準則，若能福利他人，己雖惡之，仍非害也。如斷指與斷腕，所惡也，卒爲之者，利天下也。

68 「有」，曹箋作「又」。　孫云：「有」疑當讀爲「又」。　○案：吾事治矣，東西南北之人又自治東西南北之事。人爲其所能，人治其所事，則事治求得矣。僅舉「南北」者，省文也。

69 秋山云：「忻」，一作「折」。　○案：「忻」即史記周本紀「心忻然説」之「忻」，與訢、欣音義並近。譬之，必其人言行使人忻悦，否則非明美也。

70 「誹之」原倒，今以意乙。「督」字移於句末。更據前條補「使人」二字。「忻」字涉上文而衍。誹之，必其言行使人督責，否則非明惡也。

71 「舉」，稱謂也。「擬」，擬象也，如易繫辭「擬諸形容，象其物宜」之「擬」。

72 舊本「舉」作「譽」。

73 名之爲用，所以擬象所謂之實，被以文名，使可舉以相告。下文曰「所以謂，名也。所謂，實也」，小取篇曰「以名舉實」，荀子正名篇「名聞而實喻」，尹文子曰「名者，名形者也」，公孫龍子名實篇曰「夫名，實謂也」，義與此同。

74 「故」當作「言」，蓋「言」譌「古」，又轉「故」耳。

75 「民」、「名」字通，下同。出名爲口之本能，凡口能所出舉者，皆言也。下文曰「聲出口，俱有名」，論衡書解篇曰「出口爲言」。

76 名所以擬實，畫虎亦擬實之一種方法。古代象形文字即簡單之圖畫。名之擬實較畫爲簡便，畫之擬實較名爲普及。如舉虎名以告語文不同之外國人，彼將不知所謂，舉畫虎以示之，未有不知其爲虎者也。畢云：「俿」，「虎」之異文。

77 「也」當作「之」。「謂」、「爲」字通。

78 「猶」、「由」字通。「名」本作「石」，依孫校改。言非名無由見意，故曰「言之爲言，由名致也」。

79 畢本以意删一「且」字。胡云：疑當作「且，言且然也」。

80 俞云：凡事，從事前言之，或臨事言之，皆可曰「且」。如「歲且更始」之「且」，事前之且也。如「匪且有且」之「且」，毛傳曰：「此也。」此方然之「且」也。惟從事後言之，則爲已然之事，不得言「且」，故曰「自後曰已」。

81 畢云：「萌」疑同「氓」。鈕樹玉云：「萌」即「氓」，上文已屢見。張云：君所以約臣民。

82 「通」，總也。「約」，約束也。「若」，順也。「名」、「民」字通。以勢位言，君者臣民總受其約束。以措施言，君者以順民爲務者也。禮記大學曰：「民之所好，好之；民之所惡，惡之；此之謂民之父母。」

⑧③ 以上七字諸本重，吴鈔本不重，今從之。畢云：「重句疑衍。」任何時皆可利民，若夏葛而冬裘，應時爲備，無不可利之時也。春秋繁露如天之爲篇曰：「人之所治也，安取久留，當行之理〔一〕，而必待四時也？且天之欲利人，非直其欲利穀也。除穢不待時，況利人乎」，淮南子主術訓曰「春伐枯槁，夏取果蓏，秋畜疏食，冬伐薪蒸，以爲民資」，此功不待時之説也。節用上篇曰「其爲衣裘何以爲？冬以圉寒，夏以圉暑」，韓子五蠹篇曰「冬日麑裘，夏日葛衣」，周禮宫伯「以時頒其衣裘」，此衣裘應時爲利之説也。

⑧④ 尚賢上篇曰「以勞殿賞，量功而分禄」，荀子正論篇曰「賞慶刑罰皆報也，以類相從者也」，商子禁使篇曰「賞隨功」，韓子難一篇曰「賞不加於無功」。

⑧⑤ 以上六字，本在下文「殆姑」之下，今依經文校移於此。

⑧⑥ 秋山云：「姑」，一作「姡」。孫云：「殆」當爲「隸」之假字。説文云：「隸，及也。」「姑」與「辜」通。○案：「害」，患也。科罪以犯禁爲限，若科罪不在禁中，則患無罪者及於辜。左氏襄二十六年傳曰「刑濫則懼及善人」，管子法法篇曰「令未布而罰及之，則是上妄誅也」，又明法篇曰

〔一〕「理」原誤「禮」，據春秋繁露如天之爲篇改。

「不淫意於法之外」，韓子大體篇曰「不急法之外」，又五蠹篇曰「以其犯禁也罪之」，義均相類。

87 商子禁使篇曰「罰隨罪」，韓子難一篇曰「罰不加於無罪」。

88 孫云：「之一」猶言是一。

89 孫云：「同」、「侗」字通。

90 張云：一楹也，二人俱見，俱謂之楹，是同也。

91 「事」，畢本誤「是」，舊本並作「事」，今據正。於殊異之事物中，卻有其相同之點。莊子德充符篇曰：「自其同者視之，萬物皆一也。」微子、箕子、比干、費仲、惡來，異也，其同事一君，同也。

92 「久」，他書謂之「宙」，今謂之「時間」(Time)。「彌」，偏也，覆也，滿也。「久」字本錯爲第二字，據經校移。「久今」之「今」爲「含」之省文，説文曰：「含，从口，今聲。」含，包容也。漢書董仲舒傳「天者，群物之祖也，故偏覆包函，而無所殊」，顔師古注：「函與含同。」

93 「且」即上文「自前曰且」之「且」。「且」，將也。論衡知實篇：「太宰問於子貢曰：『夫子聖者歟？何其多能也。』子貢曰：『故天縱之將聖，又多能也。』將者，且也。不言已聖，言且聖者，以爲孔子聖未就也。孔子曰：『五十而知天命，六十而耳順。』未五十、六十之時，未能知天命至耳順也，則謂之且矣。當子貢答太宰時，殆三十、四十之時也。」由此可知，「且」有將來之義。「古」、「今」、「且」三字平列，各代表時間之一段。「久今古、今、且」，異辭言之，即包含無窮之過去，一刹那之現在，與無窮之將來也。經言「彌異時」，説言「含古、今、且」，立辭雖殊，其義一也。

94 「宇」本作「守」，依王校改。

95 「宇」字本錯爲第二字，據經校移。「莫」，布也，溥也。或讀爲「幕」，覆也。孫云：「家」猶中也。四方無定名，必以家所處爲中，故著「家」於方名之閒。○案：孫説是。莊子天下篇釋文引司馬注「天下無方，故所在爲中」，可爲孫説之證。或「家」爲「宫」之形譌。宫，中也。蓋以五方言，中指中央；以六合言，中該上下。故中字「从口、丨，下上通也」。宇彌漫東西上下南北，故曰「宇，彌異所也」。莊子庚桑楚篇曰「有實而無乎處者，宇也。有長而無本剽者，宙也」，尸子曰「天地四方曰宇，古往今來曰宙」，淮南子齊俗訓曰：「往古來今謂之宙，四方上下謂之宇」，義並相類。以上二條，注家均改「且」字，或删「家」字，言時間則無將來，言空間則無上下，於是整箇宇宙横被割裂矣。

96 緜眇閣本「尺」作「人」。「或」，古「域」字。

97 「尺」所以指尺規榘事也。古者五度：分、寸、尺、丈、引。尺居中，下可包寸、分，上可包丈、引。尺之所度無不極也，如地球與月之距離約二十六萬哩，其域亦窮於二十六萬哩，再前進則不能容尺度矣，是地與月之距離終有窮也，故曰「域不容尺，有窮」。反之，若至大無外之宇，其域爲無限大，以尺度之，莫不容也，莫能窮也，故曰「莫不容尺，無窮也」。莊子則陽篇曰：「君以意在四方上下有窮乎？君曰：『无窮。』」

98 「盡」，吴鈔本作「静」。「但」，翻陸本、寶曆本作「伹」。凡立一義而無動摇之者，謂之盡。例如物體熱則膨張，此不可謂之盡也，因有少數物質遇熱反收縮，如攝氏四度以下之水，熱則收縮，足以動搖熱則膨張之定律也。又如凡人皆有死，此可謂之盡也，因世無不死之人足以動搖此定律也。

99 秋山云：「説始」，一作「説姑」。　○案：「始」之爲名，必有其所當值之時。時是連緜不絕、無本無標之長。爲應用上便利，可分割之。分割至於極微，是謂無久。所謂「始」者，即指其託始所當值極微之一剎那言，故曰「始當無久」。

100 呂氏春秋觀表篇曰「先知必審徵表」，又曰「古之善相馬者，寒風是相口，麻朝相頰……見馬之一徵也」。是「徵」者，有形狀可徵驗之意。荀子正名篇曰：「狀變而實無別而爲異者，謂之化。有化而無別，謂之一實。」此言「徵易」，猶荀子言「狀變」矣。

101 寶曆本「鼀」作「黽」。　孫星衍云：淮南齊俗訓云：「夫蝦蟆爲鶉，生非其類，唯聖人知其化。」

孫云：説文黽部云：「鼀〔二〕，蝦蟆屬。」淮南書即本此。　○案：此條蓋論形狀之變化。

102 孫云：説文云：「損，減也。」

103 舊本「體」作「禮」。

104 「或存」，「或」字各本無，今依王校增。　張云：一物兼二體，體一去一存，就其存者言，則損矣。

105 孫云：無説，未詳其義。此與前云「損，偏去也」，「損」、「益」義似正相對，疑謂凡體損之則小，益

〔二〕「鼀」字原脱，據墨子閒詁原引補。

之則大也。　○案：孫説近是。以上二條蓋論數量之變化。

⑩⑥「秖」，吴鈔本、翻陸本作「衹」。　孫云：當爲「環俱秖」，皆聲之誤。「俱」，説作「眴」，音亦相近。「秖」，説作「民」，當作「氏」，即「柢」之省。爾雅釋言云：「柢，本也。」

⑩⑦寶曆本「眴」作「朐」。淮南子齊俗訓曰「拘罷拒折之容」，許注云：「拘罷，圜也。」漢書揚雄傳「帶鉤矩而佩衡兮」，應劭注云：「鉤，規也。」此「眴」字義與「鉤」、「拘」並同。環無端，無在而非柢，故經曰「環俱柢」。環形中規，故説曰「環眴氏」也。

⑩⑧「庫」當爲「庫」，即古「軍」字，見説文古籀補庑陽矛。「軍」、「運」之省文。説文「庫」字同。説文曰：「運，迻徙也。」廣雅釋詁曰：「運，轉也。」

⑩⑨句。

⑪⓪吴鈔本「貌」作「皃」。「穴」爲「穻」之壞字。穻即宇字，見漢孔耽神祠碑。下文第六十四條經説「區宇」亦譌爲「區穴」。「區宇」猶區域也。經説下篇曰「傴宇不可偏舉宇也」，班固西都賦曰「區宇若兹」。「庫」即易繫辭「日月運行」之「運」。遠如星球之運行，近如舟車之迻轉，區宇若斯也，狀貌如常也，而其位置已於不知不覺中迻易矣。列子天瑞篇曰：「運轉亡已，天地密移，疇覺之哉！」

⑪①「或」，古「域」字。「徙」本作「從」，依孫、曹校改，説同。

⑪②「偏」、「徧」字通。廣雅釋言曰：「祭，際也。」全部運動是謂偏徙，一部分運動是謂際徙。

⑪③「若」本作「者」，依曹校改。「兔」或譌「免」。域徙爲動，動分偏、際二種。户樞爲物之常動者，兔

爲獸之善走者，故取以爲偏徙之喻。　鼓瑟者，鼓宫宫動，鼓角角動，常不動其全部之弦，故取以爲際徙之喻。　以上經文自第一條至此，凡五十條，當爲古鈔帛本經上篇上截文。

⑭「矢」本作「夫」，王引之云：「『夫』當作『矢』。鄉射禮記曰『射自楹間』，故以『矢過楹』爲喻。」○案：王校是也，今依改。　古人狀動之速，多以矢爲喻。　如莊子天下篇曰「鏃矢之疾」，戰國策齊策、淮南子兵略訓並曰「疾如錐矢」，吕氏春秋貴卒篇曰「所謂貴鏃矢者，爲其應聲而至」，論衡説日篇曰「天行甚疾，無以爲驗，當與弩矢之流相類似乎」。

⑮「梁」謂橋梁，淮南子繆稱訓「若行獨梁」。「止」者，停止一定處所，經過相當時間之謂。　止以久顯，故曰「止，以久也」。　此就静態言之也。　再就動態言，若矢過楹，眴焉即逝，固可謂之不止矣。即若人過梁，自此端達於彼端，須經過相當時間，顯然步步停止者，亦可謂之不止也。　再進一步言，即人物不動，區宇若斯，狀貌如常，亦可謂之不止也。　莊子秋水篇曰「物之生也，若驟若馳，无動而不變，无時而不移」，列子天瑞篇注引孔子曰「夫萬物與化爲體，體隨化而遷，化不暫停，物豈守故。　故向之形生，非今形生，俯仰之間，已涉萬變」，是皆深明有久不止之説者。　凡人與物，位於空，依於時，不能遺空、時而獨立。　空、時變動不居，故人物亦變動不居。　此種有久之不止，以止爲不止，表面似甚矛盾，常人難喻，若此一秒鐘之馬，非前一秒鐘之馬也。　無久之不止，以不止爲不止，其理易見，盡人可曉，若牛非馬也。

⑯舊本「執」作「孰」。

⑪⑦ 莊子列禦寇篇曰：「聖人以必不必，衆人以不必必之。」

⑪⑧ 説文曰：「必，分極也。从八弋。」又曰：「極，棟也。」「弋，橜也。」是「必」之本義原指統一物之分裂，此「必」字義正如此。方言曰：「臺，匹也。東齊海岱之閒曰臺，自關而西，秦晉之閒，物力同者謂之臺敵。」「臺執」者，雙方各執一説，勢均力敵，互不相下也。若一母生二子，是謂弟兄，可爲統一物分裂而對立之恰好象徵。下文第九十條「兄弟〔一〕，俱適也」，莊子齊物論「故有儒、墨之是非」，成玄英注「翟，緩二人，親則兄弟，各執一教，更相是非」，義均相類。然與不然、必與不必、是與非，無往而非對立，即無往而非必也。在人類歷史思想進化之長途上，此種統一物内在含有矛盾而至於分裂之現象，是無有止境者，故曰「必，不已也」。韓子顯學篇「孔、墨之後，儒分爲八，墨離爲三」，不過是受此法則支配之一例。此與著名之黑格爾辯證法(Hegel's Dialectual Method)甚相類似，其式如下圖。即統一物「甲」由于内在含有矛盾，從而逐漸形成並分裂出「非甲」。「甲」同「非甲」經過對立、鬥争，又逐漸形成新的統一物「乙」。如此分裂、鬥争、統一，再分裂、再鬥争、再統一……以至于無窮。本條應與下文第八十五條及經下第十二條參看。

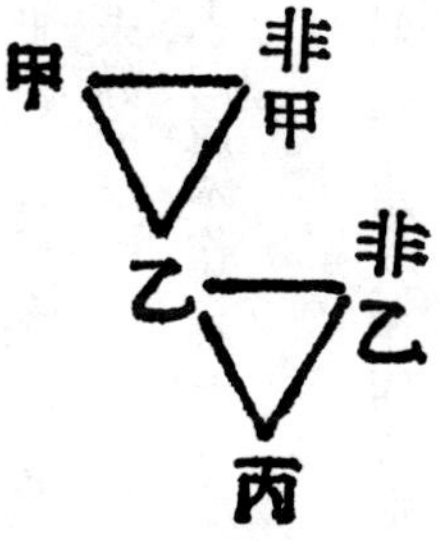

甲　非甲
乙　非乙
丙

〔一〕「兄弟」原作「弟兄」，據下文第九十條乙。

⑲ 無説。同高曰平，文義自明。

⑳「㱏」字本書屢見，畢謂「缶即正字」，但畢本他處皆作「缶」。徧檢畢本作「缶」之處，舊本或作「缶」（道藏本如此），或作「㱏」（陸本、茅本多如此），今從作「㱏」，餘仿此。盧文弨云：「𤴓」，古文「正」，亦作「缶」。畢云：「缶」即「正」字，唐大周石刻「投心缶覺」，如此。○案：兩形相疊，互相密合，是謂相盡。所謂兩形同長者，以其相疊正相密合也。説義未詳。

㉑「捷」，吴鈔本、寶曆本作「揵」，陸本、茅本、緜眇閣本、堂策檻本、顧校李本、四庫本作「楗」。「心」疑「正」之形誤。畢云：「捷」，一本作「楗」。

㉒「同長」即距離相等。以線言，自其中點往其兩端距離相若也。以面言，如正三角形、正四方形、平行四邊形等，自其中點往其各邊或其各角頂點距離相若也。以立體言，如四面體、立方體等，自其中點往其各面或其各角頂點距離相若也。下文第五十九條所謂「一中」，即立體中心及面中心之一種。

㉓「惟」，有也。「厚」者，有所大之謂。此常態也。尚有似與常態相反而實有至理存者。如秋豪之小（莊子知北游篇「秋豪爲小」）、蘆苻之薄（淮南子俶真訓「蘆苻之厚」），皆非大也，然不害其爲厚。是「厚」之含義固有無所大者存也，故曰「厚，惟無所大」。「厚」相當於幾何學上之立體，幾何學謂具長、廣、高三者爲立體，本條未析言之。又幾何學上點、線、面之定義均屬假定，在事實上，無厚之面、無廣之線、僅有位置之點，均人類官能所未嘗接知者。若猶有以蘆苻之薄爲厚致疑

者，是即不知無厚之面僅存於想像界，不能得之於實物界者也。莊子養生主篇曰「而刀刃者無厚」，此特粗略比較言之，其實刀刃固非無厚者也。

124 無說。 張云：日中則景正表南。 孫云：中國處赤道北，故日中爲正南。

125 無說。 陳澧云：此即海島算經所謂「後表與前表參相直」也。 ○案：非命篇有「立朝夕」之文，可見墨家對於天文數學頗爲注意，以上二條蓋即關於天文數學者。 周禮大司徒曰：「以土圭之灋測土深，正日景以求地中。」又攷工記曰：「匠人建國，水地以縣。置槷以縣，眡以景。爲規，識日出之景與日入之景。晝參諸日中之景，夜考之極星，以正朝夕。」淮南子天文訓曰：「日冬至，八尺之修，日中而景丈三尺。日夏至，八尺之修，景徑尺五寸。」又曰：「正朝夕，先樹一表東方，操一表卻去前表十步，以參望日始出北廉。日直入，又樹一表於東方，因西方之表以參望日方入北廉，則定東方。兩表之中與西方之表，則東西之正也。」此即求地中、正朝夕之古法，可與此參讀。 惟經文甚簡，説又不具，疑有脱文。

126 「交」，諸本作「支」，吴鈔本、茅本、寶曆本作「支」，下同。 緜眇閣本此作「友」，下作「支」。 今依孫校改爲「交」。 次條「交」字同。 孫云：「寫」謂圖畫其象。 周髀算經云「笠以寫天」，趙爽注云：「寫猶象也。」「支」疑當爲「交」之誤，後備城門篇「薪食足以支三月以上」，「支」，今本誤「交」。

○案：析言之，渾圓曰圜，平圓曰圓。 渾言之則圜、圓通用。 本條定義，立體圜、平面圓均適用之。 圜僅有一中心，由中心至圜周之距離均等，以規寫畫而交之，即得圜。

⑫⑦吴鈔本「讙」作「驩」。廣雅釋詁三：「灌，聚也。」「讙」即「灌」之假字。張云：「讙」亦合也。

⑫⑧柱隅四方聚合，斯謂之「方」。兩矩被交，亦成方形，故曰「方，矩見交也」。周髀曰「合矩以爲方」，義正相類。

⑫⑨寶曆本「但」作「伹」。就任何數量而二之，斯爲「倍」。二尺與一尺，但相去一倍也。

⑬⓪畢云：「序」言次序。説文云：「耑，物初生之題也。」張云：「無序」謂無與爲次序。王引之云：「序」當爲「厚」，隸書相似而誤。陳澧云：「端」即西法所謂點也。孫云：依畢、張説，則「序」當爲「敍」之假字。

⑬①易繫辭「易之序也」，釋文引陸注云：「序，象也。」顔氏匡謬正俗云：「敍，比也。」義均可通。經言「無序」，説言「無同」，與經説下「無與非半」之「無與」、莊子則陽篇「斯而析之，精至於無倫」之「無倫」、又天下篇「至小無内」之「無内」，立辭並類。「端」是斯而析之，精至於無倫之體。以象言之，相當於幾何學之點。以萬有言，是宇宙間最元始之元子。惟其無序，是以最前，惟其最前，是以無同，要皆指出「端」之特有性。淮南子原道訓曰「所謂無形者，一之謂也。所謂一者，無匹合於天下者也，卓然獨立，塊然獨處」，可爲本條注脚。

⑬②説文曰：「閒，隙也。」「中」，「盅」之省文。説文曰：「盅，器虚也。」老子曰『道盅而用之』。」經典多以「沖」爲之。淮南子原道訓曰「沖而徐盈」，注：「沖，虚也。」

⑬③「閒」，舊本作「聞」，下條經説「閒」字同。畢云：此與下「閒」舊作「聞」，俱以意改。

○案：「閒」爲物之空隙，就其夾之之物而言，是謂「有閒」。莊子養生主篇曰「彼節者有閒」。

134 「夾者」，猶言所夾者，與前條「夾之者」相對。

135 「區穴」、「區内」皆「區穸」之壞字，區穸即區宇，說見上文第四十九條。區宇與幾何學上之面積相當。

136 本條注重被夾之閒或角不及於夾之之物，故曰「閒，不及旁也」。無序而最前之謂端或點，端運動而生尺或線，尺運動而生區宇或面積，故曰「尺前於區宇而後於端」。點與面積不能相夾成角，故曰「不夾於端與區宇」。又凡言夾者必有閒有旁，此云「不及旁」者，非謂不齊及旁，乃謂不涉及旁爲何物之意。如吾人研求一角，只明其弧度與距離等即得，不必問及夾之者之爲線、爲面、爲木、爲石也。

137 王引之云：「纑」乃「櫨」之借字，三蒼云：「櫨，柱上方木也。」

138 「札」本作「木」，依章說改。 章太炎云：「纑」字不誤，「木」字則「朩」之誤耳。隸書轉變「朩」作「札」，遂誤作「木」矣。「纑」者麻縷，「朩」者析麻，惟兩朩之閒有虛處，乃可擘析，故曰「纑，閒虛也」。舊以「纑」爲「櫨」之誤，夫棟梁楣柱，凌虛而駕，人所盡見，又何庸費辭耶？ ○案：章說義長。淮南子道應訓「乃去其瞀而載之木」，王念孫校「木」作「札」，例與此同。左昭十九年傳釋文：「纑，麻也。」廣韻曰：「朩，麻片。」莊子養生主篇曰「彼節者有閒」，蓋亦纑閒虛之類矣。

⑬⑨孫云：廣雅釋詁云：「盈，滿也。」

⑭⑩「得」字誤重，一本誤認「二」字爲「得」之重文，書作「得得」，一本作「得二」，校者並存之，故誤爲「得得二」耳。「盈」者，充實彌滿無乎不在，故曰「盈，莫不有也」。盈既無乎不在，然則無盈當於何處求之？曰：當於無厚求之。惟無厚者始可謂之無盈也。無厚者，至小無内之體，例如尺無所往而不得兩端，尺之端即所謂無厚，亦即所謂無盈也。

⑭①説文曰：「非，違也。」又曰：「違，離也。」外者疏斥相離，盈者親合無閒。堅白俱在於石，拊得其堅，理會得白；視得其白，理會得堅。堅不外白，白不外堅，故曰「堅白不相外也」。此就經過心知之綜合作用言也。若僅就當前感覺言，則視得其白，不得其堅；拊得其堅，不得其白。堅無白，白無堅，堅白異處，不相盈而相離，是相外也。經與説各論知之一面，辭相反而義相成。參看經下第十五、第十六兩條。

⑭②寶曆本「攖」作「纓」。莊子大宗師篇釋文引崔注云：「攖，有所繫著也。」孟子盡心篇「莫之敢攖」，注云：「攖，迫也。」「攖」有繫著接觸之義。

⑭③「與」本作「無」，依張校改。「俱」，諸本作「但」，寶曆本作「俱」，今從之。張校同。

⑭④「端」字本在下文「不相盡」下，依孫校移。

⑭⑤「盡」者，兩者相合，互相含受，渾融無閒之意。尺與尺相攖，其交處僅爲一點，不能互相含受，故不盡。端與端相攖，其交處仍爲端，兩者融合無閒，故盡。尺與端相攖，端融合於尺之中，尺不能

融合於端之中，故兩者或盡或不盡。堅白相攖於石，性、色相含，融合無閒，故爲相盡。兩物體相攖，各占空間，不相含受，故不相盡。荀子富國篇曰「萬物同宇而異體」，「體」字義與此同。同長之兩尺疊合相盡，已見上文第五十四條，本條未論及之。

（146）「似」本作「仳」，依經文及畢、張校改。「目」，諸本作「有」，陸本不明，翻陸本、茅本、寶曆本、緜眇閣本作「自」，堂策檻本、顧校李本、四庫本作「目」，今從之。「后」，吳鈔本、緜眇閣本、堂策檻本、四庫本作「後」。　畢云：「有」，一本作「目」。　○案：「似」即幾何學上之相似形。相似形有相攖、不相攖兩種。如圖ＡＢＣ爲直角二等邊三角形，ＡＯ爲自頂點Ａ至對邊ＢＣ之垂綫，於是得ＡＢＣ與ＯＡＢ與ＯＡＣ三箇直角二等邊三角形。ＯＡＢ三角形與ＯＡＣ三角形可爲相似而又相攖之例，因兩形之各邊、角疊合時均可相接觸也。ＡＢＣ三角形與ＯＡＢ三角形或與ＯＡＣ三角形並可爲相似而不相攖之例，因兩形之各邊、角不能盡相接觸也。其餘他形相似，可準此類推。目者，條目，今言條件。端，正也，直也。直有當義，正有適義。言兩形條件相當相適，而後可以相似也。如兩三角形二角相等，則兩三角形相似。所謂二角相等，即其條件相當相適也。故曰「兩目端而後可」。

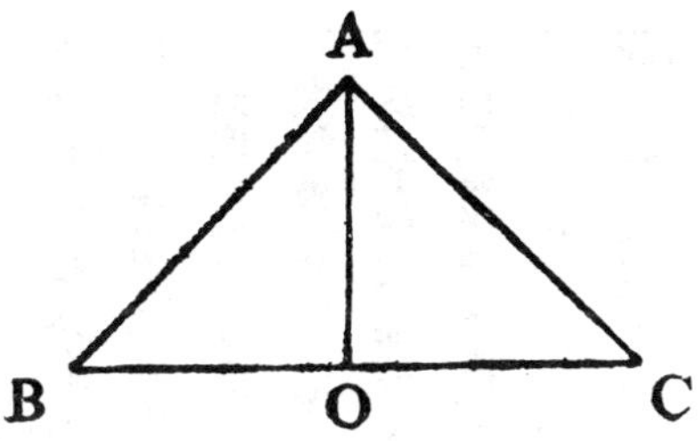

A

B　O　C

⑭⑦ 孫云：「攖攖」當作「相攖」。

⑭⑧ 下「厚」字，畢本誤「後」，舊本並作「厚」，今據正。相次無閒而不相攖者，其唯宇宙乎？宙彌異時，宇彌異所，是無窮無極之連緜，無乎不在之充實，其相次允爲無閒。雖然，萬象森列，固依宇而住也；百變紛紜，固因宙而顯也。事象盈虛消息於宇宙之中，咸相入而無礙，是宇宙者盈而若沖，又與塊然攖結之體異也，故曰「無閒而不相攖也」。宇宙者至小無內，故以「無厚」擬之；同時亦至大無外，故以「厚」擬之。厚與無厚通而爲一，形成此不可思議之宇宙，顯示其無閒而不相攖之相次，故說曰「無厚而厚可」。管子心術上篇曰「其大無外，其小無內，虛之與人也無閒」，又白心篇曰「灑乎天下滿，不見其塞」，莊子天下篇曰「至大無外謂之大一，至小無內謂之小一」。無厚不可積也，其大千里」，淮南子說山訓曰「是故小不可以爲內者，大不可以爲外矣」，皆可與此印證。莊子與淮南書中與此類似之文屢見，今不具引。荀子脩身篇曰「有厚無厚之察，非不察也」，蓋即指此。

⑭⑨ 「員」、「圓」字通。說文曰：「灋，荆也。法，今文省。」又曰：「型〔一〕，鑄器之法也。」「鎔，冶器法也。」「模，灋也。」「笵，灋也。」可見「法」之本義爲模笵，依法從事即能產生如法之效果，故曰「法，所若而然也」。例如畫圓有三法，其一爲「一中同長」之概念，即所謂「意」，其二爲作圓之「規」，其

〔一〕「型」原作「荆」，據說文解字改。

三爲已成之圓形，仿依以從事，俱可以成圓，故曰「意、規、圓，三也，俱可以爲法」。

150 吴鈔本無「然」字。

151 爾雅釋言：「佴，貳也。」郭注云：「佴次爲副貳。」周禮小宰「掌邦之六典八法八則之貳」，司農注云：「貳，副也。」「佴」猶今言副本，如鑄錢模型爲法，則所鑄之錢爲佴。法爲原因，佴爲效果，故曰「佴，所然也」。賢者在位，正身率物，使海内之民如埴在鈞，如金在鎔，家競爲義，人若於法，風行草偃，有類於佴也。

152 「説」所以明事物之原因與理由也，小取篇曰「以説出故」。

153 句。

154 「彼」本作「攸」，張依經説改。　梁云：「彼」者何，指所研究之對象也。能研究之主體爲我，故所研究之對象對我而名彼也。

155 句。

156 句。

157 「凡」與「樞」，皆假定爲辯論之對象。辯論之對象不可兩，兩則不可定是非，故曰「彼不可兩，不可也」。例如凡，牛也；樞，非牛也。凡也、樞也，是兩也。猶甲言張三學者也，乙言李四非學者也，張三、李四對象兩歧，無以定其是非也。荀子正名篇曰：「辨説也者，不異實名以喻動靜之道也。」荀謂異實不可以成辯，猶墨謂兩彼不可以定是非也。此外異名亦不可以成辯，例如鄭人謂玉未理者「璞」，周人謂鼠未腊者「璞」，今周人曰「此璞也」，鄭人曰「此非璞也」，此亦不可以定是非，不能成辯也。

(158) 舊本「彼」作「攸」。

(159) 「或」字畢本脱，舊本並有，今據補。

(160) 「不當若犬」本作「不若當犬」，依胡校乙。「辯」也者，争論一對象以求其是非也。今有一物焉，甲謂之牛，乙謂之非牛，是争彼也。此辯論式，甲乙雙方是不俱當；不俱當，必或當或不當。若其物爲犬，則甲説不當，故曰「不當，若犬」。以上兩條，當與經下第三十五條參看。章行嚴名學他辨釋此條頗新穎，兹録於次。章云：「「他辨」二字出公孫龍子通變篇。「他」者，第三位之稱，意謂備第三物以明前兩物之誼，即邏輯之Middle Term也。此語通譯「媒詞」，愚以與吾名學有關，譯稱「他詞」。公孫龍之「他辨」，在墨經號爲「争彼」。經上云：「辯，争彼也。」「彼」與「他」同，「争彼」也者，争第三物之當否也。以争彼爲辯，是之謂「他辨」(Logic of middle terms)。特辨者邏輯之通稱（邏輯可譯作「辨學」，較「名學」良），辯者論争之别義，字訓有差，立意則一。其説曰「辯：或謂之牛，或謂之非牛，是争彼也」，謂一物而有是非兩説，是非無由自定，因舉他物立於第三位，以爲準則，謂如彼者方爲牛，否則非牛也，故曰「争彼」」。

(161) 緜眇閣本「縣」作「懸」。畢云：「「縣」，「縣」字異文，讀如縣挂之類。」張云：「「縣」猶繫也。爲必由知，而爲之則繫於欲。

(162) 畢云：「『䨇』即『難』異文。」張從之。曹校「䨇」作「惟養」二字，謂古「惟」字作「隹」，因而誤合爲一字。王闓運刻本「䨇」旁注「𤎅」，即今「燃」字，後又旁注「然」字。○案：畢説是。下文「䨇脯」，寶曆本正作「難脯」。「難」即「𤎅」之省文。弘明集引顔延之文有「焚身然指」，𤎅指即然指。

(163) 寶曆本「是」作「足」。「之也」本作「文也」，依孫校改。

(164) 孫云：「離」俗作「罹」，被也。「離之」謂因欲而離患也。

(165) 「未」下畢本有「可」字，舊本並無，今據刪。騷之利害，言脯味之或利於人，或害於人也。畢云：「騷」，「臊」字假音，讀如山海經云「食之已騷」。

(166) 「而」猶其也。

(167) 畢云：「廧」字，「墻」俗寫。孫云：左傳襄二十六年「寺人惠墻伊戾」，釋文「墻」作「廧」。○案：戰國策趙策、管子地員篇並有「廧」字。

(168) 「刀」本作「力」，依孫校改。「刀」謂泉刀。

(169) 寶曆本「止」作「正」。

(170) 寶曆本「䨇」作「難」。「𢜔」即「智」字，緜眇閣本作「𢜔」。「𤎅脯」猶言燔肉炙脯。

(171) 荀子王制篇「有子惡臥而焠掌」，淮南子説林訓「掇之則爛指」。

(172) 本作「所爲與不所與爲相疑也」，今參張意校移，「與相疑」讀爲「舉相疑」。

(173) 本條指示人類行爲不惟受知識之支配，亦受意欲之支配。意欲支配行爲之力，有時且比知識爲大。如欲難其指，智明知其害而猶欲難之。食脯，智未知臊之利害，欲而輒食之。膚外之利害未可知，趨之而得刀則弗趨也。是三者，或明知其害而竟犯之，或疑而猶行，或疑而遂止，可見支配人類行爲之二元性。難脯裹腹，事類智，而其行之所以成非智也。難指傷膚，事類愚，而其行之所以成非愚也。所爲與所不爲，舉決定於意欲恍惚疑似之閒，非理智審計周謀以出之也。

(174) 秋山云：「亡」，一作「已」。

(175) 人生不可以已也。就事言，事勉可言已。自成功言，作一事而其事已成，如爲衣然，以成爲已也。自失敗言，作一事而其事已至水盡山窮，如治病然，以亡爲已也。舍是則無可已者也。論衡明雩篇曰「慈父之於子，孝子之於親，知病之不可治，然終不肯安坐待絶，猶卜筮求祟、召醫和藥者，惻痛慇懃，冀有驗也。既死氣絶，不可如何」，此治病以亡爲已之説也。文天祥、陸秀夫之抗元，史可法之抗清，鞠躬盡瘁，冀支危局，亦以亡爲已之義也。

(176) 「謂」，吴鈔本作「爲」，字通。張云：「使」有二義。

(177) 「謂」讀如「爲」，下同。

(178) 緜眇閣本「謂」作「之」。孫云：「濕」當作「㶕」，即説文「儡」、「儽」之假字。説文云：「儡，相敗也。」又云：「儽，垂貌。一曰嬾解[一]。」老子「儽儽兮其不足，以無所歸」，釋文云：「儽，一本作

[一] 墨子閒詁「解」下衍「乘，覆也」三字，本書沿誤。因與本條釋義無涉，今删。

偏，敗也，欺也。」「不必成偏」，言雖使爲之，而其事之成敗則未可知。

179 「使」有二，一爲帶試驗性質者，曰「爲」，如使人北極探險，其成績如何不可豫知。一爲有故事可循者，曰「故」，如使人造一輪船，可計日而成也。

180 孫云：荀子正名篇云「故萬物雖衆，有時而欲徧舉之，故謂之物。物也者，大共名也」，即此義。

181 「名」本作「多」，依孫校改。

182 緜眇閣本「馬」作「鳥」。

183 寶曆本「臧」作「咸」。莊子至樂篇曰「名止於實」。

184 「字」，諸本作「宇」，吴鈔本作「與」，道藏本作「字」，今從之，畢、張校同。「灑」，吴鈔本作「洒」。
「名」，大別之爲達、類、私三者。「達」名範圍最廣，如物。莊子達生篇曰「凡有貌象聲色者，皆物也」。「類」名次之，如馬，凡若馬者皆可以馬名之也，小取篇曰：「白馬，馬也。驪馬，馬也。」「私」名最陜，止用於特定之實例，如臧爲一人之私名，他人不得通用之也。聲出人口，名即隨之，若姓字之相麗也。荀子正名篇「累而成文，名之麗也」，楊注引或曰：「麗與儷同，配偶也。」「麗」、「儷」、「灑」並同聲通用。

185 「移」當作「名」，本書「名」字或譌作「多」，又轉爲「移」耳。說作「命」，經作「名」，字通。寶曆本「移」作「私」。秋山云：「加」，一作「如」。

186 錫某動物以狗犬之名，命之也。舉狗犬以告人，舉之也。叱狗以惡聲，加之也。禮記曲禮曰「尊客之前不吡狗」。

⑱⑦ 畢云：「聞」舊作「閒」，據經說上改。

⑱⑧ 寶曆本「𢉗」作「瘴」。「方」者，比類推論之意。孫云：集韻四十漾云：「障，或作𢉗。」

⑱⑨ 「身觀」，親身經驗之意。

⑲⓪ 本條論知識來源分三種：(一)凡人類感官直接感受者，曰親知。口之於味也，目之於色也，耳之於聲也，鼻之於臭也，皮膚之於觸也，皆是也。(二)凡隔於空、時，親、說俱窮，僅由傳受知之者，曰聞知。兼愛下篇曰「何以知先聖大王之親行之也？子墨子曰：吾非與之並世同時，親聞其聲、見其色也，以其所書於竹帛、鏤於金石、琢於槃盂傳遺後世子孫者知之」，此隔於時之聞知也。節葬下篇曰「子墨子曰：秦之西有儀渠之國者，其親戚死，聚柴薪而焚之」，此隔於空之聞知也。(三)說知由比類推論而得，介乎前二者之閒。荀子解蔽篇曰「從山上望牛者若羊，而求羊者不下牽也。從山下望木者，十仞之木若箸，而求箸者不上折也」，此親知未審而說知知其非羊非箸也。經說下篇曰「見火謂之熱也」，淮南子說山訓曰「嘗一臠肉，知一鑊之味。懸羽與炭，而知燥溼之氣。以小明大，見一葉落[一]而知歲之將暮，睹瓶中之冰而知天下之寒。以近論遠」，又說林訓曰「見象牙乃知其大於牛，見虎尾乃知其大於狸，一節見而百節知也」，此親知未及而說知推論以得

[一]「葉落」原誤倒，據淮南子說山訓乙。

其全者也。孟子曰「周公相武王，驅虎豹犀象而遠之」，吕氏春秋古樂篇曰「商人服象，爲虐于東夷，周公遂以師逐之，至於江南」。春秋時，僅吴楚南國有見象之記載（左氏定四年傳），韓非子解老篇謂「人希見生象」，至於今日，象在黄河長江流域杳無蹤跡，人遂不免疑孟子、吕氏春秋所記非實者。今化石學家竟在西北利亞發現象骨，其地在黄河以北，則孟、吕記載已可徵信。此聞知有疑而賴説知以證實之者也。三者在人類求知上均甚重要。章太炎國故論衡原名篇釋「聞」、「説」、「親」甚爲博洽，可參閱之。梁任公云：人類最幼稚之知識多得自親知，其最精密之知識亦多得自親知。人類最博深之知識多得自聞知，其最謬誤之知識亦多得自聞知。而説知則在兩者之間焉。中國秦漢以後，學者最尊聞知，次則説知，而親知幾在所蔑焉，此學之所以日窳下也。墨家則於此三者無畸輕畸重也。

(191) 一切事物之稱謂，「名」也。被稱謂之事物，「實」也。大取篇曰「名，實名」，小取篇曰「以名舉實」，管子心術上篇曰「物固有形，形固有名」，尹文子曰「名者，名形者也。形者，應名者也」，荀子正名篇曰「名聞而實喻，名之足以指實」，公孫龍子名實篇曰「夫名，實謂也」，義正相類。名實相耦爲合，不耦則不合，管子心術上篇曰「名不得過實，實不得延名」，亦言名實之當耦也。故鹿不可以爲馬，烏不得以爲鵲。動機表現於行動曰「爲」，僅有動機而未表現於行動者，非爲也，如盲者欲視是。雖有行動而無明瞭意識之動機者，亦非爲也，如夢中囈語是。

(192) 舊本「傳」作「博」。

193 聞有二。公羊隱元年傳曰「所聞異辭，所傳聞異辭」，蓋隔於空、時，不能親聞，惟賴於傳聞也。

194 寶曆本「二」作「一」。　孫云：「時」疑當爲「特」。「特」者，奇也。「二」者，耦也。特者止見其一體，二者盡見其衆體，「特」、「二」文正相對。○案：孫說是。戰國策趙策「今有人操隋侯之珠，時宿於野」，即特宿於野也。淮南子說山訓曰：「視方尺於牛，不知其大於羊。總視其體，乃知其大相去之遠。」視方尺，體見也。總視其體，盡見也。

195 「合」本作「古」，楊依經校改。「正」，本作「兵」，形譌。經說下篇「在正人長」，今本「正」亦譌「兵」，誤與此同。

196 孫云：「工」疑「功」之省。大取篇曰「志功爲辯」。

197 寶曆本「臧」作「咸」。

198 凡一學術思想之興盛時代，其本身即孕有矛盾，正反對立，故曰「合，正立反」。依進行之過程，可畫分爲三期。一爲合之「正」時期，即全盛時期。在此期中，思想既合於其時人之意志，復適於其時代之事功，故曰「中志、功，正也」。「中」義如左氏定元年傳「未嘗不中吾志也」之「中」，注云：「中，合也。」二爲合之「宜」時期，即守成時期。此時期中，在思想上已不能創造光大，惟率由舊章，尚能保持社會之信仰與秩序，不至隕越，故曰「臧之爲，宜也」。「臧」義如左氏宣十二年傳「執事順成爲臧」之「臧」。三爲合之「必」時期，即分裂時期。學術思想自第二期以來，已漸停滯僵化、教條化，不能適應日進無休之新環境。至第三期，思想與現實愈離愈遠，已不能再保持其原狀，於是舊思想支配下之新社會遂發生種種問題，引起反對思想，而分裂於是形成矣，故曰「非彼必不有，必也」。「彼」即指不滿意於此思想而發生之反對思想而言，「必」即上文「必，不已也」之「必」。於是時也，常有聖哲之士應時而興，綜合衆說，重建適合於現實社會需要之新學說，社會上多數人翕然宗之，分裂之現象於焉告終，故曰「聖者用，而勿必」。時代更進，又輪迴於合之正、宜、必三相中，無或差忒，故曰「必也者，可勿疑」。本條應與上文第五十二條、經下第十二條參看。

⑲⑨ 大取篇曰：「正欲惡者，人右以其請得焉。」孫云：「且」字疑衍。大取篇曰：「於所體之中而權輕重之謂權。權非爲是也，亦非爲非也。權，正也。」

⑳⓪ 「仗」疑「正」之聲誤。孫云：「仗」當爲「權」，艸書形近而譌。言兩權利害，無所偏主。

201 張云：「爲」有六。

202 「早」借爲「草」。周禮大司徒「其植物宜早物」，早即「草」之借字。廣雅釋言曰：「草，造也。」

203 上文曰「治病，亡也」，此疑脱「治」字。

204 俞云：說文：「賣，衒也。讀若育。」經典通以「鬻」爲之。

205 畢云：「霄」與「消」同。

206 「黽買」即「黽黽」。左襄三十一年傳「莒子買朱鉏」，經作「密州」。詩谷風「黽勉同心」，韓詩作「密勿同心」。「買」、「密」、「黽」一聲之轉。廣韻「澠水」即汨水，汨从冥省聲。非攻中篇「冥隘」即鄳陁。「買」、「冥」、「鄳」亦一聲之轉。説文曰：「黽，鼃黽也。」上文曰「化，若鼃爲鶉」。

207 造臺而有臺存，其結果屬積極一面。病而至於死亡，其結果屬消極一面。交相買賣爲易，消滅淨盡爲蕩，順遂長養爲治，鼃買變化爲化。此六者或由人力，或屬天然，皆可謂之爲也。

208 張云：「同」有四。

209 淮南子説林訓曰「或謂冢，或謂隴；或謂笠，或謂簦」，此二名一實。

210 若手與足不外全身之一體。上文曰「體，分於兼也」。

211 若鯨與蝦俱處於水中。

212 若牛與鼠大小狀貌皆不倫，然同屬哺乳動物。

213 「體」上「不」字各本脱，今依畢校補。孫謂吳鈔本不脱，誤。

214 凡二物必異，以其爲二也。

215 若人與木石。

216 若虎與魚。

217 若風與牛。由以上二條，可見同異常因觀察點不同而不同。莊子天下篇曰：「大同而與小同異，此之謂小同異。萬物畢同畢異，此之謂大同異。」

218 同異交得之法，放效有無之例類推之。説曰：「於福家良恕，有無也。」

219 同異交得爲論理學歸納法中最重要之方法，本條特加以討論。惜文字錯譌，多難索解，惟每例結語皆以對文成義，執此尋繹，可見其概。

220 未詳。

221 比較度量，多少可見。經說下篇曰「若以尺度所不知長」。

222 「兔蚐」本作「免蚐」，形微譌。「蚐」即「蛁」之省文。太玄飾「蛁鳴喁喁」，注云：「蛁，蟬也。」方言曰：「蛥蚗，楚謂之蟪蛄，自關而東謂之蚐蟧。」莊子逍遥游釋文引司馬注云：「蟪蛄，寒蟬也。」「兔蚐還園」者，言兔蚐外出，還依其故所。外出，去也。還依，就也。淮南子說林訓曰「兔走歸窟，寒螿得木，各哀其所生」，注云：「寒螿，蟬屬也。」義或類此。

223 未詳。

224 吴鈔本「早」作「蚤」。孫云：當作「劒戈甲」，言劒戈以殺人，求其死；甲以衛人，求其生。故下云「死生也」。

225 孫云：莊子逍遥游釋文云：「處子，在室女也。」

226 「子」字寶曆本無，緜眇閣本作「一」。史記淮南王傳曰「遺其子〔一〕母從居」。處室子爲少，子母爲長。

227 白黑分明，兩色並見，莫能相勝，故曰「兩絶勝」。越絶書記寶劒篇曰「夫寶劒五色並見，莫能相

〔一〕「子」字原誤重，據史記淮南衡山列傳删。

勝」。

㉘ 「行行」二字本在下文「論行」下，今校移於此。下「行」字，行列也，次第也。「行行」謂行之行列次第也。

㉙ 禮記曲禮曰：「行，前朱雀而後玄武，左青龍而右白虎，招摇在上，急繕其怒。」左氏宣十二年傳曰：「軍行，右轅，左追蓐，前茅慮無，中權，後勁。」可見古者軍行序列有中央與四旁也，故曰「行行，中央、旁也」。

㉚ 「論行」下本有「行行」二字，今移於上文。孫云：言人之論説、行爲、學問、名實，四者各有是非之異。

㉛ 未詳。

㉜ 孫云：「適」讀爲「敵」。言相合俱、相耦敵。此與上文「若弟兄一然者，一不然者」義略同。

㉝ 孫云：身處爲存，志往爲亡。

㉞ 經説下篇「霍」字凡數見，張皆校作「隺」，而未及此。字本作「鶴」，俗省作「隺」，或體作「鸖」，本書又省爲「霍」矣。説文曰：「爲，母猴也。」

㉟ 張云：「姓」疑當爲「性」。○案：張説是。「性」與「故」對文，孟子曰「天下之言性也，則故而已矣」，義與此同。雲中鶴、林閒猴，性也。舞鶴、戲猴，人馴之使然也，故也。

㊱ 價之宜否，係於貴賤。

㉓⑦「超城」上本有「諾」字，爲次條標目，今移於下文。「員」借爲「運」，非命上、下篇「運鈞」，中篇作「員鈞」，可證。超越城爲運，已超越城則止也。

㉓⑧荀子性惡篇曰「可聽之聰不離耳」。

㉓⑨畢云：「之」舊作「也」，據下文改。○案：「察」，知也，明也。循聞得意，須有心神以君之。此公孫龍「臧三耳」之説所由立也。

㉔⑩「辯」，明也，慧也。莊子天道篇曰「語之所貴者，意也」，又外物篇曰「言者所以在意」。

㉔①寶曆本「諾」作「諸」。

㉔②「諾」字本在上文「超城」上，今移置於此。

㉔③「五色」，恐懼之義。吕氏春秋知分篇曰「黄龍負舟，舟中之人五色無主」。

㉔④諾之爲用不一，其辭氣各别。「相從」者，彼謂而我從之。「相去」者，所論相去懸遠，無關宏恉，不妨姑應之。「先知」者，已先知之，因而順應之。「是」者，事理之是者是之。「可」者，雖未盡是，而事屬可以者可之。「五色」者，若齊桓見劫於曹沬，秦王見劫於唐睢，皆有所恐懼而後諾之也。此外諸之辭氣尚有「長短」、「前後」、「輕重」等等。

㉔⑤音利。

㉔⑥「説」，堂策檻本、四庫本作「説」。畢云：「音利」二字舊注，未詳其義。孫云：「音利」當作「言利」，二字本是正文，誤作小注。○案：孫謂當作「言利」，是也。謂爲正文，則非。陸

本、茅本、寶曆本、緜眇閣本、堂策檻本、四庫本並無「音利」二字。「執」，「謺」之省文。說文曰：「謺，謺讘也。」又曰：「讘，多言也。」集韻曰：「謺，多言也。」又曰：「詀，多言也。一曰巧言。」說文曰：「說，言相說司也。」集韻引埤蒼曰：「詀說，言不正。」謺說猶詀說，謺、詀一聲之轉。舊注「言利」，於義正合。蓋連語則言謺說，單舉則言謺、言說，故經出「謺說」，而說則有「謺」無「說」也。「謺說巧轉」，謂利口者巧言離本耳。

㉗247 說文曰：「援，引也。」

㉗248 左襄二十七年傳「成言於晉」，杜注云：「成盟載之言，兩相然可。」

㉗249 「九」、「糾」同音通用。糾，正也。「法」與經文「故」字義近。言引導利口者服從，其言難成，務思所以成之糾正之道，則莫若求其彊辯之法。如利口者以方爲圓，糾正之者可舉中規者始謂之圓以喻之。蓋規爲圓之法，亦即圓之故，今方不能中規，則利口者之彊辯將無所施展矣。

㉕250 選擇而取之之謂「取」。「傳」，轉也。同法者必同類，取同者觀其同可也。雖然，有巧傳存焉。所謂「巧傳」者，事物之似是而非，引人入誤者也。禪讓者必儗堯舜，誅伐者必比湯武，此事之巧傳也。美玉與珷玞，蛇牀與蘼蕪，此物之巧傳也。愿者類仁而非仁，戇者類勇而非勇，此德行之巧傳也。狗似玃，玃似母猴，母猴似人，人之與狗則遠矣，此比類之巧傳也。此皆似同非同，迷亂人意，取同者須觀察及之，庶免陷於謬誤。

㉕251 孫云：「擇」讀爲「釋」。釋、捨古通，見節葬下篇。言取此法，則捨彼法也。

㉒「愛」字本脱，依下文「心愛人」語法增。

㉓「與以」二字本在「有愛於人」上，今校移。

㉔此示人於法異之中決定取捨、問故觀宜之法。例如有兩種學説，其一以止愛黑人立教，則愛將不及於不黑之人而愛有所偏，因人固有黑者有不黑者也。其一以愛人立教，黑人與不黑人皆兼而愛之。二者孰宜，不待辯而明。世之私於少數人而忘國家民族人類者，是止愛黑人之説也。

㉕「以」、「已」字通。禮記鄉飲酒義「貴賤之義别矣」，鄭注云：「别猶明也。」

㉖「止」本作「心」，依張校改。

㉗經言辯論停止之因，説言停止辯論之術。辯論之所以停止者，因其所辯論之道理已明也，故曰「止，因以别道」。荀子正名篇曰「辭足以見極則舍之矣」，中論覈辯篇曰「夫辯者求服人心也，非屈人口也，故其論也，遇人之是則止矣」，意並與此近。停止辯論之術，莫若舉出與彼所根據之事理同類而相反之例以反問之。如有主張君臣之義無所逃於天地之閒者，則可舉出歐美諸民主國以反詰之，其辯論自止矣。

㉘「互」本作「五」，依胡校改，下同。

㉙「皆人」猶言凡人。

㉚「員」、「圓」字通。吴鈔本作「負」，誤。

㉛事理誠正矣，若聖人然，即有非之者，亦將終於不非也。凡人於其所知，常有一種辯説，須達到互

相應諸之境，若圓周無直，然後辯説終結，雙方定於一正，若自然矣。以上經文自第五十一條至此，凡五十條，當爲古鈔帛本經上篇下截文。

262 畢云：言此篇當旁行讀之。孫云：此五字爲後人校書者附記篇末，傳寫者誤羼入正文「無非」三字之上。

墨子校注卷之十（下）

經下第四十一

經説下第四十三

一、止，類以行之①，説在同。

説止：彼以此其然也，説是其然也；我以此其不然也，疑是其然也②。

二、推類之難，説在之大小③。

説：謂四足獸，與牛馬④，與物，盡與大小也。此然是必然，則俱爲麋⑤。

三、物盡同名⑥，二與鬬，愛，食與招，白與視⑦，麗與暴⑧，夫與履⑨。

説同名：俱鬬，不俱二⑩，二與鬬也⑪。包⑫、肝、肺、子，愛也⑬。橘、茅⑭，食與招也⑮。白馬名白，視馬不名視⑯，白與視也。爲麗不必麗不必⑰，麗與暴也。爲非以人是，不爲非⑱。若爲夫以勇，不爲夫⑲。爲屨以買⑳，不爲屨㉑，夫與屨也。

四、一偏棄之㉒，謂而因是也㉓，説在因㉔。

説一：一與一亡㉕，不與一在偏去未㉖。有文實也，而後謂之；無文實也，則無謂也。不若敷與美㉗。謂是，則是固美也；謂也㉘，則是非美；無謂，則報也㉙。

五、不可偏去而二，説在見與俱、一與二、廣與脩㉚。

説：見不見離，一二不相盈，廣脩、堅白㉛。

六、不能而不害，説在害。

説不㉜：舉重不與箴㉝，非力之任也。爲握者之觭倍㉞，非智之任也。若耳目㉟。

七、異類不吡㊱，説在量。

説異：木與夜孰長？智與粟孰多㊲？爵、親、行㊳、賈㊴，四者孰貴㊵？麋與霍孰高㊶？麋與霍孰霍㊷？蚓㊸與瑟㊹孰瑟㊺？

八、偏去莫加少㊻，説在故。

説偏：俱一無變㊼。

九、假必誖，説在不然㊽。

説：假必非也，而後假。狗假霍也㊾，猶氏霍也㊿。

十、物之所以然，與所以知之，與所以使人知之，不必同，說在病。

說物：或傷之，然也。見之，智也[51]。告之[52]，使智也[53]。

一一、疑，說在逢、循、遇、過。

說疑：逢[54]，爲務則士[55]，爲牛廬者夏寒[56]，逢也。舉之則輕，廢之則重[57]，非有力也。沛從削[58]，非巧也。若石羽[59]，楯也[60]。鬬者之敝也，以飲酒，若以日中[61]，是不可智也[62]，愚也[63]。智與[64]？以已爲然也與[65]？愚也[66]。

一二、合與一[67]，或復否[68]，說在拒[69]。

一三、歐物一體也[70]，說在俱一、惟是[71]。

說俱：俱一，若牛馬四足。惟是，當牛馬，數牛數馬則牛馬二，數牛馬則牛馬一[72]。若數指，指五而五一[73]。

一四、宇或徙[74]，說在長宇久[75]。

說長：宇徙而有處宇[76]。宇南北在旦[77]，有在莫[78]，宇徙久[79]。

一五、不堅白，說在無久與宇。

說：無堅得白[80]。

一六、堅白，說在因。

説：必相盈也[81]。

一七、在諸其所然未者然[82]，説在於是。

説在：堯善治，自今在諸古也。自古在之今，則堯不能治也[83]。

一八、景不徙[84]，説在改爲。

説景：光至景亡，若在，盡古息[85]。

一九、景二，説在重。

説：景二[86]，光夾[87]。一[88]，光一[89]。光者景也[90]。

二十、景到[91]，在午有端[92]與景長[93]，説在端。

説景：光之人煦若射[94]，下者之人也高[95]，高者之人也下。足蔽下光[96]，故成景於上[97]，首蔽上光，故成景於下。在遠近有端與於光，故景庫，内也[98]。

二一、景迎日[99]，説在摶[100]。

説景：日之光反燭人，則景在日與人之閒[101]。

二二、景之小大，説在杝缶遠近[102]。

説景：木杝景短大[103]，木正景長小[104]，大小於木。則景大於木[105]，非獨小也，遠近[106]。

二三、臨鑑而立，景到[107]，多而若少，説在寡區[108]。

說臨：正鑒景寡，貌能、白黑⑩、遠近、杝正⑪異於光⑫。鑒景當俱⑫，就去亦當俱⑬，俱用北⑭。鑒者之臭⑮，於鑒無所不鑒。景之臭無數，而必過正。景過正，故招⑯。故同處其體俱然⑰。

二四、鑑位景二⑱，一小而易⑲，一大而缶，說在中之外內。

說鑒：分鑒⑳：中之內㉑，鑒者近中則所鑒大㉒，景亦大，遠中則所鑒小，景亦小，而必正。起於中，緣正而長其直也㉓。中之外㉔，鑒者近中則所鑒大，景亦大，遠中則所鑒小，景亦小，而必易。合於中，緣正而長其直也㉕。

二五、鑑團景一㉖，天而必缶㉗，說在得。

說鑒：鑒者近則所鑒大，景亦大，亓遠㉘，所鑒小，景亦小，而必正㉙。

二六、貞而不撓㉚，說在勝。

說貞㉛：衡木如重焉而不撓㉜，極勝重也㉝。右校交繩㉞，無加焉而撓㉟，極不勝重也㊱。衡加重於其一旁㊲，必捶㊳。權重相若也，相衡則本短標長㊴，兩加焉，重相若，則標必下，標得權也㊵。

二七、契與收板㊶，說在薄。

說：挈有力也㊷，引無力也㊸，不正㊹。所挈之正於施也㊺，繩制挈之也㊻。若以錐刺之[147]，挈長重者下，短輕者上。上者愈得，下者愈亡[148]。繩直權重相若，則正矣[149]。收[150]，上者愈喪，下者愈得。上者權重盡，則遂挈[151]。

二八、倚者不可正，説在剃[152]。

説：兩輪高，兩輪爲輲，車梯也[153]。重其前，弦其前[154]，載弦其前[155]，載弦其軲[156]，而縣重於其前。是梯[157]挈且挈則行[158]。凡重，上弗挈，下弗收，旁弗劫[159]，則下直[160]。抴[161]，或害之也[162]。沶[163]梯者，不得沶直也[164]。今也廢石於平地[165]，重不下[166]，無跨也[167]。若夫繩之引軲也[168]，是猶自舟中引橫也[169]。倚、倍、拒、堅[170]。邪倚焉則不正[171]，誰跰石[172]、粲石[173]，耳[174]夾[175]帶[176]者[177]法也[178]。

二九、推之必往[179]，説在廢材[180]。

説：方石去地尺[181]，關石於其下[182]，縣絲於其上[183]，使適至方石[184]，不下[185]，柱也[186]。膠絲去石，挈也[187]。絲絶，引也[188]。未變而石易[189]，收也[190]。

三十、買無貴[191]，説在仮其賈[192]。

説買：刀糴相爲賈[193]。刀輕則糴不貴[194]，刀重則糴不易[195]。王刀無變[196]，糴有變，歲變糴則歲變刀，若鬻子[197]。

三一、賈宜則讎[198]，説在盡。

說買：盡也者，盡去其所以不讎也[199]。其所以不讎去，則讎。正買也宜不宜[200]，正欲不欲，若敗邦鬻室嫁子[201]。

三二、無說而懼[202]，說在弗必[203]。

說無：子在軍，不必其死生；聞戰，亦不必其死生[204]。前也不懼，今也懼[205]。

三三、或，過名也[206]，說在實。

說或：知是之非此也[207]，有知是之不在此也[208]，然而謂此。南北過，而以已爲然。始也謂此南方，故今也謂此南方[209]。

三四、知知之否之足用也[210]，誖[211]，說在無以也[212]。

說智：論之，非智無以也[213]。

三五、謂辯無勝，必不當，說在辯[214]。

說謂：所謂[215]非同也，則異也。同則或謂之狗，其或謂之犬也[216]。異則或謂之牛牛，或謂之馬也。俱無勝，是不辯也。辯也者，或謂之是，或謂之非，當者勝也[217]。

三六、無不讓也，不可，說在始。

說：無讓者，酒未讓[218]，始也，不可讓也[219]。

三七、於一有知焉，有不知焉，說在存。

說於：石一也，堅白二也，而在石。故有智焉，有不智焉，可[220]。

三八、有指於二，而不可逃[221]，說在以二絫[222]。

說有指。子智是[223]，有智是吾所无舉[224]，重。則子智是，而不智吾所无舉也[225]，是一。謂有智焉，有不智焉也[226]。若智之，則當指之智告我[227]，則我智之[228]。兼指之以二也，衡指之，參直之也[229]。若曰必獨指吾所舉，毋舉吾所不舉[230]，則者固不能獨指[231]，所欲指不傳[232]。意若未校[233]，且其所智是也，所不智是也，則是智是之不智也，惡得爲一[234]？謂而有智焉，有不智焉[235]。

三九、所知而弗能指，說在春也、逃臣[236]、狗犬、貴者[237]。

說所：春也，其埶固不可指也[238]。逃臣，不智〔一〕其處[239]。狗犬，不智其名也[240]。遺者，巧弗能网也[241]。

四十、知狗而自謂不知犬[242]，過也，說在重。

說智：智狗不智犬[243]，重則過[244]，不重則不過[245]。

四一、通意後對[246]，說在不知其誰謂也。

〔一〕「智」原作「知」，據畢沅刻本改，與墨子原文合。

說通：問者曰：「子智孰乎㉔⑦？」應之曰：「孰，何謂也？」彼曰：「孰，施㉔⑧。」則智之。若不問孰何謂，徑應以弗智，則過。且應必應問之時㉔⑨，若應長㉕⓪，應有深淺大小，不中㉕①。在兵人長㉕②。

四二、所存與存者㉕③，於存㉕④與孰存，駟異㉕⑤。說㉕⑥。

說所：室堂，所存也㉕⑦；其子，存者也㉕⑧。據在者而問室堂㉕⑨，惡可存也㉖⓪？主室堂而問存者，孰存也？是一主存者以問所存，一主所存以問存者㉖①。

四三、五行毋常勝㉖②，說在宜。

說五：合水土火，火離然㉖③。火鑠金，火多也；金靡炭㉖④，金多也。合之府木㉖⑤，木離木㉖⑥。若識麋與魚之數㉖⑦，惟所利㉖⑧。

四四、無欲惡之爲益損也㉖⑨，說在宜。

說無：欲惡傷生損壽㉗⓪。說以少㉗①，連是㉗②，誰愛也？嘗多粟，或者欲不有，能傷也。若酒之於人也，且恕人利人㉗③，愛也，則唯恕弗治也㉗④。

四五、損而不害，說在餘㉗⑤。

說損：飽者去餘，適足不害，能害飽。若傷麋之無脾也㉗⑥。且有損而后益，智者㉗⑦，若瘧病之之於瘧也㉗⑧。

四六、知而不以五路㉗⑨，説在久㉘⓪。

說智：以目見，而目以火見，而火不見，惟以五路智。久不當以目見，若以㉘①。

四七、火必熱㉘②，説在頓㉘③。

說火：見火謂火熱也，非以火之熱我有㉘④，若視日㉘⑤。

四八、知其所以不知，説在以名取。

說智㉘⑥：雜所智與所不智而問之，則必曰：「是所智也，是所不智也。」取去俱能之，是兩智之也㉘⑦。

四九、無不必待有，説在所謂。

說無：若無焉，則有之而后無㉘⑧。無天陷，則無之而無㉘⑨。

五十、擢慮不疑㉙⓪，説在有無。

說：擢疑無謂也。臧也今死，而春也得之又死也，可㉙①。

五一、且然不可正，而不害用工㉙②，説在宜。

說且㉙③：且猶是也㉙④，且必然㉙⑤，且已必已㉙⑥，且用工而後已者㉙⑦，必用工而後已㉙⑧。

五二、均之絶不㉙⑨。説在所均。

說均：髮均，縣輕而髮絶㉚⓪，不均也㉚①。均㉚②，其絶也莫絶㉚③。

五三、堯之義也，生於今[304]而處於古，而異時，說在所義。

說堯霍[305]：或以名視人[306]，或以實視人。舉友富商也[307]，是以名視人也[308]；指是臛也[309]，是以實視人也。堯之義也，是聲也於今，所義之實處於古。若殆於城門與[310]，於臧也[311]。

五四、狗，犬也[312]，而殺狗非殺犬也，可[313]，說在重[314]。

說狗：狗，犬也，而殺狗謂之殺犬，可[315]，若兩䏶[316]。

五五、使殷美說在使[317]。

說使：令使也我使我我不使亦使我殿戈亦使殿不美亦使殿[318]。

五六、荆之大其沈，淺也[319]，說在具。

說荆：沈，荆之具也[320]，則沈淺非荆淺也，若易五之一[321]。

五七、以楹爲摶[322]，於以爲無知也，說在意[323]。

說：以楹之摶也，見之[324]，其於意也，不易先智[325]，意相也[326]。若楹輕於秋[327]，其於意也洋然[328]。

五八、推之意未可知，說在可用、過仵[329]。

說錐[330]：段、椎俱事於履[331]，可用也。成繪履過椎[332]，與成椎過繪履同，過仵也[333]。

五九、一少於二，而多於五，說在建位[334]。

說一：五有一焉，一有五焉，十二焉[335]。

六十、非半弗斱[336]，則不動，說在端[337]。

說非：斱半[338]，進前取也。前則中無爲半，猶端也。前後取，則端中也。斱必半，毋與[339]、非半[340]，不可斱也[341]。

六一、可無也，有之而不可去，說在嘗然。

說：可無也，已給則當給[342]，不可無也。久有窮、無窮[343]。

六二、正而不可擔[344]，說在摶[345]。

說正：凡[346]無所處而不中縣[347]，摶也[348]。

六三、宇進無近，說在敷[349]。

說：傴宇不可偏舉宇也[350]，進行者先敷近，後敷遠[351]。

六四、行脩以久[352]，說在先後。

說行：者行者，必先近而後遠[353]。遠近[354]，脩也[355]；先後，久也。民行脩，必以久也[356]。

六五、一法者之相與也盡類[357]，若方之相台也[358]，說在方。

說：一方盡類[359]，俱有法而異[360]，或木或石，不害其方之相台也[361]。盡類[362]，猶方也[363]，物俱然[364]。

六六、狂舉不可以知異[365]，説在有。

説狂：牛與馬惟異[366]，以牛有齒、馬有尾，説牛之非馬也，不可。是俱有[367]，不偏有、偏無有[368]。曰：「牛與馬不類[369]，用牛有角[370]，馬無角。」是類不同也。若舉牛有齒[371]，馬有尾[372]，以是爲類之不同也，是狂舉也[373]。猶牛有齒[374]、馬有尾，或不非牛而非牛也可，則或非牛或牛[375]而牛也可[376]。

六七、不可牛馬之非牛，與可之同，説在兼。

説：故曰「牛馬非牛也」，未可[377]。「牛馬牛也」，未可[378]。則或可或不可，而曰「牛馬牛也未可」，亦不可[379]。且牛不二，馬不二，而牛馬二[380]。則牛不非牛，馬不非馬，而牛馬非牛、非馬，無難[381]。

六八、彼彼此此[382]，與彼此同，説在異。

説彼：正名者[383]：彼彼此此可[384]，彼彼止於彼，此此止於此[385]。彼此不可，彼且此也[386]。彼此亦可，彼此止於彼此[387]，若是而彼此也，則彼亦且此此也[388]。

六九、唱和同患[389]，説在功。

説：唱無過，無所周[390]，若粺[391]。和無過，使也，不得已。唱而不和，是不學也；智少而不學，必寡。和而不唱，是不教也；智而不教，適息[392]。使人奪人衣，罪或輕或重；使人予人酒，功或厚或薄[393]。

七十、聞所不知若所知，則兩知之，說在告。

說：聞在外者，室中所不知也[394]；或曰「在室者之色若是其色」，是所不智若所智也。猶白若黑也，誰勝[395]？是若其色也，若白者必白；今也智其色之若白也[396]，故智其白也。夫名以所明正所不智[397]，不以所不智疑所明，若以尺度所不智長。外，親智也；室中，說智也[398]。

七一、以言爲盡誖，誖。說在其言[399]。

說以：誖，不可也。之人之言可[400]，是不誖，則是有可也。之人之言不可[401]，以當[402]，必不審[403]。

七二、唯吾謂，非名也，則不可[404]，說在仮[405]。

說惟[406]：謂是霍，可[407]。而猶之非夫霍也[408]，謂彼是是也，不可，謂者毋惟乎其謂[409]。彼猶惟乎其謂[410]，則吾謂行[411]；彼若不惟其謂，則不行也[412]。

七三、無窮不害兼[413]，說在盈否。

說無：南者有窮則可盡[414]，無窮則不可盡。有窮無窮未可智[415]，則可盡不可盡未可智[416]。人之盈之否未可智[417]，人之可盡不可盡亦未可智[418]。而必人之可盡愛也，誖[419]。「人若不盈无窮[420]，則人有窮也，盡有窮無難。盈無窮，則無窮盡也[421]，盡有窮無難[422]。」

七四、不知其數而知其盡也，説在問者[423]。

説不：不智其數[424]，惡智愛民之盡之也[425]？或者遺乎其問也[426]。盡問人，則盡愛其所問。若不智其數，而智愛之盡之也無難[427]。

七五、不知其所處，不害愛之，説在喪子者[428]。

七六、仁義之爲内外也[429]，孛[430]，説在仵顔[431]。

説仁：仁，愛也。義，利也。愛利，此也。所愛、所利，彼也。愛利不相爲内外[432]，所愛利亦不相爲外内[433]。其爲仁内也、義外也[434]，舉愛與所利也，是狂舉也。若左目出[435]，右目入[436]。

七七、學之益也，説在誹者。

説學：也以爲不知學之無益也[437]，故告之也。是使智學之無益也，是教也。以嘗爲無益也，教，誖[438]。

七八、誹之可否，不以衆寡，説在可非。

說誹(439)：論誹之可不可：以理之可誹，雖多誹，其誹是也；其理不可非(440)，雖少誹，非也。今也謂多誹者不可，是猶以長論短(441)。

七九、非誹者誖(442)，說在弗非。

說不(443)：誹非(444)，己之誹也不非(445)，誹非可非也(446)。不可非也，是不非誹也(447)。

八十、物甚不甚(448)，說在若是。

說：物甚長甚短，莫長於是，莫短於是。是之是也，非是也者，莫甚於是(449)。

八一、取下以求上也，說在澤。

說取：高下以善不善爲度，不若山澤。處下善於處上，下所謂上也(450)。

八二、不是與是同(451)，說在不州(452)。

說不：是是(453)，則是且是焉。今是之於是(454)，而不是於是(455)，故是不之(456)。是不之(457)，則是而不之焉(458)。今是不之於是，而之於是(459)，故之與不之同說也(460)。

經下篇旁行句讀

〔一〕止，類以行之，說在同。

〔四二〕所存與存者，於存與孰存，駟異。說。

〔二〕推類之難，說在之大小。

〔三〕物盡同名：二與鬭，愛，食與招，白與視，麗與暴，夫與履。

〔四〕一偏棄之，謂而因是也，說在因。

〔五〕不可偏去而二，說在見與俱、一與二、廣與脩。

〔六〕不能而不害，說在害。

〔七〕異類不吡，說在量。

〔八〕偏去莫加少，說在故。

〔九〕假必誖，說在不然。

〔一〇〕物之所以然，與所以知之，與所以使人知之，不必同，說在病。

〔一一〕疑，說在逢、循、遇、過。

〔一二〕合與一，或復否，說在拒。

〔四三〕五行毋常勝，說在宜。

〔四四〕無欲惡之爲益損也，說在宜。

〔四五〕損而不害，說在餘。

〔四六〕知而不以五路，說在久。

〔四七〕火必熱，說在頓。

〔四八〕知其所以不知，說在以名取。

〔四九〕無不必待有，說在所謂。

〔五〇〕擢慮不疑，說在有無。

〔五一〕且然不可正，而不害用工，說在宜。

〔五二〕均之絕不，說在所均。

〔五三〕堯之義也，生於今而處於古，而異時，說在所義。

〔一三〕歐物一體也，說在俱一、惟是。

〔一四〕宇或徙，說在長宇久。

〔一五〕不堅白，說在無久與宇。

〔一六〕堅白，說在因。

〔一七〕在諸其所然未者然，說在於是。

〔一八〕景不徙，說在改爲。

〔一九〕景二，說在重。

〔二〇〕景到，在午有端與景長，說在端。

〔二一〕景迎日，說在摶。

〔二二〕景之小大，說在杝缶遠近。

〔二三〕臨鑑而立，景到，多而若少，說在寡區。

〔二四〕鑑位景二，一小而易，一大而缶，說在中之外內。

〔二五〕鑑團景一，天而必缶，說在得。

〔二六〕貞而不撓，說在勝。

〔五四〕狗，犬也，而殺狗非殺犬也，可，說在重。

〔五五〕使殷美說在使。

〔五六〕荆之大其沈，淺也，說在具。

〔五七〕以楹爲摶，於以爲無知也，說在意。

〔五八〕推之意未可知，說在可用、過仵。

〔五九〕一少於二，而多於五，說在建位。

〔六〇〕非半弗𣃁，則不動，說在端。

〔六一〕可無也，有之而不可去，說在嘗然。

〔六二〕缶而不可擔，說在摶。

〔六三〕宇進無近，說在敷。

〔六四〕行脩以久，說在先後。

〔六五〕一法者之相與也，盡類，若方之相台也，說在方。

〔六六〕狂舉不可以知異，說在有。

〔六七〕不可牛馬之非牛，與可之同，說在兼。

〔二七〕契與收板，說在薄。

〔二八〕倚者不可正，說在剃。

〔二九〕推之必往，說在廢材。

〔三〇〕買無貴，說在仮其賈。

〔三一〕賈宜則讐，說在盡。

〔三二〕無說而懼，說在弗必。

〔三三〕或，過名也，說在實。

〔三四〕知知之否之足用也，諄，說在無以也。

〔三五〕謂辯無勝，必不當，說在辯。

〔三六〕無不讓也，不可，說在始。

〔三七〕於一有知焉〔一〕，有不知焉，說在存。

〔三八〕有指於二，而不可逃，說在以二絫。

〔三九〕所知而弗能指，說在春也、逃臣、狗犬、

〔六八〕彼彼此此，與彼此同，說在異。

〔六九〕唱和同患，說在功。

〔七〇〕聞所不知若所知，則兩知之，說在告。

〔七一〕以言爲盡誖，誖，說在其言。

〔七二〕唯吾謂，非名也，則不可，說在仮。

〔七三〕無窮不害兼，說在盈否。

〔七四〕不知其數而知其盡也，說在問者。

〔七五〕不知其所處，不害愛之，說在喪子者。

〔七六〕仁義之爲内外也，孛，說在仵顔。

〔七七〕學之益也，說在誹者。

〔七八〕誹之可否，不以衆寡，說在可非。

〔七九〕非誹者，誖，說在弗非。

〔八〇〕物甚不甚，說在若是。

〔一〕「焉」，原誤「也」，據本書經下篇第三十七條正文改。

貴者。

〔四〇〕知狗而自謂不知犬，過也，說在重。　〔八一〕取下以求上也，說在澤。

〔四一〕通意後對，說在不知其誰謂也。　〔八二〕不是與是同，說在不州。

① 「之」本作「人」，今依孫校改。　楊云：大〔二〕取篇：「夫辭，以類行者也。」

② 本條示通觀同異、止息爭辯之法。凡欲止息爭辯，莫善於舉出與他人所根據之理由同類而否定之例，以反詰之，通觀事例之異同，則真理自明而辯自止矣。參看經上篇第九十九條。

③ 「之」上疑脫「類」字。　孫云：「之」上疑脫「名」字。

④ 「牛馬」，諸本作「生鳥」，堂策檻本、四庫本作「立鳥」，今依孫校改。

⑤ 「麋」，畢本作「糜」，舊本並作「麋」，今從舊本。「麋」之言迷也，碎也，爛也；又迷誤也。推類第一要件，須確定類之範圍。如謂四足獸與牛馬與物，類之大小各別，若不先審辯類之大小，而遽曰「此然，是必然」（例如牛馬食草，則四足獸亦食草），則相與俱麋而已，推類云乎哉！荀子正名篇曰：「推類而不悖。」呂氏春秋別類篇曰：「物多類然而不然。」漆

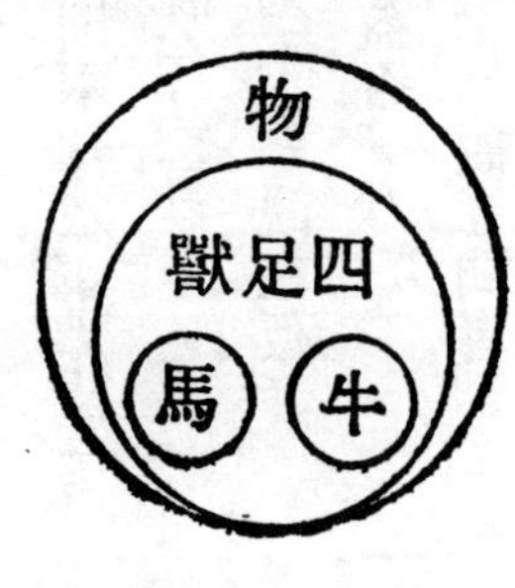

〔二〕「大」原誤「小」，據西南師大漢語言文獻研究所校改。

淖、水淖，合兩淖則爲蹇，溼之則爲乾。金柔、錫柔，合兩柔則爲剛，燔之則爲淖。或溼而乾，或燔而淖，類固不必可推知也。小方，大方之類也；小馬，大馬之類也；小智，非大智之類也。」淮南子說山訓曰：「物固有似然而似不然者，故決指而身死，或斷臂而顧活，類不可必推。」

⑥ 史記匈奴傳索隱注云：「物，無也。」「無盡同名」，猶言不盡同名。蓋數名在某觀察點之下有同處，其餘則不同也。

⑦ 吴鈔本「視」作「二」。

⑧ 「暴」字本脱，依顧說增。

⑨ 說作「屨」，義同。

⑩ 「鬭爭」字本作「鬥」，象兩人手有所執相對形。「二」字从耦一，亦有並立耦敵之意。左閔二年傳「外寵二政」，是也。然人皆曰俱鬭，不曰俱二。

⑪ 「二」本作「三」，依顧校改。

⑫ 「包」，「炮」之省文。說文曰：「炮，毛炙肉也。」

⑬ 張云：四者俱人所愛，而所以愛者異。

⑭ 吴鈔本「茅」作「茆」，字通。

⑮ 舊本「招」作「拾」。秋山云：「拾」，一作「招」。張云：茅亦可食，而巫以茅招神，不與橘同食。周禮司巫云「旁招以茅」。

⑯兩「名」字本作「多」，形近而誤。馬之白者名之曰「白馬」，馬之善視者不名之曰「視馬」。

⑰疑當作「爲麗必暴，爲暴不必麗」。「麗」，「曬」之省文。説文曰：「曬，暴也。」言暴露於日光之中使乾也。又曰：「暴，晞也。」「晞，乾也。」曬者必乾燥，乾燥者不必由於曬也，故曰「爲曬必暴，爲暴不必曬」。

⑱淮南子齊俗訓曰：「至是之是無非，至非之非無是。」今爲非而有人是之，是未必爲非也，故曰「爲非以人是，不爲非」。

⑲「以」字本脱，依孫校增。「夫」者，男子之通稱。今以「勇」稱「夫」，則與通稱之「夫」有别矣。揚子法言曰：「雕蟲篆刻，壯夫不爲也。」

⑳吴鈔本無「爲」字，「買」，疑當爲「蕢」，形近而誤。

㉑「不」本作「衣」，依孫校改。周禮草人司農注云：「蕢，麻也。」「屨」爲履之通名。古者夏葛屨，冬皮屨，以爲常。今爲屨以麻，則與統攝一切之「屨」有别矣。故曰「爲屨以蕢，不爲屨」。

㉒吴鈔本「棄」作「弃」。

㉓「而」疑當爲「夫」，篆文形近而譌。夫，彼也，與「是」對文。「因」本作「固」，依孫校改。

㉔緜眇閣本「因」作「固」。周書作雒篇注云：「因，連接也。」吕氏春秋盡數篇注云：「因，依也。」

㉕兩「二」字本作「三」，依梁校改。「與」讀爲「舉謂」之「舉」，下同。

㉖句。

㉗「敷」借爲「皮臚」之「臚」，字亦作「膚」。爾雅釋言：「臚，敍也。」「臚」即「敷」之借字，可以互證。

㉘「也」讀爲「他」。

㉙「報」疑當爲「執」。若一石具堅白二性，常相盈合。在發言者不妨謂彼堅（或白），而偏去是白（或堅）。在聞言者聞彼堅（或白），未有不連想是白（或堅）。故曰「謂彼因是」。舉堅不舉白，或舉白不舉堅，故曰「一舉一亡」。不舉堅而堅在，不舉白而白在，舉謂雖偏去其一，實際則整箇堅白石自若，與未去等，故曰「不舉一在偏去未」。有諸性相盈之實，而後能「謂彼因是」，無其實則無謂也。蓋堅白石之相盈，非若膚與美也。謂是人（如膚如凝脂之莊姜），則其膚固美也；謂他人（如皮膚若漆之鍾離春），則其膚非美。膚與美非常相盈合者，故欲表示膚美之全義時，必膚美兼舉，始能使人得其意。若謂膚不謂美，則人僅知膚而不知其美；若謂美不謂膚，則人僅知美而不知其屬於膚。此無他，膚與美不常相盈合，勢不能「謂彼因是」也。尹文子曰：「名稱者，不可不察也。語曰『好牛』，好則物之通稱，牛則物之定形，以通稱隨定形，不可窮極者也。設復言『好馬』，則復連於馬矣，則好所通無方也。設復言『好人』，則彼屬於人矣。則好非人，人非好也，則好牛、好馬、好人之名自離矣。」彼好牛之喻，與此條膚美正同。好與牛、美與膚，其名可離，故偏去則不知所□〔一〕與堅白石異也。

〔一〕「所」下脱印一字，當是「謂」字。

㉚「脩」本作「循」，依俞校改。經說同。

㉛前條所謂「一偏棄之」者，不過爲稱謂簡便計耳。在實際上，諸性相盈之實，是整箇之物，不可偏去而二。如石一也，堅白二也，堅爲石之質，白爲石之色。拊得其堅，不得其白，則白離於堅石矣；視得其白，不得其堅，則堅離於白石矣。有見者有不見者，有知者有不知者，是石之廣脩之形、堅之性、白之色皆不相盈而離藏其一矣。經說乃就純粹當前感覺現象分别言之也，若以心知之綜合物質之實際攷之，則天下固未有若是獨立存在之堅之白也。視得石白，即可理會得堅，而堅與白俱；拊得石堅，即可理會得白，而白與堅俱。見與不見，知與不知，相與盈合，由心知綜合成一整箇堅白石。故經曰「不可偏去而二」。公孫龍子堅白篇曰「見與不見離。一一不相盈，故離。離也者，藏也」，可爲經說注脚。

㉜「不」字本錯於「擧」字下，依梁校乙。

㉝寶曆本「擧」作「與」。說文箴」、「鍼」二字微别，疑本爲一字，古初以竹爲之，故字從竹，後以金爲之，故又從金，俗又作「針」。畢云：疑當云「不擧箴」。孫云：「箴」即「鍼」之假字，一切經音義引字詁云：「鍼，又針、箴二形。」今作「針」。說文金部云：「鍼，所以縫也。」

㉞「頫」當爲「顛」之形譌。顛倍即顛踣。秋山云：「頫」，一作「顧」。

㉟能擧重者或不能擧箴，箴之擧否無與於力，擧箴非力之任也。爲握持者之顛踣無與於智，握持非智之任也。若耳不能視，目不能聽，雖不能，無害也。公孫龍子堅白論曰：「目不能堅，手不能

白，其異任也。」論衡命禄篇曰「猶手之持重也，手舉一鈞，以一鈞則平，舉之過一鈞，則蹎仆矣」，可爲握持者顛踣之例，蹎仆猶顛踣也。

㊱ 呲即「比」之異文。吴鈔本作「呲」。

㊲ 伍非百云：木之長非夜之長，空量與時量異類也。智之多非粟之多，心量與物量異類也。

㊳ 德行。

㊴ 賈直。

㊵ 「爵」、「親」、「行」、「賈」，四者各有其貴。禮記祭義曰：「有虞氏貴德而尚齒，夏后氏貴爵而尚齒，殷人貴富而尚齒，周人貴親而尚齒。」

㊶ 吴鈔本「霍」作「藿」。寶曆本「高」作「商」。「霍」即「鶴」字，説見經説上第九十條。下「霍」字同。

㊷ 「孰霍」，「霍」字讀如孟子梁惠王篇「白鳥鶴鶴」之「鶴」，詩靈臺作「翯」。説文又有「皠」字，或誤作「皬」，白也。義皆可通。麋獸鶴鳥各有其高度，各有其白色，不可相比。強而比之，有類於告子以白羽之白猶白雪之白，白雪之白猶白玉之白，必爲正名者所笑矣。

㊸ 「虭」從刀，從刃者誤。「虭」，蟬也。説見經説上第九十條。蟬善鳴，至秋聲尤悲切。

㊹ 瑟聲悲。

㊺ 「孰瑟」，「瑟」字訓蕭瑟。言蟬聲與瑟聲各有其蕭瑟。

㊻ 「加少」二字，或以「增減」二字釋之，非是。「加」爲「少」之疏狀字，非平列字也。孟子梁惠王篇

「鄰國之民不加少，寡人之民不加多」，莊子知北遊篇曰「益之而不加益，損之而不加損」，「加」字義與此並同。

㊼ 上文第四條經説「不舉一在偏去未」，可爲本條注釋。蓋舉謂雖去堅白之一偏，其整箇堅白石之概念如故也，故曰「俱一無變」。

㊽ 孫云：説文人部云：「假，非真也。」又言部云：「誖，亂也。或作悖。」與「非」義同。小取篇曰「假者，今不然也」。

㊾ 「霍」即「鶴」字，説見經説上第九十條。下同。

㊿ 孫云：古名禽獸草木亦通謂之「氏」，大戴禮記勸學篇云「蘭氏之根」、「懷氏之苞」是也。聞一多云：「氏」、「是」通。○案：「假」者，假定虚擬之謂。假定狗爲鶴，猶如氏鶴也，狗固非鶴也。蓋宇宙間事理往往不能直接説明而有賴於假定，其用至廣。

51 張云：「智」讀爲「知」。

52 「告」，諸本作「吉」，寶曆本作「告」，今從之。王引之、張校同。

53 「使智」，「智」字寶曆本作「知」。或傷之，是病之所以然也。見而知其病之由於受傷，是知也。舉病因以告人，是使人知之也。此三者可以相同，但不必相同。如淮南子説林訓曰「蔭不祥之木爲雷電所撲」，論衡雷虚篇曰「世俗謂雷犯殺人罰陰過」，今科學證明雷電殺人與人之善惡、木之吉凶毫無關係，此即物之所然與所以知之不必同也。莊子天道篇曰：「輪扁對桓公曰：斲輪得之於手而應於心，口不能言，有數存焉於其閒。臣不能以喻臣之子，臣之子亦不能受之於臣。」此即所以知之與所以使人知之不必同也。惟科學日進，人類識域日廣，物之所以然亦將逐漸明瞭，此則可推知者也。

(54) 畢云：舊作「蓬」，下同，以意改。　○案：緜眇閣本作「逢」。

(55)「務」讀爲「鍪」。荀子哀公篇「有務而拘領者」，淮南子氾論訓「務」作「鍪」，注云：「鍪，頭著兜鍪帽。」說文曰：「兜，兜鍪，首鎧也。」省言之，則止曰鍪。「士」，甲士也。　秋山云：「士」，一作「上」。

(56) 孫云：此「牛廬」蓋以養牛若馬之庌，庌取其夏寒。

(57) 孫云：公羊宣八年傳何注云：「廢，置也。」　梁云：例如車。

(58) 張云：「沛」當作「林」。　孫云：說文云：「林，削木札樸也。」隸變作「柹」。

(59)「若」，茅本、寶曆本、緜眇閣本作「石」。　孫云：莊子天下篇云「若羽之旋，若磨石之隧」，此或與彼同，蓋亦循從自然之義。

(60)「楯」讀爲「循」，寶曆本作「揗」。

(61)「日」舊作「曰」。　秋山云：「若」，一作「名」。　孫云：「日中」謂市也。

(62)「智」、「知」通。

(63)「愚」讀如「遇」。

(64) 句。

(65) 句。

(66) 孫云：依經當作「過」也。〇案：「疑」有四：一曰逢。猶之人也，著兜鍪則甲士。夏本熱也，爲牛廬則夏寒。視所遭逢如何。二曰循。若車舉而推之則輕，廢而置之反重，此順輪之勢，無與於人力。木札從削，此順木之理，無與於人巧。若磨石與羽之回旋，不過順循其自然之勢也。三曰遇。鬥者之敝也，以飲酒昏其神智歟？以市人囂雜激其感情歟？是不可知也，遇也。四曰過。歷史上已過之陳跡，其有真知灼見歟？抑人云亦云，以已然爲然歟？是須疑之而後信者也。

(67) 非儒下篇曰「若皆仁人也，則無説而相與」，王注云：「相與，謂相敵也。」莊子養生主篇曰「天之生是使獨也，人之貌有與也」，慎子德立篇曰「害在有與，不在獨也」，諸「與」字義與此同。

(68) 寶曆本「復」作「後」。

(69) 「與」者匹敵對立之意，合對敵之兩思想爲一，故曰「合與一」。既合之，思想自身又孕育矛盾，生出否定思想而互相對立，故曰「或復否」。此種内在之矛盾性互相抗拒，往復演化於正反合之中，在人類進化長途上隱爲一定律而莫能或違，此與黑格爾之辯證法適相類似。易繫辭曰「易窮則變，變則通，通則久」，莊子則陽篇曰「合異以爲同，散同以爲異」，吕氏春秋大樂篇曰「離則復合，合則復離」，所指或不盡同，其明離合演化之理則一也。參看經上第五十二條、第八十五條。

(70)「歐」爲「區」之借字。説文曰：「區，踦區，臧隱也。從品在匸中。品，衆也。」論語曰「譬諸草木，區以別矣」，朱駿聲云：「區猶品也。」「區物」猶言品物、衆物。關尹子宇篇曰「夫處明者不見暗中一物，而處暗者能見明中區事」，「區事」猶「區物」也。

(71)「惟」，獨也。「惟是」即物之自相，猶言惟此無二也。

(72)下文曰「牛馬非牛非馬」。俞云：「數牛數馬則牛馬二」，謂分牛馬而數之也。「數牛馬則牛馬一」，謂合牛馬而數之也。

(73)墨家蓋主宇宙一元論者，故曰「區物一體也」。就自相言則區物也，就共相言固一體也。異而俱於是一，此求同之法也，故共相生焉。同而各有其「惟是」，此求異之法也，故自相見焉。牛、馬，異也；同爲四足獸，則一也。自其異者視之，則牛馬二。自其同者視之，則牛馬一。若人手五指各異，其爲人之指則一也。莊子德充符篇曰：「自其異者視之，肝膽楚越也。自其同者視之，萬物皆一也。」道家言類此者多，不具引。

(74)畢云：舊作「從」，以意改。孫云：説文戈部云：「或，邦也。或从土作域。」此即「邦域」正字，亦此書古字之一也。

(75)廣雅釋詁云：「長，挾也。」「長宇久」，蓋類於莊子齊物論之「挾宇宙」，成疏云：「挾，懷藏也。」即宇藏久，久藏宇，宇宙融合爲一之意。

(76)「而」讀爲「如」。

(77)「旦」本作「且」，依王校改。

(78)王引之云：「有」讀爲「又」。

(79)時間與空間相待而然，無時之空與無空之時均屬不可思議。空時關係，淺言之有似活動電影，無刻不變。南京之午時非倫敦之午時，前一秒之南京非此一秒之南京。在常人觀察，以爲此一秒之南京亦猶前一秒之南京也，故曰「宇徙如有處宇」。究其實，在旦之南北已非在暮之南北，宇已隨時間之變化而潛徙默移矣。莊子秋水篇曰「物之生也，若驟若馳，無動而不變，無時而不移」，又天下篇曰「日方中方睨」，新論惜時篇曰「夫停燈於缸，先焰非後焰。藏山於澤，今形非昨形。何者？火則時時滅，山亦時時移矣。天迴日轉，其謝如矢」，皆本「宇徙」之義立言也。自此以下至第二十五條，各本經文皆有錯亂，茲引經就説，校移之如次。

(80)人類知覺不惟有當前感官所得之感覺，且常含有從前之經驗成分在内。如吾人視一四足直立之正方桌，視覺所得者，決非方面而四足直立等長者。此理不惟哲學家知之，即圖畫家、照像家亦無不知之。然吾人不謂之菱形桌、梯形桌、其他形桌，而猶謂之方桌者，即賴有心知作用，將從前各感官經驗所得加以綜合，而成一整箇方桌之觀念也。明乎此，則不堅白與堅白之問題可不煩言而解。蓋僅就感官當前所得，不加心知之綜合作用（即本條所謂「無久與宇」，蓋心知綜合即根據經驗之時間綜合與空間綜合），則拊僅得堅，視僅得白，二者不相連合，故曰「不堅白」。公孫龍子堅白篇曰「無堅得白，其舉也二；無白得堅，其舉也二。視不得其所堅，而得其所白者，無堅也」；拊不得其所白，而得其所堅者，無白也」，可爲本條注脚。

81「因」、「盈」義近，説見上文第四條與第五條。前條言堅白之離，本條言堅白之合。拊石得堅，理會得白；視石得白，理會得堅，而構成一整箇堅白石之觀念。經上篇「堅白不相外也」，義與此同。輓近學者對於堅白問題，多以爲公孫龍子主離堅白，墨經主堅白相盈，兩者判然，不可溷殽。其實堅白之相離與相盈，各説明知覺成立過程之一段，如鳥之有兩翼，不可偏廢。一爲純粹當前感覺現象，一則除當前感覺外，再由心知作用加上已有經驗，而構成一物之整箇知識。二者兼論，其理愈明。莊子天下篇釋文云「若堅白無不合無不離也」，是堅白有離合兩面，注疏家固早知之。墨經對於兩者皆加説明，似相反而實相成也。

82疑當作「未然者」。張云：「在」，察也。

83古今異情，其所以治亂者異道。故堯善治堯之世，而不能治今之世，非堯不善，時不可也。禮義法度者，應時而變者也。治無定法，期當時耳。韓子五蠹篇曰「今有美堯舜禹湯文武之道於當今之世者，必爲新聖笑矣。是以聖人不期循古，不法常可，論世之事，因爲之備」，意與本條相類。

84「徙」本作「從」，依王校改。王引之云：「從」當爲「徙」。徙，移也。列子仲尼篇「景不移者，説在改也」，張湛注云：「景改而更生，非向之景。」引墨子曰「景不移，説在改爲也」，是其證。

85俞云：「盡古」猶終古也。考工記「則於馬終古登阤也」，莊子大宗師篇「終古不忒」，是「終古」爲古人恒言。釋名釋喪制曰：「終，盡也。」故終古亦曰盡古也。○案：人見飛鳥之影，以爲徙移不居，其實止是若干不動之影連續改變。影過而不見影者，因光至而影無耳。設用法使影定在，則將終古止息於原處也，莊子天下篇曰「飛鳥之景未嘗動也」。希臘古哲學家芝諾（Zeno）有飛箭休息說，意與此相類。

㊽「景二」連讀。

㊾說文曰：「夾，持也。从大俠二人。」儀禮既夕禮注云：「在左右曰夾。」「夾」有二義、重義，故凡物之相並、相重者，多取夾義，如頰、鋏、裌、挾、莢、陜等皆是。

㊿句。

(89)句。

(90)者，「諸」之省文。諸，之也。本條說明影之多少與光之關係。景二由於光夾，景一由於光一。影由光生，故曰「光之影也。」

(91)即今「影倒」字。

(92)寶曆本「午」作「乎」。張云：「午」，交午也。劉嶽雲云：古者橫直交互謂之午，儀禮「度尺而午」，注云「一縱一橫曰午」，是也。其形爲「×」，×者，光線之交點。

(93)「長」爲「帳」之省文。景帳即受影之帳幔。

94 「人煦」當作「照人」，「照」、「煦」形近，又誤倒耳。

95 張云：「高」猶上也。

96 「蔽」，畢本作「敝」，舊本並作「蔽」，今從舊本。下同。

97 「上」，道藏本、吴鈔本、陸本、唐本、茅本、寶曆本、緜眇閣本作「止」。

98 「庫」，畢本意改「庳」，今從舊本。本條舉光照人爲例，説明倒影之理。試以今之攝影術比較。午端相當於鏡頭之針孔，景帳相當於受相底片，景庫相當於暗箱。光之交午處爲一點，故曰「在午有端」。倒影即成於影帳之上。午端與影帳爲成倒影之重要條件也。光線循直線進行，故曰「若射」。光線交午通過端點後，上下易位，故所得之影與實物易〔一〕位，足上首下而成倒影。無論人在遠近，均有午點集合由人身反射之光線，故曰「在遠近有端與於光」。光線皆收斂入於影庫之中以成影，故曰「影庫，内也」。説文曰：「内，入也。从冂从入，自外而入也。」自外收斂而入，近「内」

庫影　午端　足　首　影帳　人首　足

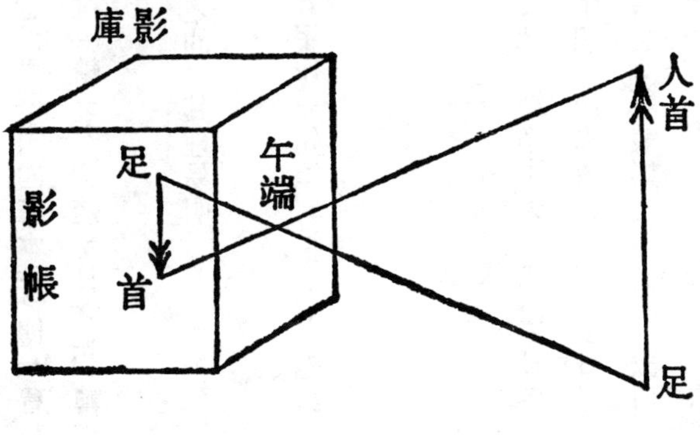

〔一〕「易」原誤「異」，據文意徑改。按：下句云「足上首下而成倒影」，即影與實物易位。

之本義，經傳多借「納」爲之。（如圖）

㊾舊本「日」作「曰」。

⑩茅本作「博」，道藏本、陸本、緜眇閣本作「慱」，吴鈔本、唐本、寶曆本、堂策檻本、四庫本作「博」，曹箋作「轉」。孫云：「摶」疑當作「轉」。「迎日」即回光反燭之義。「轉」者，謂鑑受日之光，轉以射人成景。

⑩日光直照成影，則人在日與影之閒。日光反照成影，則影在日與人之閒。其理易明。

⑩「杝」本作「地」，依孫校改。「杝」借爲「迆」，俗字作「斜」。

⑩「杝」，吴鈔本、畢本作「椸」，寶曆本作「柂」，餘本作「杝」，今從之。五字作一句讀，言表木之杝影由短而大。

⑩言表木之正影由長而小。

⑩「則」，「測」之省文。

⑩大小與長短義同，因修辭互用耳。本條述古代天文數學植表測影之理。淮南子天文訓曰「日冬至，八尺之修，日中而景丈三尺。日夏至，八尺之表，景修尺五寸」，中國位於赤道以北，冬至日光比較最爲斜射，斜影亦至冬至而極八尺之表，日中而影丈三尺。自夏至冬，表影由短而大，故曰「木杝景短大」。夏至日光比較最爲正射，正影亦至夏至而極八尺之表，日中而影一尺五寸。自冬至夏，表影由長而小，故曰「木正景長小」。冬日所得比例，表小影大；夏日所得比例，表大影

小。所謂影大影小，皆對於表木而言，故曰「大小於木」。時有冬夏，地有北南，測影或大於表木，非獨小於表木也。（吕氏春秋有始篇曰「冬至日行遠道，夏至日行近道，乃參於上。白民之南，建木之下，日中無影」，似古人已知中國之南有影小至於零之地也。）根據影之大小，利用句股重差之法，可以測得日去地之遠近與星宿躔度之概數，故曰「測景大於木，非獨小也，遠近」。

(107) 畢云：即今「影倒」字正文。

(108) 多猶大也。「少」與「寡」猶小也。

(109) 吴鈔本「貌」作「皃」。「黑」，茅本、寶曆本作「墨」。　張云：「能」，「態」字。

(110) 「杝」，畢本作「柂」，舊本並作「杝」，今從舊本。

(111) 句。

(112) 句。

(113) 「亦」，道藏本、陸本、唐本、畢本作「尒」，茅本、寶曆本、緜眇閣本作「企」，吴鈔本、堂策鑑本作「尔」，四庫本作「爾」，今依畢説改。

(114) 寶曆本「北」作「比」。「北」，分別也。

(115) 「臭」當作「皃」，形近而譌，下「臭」字同。皃即貌字。

(116) 「景過正故招」五字本錯入下文第二十五條説中，今校移於此。「招」聲借爲「到」，今字作「倒」。

(117) 本條與第二十條學理相同，惟彼無鑑，此有鑑耳。所論與今之攝影鏡箱頗似，或當時墨家已能利用透明礦石作透光鏡歟？惜書缺有閒，無從質證矣。「臨鑑而立」，猶言當鑑而立。影倒之理已見第二十條。「多而若少」者，即影像較實物爲小之意，其理即在受影區域較之所攝區域爲小，故曰「說在寡區」。此鑑爲平面，故曰「正鑑」。影像較實物爲小，故曰「景寡」。實物之貌態、白黑、遠近、杝正反光各異，故曰「貌能、白黑、遠近、杝正異於光」。實物距鑑，近爲「就」，遠爲「去」。實物距鑑或近或遠，互相分離，一經鑑攝成影，則近遠皆於一平面表見之，而俱會於一處（如南京之莫愁湖與掃葉樓在影像上可以會於一處），雖俱會於一處，因各物反光不同，仍能互相分別，故曰「鑑景當俱，就去亦當俱，俱用北」。鑑者之狀貌於鑑無所不鑑，鑑者之狀貌無數，因之其所成影之狀貌亦無數。其光線皆必經過置於午端之正鑑，過正鑑後影即倒，故凡同在於正鑑所能收攝之處者，其形體狀貌俱成爲倒影而表顯之也。

(118) 「景」，諸本作「量」，茅本、寶曆本、緜眇閣本作「重」，今依王引之校改。「二」字本在上文「臨鑑而立」之上，今校移于此。「鑑位景二」與「鑑團景一」語法相似。

(119) 「易」言上下左右易位，猶上條之「影倒」。

(120) 「分鑑」二字爲句，總冒下文，言分鑑爲中之內及中之外說明之也。

(121) 句。

(122) 「鑒」，茅本、寶曆本、緜眇閣本作「覽」。「大」上，吳鈔本有「者」字。秋山云：「所」，一作「可」。

⑫3 依光學實驗，以上四「中」字應指焦點。

⑫4 句。

⑫5 「中緣正」三字，本脱「中」字，依王校增，「緣正」二字依上文增。以上四「中」字應指弧心。本條「鑑位」、次條「鑑團」，依其所釋，相當於光學凹鏡、凸鏡之理。凹、凸爲後起字，本字應作窊、胅。窊亦作洿、洼、窪。胅亦作穾、突。「位」字與窊、洿、洼、窪聲紐相近。「團」字與胅、穾、突聲紐亦相近。墨家蓋借「位」、「團」爲「窊」、「胅」矣。「所鑑」指實物之光反射於鑑所及之範圍，範圍之廣狹可以實物所成之圓心角度之（如圖之AOB角），圓心角大者所鑑大，小者所鑑小。本條言凹鑑成象有二種，分鑑爲二部以説明之。（一）中之内，即焦點以内，如第一圖。鑑者近於焦點，則所鑑大，影亦大。鑑者遠於焦點，則所鑑小，影亦小。所得之影均較實物爲大，成正而虚之影，經所謂「一大而正，説在中之内」也。（二）中之外，即圓心以外，如第二圖。鑑者近於圓心，則所鑑大，影亦大。鑑者遠於圓心，則所鑑小，影亦小。所得之影均較實物爲小，成倒而實之影，經所謂「一小而易，説在中之外」也。又中之内一大而正之影，起於焦點（在近於焦點之處始生影），緣正軸FX向鑑，陸續變更鑑者之位置，可值遇無數之影，成一長列在FX之延長綫上，故曰「起於中，緣正而長其直也」。中之外一小而易之影，□〔二〕圓心與鑑者相合，若自圓心起，緣正軸背鑑，

〔二〕「圓心」上原脱印一字，疑是「使」字，或是「令」字。

陸續變更鑑者之位置，可值遇無數之影，成一長列在ＯＦ線之間，故曰「合於中，緣正而長其直也」。今據光學實驗，鑑者在圓心與焦點之間尚可成一大而易之影，此未及論。

⑿⑹ 自上文第二十三條「臨鑑而立」起，至「鑑團景一」止，凡上列經文三十六字，本錯於上文第十五條「不堅白」之上，今據說校移於此。「鑑團景一」與「夭而必正」合爲一條，文義正相銜接。

⑫⑦「夭」本作「夭」，形微譌。「夭」猶小也。説文曰：「夭，屈也。」「屈，短也。」凡人與禽獸草木之幼少者均謂之夭，故夭有小義。又説文曰：「幺，小也。」聲義並與此「夭」□〔一〕近。

⑫⑧「亓」本作「亦」，依王引之校改。「亓」，古「其」字。

⑫⑨「鑑團」、「鑑者」與「所鑑」義均見前條。此下本有「景過正故招」五字，當在上文第二十三條經説「而必過正」之下，今移入上文。本條言凸鑑成影之理。凸鑑成〔二〕影止有一種，鑑者近於鑑，則所鑑大，影亦大；鑑者遠於鑑，則所鑑小，影亦小。所得之影必較鑑者之實物爲小，成正而虚之影。經所謂「夭而必正」者也。（如圖）

⑬⓪「貞」、「撓」對文，抱朴子博喻篇：「剛柔有不易之質，貞撓有天然之性。」廣雅釋詁曰：「貞，正也。」

⑬①「貞」本作「負」，依經校改。

⑬②「如」，畢本以意改「加」，今從舊本。　孫云：言平而不偏撓。

⑬③孫云：「極」即上文之「衡木」。　○案：以上第一節。

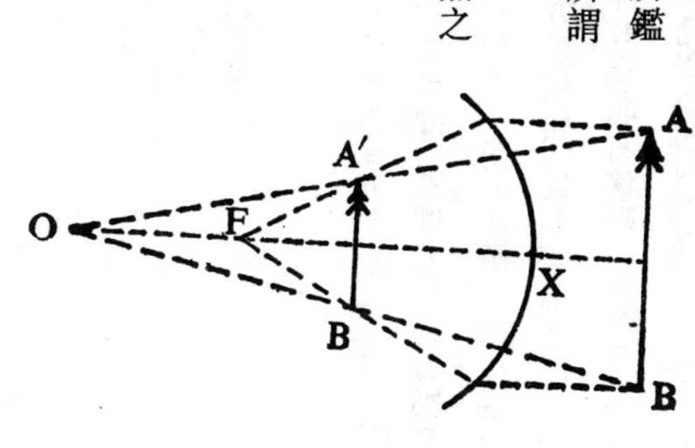

〔一〕「近」上原脱印一字，當是「相」字。
〔二〕「成」，原誤「城」，徑改。

⑬④「校」者，校量攪動之意。「交繩」謂繫權之繩。

⑬⑤陸本「撓」作「橈」。

⑬⑥以上第二節。

⑬⑦此「衡」字即平衡狀態之衡。

⑬⑧以上第三節。「捶」借爲「厜」，通以「垂」爲之。張云：「捶」，偏下也。

⑬⑨「相衡」之相，視察也。

⑭⓪以上第四節。本條以「衡木」説明槓杆之理，正而不偏撓，即衡木之平衡狀態也。淮南子説山訓曰「重鈞則衡不傾」，義與此同。如圖：W爲重，繫重之點爲重點A。E爲權，繫權之點爲力點B。

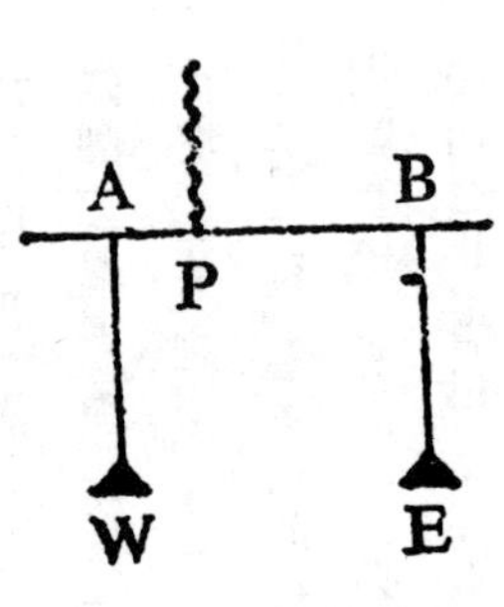

其提挈處爲支點P。第一節之公式爲W × AP之距離 = E × BP之距離。此爲槓杆原理之基本公式，雙方重相如，故不傾撓。第二節，雙方之重量不變，僅交繩向右移動，即B點向右移動，則衡必向E方傾撓，其公式爲W × AP < E × (BP + 向右移動之距離)〔一〕。第三節，AP與BP之距離不變，僅於W方或E方加重量，則加重之一方必垂下，其公式爲(W + 新加之重) × AP > E × BP，或爲W × AP <

〔一〕「E ×」原誤倒爲「× E」，徑乙。

（E＋新加之重）×BP。第四節，權方與重方平衡，假定本短標長，即AP小於BP，今於兩方各加以等量之重，則標方必下垂，因標方得權勢也。其公式爲（W＋新加之重）×AP＜（E＋新加之重）×BP。新論明權篇曰「今加一環於衡左，則右蹶，加之於右則左蹶」，即依本條第三節公式立言也。

⑭「收」本作「枝」，依張校改。茅本、寶曆本、緜眇閣本無「收板」二字。孫云：「契」，說作「挈」，同聲假借字。說文手部云：「挈，縣持也。」「挈」與「提」義同。「板」疑當作「仮」，仮、反同。謂挈與收二力相反也。

⑭「挈」謂衡標上舉。張云：挈謂自上挈之。

⑭「引」謂衡標下垂，義同於下文之「收」。張云：「引」，自下引之。

⑭緜眇閣本「不」作「一」。畢云：「正」舊作「心」，以意改。

⑭「所挈」，指衡言。「正」本作「止」，依孫校改。孫云：「施」與「迤」、「柂」並同，謂邪也。「正於施」，猶言正與邪也。

⑭「繩」即前條之「交繩」，下同。「制」謂抑制，「挈」謂挈舉。

⑭寶曆本「以」作「不」。

⑭「下」字諸本重，吴鈔本不重，今據删張校同。

⑭畢云：「正」舊作「心」，以意改。

⑮⓪ 孫云：「收」謂下引之。

⑮① 秋山云：「遂」，一作「遠」。　孫云：「遂」、「隊」通。　○案：本條承前條槓杆原理而申言之。衡標上舉爲重方有力之徵，衡標下垂爲重方無力之徵。或上舉或下垂，衡皆不得其正。衡之正與邪，其作用在交繩之抑制之或挈舉之。若以錐刺畫衡木之距離而縣挈之，則依槓杆基本原理，距長而重者下垂，距短而輕者上舉。上舉之方愈得勢，則下垂之方愈失勢。須交繩值遇權與物重相若之處，則衡歸於正矣。就下引之方言之，其理相同。上舉之方愈失勢，則下垂之方愈得勢。衡標上舉者一經權與物重抵銷浄盡，則上舉者復下墜，而歸於正矣。

⑮② 説作「梯」，字通。

⑮③ 畢云：雜記云「載以輲車」，鄭注云：「輲讀爲輇，或作槫。」説文云：「輇，蕃車下庳輪也。」又鄭注既夕記云：「許叔重説有輻曰輪，無輻曰輇。」　張云：輪高而輇卑。　孫云：四輪高卑不同，故車成梯形也。依下文，蓋假爲斜面升重之用。

⑮④ 釋名：「弦，月半之名也。」「弦其前」者，蓋梯之前部作半月形也。

⑮⑤ 孫云：或涉上下文而衍。

⑮⑥ 「軲」蓋梯中引繩著力之部，亦作半月形。

⑮⑦ 畢云：舊作「㶺」，據上文改，下同。

⑮⑧ 「且挈則行」者，言不須多力即可行動也。

⑮⑨ 説文曰：「人欲去，以力脅止曰劫。」此即用其脅止之義。

⑯⓪ 張云：其著於下也必直。

⑯① 「拕」，寶曆本作「地」，吴鈔本、四庫本作「柂」〔一〕。「拕」、「柂」皆「迤」之借字，邪也，不正直也。

⑯② 張云：或害之，乃不直。

⑯③ 畢云：公羊傳桓十年有云「沗血」，陸德明音義云：「古『流』字。」

⑯④ 「沗」，諸本作「汴」，吴鈔本作「沗」，與畢改合。梯面邪，沗於其上者，不得直沗而下。畢云：舊作「汴」，據上改。

⑯⑤ 「石」本作「尺」，依孫校改。　張云：「廢」，置也。

⑯⑥ 「下」當作「上」。

⑯⑦ 「⿰𧾷旁」借爲依徬之徬。

⑯⑧ 秋山云：「夫」，一作「矢」。

⑯⑨ 孫云：廣雅釋水：「艕謂之桄。」集韻十一唐云「桄，舟前木也。」一切經音義云「桄，古文横同」，是二字音近字通。

⑰⓪ 孫云：「堅」當作「掔」，與「牽」通。言相依倚，相倍負，相楷拒，相掔引。

〔一〕「柂」字原脱，據四庫本補。

⑰「邪」本作「𨾴」，依孫校改。

⑰「誰」讀爲「推」，舉也。「䶵石」疑同「駢石」，管子地員篇曰「其下駢石」。畢云：「䶵」，「并」字異文。

⑰駢列之石、重絫之石，極言石之多、量之重。

⑰「耳」，「佴」之省文。佴，佽也。佽，助也。

⑰說文曰，「夾，持也。」

⑰「帶」，諸本作「帬」，秋山所引一本作「帶」，今從之。「帶」爲「擳」之省文，擳、拓字通。儀禮有司徹「乃摭于魚腊俎」，注云：「古文摭爲擳。」「摭」即「拓」之或體。列子說符篇「能拓國門之關」，注云：「拓，舉也。」是夾帶猶言持舉。　秋山云：「帬」，一作「帶」。

⑰「者」，「諸」之省。諸，之也。

⑰「耳夾帶者法也」六字作一句讀。本條應用斜面學理作爲舉重之具。其名曰梯，梯之狀有四輪，兩高兩卑。重物即依徬梯之斜面邪倚而上，不須多力即可移動。凡懸空之重物，上下旁皆不受力時，則止受地心攝力，墜下正直，其不正直者，有他力妨害之也。梯之斜面即使重物不得流下直正者也（重物在斜面上，其重力分爲二，其方向一與斜面垂直，一與斜面平行，斜面省力之理在此）。今也置石於平地，其重不能上舉，即由無斜面依傍之故。若有斜面，則用繩引梯之軲，猶自舟中引橫，因其依倚、倍負、撍拒、掔引之作用，舉重甚易。邪倚不正之梯，即佴助人類持舉䶵石、

象石之法也。

179 莊子天運篇曰「孰居無事，推而行是」，「推」字、「行」字義與此「推」字、「往」字同。

180 孫云：「廢」亦置也，謂置材於地。

181 用方石一，離地一尺。

182 「關」借爲「貫」，說苑說叢篇「履雖新，必關於足」，漢書儒林傳作「貫」，可證。言別以一石貫於方石之下。

183 張云：「絲」，繩也。

184 句。

185 句。

186 孫云：爾雅釋言云：「榰，柱也。」

187 以絲繫方石，而去其下之關石，是絲自上挈之也。

188 張云：從下引之即絕。

189 「石」本作「名」，依曹箋改。緜眇閣本「易」作「揚」。

190 推之必往者，言凡物爲力所推移，必行動也。其不行動者，又必有力以止之，說即舉石爲例，以明動止之象。始也方石不墜下，因有關石自下榰柱之也。繼而去關石而方石復不下，因有絲力自上懸挈之也。突然絲絕，是下有力引之也。絲絕後若無外力施之，則方石將終古虛懸於去地尺之處，今外境未變，方石卒不能長此虛懸而隨即移易其位置者，是下有力收之也。何力引之，何力收之，墨家未明言，今知其爲地心攝力。

⑲¹ 寶曆本「買」作「賣」。

⑲² 畢云：「仮」，「反」字異文，下仿此。孫云：集韻二十阮：「反，或作仮。」

⑲³ 「糴」謂穀，荀子天論篇「糴貴民飢」。畢云：「刀」謂泉刀。

⑲⁴ 「輕」猶賤也。

⑲⁵ 「重」猶貴，「易」猶賤。

⑲⁶ 張云：王者所鑄，故曰「王刀」。

⑲⁷ 「鬻」，賣也。本條討論物之交换價值。就廣義言，一物之價，即此物與他物交换時换入他物之數量。如以斗穀易十刀，則可謂斗穀之價值爲十刀。反之，亦可謂一刀之價爲十分之一斗穀。刀可爲穀之價，穀亦可爲刀之價，故曰「刀糴相爲賈」。若刀之購買力有變，則不足以定穀之貴賤。設刀變賤，則十刀不能買斗穀，此因刀之輕，非糴之貴。後漢書朱暉傳「穀所以貴，由錢賤故也」，即其事例。設刀變貴，則十刀可買穀一斗以上，此因刀之重，非糴之賤。故曰「刀輕則糴不貴，刀重則糴不易」。若王刀之購買力無變，惟穀有變時，則歲豐時穀之刀價隨之減低，歲歉時穀之刀價隨之增高，故曰「王刀無變，糴有變，歲變糴，則歲變刀」。若賣子者，人身本無貴賤可言，亦視歲物之豐歉而價有高低也。

198 翻陸本「宜」作「直」。　畢云：「售」字古只作「讎」，後省。前漢書高帝紀云「高祖每酤，留飲酒，讎數倍」，如淳曰：「讎，亦售也。」

199 「所」字本脱，依孫校增。

200 上「宜」字，寶曆本作「宣」。

201 韓子外儲説左篇「中牟之人賣宅圃而隨文學」，又六反篇「天饑歲荒，嫁妻賣子」，本文宅室、妻室兩義并通。　孫云：國語越語云「身斬，妻子鬻」。　○案：一物之讎與不讎，係於價之宜與不宜。價之宜與不宜，又係於賣者主觀之欲與不欲，欲則讎，不欲則不讎。若敗邦思去，急鬻其室、嫁其子，欲讎心切，不能待善價而沽，得價雖少，亦若宜矣。

202 「無説」猶言無理由。

203 「必」本作「心」，依孫、曹校改。

204 「死」字本脱，依孫、曹校增。

205 子在軍與臨戰，死生之數皆未可必，前也不懼，今也懼，甚無謂也。　墨家講守備，尚勇敢，故其言如此。　魯問篇曰「魯人有因子墨子而學其子者，其子戰而死，其父讓子墨子。子墨子曰：子欲學子之子，今學成矣，戰而死，而子慍。是猶欲糶糴，讎則慍也，豈不費哉」，可爲本條事證。

206 孫云：「或」，「域」正字。

207 緜眇閣本「是」作「事」。

㉘ 張云：「有」讀爲「又」。

㉙ 上文曰「宇或徙」，莊子庚桑楚篇曰「有實而無乎處者，宇也」，又天下篇釋文引司馬彪曰「天下無方，故所在爲中」，淮南子齊俗訓曰「猶室宅之居也，東家謂之西家，西家謂之東家，雖皋陶爲之理，不能定其處」，是宇域者變動不居，各種人爲方位全非真有，不過將已過之名以爲實然。「始也謂此南方，故今也亦謂此南方。」

㉚ 「否之足用」疑當作「不足用」。蓋一本「不足用」誤爲「否之用」，校書者又誤據他本補一「足」字耳。

㉛ 「詩」本作「諄」，依張校改。

㉜ 吴鈔本「以」作「已」。

㉝ 當時蓋有持智不足用論者，故墨家闢之曰：知智之不足用也，是智也，非智無以論智之不足用也。今汝既知智之不足用，則汝智足用矣。故知智之不足用者，即陷於自相矛盾，是詩也。

㉞ 「在辯」之「辯」，陸本、寶曆本作「辨」。

㉟ 「所」，畢本誤「非」，舊本並作「所」，今據正。

㊱ 「犬」，影印唐本、寶曆本誤「大」。

㊲ 「當」下畢本有「也」字，舊本並無，今據删。所謂之實，非同則異。同則甲謂之「狗」，乙謂之「犬」，二名同實，無以較勝，是不辯也。異則甲謂角而耦蹏者爲「牛」，乙則謂之「馬」；甲謂鬣而奇蹏者

爲「馬」，乙則謂之「牛」。假若其所辯者爲牛，則甲所謂者爲角而耦蹏者也，乙所謂者爲鬣而奇蹏者也。所謂異實，兩不相及，無以較勝，亦不辯也。辯〔一〕也者，執一爲鵠，或謂之是，或謂之非是，是不俱當。不俱當，必或當或不當。當者勝，不當者負。辯有勝負謂辯，無勝者，必不當矣。鄧析操兩可之說，莊子齊物有「俱是俱非」之論，是類持辯無勝說者。荀子解蔽〔二〕篇曰「今百家異說，必或是或非」，論衡物勢篇曰「訟必有曲直，論必有是非，非而曲者爲負，是而直者爲勝」，是類持辯有勝之說者。

218 「未讓」之「讓」借爲「釀」。說文曰：「釀，醞也。作酒曰釀。」

219 事貴有讓，亦有不必讓者，如事之創始，即不必讓之，一也。就近取譬，如酒，若人皆讓則酒亦無由釀造，蓋發明造酒之人決不可讓也。知乎此，則無不讓也之不可，明矣。此與論語「述而不作」、老子「不敢爲天下先」樹義相反，與論語「當仁不讓於師」意近。

220 堅白兩性俱在石中，以視言知白不知堅，以拊言知堅不知白，然無害於堅白石之具觀，故曰「於一有知焉，有不知焉，可」。

221 「逃」，陸本、茅本、寶曆本作「迯」，俗字。孫云：謂指一得二，無所逃也。

〔一〕「辯」原作「辨」，據上下字例及正文改。

〔二〕「解蔽」原誤「王制」，據西南師大漢語言文獻研究所校改。

(222)「絫」讀爲「纍」，繫也。堅白連繫，故曰「二絫」。　張云：「絫」當爲「參」。

(223)「智」、「知」通用。

(224)「无」本作「先」，依孫校改，下同。　張云：「有」讀曰「又」。

(225)「所」，茅本爛作「听」，寶曆本承作「听」，緜眇閣本作「聽」〔一〕，誤。

(226)以上第一節。

(227)「當」讀爲「嘗」。

(228)張云：若果知之，則當指子之所知告我，則我知子之所知矣。

(229)孫云：「參」同「三」。

(230)「毋舉」之「舉」讀爲「與及」之「與」，俗作「預」。「毋舉吾」下，吴鈔本有「之」字。

(231)説文曰：「者，别事詞也。」俗作「這」。

(232)「指」本作「相」，依孫校改。「傳」讀爲「竱」。竱，壹也，單獨也，通以「專」爲之。　以上第二節。

(233)「校」，寶曆本作「挍」，緜眇閣本作「投」。「校」，比較綜合之意。

(234)「惡」，何也。

(235)以上第三節。　茲分釋之：（一）吾舉石之白以告子，在心理上，子接知是石之白，又推知是石之

〔一〕「聽」原誤「听」，據緜眇閣本改。

堅，堅白同在於石，重也。則子僅知吾所舉之白，不知吾所不舉之堅，是子之於石，接知其一偏屬性，不接知其他偏屬性，而可以推知其全屬性也。（二）子既知堅白石，則試指子之所知以告我，則我知之。或兼指，或衡指，在實際上所值遇者常爲整箇堅白石。若曰必獨指吾所舉之白，毋與及吾所不舉之堅，則者固不能獨指，因所欲指之白（在堅亦然）不能單獨存在也。（三）堅白所以相盈，在乎心意比較綜合，若未比較綜合，則拊堅無白，視白無堅，所知與所不知雖同在石，各不相屬，則是知石猶未周知也，何能相盈爲一整箇堅白石？謂子知其一偏屬性，不知其他偏屬性，而可以推知其全屬性也。

㊱「逃」，陸本、茅本、寶曆本作「迯」，俗字。

㊲「貴」，説作「遺」，同聲通用。　張云：「貴」當爲「遺」。

㊳「埶」本作「執」，依張校改。「埶」與「勢」同。

㊴孫云：不知其所匿之處。

㊵孫云：若韓盧、宋鵲。

㊶「网」本作「兩」，依孫校改。　孫云：言人偶有遺物，雖使至巧罔羅索取之，不能必得也。

○案：本條言所知而弗能指者，例如春也其來不蜕，其往無跡，此時之弗能指也。逃臣不知其處，此地之弗能指也。狗犬不知其名，此名之弗能指也。遺物不能罔取，此實之弗能指也。

㊷緜眇閣本「不」作「弗」。

㉔③「智狗」，「智」字吳鈔本作「者」。「不」字本脱，依經文校補。

㉔④「重」字本在「智犬」之上，今移於此。

㉔⑤本條説明立辭是否適當，須先察所用之名。如自謂「知狗不知犬」一辭，其過與不過，須視狗、犬二名含義若何。若狗即犬，即所謂重，則知狗不知犬，過也。若狗異於犬，如爾雅「犬未成豪，狗」，是狗爲犬中之一部，即所謂不重，則「知狗不知犬」一辭不過。

㉔⑥張云：先通彼意，後乃對之。

㉔⑦「孰」本作「⿰馬凡」，不成字，當爲「⿰享丸」之形譌，隸變作「孰」。經作「誰」，説作「孰」，義正相應。下「孰」字並同。

㉔⑧「施」蓋當時人之私名，如經説上篇第七十九條之「臧」字，或指施惠言歟？

㉔⑨「應問」之「應」訓應之本義，説文曰：「應，當也。」禮記學記曰「當其可之謂時」，管子七法篇注云：「時者，名有所當也。」

㉕⓪句。

㉕①「長應」二字，茅本、寶曆本、緜眇閣本無。「大」，舊本作「天」。「小不」二字本作一「常」字，依曹箋改。

㉕②「兵」疑爲「正」之形譌。經説上篇第八十五條「兵」字與節用中篇「兵」字皆「正」之譌，可以爲例。正，適合也。「長」，吳鈔本作「常」。本條言對者必先明問者心意所問爲何，然後對之。如問者曰

「子知孰乎」，「孰」者廣泛之代詞，意之所在，難於懸揣。應者必曰「汝所謂孰者何謂也」，問者又曰「孰者，施也」，應者方知其意所在，而對有所當。若不問明孰者何謂，徑應以弗知，則過。凡對問者必當問者之意，若應人之問長應以深淺大小，此答非所問，必不合矣。要在適合人問之長，斯爲善對者耳。

以上經文自第一條至此凡四十一條，當爲古鈔帛本經下篇上截文。

253 「存者」，「存」字本脱，依張校補。

254 「於」，何也。説作「惡」，字通。

255 「駟」讀爲「四」，言四者各異。

256 依本篇文例，「説」下當有「在」字，「在」下又有脱文。

257 孫云：此謂其所。

258 孫云：此謂其人。

259 「在」者，即存在。

260 「可」猶所也。見禮記中庸鄭注。

261 言「所存」、「存者」、「於存」、「孰存」四者各異。所存屬地，存者屬人，據人問地而曰在於何所，據地問人而曰存者爲誰。

262 張云：「毋」，無也。

263 「離」，失去也。

㉖④「靡」，披靡也，消散也。

㉖⑤「木」，畢本作「水」，舊本並作「木」，今從舊本。金可以劈木令分破，火可以然木令消散，故曰「合之腐木」。畢云：「『府』疑同『腐』。」

㉖⑥吕氏春秋論威篇「今以木擊木則拌」，注云：「拌，析也。」

㉖⑦「數」猶理也。

㉖⑧尚書洪範「鯀陻洪水，汨陳其五行」，荀子非十二子篇亦謂子思、孟軻「按往舊造説，謂之五行」，可見五行之説在中國來源甚古。白虎通義「五行所以相害者，天地之性衆勝寡，故水勝火也；精勝堅，故火勝金；剛勝柔，故金勝木；專勝散，故木勝土；實勝虚，故土勝水也」，此即五行常勝之説〔一〕。證以貴義篇墨子與日者問答之語，則五行生克説墨子時頗爲流行，故墨經立説非之曰：五行無常勝，惟在用之宜耳。合水土火三者，則火不能然，此僅可明水土之性不能然，非水土勝火也。若用之得宜，則勝者亦將失其所以勝。韓子備内篇：「今夫水之勝火亦明矣，然而釜鬵閒之水，煎沸竭盡其上，而火得熾盛焚其下，水失其所以勝者矣。」論衡命義篇：「水盛勝火，火盛勝水，遇其主而用也。」是水勝火之説未必然也。火多爍金，成爲流體，火固勝金也。燃一炭火，多金壓之，則炭火亦披靡消散，金亦勝火也。是火勝金未必然也。如謂金可以劈木令之分破，火可

〔一〕「説」原誤「脱」，徑改。

以然木令之消散，爲金與火勝木之證，則以木擊木亦可令之離析，豈可謂木勝木歟？是金勝木、火勝木之説未必然也。五行者，蓋若麋遊於山，魚躍於淵，各適其性，各有其宜，無相勝可言也。孫子虚實篇「五行無常勝」之義與此同。

㉖⑨ 「益損」，緜眇閣本作「損益」。

㉗⓪ 抱朴子極言篇曰：「凡言傷者，亦不便覺也，謂久則壽損耳。」

㉗① 「説」，喜也。吴鈔本作「設」。

㉗② 「連」，及也。「是」疑「足」之誤字。　孫云：「連」當作「適」。

㉗③ 「𢜔」，吴鈔本、寶曆本作「恕」。「𢜔」、「知」字通。方言曰：「知，愈也。南楚病愈者或謂之知。」廣雅釋詁曰：「知，瘉也。」酒所以治病，故曰「知人」。　秋山云：「恕」，一作「𢜔」。

㉗④ 「唯」，諸本作「惟」，吴鈔本作「唯」，今從之。「唯」「雖」、「𢜔」「智」並字通。凡物益之而欲、損之而惡者，是就常情言之。物達足量以後，如空氣水火等，則益之不欲，損之不惡，無往不宜也。欲惡不當，常致傷生損壽。凡人悦一物，恒以少爲其條件之一，及足，夫誰愛之？粟爲人生不可缺者，多餘亦能爲害，故或者欲不有之也。又若酒能瘉人病，有利於人，或愛飲無度，雖智者亦將及於亂，所謂酒極則亂，毒智者莫甚於酒也。

㉗⑤ 莊子盜跖篇曰「有餘爲害者，物莫不然」，故有餘者雖損之而不害也。

㉗⑥ 孫云：「脾」讀爲「髀」。少牢饋食禮云「腊用麋」，又云「髀不升」，鄭注云：「近竅，賤也。」古文髀

皆作脾。」此與古文禮正同。言麋以共祭而髀不登於祭俎，故傷麋雖無髀，無害於爲臘以共祭。亦「損而不害」之意。

277 緜眇閣本「后」作「後」。「智」、「知」字通。

278 兩「瘧」字，諸本並作「⿸疒虎」，翻陸本、寶曆本作「瘧」，今從之。畢云：「⿸疒虎」即「瘧」省文。說文云：「瘧，熱寒休作。」今經典省几，此省乇，一也。乇即爪字。孫云：言人患瘧者，以病損爲益也。章太炎云：上「之」字訓者。○案：凡物有餘，雖損而不害。如人之於食，適足不害，能害在飽。管子內業篇曰「食莫若無飽」，吕氏春秋盡數篇曰「凡食之道，無飢無飽，是之謂五藏之葆」，潛夫論忠貴篇曰「嬰兒常病傷飽也」，抱朴子極言篇曰「養生之方，食不過飽」。

279 「五路」猶五官。新論防慾篇曰「五關者，情慾之路」。

280 「久」者，經過相當時間，積有經驗之意。

281 「若以」之下應有「目見」二字，今冢上文省去。人類未有經驗以前，惟以五官知物。如見花必以目，目又必待光線然後成見，光不能見，惟以目見。既有經驗，則花之形狀、色澤記憶宛然，雖不直以目見，與以目見相若，他官準此類推，故曰「知而不以五路」。莊子養生主篇曰「方今之時，臣以神遇而不以目視，官知止而神欲行」，可爲「知而不以五路」之例。

282 「火」字本脫，今依說增。

283 「頓」讀爲「笹」，或作「囤」，經典多以「屯」爲之。屯，聚積也。即有經驗記憶之意。

㉘④詩葛藟「亦莫我有」，鄭箋云：「有，識有也。」猶言知有、記有。

㉘⑤「日」本作「曰」，依曹箋改。見火即謂火熱，不必待火灼及而後知其熱，蓋我先有火熱之記憶也。若視日即知日熱，固不待身曬日光之中而後知日熱也。淮南子氾論訓曰「未嘗灼而不敢握火者，見其有所燒也」，意與此近。

㉘⑥孫云：「智」並與「知」通。

㉘⑦凡人於事物能名之，又能取之，斯謂知之。能名之而不能取之，猶若未知也。未知者，雜所知與所不知而問之，必不能分別取去也。蓋墨家以爲真知識不謹言之，尤在行之。貴義篇：「子墨子曰：今瞽曰『鉅者白也，黔者黑也』，雖明目者無以易之。兼白黑使瞽取焉，不能知也。故我曰瞽不知白黑者，非以其名也，以其取也。今天下之君子之名仁也，雖禹湯無以易之。兼仁與不仁而使天下之君子取焉，不能知也。故我曰天下之君子不知仁者，非以其名也，亦以其取也。」淮南子主術訓亦有瞽師有以言白黑無以知白黑之喻，義皆相類。

㉘⑧「后」，吴鈔本、陸本、茅本、寶曆本、緜眇閣本、堂策檻本、四庫本作「後」。

㉘⑨説文曰：「焉，焉鳥，黄色，出於江淮。象形。凡字，朋者，羽蟲之屬〔一〕，烏者，日中之禽，舄者，

〔一〕「屬」原誤「長」，據説文改。

知太〔一〕歲之所在；燕者，請子之候，作巢避戊己。所貴者，故皆象形，焉亦是也。」禽經曰：「黃鳳謂之焉。」蓋古有其鳥，作墨經時已滅絶，説文謂其出於江淮，蓋追述之辭，故曰「若無焉，則有之而後無」。古有「天陷」之傳説，淮南子覽冥訓：「往古之時，四極廢，九州裂，天不兼覆，地不周載。」素問曰「天不足西北」，説文曰「天屈西北爲无」，皆其説也。天，虛宇耳，故無陷理。墨家不信天陷之傳説，故曰「無天陷，則無之而無」。所謂無之而無，則無固不必待有矣。

㉙〇 説文曰：「擢，引也。」胡云：「擢」與小取篇之「援」同義，「援」即援例之意。此類推論有無易見，故不用疑。

㉙一 「之又」本作「文文」，依胡校改。如臧患虎列拉致死，春得虎列拉又死，即可推知虎列拉是死人之病，無庸疑慮。韓子孤憤篇曰「與死人同病者，不可生也」，淮南子説林訓曰「與死者同病，難爲良醫」。惟此種援例，因事例不多，亦易錯誤。如淮南子説山訓曰「故決指而身死，或斷臂而顧活，類不可必推」，又説林訓曰「人食礜石而死，蠶食之而不飢；魚食巴菽而死，鼠食之而肥。類不可必推」。墨家在經上第九十五以下各條、經下第一第二第三第七各條以及小取篇皆有防止推類謬誤之法，可參看。

㉙二 孫云：「工」與「功」古字通。「用工」猶言從事也。「且然」者，將然而未然，不能質定，故不可正。

〔一〕「太」原誤「犬」，據説文改。

而因時乘勢，正可從事，故不害用工。

293 「且」字諸本在「且猶是也」之下，今校移於此。吴鈔本無此「且」字。

294 句。

295 句。

296 句。

297 「者」，「諸」之省文。諸，乎也。

298 「而」字本脱，今依王引之校增。本條見墨家自強不息精神，試舉例以釋之：如史可法之於明朝，或謂之曰：「明將亡也（汎説），明將必亡（較塙定），明之亡已爲必定之命運矣（更較塙定），先生將從事挽救之而後已乎？」史可法答曰：「必從事挽救之，鞠躬盡瘁而後已。」

299 「不」，吴鈔本作「否」，字通。

300 秋山云：一本無「均髮」二字，「輕」下有「今」。○案：「輕」下，畢本據列子湯問篇補「重」字。
「而」下，寶曆本有「已」字。

301 列子「不」上有「髮」字。

302 列子「均」下有「也」字。

303 「均」者，各髮均齊受力之謂；其不能均齊受力者，謂之不均。設有髮二束，同用等質等數之髮組成之，同懸等重之物，乃其中之一束所懸之物其量尚輕，未及其能任之重，而髮忽絶，必其束之髮受力不均者也，其受力均者，非逾越其所能堪之最大限度之重，不至於絶。此理不惟造鋼絲繩之工廠知之，即編纜與絞繩之手工人亦知之。能讀古書者或昧物理，致解者寡也。

㉞304 王樹枏云：「生」，依説當爲「聲」。

305 此「霍」與下文「臛」並讀爲「鶴」。

306 孫云：「視」與「示」通。

307 「友」疑當爲「堯」，二字聲轉甚近，草書形亦相近。富之言備也，盛也，言其德之備、名之盛也。「商」爲「帝」之形譌，非命下篇「受之大帝」，「帝」當作「商」，可互爲例。

308 「視」，陸本、茅本、寶曆本、緜眇閣本作「是」。

309 「是」，陸本、茅本、寶曆本、緜眇閣本、堂策檻本、四庫本作「視」。

310 「若」，汝也。「與」讀爲「歟」。

311 「於」，於何也。「若殆」以下九字，疑爲下文第七十五條之經説。

312 孫云：爾雅釋畜云：「犬未成豪，狗。」

313 孫云：莊子天下篇辯者曰「狗非犬」，即此義。成玄英莊子疏引此作「然狗非犬也」，非原文。

314 孫云：經説上云：「二名一實，重同也。」

315 「而殺狗」三字，孫依經校增。

316 經與説論式相反，蓋非雙方並論，無以見同異之全也。經從其自相言，如圖甲，故曰「狗，犬也。」

而殺狗非殺犬也」。其論式如小取篇「盜人，人也。殺盜人，非殺人也」。説從其共相言，如圖乙，故曰「狗，犬也。殺狗，殺犬也」。其論式如小取篇「白馬，馬也。乘白馬，乘馬也」。「若兩膭」者，「膭」借爲「槐」，爾雅曰：「守宮槐，葉晝聶宵炕。」此即指守宮槐，言其葉晝聶合、夜炕張，一物兩相，以況狗因觀察點不同而有兩相也。

圖甲　示自相

圖乙　示共相

317 未詳。

318 未詳。

319 「沈」爲古國名，其地後屬於楚。管子八觀篇曰：「國域大而田野淺狹者，其野不足以養其民。」孫云：呂氏春秋先己篇「吾地不淺」，高注云：「淺，褊也。」

320 「具」，道藏本、吴鈔本、唐本、畢本作「貝」，陸本、茅本、寶曆本、緜眇閣本、堂策檻本、四庫本作「具」，今從之。

321 荀子正名篇曰：「以兩易一，人莫之爲，明其數也。」孫云：「之」猶與也。〇案：沈具於荆之中，故荆大沈小，若易五與一，其不相等甚明，此與莊子天下篇「郢有天下」之文樹意各異。淮南子説山訓曰：「升之不能大於石也，升在石之中。夜之不能修於歲也，夜在歲之中。」

㉜㉒「櫨」本作「檻」，孫、曹校改。「摶」，諸本作「博」，道藏本、陸本、緜眇閣本作「慱」，茅本作「榑」。說文曰：「摶，圜也。」

323 孫云：「意」即意度也。

324 「摶」，道藏本、吳鈔本、陸本、緜眇閣本作「摶」，即「摶」之俗體。茅本、畢本作「摶」，餘本誤「搏」。

325 「智」讀爲「知」。

326 「相」借爲「象」。韓子解老篇曰：「諸人之所以意想者，皆謂之象也。」

327 「輕」借爲「徑」。徑，直也。「秋」，「楸」之省文。說文曰「楸，梓也」。本草綱目曰「楸莖幹直聳可愛」。

328 「洋」讀爲「詳」，盡也，悉也。以櫨爲圜，由於意度。意度者，謂之無知可也。櫨之圜也，一見知之，僅恃意度想象，其圜與否不易先知也。若更以櫨爲直於楸，其於意度也爲盡人悉知之事。蓋楸雖直木，其不逮施以繩墨斲削之櫨之直，此不待論。墨家注重實驗，排斥意度，故其言如此。韓子解老篇曰：「先物行、先理動之謂前識。前識者，無緣而妄意度也。何以論之？詹何坐，弟子侍。有牛鳴於門外，弟子曰：『是黑牛也，而白在其題。』詹何曰：『然，是黑牛而白在其角。』使人視之，果黑牛而以布裹其角。嘗試釋詹子之察，而使五尺之愚童子視之，亦知其黑牛而以布裹其角也。故以詹子之察，苦心傷神，而後與五尺之愚童子同功，是以曰『愚之首』也。」彼以意度爲愚，此以意度爲無知，文意相類。

329 畢云：「仵」即「午」字異文。　孫云：「仵」，「啎」之異文。說文午部云：「午〔一〕，啎也。」「啎，逆也。」廣雅釋言云：「午，仵也。」

330 「錐」讀爲「推」，本在「段椎」下，今校移於此。

331 吳鈔本「段」作「斷」，「事」作「視」。　韓子外儲說右下篇「椎鍛者所以平不夷也」，「椎鍛」字與此「椎段〔二〕」同。　孫云：說文云：「段〔三〕，椎物也。」又云：「椎，所以擊也。齊謂之終葵。」

332 說文曰：「繪，會五采繡也。」

333 「仵」，畢本作「件」，舊本並作「件」，今依張校改。本條言推論之可與過未可知，須視所推之事例如何。若段與椎相須爲用，廢一不可，故因今日段之用事於履，推度今日椎之亦必用事於履，此種推論可用也。或因成繪履經過椎，推度成椎亦必經過繪履，此種推論即屬過仵。蓋成繪履過椎，成椎則不過繪履也。其推論謬誤，即由於不明上文第三條「麗與暴」之例。

334 「位」本作「住」，依曹箋改。

335 一少於二，與五有一焉，皆以絕對值言，其理易明。二「多於五」者，中國建位以十，數始於一，終於九，至十則建一以表示之。此名爲一，計位則爲十，有五者二焉，故曰「一有五焉，十二焉」。

〔一〕「午」下原衍「者」字，據墨子閒詁原引删，與說文合。

〔二〕「段」原誤「鍛」，據正文作「段椎」，兹改爲「段」。

〔三〕「段」原誤「鍛」，據墨子閒詁原引改，與說文合。

㊱⃝336 「斱」，諸本作「斱」，寶曆本經作「㔉」，説作「斱」。　畢云：玉篇云：「斱，破也。」　楊云：斱同「櫡」。　孫云：楊説是也。集韻十八藥云：「櫡，説文斫謂之櫡，或从斤作斱。」此「斱」即「斱」之變體。舊本作「斱」，譌。斱、斫同詁。

337 「端」，見經上篇第六十二條。

338 「斱」，諸本作「斱」，吴鈔本、寶曆本作「斱」。下並同。

339 吴鈔本「毋」作「無」。「毋與」，即經上篇第六十二條之「無序」與説之「無同」。

340 「無與、非半」，俱指「端」言。

341 莊子天下篇「一尺之棰，日取其半，萬世不竭」，蓋就數言之，本條蓋就象言之。任何一物，進前析取不已，則中將無爲半，即餘所謂之端，塊然常存，蓋往復析取，最後僅餘中之一點也。分析必須有半，「無與」或「非半」不可析也。禮記中庸曰「語小，天下莫能破焉」，莊子則陽篇曰「斯而析之，精至於无倫」，又天下篇曰「至小無内，謂之小一」，義與此相類。

342 「當」讀爲「常」。　張云：「給」，具也。

343 時間止是無窮無極之連緜，故曰「無窮」。但爲應用便利計，謂之爲一刹哪、一日、一年、一世紀、一光年耳，就人爲假定之分割而言，則爲「有窮」。莊子秋水篇曰「時无止，終始無故」，又庚桑楚篇曰「有長而無乎本剽」，皆就无窮之久言也。人類生息於無窮之久中，假想能及之物，無者甚多，任舉一例，如堅韌逾於鋼鐵而比重輕於空氣之物質，製造家所求之不得者也，故曰「可無也」。

但已經具有，則其質常存，不能消滅之使無。　梁云：此與科學物質不滅之理及佛典業力相續、藏識常在之理，皆相發明。

344 「擔」借爲「儋」。說文曰：「儋，安也。」淮南子俶真訓注云：「儋，定也。」

345 「摶」，諸本作「搏」，吴鈔本作「博」，翻陸本作「摶」，與畢本同。說文曰：「摶，圜也。」

346 「凡」〔一〕，道藏本、吴鈔本、唐本、畢本作「九」，堂策檻本、顧校李本、四庫本作「凡」，今從之。陸本、茅本、寶曆本、緜眇閣本作「几」，即「凡」之壞字。說文曰：「凡，圜也，傾仄而轉者。从反仄。」俗字作「丸」。　畢云：「九」，一本作「凡」。

347 「縣」即法儀篇「正以縣」之「縣」。經曰「正」，說曰「中縣」，其義一也。

348 「摶」，諸本作「搏」，翻陸本、茅本作「摶」，與畢本同。渾圓之謂丸，無所處而不中縣即所謂「正」，其體易轉不能安定。尹文子大道篇曰「因圓者之自轉，使不得止」，淮南子原道訓曰「員者常轉」，論衡狀留篇曰「圓物投之於地，東西南北無之不可，策杖叩動，纔微輒行」，皆謂圓物易轉不定也。

349 孫云：說文云：「𢿱，攸也。」又云：「尃，布也。」敷即「𢿱」之俗，義則與尃近，蓋分布履步之謂。

350 「宇也」之「宇」本作「字」，依孫校改。　孫云：「傴」「區」、「偏」「徧」並聲同字通。

351 「宇」爲無窮無極至大無外之空間，無論人從何方進行，皆無所謂近。舟車所至，人力所通，不過

〔一〕按：「凡」爲「丸」之别體，非今「平凡」之「凡」，下同。

一部分之宇，是曰「區宇」。區宇固不可偏舉全宇也。惟就進行者所在而言，可謂之「先敷近、後敷遠」耳。莊子天下篇釋文引司馬彪云：「天下無方，故所在爲中；循環無端，故所行爲始。」

㉝352 「脩」本作「循」，依張校改。

353 上「者」字，「諸」之省文。諸，凡也。大取篇曰「諸聖人所先爲人」。　曹云：上「者」字衍文。

354 「近」上本有「脩」字，依俞校删。

355 吴鈔本「脩」並作「修」，下同。

356 陸本、茅本、寶曆本「脩」作「修」。凡人進行，必先近而後及遠。欲達到遠大距離，或成就遠大事業，尤必須有長久之時間也。

357 「類」字本脱，依孫校增。

358 「台」本作「召」，據説改。「台」讀爲「似」，詳説注。

359 「盡類」本作「貌盡」，依王校乙改。

360 大方、小方俱有法而異。　孫云：明同方之中仍有異也。

361 「台」，王引之校改「合」，未允。「台」字不誤。「台」，古文以爲「㠯」字，見説文古籀補引齊侯鎛。晚周金文「以」字多作「台」。「㠯」即「佀」之省文，隸變作「似」。「台」、「似」皆从㠯聲，故得通用。後漢書班固傳注云：「台讀曰嗣。」「似」、「嗣」古今音並同。説文曰：「似，象也。」廣雅釋詁曰：「似，類也。」攷經上篇第六十九條，似有「相攖」與「不相攖」二種。其不相攖者可云「相似」或「相類」，不可云「相攖」或「相合」也。如四隅邊相等爲方之法，依此法所作之方形無數，可云盡相類，不可云盡相合也。一中同長爲圓之法，依此法所作之圓形無數，可云盡相類，不可云盡相合也。改字即有義可通，亦不如謹守原文文義較長。經作「召」者，爲「台」之形譌。上文第三條「食與招」，「招」字說作「拾」，正可爲例。

362 「類」，諸本作「貌」，吴鈔本作「皃」，今依王校改。

363 孫云：「猶」與「由」通。

364 同法者必相類似，若方之相與類似也，其形之大小，其質之或木或石，不害其方之相似也。謂之「盡類」者，以其方也。他物之相類者俱準此。荀子不苟篇曰「五寸之矩，盡天下之方也」，吕氏春秋別類篇曰「小方，大方之類也」，蓋本此書。

365 緜眇閣本「狂」作「枉」。舉之不當者曰「狂舉」。

366 「狂牛」本作「牛狂」，依張、曹校乙。「惟」、「雖」字通。

367 張云：牛亦有尾，馬亦有齒。

368 下「偏」字茅本、緜眇閣本作「徧」。「偏」與「俱」相對爲文。荀子君道篇曰「偏立而亂，俱立而治」。

369 「牛」本作「之」，篆文形近而譌。盧云：「之」上當有「牛」字。

370 「有」字本脱，依王、張校增。王引之云：「用」者，以也。

371 「齒」本作「角」，依梁校改。

(372)「有尾」本作「無角」，依梁校改。

(373)孫云：公孫龍子亦有「正舉」、「狂舉」之文，以意求之，蓋以舉之當者爲「正」，不當者爲「狂」。此書經、説通例，凡是者曰「正」、曰「當」，非者曰「狂」、曰「亂」、曰「誖」，義與公孫龍書略同。

(374)「猶」、「由」字通。

(375)「或牛」二字，孫、曹校删。

(376)凡辨二物之差異，不宜舉出雙方俱有之屬性，須舉出一偏有、一偏無有之屬性。如齒如尾，牛馬俱有，不可以爲牛馬之差異。如角，則牛偏有角，馬偏無角，正舉出牛與馬差異之點，可以知牛馬之異矣。若舉牛有齒，則馬亦有齒，是不非牛之牛可類於非牛之馬矣。若舉馬有尾，則牛亦有尾，是非牛之馬可類於牛矣。牛馬溷殽，差異莫辨，是狂舉也。

(377)「故」疑「不」字之誤。　張云：曰牛馬，豈得非牛？

(378)張云：曰牛馬，豈得謂牛？

(379)張云：有可者，今但言未可，是亦不可。三皆不辯其兼，故不可。

(380)孫云：前云「數牛數馬則牛馬二，數牛馬則牛馬一」。

(381)張云：兼牛馬則非牛非馬，是則無可難矣。　○案：牛馬非牛也未可，牛馬牛也未可，兩者同屬未可，故經曰「不可牛馬之非牛，與可牛馬之非牛，同也」。試别牛馬而二之，則牛馬之中固有牛，不可竟謂之非牛也，是謂牛馬非牛者未可也。牛馬之中亦有非牛之馬，不可竟謂之牛也，是謂牛馬牛也者亦未可也。言牛馬非牛者，可於牛馬之馬而不可於牛馬之牛；言牛馬牛也者，可於牛馬之牛而不可於牛馬之馬。是任何一辭之中皆有可有不可，而曰「牛馬牛也未可」者，亦不可也。若兼牛馬爲一視，牛馬爲一複名，則牛雖不非牛，而牛馬則非牛；馬雖不非馬，而牛馬則非馬；而牛馬之非牛非馬不難明矣。本條經文與下文第八十二條經文辭式相同。荀子正名篇曰「有牛馬，非馬也，此惑於用名以亂實者也」，蓋即指此。

㊳㊂ 本作「循此循此」，曹、梁校作「彼彼此此」，今從之。蓋昔人鈔書，於「彼彼此此」或「彼此彼此」皆可省書爲「彼 = 此 =」，故易互錯，「彼」字又形譌爲「循」耳。

㊳㊃ 此三字總冒下三節。

㊳㊄ 「彼彼此此」本作「彼此彼此」，錯與經同。

㊳㊅ 下「止」字，茅本、寶曆本、縣眇閣本作「正」。以上第一節。

㊳㊆ 以上第二節。

㊳㊇ 下「彼」字，寶曆本脱。

㊳㊈ 「此」字吴鈔本不重，「此此」疑當作「止此」。以上第三節。本條言正名者期於當實，彼名止於彼實，此名止於此實，名各當其實，故曰可。其實此也而謂之彼，則彼之名誤加於此之實，即所謂「彼且此也」，彼此名實不耦，故曰不可。在名約未定、習俗未成之時，彼此亦可。如以鶴之名代表四足獸之能守夜者之實（今謂之犬），鶴之名止於是實，若是之彼此關係既成，則凡謂鶴者亦且

止於四足獸之能守夜者矣。在約定俗成之後，彼彼此此可；在約未定、俗未成之時，彼此亦可。因時之異，皆有其可，故經曰「彼彼此此與彼此同，說在異」。公孫龍子名實篇論正名與此略同，文繁不引。

389 秋山云：「患」，一作「惠」。　孫云：言唱而不和，和而不唱，其患同。

390 孫云：「周」當爲「用」之誤。

391 孫云：「粺」當爲「稗」。此喻無所用，若荑稗。

392 「適」，當也，宜也。

393 「功」字本錯在上文「適息」之上，依王樹枏校移。本條言唱者本無過，因所唱之學術不周於用，若荑稗然，有之不如其無也。和者如有不善，教之使然，非彼之過，不得已也。人類文化之演進，全恃唱和，或曰教學。智少而不學，智必寡；有智而不教，智當息。中國學術多後不如前，蔽在智而不教，尚同篇所謂「隱匿良道不以相教」是也。墨經所論及之學術，秦漢以後竟成絶學，其蔽在唱而不和。老子「絶學無憂」，莊子養生主篇「吾生也有涯，而知也無涯，以有涯隨無涯，殆已」，荀子儒效篇「不知無害爲君子，知之無損爲小人」，皆可爲智少而不學者之藉口。教者唱之，學者和之，學說而善，如使人予人酒，教者使之，其功較厚，學者被使，其功較薄；學說不善，如使人奪人衣，教者教唆主使，罪較重，學者被動實施，罪較輕也。

394 「室中」二字本脱，據下文意校增。

395 白黑分明，兩不相勝，無庸疑慮。經説上篇曰「兩絶勝，白黑也」。　孫云：「若」猶與也。

396 「今也」，「也」字茅本、寶曆本、緜眇閣本無。

397 吴鈔本「名」作「明」，緜眇閣本「名」、「明」互易。

398 「室」，陸本、茅本、寶曆本、緜眇閣本、堂策檻本作「窒」。「親知」、「説知」義見經上篇。　親知室外之色白，因人告語又説知室中之色白，是聞所不知若所知也。名之作用，在以所明正所不知，不以所不知疑所明。若以所明之尺，度所不知之長，不以所不知之長致疑於所明之尺也。

399 「在其」二字畢本倒，舊本並不到，今據乙。

400 「之人」本作「出入」，依孫校改。

401 上「之」字，寶曆本無。

402 句。

403 誖，不可也；可，不誖也。今有人曰：「凡言盡誖。」詰之曰：「汝言誖否？若不誖，則是言不盡誖也。若誖，即凡言盡誖之。言誖，以之爲當，必不審諦矣。」此與因明學「九過」中之〔二〕「自語相違」恰相類似。

404 「唯」，諸本作「惟」，吴鈔本作「唯」，今從之。　孫云：説文云：「唯，諾也。」又云：「諾，譍也。」

〔二〕「之」字原誤重，徑删。

「唯吾謂」，言吾謂而彼應之。若非其正名，則吾謂而彼將不唯，故不可也。

(405)「仮」，「反」之異文。

(406)「惟」，經作「唯」，字通。下「惟」字並同。

(407)「霍」即「鶴」省文，見經説上第九十條。

(408)説文曰：「猶，玃屬。一曰：隴西謂犬子爲猶。」爾雅釋獸釋文引尸子：「猶，五尺大犬也。」

(409)吕氏春秋審分覽曰：「求牛則名馬，求馬則名牛，所求必不得矣。」

(410)「猶」，若也。下文作「若」。

(411)「行」上本有「不」字，依孫校删。

(412)名之生由於約定俗成，衆人公認，故名之行否須視社會上對於此名之反應。如謂二足而白羽者爲鶴，可也。而四足而毛者之猶，非鶴也。今强謂猶爲鶴，則不可，因衆人無唯諾猶爲鶴者也。衆人若唯諾吾所謂之名，則吾謂行。若不唯諾吾所謂之名，則吾謂不行。若謂牛爲馬，謂馬爲牛，必不能見諾於衆人也。

(413)「無」，茅本、寶曆本、緜眇閣本作「在」。荀子禮論篇曰「無窮者，廣之極也。」張云：人雖無窮，不害兼愛。

(414)盧云：「南」當讀如「難」。孫云：此「南」即指南方。莊子天下篇「惠施曰：南方無窮而有窮」，蓋名家有持此義者。○案：莊子天下篇釋文引司馬云：「四方無窮也，獨言南方，舉一隅也。」

415 緜眇閣本脱「無窮」二字。　孫云：「智」與「知」同，下並同。

416 「不可盡」三字各本重，依畢校删。「可智」，吴鈔本作「有智」。

417 「智」下本有「而必」二字，依曹、梁校删。

418 寶曆本脱「亦」字。

419 以上難者之辭，以下墨家答辭。

420 「无」本作「先」，依孫、曹校改。

421 孫云：謂人若盈無窮，則無窮既可盈，即界有盡也。

422 「有」，茅本、寶曆本、緜眇閣本作「其」。　難者曰：「四方有窮乎？無窮乎？所居之人盈乎？否乎？人之可盡乎？不可盡乎？舉未可知。而必人之可盡愛也，是誖也。」墨家答曰：「人若不盈無窮，則人有窮也，盡愛有窮不難。人若盈無窮，則無窮既爲人所盡，則猶有窮矣，盡愛有窮不難。」故地即無窮，仍不害兼愛之説也。

423 「問」本作「明」，依孫校改。

424 下「不」字本作「＝」，是「不」字重文符號。曹箋作「不」，是也，今從之。

425 緜眇閣本「民」作「巳」。吴鈔本重「盡」字。「惡」，何也。「民」，人也。「盡之」，「之」字本作「文」，依孫校改，下同。

⑯「問」，畢本誤「門」，舊本並作「問」，今據正。

⑰或難墨家曰：「不知人數，何知愛人之盡之邪？」墨家答曰：「或者遺忘其所問之辭也。問『愛人』之『人』字，已統攝人類全體。墨家愛人，人之所在即愛之。所在凡屬人類，皆在愛力統攝之中，故不知其數，而知愛之盡之也不難。」

⑱孫云：吴鈔本「者」作「有」，非。張云：不知天下民之所處，而愛可及之。「喪」，失也。失子者，不知子之所在，不害愛子。○案：吴鈔本亦作「者」，孫校偶誤。「喪子」，莊子天道篇、天運篇謂之「亡子」，徐无鬼篇謂之「唐子」，均指亡失之子而言。前兩條言愛力所攝不限於地域之廣陝、人數之多寡。此更進一層言之，即對象已不知所在，亦不害愛之也。如親之於亡失之子，不知其所處，其愛之一也。上文第五十三條經説之末有「若殆於城門與，於臧也」九字，疑爲本條經説錯簡。古無汽電等交通工具，城門附近即爲較擁擠較危險區域，故求亡子者想象言曰：「汝危殆於城門歟？究藏匿於何處也。」愛之深，思之切，故作此揣測之辭也。

⑲「内外」，諸本作「外内」，吴鈔本作「内外」，今從之。

⑳「孛」本作「内」，形近而譌。「孛」，「誖」之省文。張云：此與告子之徒辯義外也。

㉑「顔」疑當作「顧」。玉篇曰「午，分布也，交也。」高唐賦「陬互横牾」，春秋元命苞「陰陽散忤」，注云：「忤，錯也。」「仵」與「午」、「牾」、「忤」並字通。仵顧，即經説「左目出，右目入」之意。

㉒張云：俱内。

㊸433 吴鈔本作「内外」。　張云：俱外。

434 孫云：「爲」、「謂」字通。

435 「若」，吴鈔本作「㕵」。「出」字畢本脱，舊本並有，今據補。

436 「出」，外也。「入」，内也。能愛能利屬於主觀，此也，内也；所愛所利屬於客觀，彼也，外也。今謂「仁内」、「義外」者，是舉主觀之能愛與客觀之所利并爲一談，若謂人左目視外，右目視内，是狂舉也。管子戒篇曰「仁從中出，義由外作」，孟子公孫丑篇告子有「仁内義外」之説。王樹枏云：此墨子駁當時爲仁内義外之説者。翟氏灝不達此旨，其箸四書考異謂告子「仁内義外」之説受自墨子，是誣墨也。

437 句首「也」字，曹箋作「他」，即指「誹者」。

438 誹者以爲甲不知學之無益也，故告之曰「學無益也」，是使甲知學之無益也，是亦教誨也。若以學爲無益，是教人以學無益者，先誖矣。故從誹者方面亦可反證學之益也。淮南子脩務訓曰「世俗廢衰而非學者多」，又曰「夫學亦人之砥錫也，而謂學無益者，所以論之過」，是亦闢學無益説者。老子曰「絶學無憂」，即誹學也。

439 「誹」字本在「論」字下，依曹校乙。

440 王引之云：「非」爲「誹」之譌。

441 誹之可否，係於理之是非，不係於誹之多寡。理可誹，雖多誹無傷；於是理不可誹，雖少誹不免於非。今謂多誹者不可，是猶以長論短，以鶴脛笑鳧脛也。

⑭²「誖」本作「諄」，依張、吴校改。

⑭³孫云：「不」，依經當作「非」。

⑭⁴句。

⑭⁵句。

⑭⁶上「非」字訓不。

⑭⁷甲非乙爲誹，己非甲亦爲誹，今以誹爲非，是己之誹亦非也，故曰「非誹者誖」。使甲之誹乙爲非，則己之誹甲之誹乙也不非，是誹不可盡非也。誹不可盡非也，是宜不非誹也。墨家以誹固有當於理者，不可一概非之。

⑭⁸上「甚」字本作「箕」，依俞校改。「不甚」，吴鈔本作「不順」。

⑭⁹名所以耦實，不以亂俗。尺度誠陳，不可欺以長短。今以一物，時而以爲甚長，時而以爲甚短，曰「莫長於是，莫短於是」，如是種言論之所謂是，則殽亂天下之是者，莫是種言論若也。

⑮⁰「謂」，諸本作「請」，茅本、寶曆本、緜眇閣本、堂策檻本、四庫本作「謂」，今從之。本條墨家勉人爲善，修其天爵，不慕世俗之虚榮，身在下位，志希聖賢，是取下以求上也。高下以善不善爲度，勉爲善則高，不爲善則下，不若山澤有天然之高下，不可移易也。孔丘、墨翟布衣之士也，而王公不能與之争名，是處下善於處上，下所謂上也。賈子大政篇曰：「位有卑而義無卑，故位下而義高

者，雖卑，貴也；位高而義下者，雖貴，必窮。」

㊿1 「不」本作「是」，今依説校改。

452 「州」讀爲小取篇「此一周而一不周者也」之「周」，風俗通義曰：「州，周也。」

453 句。

454 「之」本作「文」，依孫説改，下「之」字並同。「之」，是也。故「之」、「是」互用。

455 「不是」，「是」字本錯入下文「故之與」下，今審校文義移此。

456 句。

457 句。

458 句。

459 下「於」字畢本誤「與」，舊本並作「於」，今據正。

460 「與」下本有「是」字，爲上文錯入者，今移入上文。本條爲便於説明計，試以白馬爲例釋之，如圖：白馬（是），馬也；非白馬（不是），馬也。非白馬與白馬同爲馬，是「不是」與「是」同也。其要在白馬與非白馬俱爲馬之一部分，所謂「不周」是也。設言北京爲中華人民共和國首都，此兩名範圍大小全同，決不能有不是與是同之現象也。如言馬白（是是），則

馬且白矣(則是且是焉)。今[一]馬有白者(今是之於是),而亦有非白者(而不是於是),故亦可言馬非白(故是不之)。馬非白(是不之),則馬非白矣(則是而不之焉)。今[二]馬有非白者(今是不之於是),而亦有白者(而之於是),故白馬與非白馬可以同説也(故之與不之同説也)。以上經文自第四十二條至此,凡四十一條,當爲古鈔帛本經下篇下截文。

[一][二]「今」字原並誤作「令」,據正文改。